Erna Putz

Franz Jägerstätter

„...besser die Hände als der Wille gefesselt..."

Veritas-Verlag   Linz – Wien

CIP-Kurztitelaufnahme der Deutschen Bibliothek

Putz, Erna:
Franz Jägerstätter: „. . . besser d. Hände als d.
Wille gefesselt..." / Erna Putz. – 1. Aufl. –
Linz; Wien: Veritas-Verlag, 1985.

ISBN 3-85329-501-0

©Veritas-Verlag Linz; alle Rechte vorbehalten
Gedruckt in Österreich; 1. Auflage/85
Druck: LANDESVERLAG Ges.m.b.H. Linz
Umschlaggestaltung: Tell Werbeagentur Ges.m.b.H., Georg Stephan Schmertzing,
Maria Enzersdorf
Bildnachweis: Alle Fotos stammen aus dem Familienalbum von Frau Jägerstätter.
Reproduktion: Photo Schaffler, Salzburg

ISBN 3-85329-501-0

Inhalt

Einleitung 9

1 In der Familie Huber-Jägerstätter 11
Situation der Eltern zur Zeit der Geburt 11
Im Hause der Großmutter 12
Eltern des gefallenen Vaters versorgen das Kind 13
Mutter wird Leherbäurin 14
Tod des Onkels 16
Als „armes" Kind in der Schule benachteiligt 16

2 St. Radegund 18
Ungewöhnliche Siedlungsform 18
Demographische Daten über die Gemeinde St. Radegund 20
Volkszählung 1934 20
Niederschlag politischer Einstellung bei Wahlen 20
Passionsspiel zeigt Leistungskraft der Gemeinde St. Radegund 23
NS-Machtergreifung kostet Erfolg der Spiele 24
Dauerkonflikt Pfarrgemeinde–Pfarrer 24
Innviertler sind religiös, aber nicht klerikal 27

3 Der jugendliche Franz 29
Im Urteil der Nachbarn 29
Der Zwanzigjährige verläßt seine Heimat 29
Lebenserfahrung für den Patensohn 33
Sinnkrisen des Jugendlichen 33
Auf die Umgebung ist kein Verlaß 35
Orientierung aus der Lektüre 36
Ein uneheliches Kind 37
In lebhafter religiöser Diskussion 38

4 Ehe mit Franziska Schwaninger 39
Franziska 39
Ungewöhnliche Form der Eheschließung 40
Religiöse Intensivierung 43
Sie bleiben Verliebte 43
Die Kinder vermissen den Vater 45
Der Schwiegervater ist Freund 45

5 Spannungsfeld Kirche – Nationalsozialismus 46
Konkurrierender Anspruch auf weltanschaulichem Gebiet 46
Zur Widerstandsdiskussion in bezug auf Kirchen 46

Auseinandersetzung auf ideologischem Gebiet 47
Bischof Gföllner ist eindeutiger Gegner des Nationalsozialismus 47
Kein wesentlicher grenzüberschreitender Erfahrungsaustausch 50
Von Mitbischöfen wenig unterstützt 52
Nationalsozialistisch aktiver Pfarrer und Bischof Gföllner 54
Von den Praktiken der Nationalsozialisten überrascht 56
Überrumpelt 56
Bischöfe nicht vorbereitet 57
Linzer Nuancen 59
Kirchenkampf im Erfahrungsbereich Jägerstätters 61
Zunehmender Druck, je näher man St. Radegund kommt 61
Aktive illegale Nationalsozialisten im oberen Innviertel 63
Klima unter NS-Herrschaft von Ort zu Ort sehr verschieden 69
St. Radegund igelt sich ein 69
Verfolgungsdruck in den Nachbargemeinden 74

6 *Umbruch 1938* 83
Vorbereitung im Traum 83
Träume im Vergleich 84
Die Abstimmung 1938 85
„Nein" bei der Abstimmung 85
Bewertung des „Ja": Es ist zurückzunehmen 87
Die Gemeindeleitung von St. Radegund hilft Franz, obwohl dieser aus
seiner politischen Einstellung kein Hehl macht 91
Auswirkungen der „großen" politischen Ereignisse im kleinen Bereich . . 93

7 *Dienst in der deutschen Wehrmacht* 95
Die Wahl zwischen Militär und Partei 95
Unter dem Drill 96
Schikanen bewirken keine Gesinnungsänderung 98
Aus der Wehrmacht in den Orden 103

8 *Abklärung und Vertiefung einer Entscheidung* 106
Eid ohne Relevanz 106
Wieder auf dem Hof: Bauer und Mesner 106
Im Briefwechsel mit dem Drittordensbruder
zeichnet sich eine Entscheidung ab 110
Austausch mit Frontsoldaten 117
Schriftliche Zeugnisse der Auseinandersetzung Franz Jägerstätters mit dem
Krieg der Nationalsozialisten 130
Zugehörigkeit zur Partei 132
Krieg gegen Rußland, nicht Kreuz-, sondern Raubzug 136
Die Schuld der Deutschen 139
Friede ist mehr als Nicht-Krieg 140
Schlußfolgerung: Wenigstens ein Beispiel sein, ein Wegzeichen in der
allgemeinen Orientierungslosigkeit 145

Stellung der kirchlichen Amtsträger zu Jägerstätter und zum Krieg der
Nationalsozialisten 147
Franz Jägerstätter konsultiert den Diözesanbischof 147
Kirchliche Amtsträger zum Krieg 150
Bischof Fließer: Keine Fußtritte für den toten Löwen 158
Jägerstätter paßt nicht in die Strategie 170
In der Nähe der Bibelforscher 173

9 *Verantwortung des einzelnen Menschen* 176
Als Christ wie als Untertan den Verstand gebrauchen 176
Isoliert – „im fremden Land" 177
Verantwortung abschieben – die eigentliche Schuld 180
Widersinn blinden Gehorsams 180
Verantwortung der Autorität gegenüber 182
Umwertung der Werte 185
Stärkung der Handlungsfreiheit und Stärkung des Ichs 186

10 *Trennung und Haft in Linz* 190
Gefährten auf dem Weg ins Alleinsein 190
Äußerer Zeitablauf zwischen Einberufung und Tod 196
Trennung und zögerndes Sich-Stellen 196
Erster Kontakt mit dem NS-„Untergrund" 201
Hoffnungsschimmer Sanität 203
Der Mitgefangene 205
Von Heimat und Hof getrennt 208
Anfechtungen 213

11 *Vor das Reichsgericht in Berlin* 217
Für Jägerstätter überraschende Verlegung nach Berlin 217
Veränderte Haftbedingungen in Berlin 219
Vor dem Reichskriegsgericht 222
Zuständigkeit 222
Quellenlage 223
Die Prozeßordnung 224
Verurteilt wegen Wehrkraftzersetzung 226
Pflichtverteidiger sucht Mandanten umzustimmen 230
Das Urteil ist vollstreckbar 235
Trost – woran sich Jägerstätter halten konnte 236
Franz Reinisch ging ähnlichen Weg 243
Bibel als Richtschnur und Halt 245

12 *Tod in Brandenburg* 249
Auf das Sterben vorbereitet 249
Brandenburg, am 9. August 1943 251

13 Beurteilungen und Bewertungen durch „Kirche" 255

Für die einen ein Unbequemer – für die anderen ein Heiliger 255
Exkurs: Rehabilitierung der „Gesinnung" 264
Bischof Roberts beim 2. Vatikanum: „Märtyrer wie Jägerstätter sollen nie das Gefühl haben, daß sie allein sind." 265

14 Das Schicksal der Witwe Jägerstätter 270

Verständnis für die Beweggründe 270
Der Witwe wird der Tod des Mannes angelastet 273
Vorgehen der Behörden der 2. Republik 276

15 Linien und Zusammenhänge, eine Zusammenfassung 282

Anhang: Josephinismus und Innviertler Mentalität 289

Anmerkungen 291

Quellen- und Literaturverzeichnis 321

1 Nichtpublizierte Quellen 321

Gespräche 321
Nachlaß Jägerstätters 321
Briefe 321
Aufzeichnungen Franz Jägerstätters 322
Bescheide von Behörden 322
Chroniken und Material aus Archiven 322

2 Gedruckte Quellen und Literatur 323

Gedruckte Quellen 323
Monographien und Aufsätze 324

Abkürzungen 327

Einleitung

In der höchst aktuellen, aber nicht immer rational geführten Friedens- und Wehrdienstdiskussion ist in Österreich Franz Jägerstätter so etwas wie eine Galionsfigur pazifistischer Gruppen geworden. Das Bild des wegen Wehrdienstverweigerung hingerichteten Bauern zeigt sich jedoch keineswegs eindeutig; immer wieder wurden Zweifel an dessen „normaler" Geistesverfassung oder auch von anderer Seite solche an seiner Kirchlichkeit gegen ihn zur Sprache gebracht. Die Familie störte zudem die Darstellung Franz Jägerstätters als tolpatschigen und unbeholfenen Menschen, der er nach ihrer Erinnerung keineswegs war.

Das Verdienst des amerikanischen Soziologen (und Pazifisten) Gordon Zahn ist es, bereits in den sechziger Jahren das Schicksal Jägerstätters einem großen Personenkreis zugänglich gemacht zu haben.[1] In seiner Methode und Darstellung liegen aber bereits die Wurzeln der „Verzeichnung" des Bildes des jungen Bauern. Gordon Zahn gründete seine Darstellung in erster Linie auf Befragungen der Nachbarn Jägerstätters und dessen Berliner Pflichtverteidiger vor dem Reichskriegsgericht. Für die Nachbarn und Altersgenossen, die den Kriegsdienst unter größten Gefahren und Entbehrungen geleistet hatten, war die Entscheidung Jägerstätters eine zu starke Infragestellung der eigenen Handlungsweise und wurde daher als „verrückt" abgelehnt. Für den Berliner Anwalt sollte sich nach Kriegsende die Verteidigung Jägerstätters als entscheidend und überaus nützlich im Entnazifizierungsverfahren erweisen; nachträgliche Aussagen des Anwalts über eine „verbohrte" Haltung Jägerstätters sind daher mit Vorbehalten zu betrachten.

Anläßlich eines eher zufälligen Besuchs im Jahr 1979 zeigte mir Franziska Jägerstätter die Gefängnisaufzeichnungen ihres Mannes. Spontan überkam mich der Eindruck: „Der Mann ist ja völlig anders als das Bild, das ich mir von ihm gemacht habe." Bei der ersten Begegnung mit seinen Schriften hatte ich den Eindruck, es mit einem Intellektuellen zu tun zu haben, jedenfalls in keiner Weise mit einem „Sonderling". Angesichts der religiösen Texte Franz Jägerstätters mußte seine geringe Wertschätzung durch die Kirche erstaunen. Von daher und von der Aussage Franziska Jägerstätters aus, daß ihr Mann deshalb nicht für die Nationalsozialisten gekämpft habe, weil sie die Kirche so verfolgt hätten, lag es nahe, den Problemkreis Nationalsozialismus und katholische Kirche zu untersuchen.

Von den Erzählungen in der eigenen Familie wußte ich, daß die verschiedensten Faktoren den Alltag im Dorf während der NS-Ära beeinflußten und die Situation von Ort zu Ort äußerst verschieden war. Mein Bestreben war es daher, dem Problemkreis an Ort und Stelle, konkret in den Pfarren des Dekanates Ostermiething nachzugehen. Von den kirchlichen Äußerungen suchte ich ebenfalls zu ergründen, in welcher Form und welchen Inhalts sie an die Pfarrbasis gelangten; in dieser Hinsicht wurde ich im Pfarrarchiv Ostermiething fündig. Die Chroniken der einzelnen Pfarren schildern die unterschiedliche Situation von Ort zu Ort. In der Chronik von St. Radegund wird an mehreren Pfarrer-Schicksalen demonstriert, wie das Dorf mit zu „Frommen" oder anders gesagt mit solchen, die die jeweilige Dorffrömmigkeit in Frage stellten, umging. Franz Jägerstätter sollte dieselbe Ablehnung erfahren wie die Priester, die das ortsübliche Christlichsein in Frage stellten.

Gleich eingangs soll gesagt werden, daß das Dorf St. Radegund sich in der politischen Extremsituation des Nationalsozialismus durchaus bewährt hat; das Terrorregime hätte sich nie in dem Ausmaß entfalten können, wenn in bezug auf Denunziationen mehr Gemeinden und Gemeinschaften so zusammengehalten hätten und ein ähnliches Maß an Resistenz der Ideologie gegenüber gezeigt hätten.

Franziska Jägerstätter gehört in besonderer Weise mein Dank; ohne ihr Vertrauen, ohne ihre Mitarbeit hätte diese Arbeit nicht geschrieben werden können. Im Verlaufe zahlreicher Gespräche teilte sie mir viele Einzelheiten ihres Schicksals und des ihres Mannes mit. Nach und nach, wenn ich nach einer konkreten Person oder Situation fragte, gab sie mir den entsprechenden Briefwechsel.

Pfarrer Alfons Einsiedl, Ostermiething, danke ich die finanzielle und sozialversicherungsmäßige Basis aufgrund eines persönlichen, der vorliegenden Arbeit sehr entgegenkommenden Anstellungsverhältnisses. Ihm wie allen Priestern des Dekanates sei für das Entgegenkommen in bezug auf die Archive gedankt.

Durch Professor Dr. Franz-Martin Schmölz konnte ich an einem optimalen Arbeitsplatz im Internationalen Forschungszentrum auf dem Salzburger Mönchsberg die Dissertation niederschreiben. Dafür und für die Starthilfe im Dissertantenseminar sei ihm herzlicher Dank.

DDr. Wolfgang Huber bestärkte mich in der Arbeit und verwies mich an Dozent Dr. Rudolf Ardelt, der die Interpretation des Materials wesentlich beeinflußte. Vielen Dank!

Elfriede Mackinger danke ich für die Anfertigung der Reinschrift, Pfarrer Josef Steinkellner für das Korrigieren und Margareta Anna Steup für die Durchführung der Korrekturen.

1 In der Familie Huber-Jägerstätter

Situation der Eltern zur Zeit der Geburt

Nach Band V, Seite 10 des Taufbuches der Pfarre St. Radegund wurde Franciscus (Caracciolo) am 20. 5. 1907 um ½10 Uhr nachts geboren und am 21. 5. um 1¼ nachmittag getauft.

Mutter:

„Rosalia Huber, Dienstmagd in Eggeltsdorf Nr. 6, Pf. Tarsdorf, hieher zuständig, eheliche Tochter des verst. Johann Huber, Söldners in Hadermarkt Nr. 22, und der Elisabeth, geb. Obermaier, beide r. k."

Es findet sich weiters die Eintragung:

„Laut Zuschrift v. Hochw. Bischöfl. Ordinariate vom 25. VIII. 917/ Z 6918 auf Anordnung d. hoh. k. k. Statthalterei: ‚Der Geschlechtsname hat gemäß § 8, Abs. 2 der kaiserl. Verordnung vom 12. X. 1914 R. g. Bl. N 276 ‚Jägerstätter' zu lauten.'"

Sowie: „Franz Jägerstätter starb am 9. 8. 1943 in Brandenburg den Märtyrertod."

Beim Studium der Matrikeneintragungen drängt sich die Frage auf, warum die Mutter des Franziskus einen anderen Mann als den Kindesvater geheiratet hat. Der Bauerssohn Franz Bachmeier aus Tarsdorf und die Kleinbauerntochter Rosalia Huber, die in Tarsdorf im Dienst war, hätten dies auch sicher getan, nur waren sie zu arm, um einen Hausstand gründen und eine Familie erhalten zu können. Beiden gelang es Jahre später, Ehepartner zu finden, die den notwendigen Besitz hatten; Bachmeier heiratete 1912 in ein Bauerngut in der Pfarre Gilgenberg ein. Er fiel bereits 1915 im 1. Weltkrieg. Das Kind Franz wurde im Elternhaus der Mutter in Hadermarkt 22, St. Radegund, geboren. Die Geburt verlief für die Mutter sehr schwer, sie erlitt Verletzungen, die es ihr nicht mehr erlauben sollten, weitere Kinder zu bekommen. Die Mutter konnte weder beim Kind bleiben noch es an den Arbeitsplatz mitnehmen, also hatte die Großmutter das Kind „aufzuziehen".

Im Hause der Großmutter

Am Schicksal der Elisabeth Huber, der Großmutter, bekommt man Einblick in die soziale Lage auf dem Land zu Beginn dieses Jahrhunderts. 1893 gebar Elisabeth Huber ihr letztes Kind, Barbara.[1] Es war mindestens das neunte Kind; deren Anzahl festzustellen ist schwierig, da der entsprechende Band der Taufbücher nicht vorhanden ist, nach der Trauungsmatrik haben von 1905 bis 1917 sieben Huber-Geschwister geheiratet, Maria, die einen Bibelforscher geheiratet hatte, und Barbara sind nicht unter ihnen. Ab 1896 hatte die Frau die Familie allein zu versorgen, da der Mann, Johann Huber, 50jährig an Lungentuberkulose starb.[2] (Lungentuberkulose war bis in die vierziger Jahre dieses Jahrhunderts in St. Radegund sehr häufig.) Der Verdienst des Vaters im Schusterhandwerk fiel für die Familie aus. Bis zu zehn Personen waren vom Ertrag der Landwirtschaft, die nur das Halten von drei Kühen erlaubte, zu ernähren. Ob der Not dürfte Elisabeth Huber aber nicht verbittert gewesen sein, der Enkel Franz Huber spricht von ihr als einer sehr „guten" Frau.

Diese Frau hatte nach ihren Kindern die Kinder ihrer ledigen Töchter zu akzeptieren. 1901 wurde Anton, Sohn der Tochter Maria, geboren; dieses Kind starb mit 13 Monaten an einer Lungenentzündung.[3] Im Jänner 1905 gebar dieselbe Maria Huber den Sohn Johann, der mit Franz Jägerstätter zusammen aufwachsen sollte und später zu den Zeugen Jehovas übertrat, sein Kirchenaustritt ist 1927 in der Taufmatrik vermerkt.[4] Der nächste Enkel im Haus der Großmutter ist der 1907 geborene Franz. Er war, solange er bei der Großmutter lebte, der jüngste im Haushalt. Dies und die Erinnerung an den verstorbenen einjährigen Cousin dürften ihm eine eher liebevolle und zärtliche Behandlung zukommen haben lassen.

Die Autorität im Hause war zweifellos eine Frau, die Großmutter. Die Söhne des Hauses, die 1905, 1909 und 1911 heirateten,[5] waren mit Bestimmtheit schon vorher auf einem Arbeits- und Kostplatz außer Haus. 1914 heiratete der Erbe der Kleinlandwirtschaft, der wieder Schuster war, 1916 kam dessen erstes Kind.[6]

Eine in Oberösterreich bis in die Gegenwart gängige Meinung ist, daß Großeltern Kinder eher nachgiebiger erziehen als deren Eltern. Dies dürfte für den Personenkreis, der sich wenig mit pädagogischen und psychologischen Gesichtspunkten befaßt, noch immer zutreffen.

Derjenige, der schon einmal die Entwicklung eines Kindes miterlebt hat, beurteilt Kleinigkeiten großzügiger und gibt möglicherweise dem Kind damit größere Entfaltungschancen. Margaret Mead, die amerikanische Ethnologin, mißt in ihrer Biographie der Tatsache, daß sie vorwiegend von der Großmutter erzogen wurde, in dieser Hinsicht große Bedeutung bei:

„Aber die Stärke meines Gewissens stammt von Großmutter her, die genau das meinte, was sie sagte. Vielleicht gibt es nichts Wertvolleres für ein Kind, als mit einem Erwachsenen zu leben, der stark ist und lieben kann – und Großmutter konnte lieben."

Elisabeth Huber, die Großmutter und Erzieherin Franz Jägerstätters, wird von ihrem Enkel Franz Huber ebenfalls als starke, liebevolle und religiöse Frau beschrieben. Charakterstärke und auch eine im Milieu nicht selbstverständliche Fähigkeit, die Liebe zu Frau und Kindern auszudrücken, kennzeichnen den Enkel Franz Jägerstätter.

Eltern des gefallenen Vaters versorgen das Kind

Die Zeit während und nach dem 1. Weltkrieg ist in diesem bäuerlichen Gebiet von Hunger und Lebensmittelknappheit gekennzeichnet.

Die Pfarrchronik von Ostermiething berichtet von einem regelrechten Aufstand wegen der Lebensmittelablieferungen. Der Pfarrer von St. Radegund vergleicht 1918 die dortige Situation mit der in Bayern:

„In Deutschland und Bayern leidet auf dem Lande niemand Not. Man läßt dem Bauern eben was er nötig hat und der versteckt dann nicht viel. Hier aber in unserem Vaterlande nimmt und zwickt man alles Mögliche ab. Dadurch sammelt sich jeder Besitzer soviel geheime Vorräte, daß er gar nicht imstande ist, alles zu verzehren, sodaß ihm die Mäuse und Ratten helfen müssen. Auch geht die Legende, daß aller ‚Überschuß', der in Wirklichkeit keiner ist, nach Deutschland wandert."[8]

Wieweit diese Vermutung stimmte, ist schwer zu überprüfen. Der Staat reagierte auf diesen Aufruhr in Ostermiething mit Hausdurchsuchungen durch Militärkommissionen,[8a] wie die dortige Pfarrchronik berichtet.

Bei den Hubers wird es kaum etwas zu verstecken gegeben haben. Da die Lebensmittel-Situation auf dem etwas größeren Hof der Großeltern väterlicherseits etwas besser war, kommt der Bub 1916 zu den Bachmeiers nach Tarsdorf.

Mutter wird Leherbäurin

Am 19. 2. 1917 heiratet die damals 32jährige Rosalia Huber den 33jährigen Heinrich Jägerstätter, den Besitzer des Leherbauerngutes in Hadermarkt Nr. 7.[9] Im selben Jahr wird der uneheliche Sohn der Frau, wie schon eingangs dokumentiert, von Heinrich Jägerstätter adoptiert. Da die Ehe kinderlos blieb, wurde der Adoptivsohn Hoferbe.

Für Rosalia bedeutete die Heirat den Aufstieg von der Dienstmagd zur Bäurin, auch konnte sie endlich ihr Kind zu sich nehmen; dennoch sollte das Schicksal der Frau in der Zukunft alles andere als leicht werden. Eine Hauptsorge war die Tatsache, daß der Mann häufig trank, was sich auf Finanzen wie Arbeitsleistung entsprechend auswirkte. Zudem versuchte er verschiedene unübliche Projekte in der Landwirtschaft, die, wie zum Beispiel eine Intensiv-Hühnerzucht, jedoch nur finanzielle Nachteile brachten. Im Zusammenhang mit ihrem Sohn tat es der Frau weh, daß sie zu ihm eine eher weniger herzliche Beziehung erreichte als zur Ziehtochter Aloisia. Im Jahr 1918 nahm Rosalia Jägerstätter das damals zweijährige Kind ihrer Schwester Monika zu sich. Franziska Jägerstätter führt die unterschiedliche Intensität der Beziehung ihrer Schwiegermutter zu den beiden Kindern auf das unterschiedliche Alter zurück, indem diese jeweils in ihre Obhut gekommen waren.

Bevor Rosalia Jägerstätter jedoch ihren Sohn Franz auf die schreckliche Weise verlieren sollte, verlor sie ihren Mann und die geliebte Ziehtochter. Heinrich Jägerstätter starb am 8. Mai 1933 erst 49jährig an Lungentuberkulose.[10] Drei Jahre später starb die Ziehtochter Aloisia an derselben Krankheit, am Tag der Hochzeit ihres Ziehbruders und Cousins, am Gründonnerstag 1936, wurde sie in St. Radegund beerdigt.[11]

1922 finden in St. Radegund die ersten Passionsspiele nach dem Krieg statt. Der 15jährige Franz spielt einen der um den Rock Christi würfelnden Soldaten. Die pathetische Sprache muß ihn stark beein-

14

Am 19. 2. 1917 heiraten in St. Radegund Rosalia Huber und Heinrich Jägerstätter.

15

druckt haben, denn als er 10 Jahre später selbst eine Art „Sinngedichte" schreibt, wählt er eine gehobene, feierliche Sprache.[12]

Tod des Onkels

Bei den Interviews, die Gordon Zahn in den sechziger Jahren in St. Radegund machte, wurde Franz Jägerstätter unter anderem Intelligenz und Hartnäckigkeit als Erbe der Huber-Linie nachgesagt.[13] Franziska Jägerstätter berichtet von einem Verwandten, der in bezug auf Rechts- bzw. Unrechtsbewußtsein ein einmaliger Fall ist. Ferdinand Huber, Onkel von Franz, betrank sich einmal. Im Rausch gab es dann zuhause ein Zerwürfnis mit seiner Frau, der Mann gab dieser eine Ohrfeige. Am nächsten Tag wieder nüchtern, stellte der Mann voll Reue fest, daß jemand, der seine Frau geschlagen hat, kein Recht mehr habe zu leben; er beging Selbstmord. Dies ereignete sich vor der Eheschließung Jägerstätters 1936; in den Matriken findet sich jedoch keine entsprechende Eintragung. Allerdings findet sich in der Pfarrchronik unter „1926" ein mit 9. 3. datierter Zeitungsausschnitt folgenden Inhalts:

„In Donawitz bei Leoben starb plötzlich Herr Ferdinand Huber. Der Verstorbene, hier 1889 geboren, war Werkarbeiter in Donawitz und seit drei Jahren verehelicht. Für denselben wurde hier ein Trauergottesdienst abgehalten, dem sehr viele Leidtragende beiwohnten."

Eine genaue Todesursache im Unterschied zu sonstigen Unfalls- oder Todesmeldungen wird nicht angegeben. Daß er durch Selbstmord starb, liegt daher im Bereich des Möglichen.

Als „armes" Kind in der Schule benachteiligt

Ab 1. 5. 1913 besuchte Franz Huber die einklassige Volksschule St. Radegund. Der Lehrer hatte die gewaltige Aufgabe, sieben Jahrgänge, bis zu 50 und 60 Schüler in einer Klasse, zu unterrichten. Die Zeugnisse des Buben zeigen gute Noten. Es fällt allerdings auf, daß in den beiden Quartalen, in denen Franz in Tarsdorf benotet wurde, die Beurteilung bedeutend besser ausfällt. Im Schuljahr 1916/17 hatte Franz im ersten Quartal einen Notendurchschnitt von 1,9 erreicht; im zweiten Quartal in Tarsdorf sind es 1,2, im dritten Quartal in

Tarsdorf sogar 1,1, im vierten Quartal wieder in St. Radegund sind es 1,7, auf einer Notenskala von 1 bis 5.[14] Das mit 20. 5. 1921 datierte Entlassungszeugnis der Volksschule St. Radegund weist einen Notendurchschnitt von 1,7 auf.

In einem Mundartgedicht: „Aus meiner Kinderzeit", das mit 7. 9. 1932 datiert ist, erinnert sich Franz an eine Benachteiligung in der Schule aufgrund seiner Armut:

„Daß i a armer Bua bloß,
des is ma kemma in mein Sinn.
Hab g-lernt no so guat und brav,
hab-ns mir die ‚Dreier' zuawidraht."[15]

Für den entsprechenden Zeitraum ist in der St. Radegunder Pfarrchronik von einem Lehrerehepaar berichtet, das viele Lebensmittel gehamstert hat.
Es hat den Anschein, als ob die ungerechte Behandlung infolge seiner Armut ihm mehr weh getan hat als Hunger und Armut selbst; die Entbehrungen sieht er als gute Lebensschule:

„Von all den Kinderlustbarkeiten blieb mir gar viel versagt;
und mußt ich auch Hunger leiden, danach hat mich niemand g-fragt.
Abgehärtet für mei Lebensbahn wurde ich als Kind schon fest;
dann fängt man auch nicht gleich zu murren an,
wenn's einem auch geht noch so schlecht."[16]

17

2 St. Radegund

Im oberen Innviertel, für diese Arbeit wurde das Gebiet des
Dekanates Ostermiething bzw. des Gerichtsbezirkes Wildshut untersucht, erstrecken sich die nachbarlichen Beziehungen weit über Pfarr-
und Gemeindegrenzen hinaus. Hochzeiten und vor allem Begräbnis-
se werden von einem sehr großen Kreis gefeiert; in Ostermiething
nehmen an Beerdigungen jüngerer Verstorbener bis zu 2000 Menschen teil (März 1983). Wer jedoch von einem Ort in den nächsten
übersiedelt, bleibt zeitlebens ein Nicht-ganz-dazu-Gehörender.
Die Bewohner von St. Radegund haben in der Umgebung den Ruf,
noch mehr als ihre Nachbarn zusammenzuhalten, für Nicht-Einge-
borene soll es noch schwerer sein, dazuzugehören; für eine Frau etwa,
die dorthin einheiratet, dauert es jahrelang, bis sie die anderen
„schmecken" wollen. Franziska Jägerstätter wurde am ersten Sonntag, an dem sie in St. Radegund die Kirche besuchte, von einer
Nachbarin angesprochen, die ebenfalls dorthin eingeheiratet hatte;
diese kümmerte sich um sie, weil sie wußte, wie schwer es zu ertragen
war, wenn niemand mit einem sprach.

Ungewöhnliche Siedlungsform

Im Unterschied zu den Gemeinden der Umgebung gibt es in St.
Radegund keine geschlossene Ortschaft. Während sich in den
übrigen Pfarren um die Kirche ein Ortskern mit Versorgungseinrich-
tungen gebildet hat, fehlt dies in St. Radegund. Die kleine gotische
Kirche mit dem Friedhof und dem ehemaligen Mesnerhaus ist in den
Abhang zur Salzach gebaut und das Ende der Siedlung. Oberhalb der
Kirche sind die Schule, ein Gasthof und der Pfarrhof zu finden,
bilden jedoch auch keinen Ortsplatz. Die verschiedenen Gewerbebetriebe, die Bauernhöfe und die sonstigen Wohnhäuser liegen über
das ganze Gemeindegebiet verstreut.
In meiner Heimatgemeinde (Ohlsdorf bei Gmunden, OÖ) machte ich
die Erfahrung, daß die besten nachbarschaftlichen Beziehungen, wie
Zusammenhelfen bei Bauarbeiten, gemeinsamer Maschinenkauf
oder gegenseitige Besuche in den kleineren Ortschaften (drei bis zehn
Häuser) bestanden. In den großen Haufendörfern und im Kirchort
selber gab es sehr wenig „Nachbarschaft".

In St. Radegund ist die große Mehrheit der Bewohner nicht mehr in der Landwirtschaft tätig, Zusammenhalten und Zusammenhelfen sind jedoch geblieben. Bürgermeister Hofbauer weist bei einem Gespräch Anfang 1983 darauf hin, daß, wenn etwa eine Familie ein Eigenheim (ortsübliche Wohnform für alle Schichten) errichtet, sie keine Hilfsarbeiterkosten zu bezahlen braucht; Nachbarn arbeiten unentgeltlich mit. Die von großen Verkehrswegen oder Zentren „abgelegene" geographische Situation mag das Aufeinanderange-wiesensein verstärkt haben: St. Radegund ist im Westen von der Salzach, im Norden und Osten vom Weilhartsforst begrenzt. Die Salzach bildet zudem die Landesgrenze gegen Bayern. Der Zusam-menhalt der Gemeinde wurde verstärkt durch die vielen Verwandt-schaftsbeziehungen innerhalb dieser.

Die Burschen-Zechen, die im Innviertel bis in die Gegenwart Freizeit und Brauchtum der Jugend stark bestimmen, sorgten in St. Rade-gund dafür, daß nicht etwa ein fremder Freier sich ins Dorf wagte oder ein Heimwehrer.

Der uniformierte Wehrverband der Vaterländischen Front, der im Grenzgebiet zu Deutschland stationiert war, war zur Kontrolle der nationalsozialistischen Aktionen eingesetzt.[1]

In der Gegend war er nach Aussage von Franziska Jägerstätter sehr unbeliebt. Für ein Mädchen wäre es die größte Schande gewesen, mit einem Heimwehrer gesehen zu werden. Wenn die Heimwehrer den Mädchen zu nahe kamen, kam es zu Auseinandersetzungen mit den örtlichen Zechen. Franz Jägerstätter wurde wegen einer solchen Rauferei mit Heimwehrleuten gerichtlich belangt und zu zwei Tagen Arrest verurteilt, die er in Wildshut abzusitzen hatte.[2]

Einer der Raufbolde, die sich dadurch hervortaten, daß sie bei jeder Gelegenheit Schlägereien anzettelten, war Franz Jägerstätter aller-dings nicht.

Seine Frau erinnert sich an Burschen, die bei den kleinsten Anlässen Raufereien inszenierten („Schmeißts'n außi!"), was sich natürlich kaum jemand gefallen lassen konnte.

Demographische Daten über die Gemeinde St. Radegund

Volkszählung 1934

Nach den Ergebnissen der österreichischen Volkszählung vom 22. 3. 1934 weist sich St. Radegund als geschlossen katholische, überwiegend agrarische Gemeinde aus.[3] St. Radegund umfaßt ein Gebiet von 17,99 km². In 109 Häusern wohnten 116 Wohnparteien, was besagt, daß nahezu in jedem Haus nur eine „Partei" wohnte. Von den 567 Personen der Wohnbevölkerung waren 263 männlichen und 304 Personen weiblichen Geschlechts. Alle 567 Personen gehörten der röm.-kath. Religion an. Neben St. Radegund im Gerichtsbezirk Wildshut, der sich mit den Grenzen des Dekanates Ostermiething deckt, zeigten noch die Gemeinden Tarsdorf und Haigermoos eine ausnahmslose Zugehörigkeit zur katholischen Religion. Insgesamt waren von den 10 157 Bewohnern des Gerichtsbezirkes Wildshut nur 42 Personen Nichtkatholiken (0,4 Prozent), davon 38 evangelisch A. B., 1 altkatholisch, 3 konfessionslos, israelitische Religionszugehörigkeit gab es keine.

Niederschlag politischer Einstellung bei Wahlen

Vom Trend der Gemeinderatswahlen in Oberösterreich vom 14. 4. 1929,[4] die den Christlichsozialen Verluste brachten, Gewinne aber den Sozialdemokraten, beim Landbund und bei Großdeutschen, ist in St. Radegund nichts zu merken. In St. Radegund stimmten alle, die zur Wahl gingen, für dieselbe Partei. Die Wahl ist in der Pfarrchronik St. Radegund durch Zeitungsausschnitte dokumentiert.[5] Pfarrer Lehner (1926–1929 in St. Radegund) zog es nach den emotionsgeladenen Eintragungen seiner Vorgänger vor, die Ereignisse durch Zeitungsausschnitte zu dokumentieren; er unterließ jedwede persönliche handschriftliche Eintragung.

Unter St. Radegund heißt es:

„Von 279 Wählern[6] wurden 215 giltige Stimmen abgegeben u. zw.: 101 männliche und 114 weibliche, sämtliche christlichsozial, ungiltig: keine. Gewählt wurden die Herren Ferdinand Huber, bisher Bürgermeister; Sigl Simon; Sticklbauer; Schnaitl Johann, Organist; Loh-

Beim Maschindreschen in St. Radegund, Mitte der zwanziger Jahre.
Die Nachbarn helfen einander aus, denn zur Beschickung der neuen
Dreschmaschine, die die Arbeit von Monaten in ein bis zwei Tagen
schafft, sind viele Hände nötig. Dreschen hatte auch zu dieser Zeit den
Charakter eines Erntefestes mit Tanz und gutem Essen und dem viel
unterhaltsameren Arbeiten in der Gemeinschaft.
Auf dem Bild oben im Torbogen ist als erster von links Franz
Jägerstätter zu sehen. Unten links mit der Zeitung in der Hand ist
Matthäus Jägerstätter, der Großvater; die Zeitung in der Hand ist wie
die Ziehharmonika eines anderen ein Statussymbol.
In St. Radegund waren 65 Prozent der Wohnbevölkerung in der
Landwirtschaft tätig.

---

bauer; Rambichler Ludwig, Wolfpauli; Eckinger Anton, Strohofer;
Jägerstädter (!) Heinrich, Leherbauer; Sperl Franz, Holzhauser; Graf
Johann, Moosimmerl."

Der Adoptivvater Franz Jägerstätters war als Christlichsozialer im
Gemeinderat. Wie die „Einstimmigkeit" aufzeigt, gab es keine
Gegenkandidaten. Aus der geringen Wahlbeteiligung von 77 Prozent
lassen sich Hinweise auf oppositionelle Nichtwähler ziehen.
Bei der Nationalratswahl 1930 ist in St. Radegund eine beträchtlich
größere Wahlbeteiligung, nämlich 91 Prozent, zu verzeichnen. Die

Konkurrenzsituation und die Möglichkeit einer echten Wahl zwischen Parteien mögen diese gleichermaßen bewirkt haben.
Stimmenverhältnis 1930: Sozialdemokratische Partei 15, Christlichsoziale Partei 238, Heimatblock 1, Landbund 1, Österreichische Volkspartei 2.[7]
Gesamtösterreichisch wurden bei dieser Wahl am 9. 11. 1930 die Sozialdemokraten stärkste Partei des Nationalrates; in Oberösterreich erhielten die Christlichsoziale Partei 11, die Sozialdemokratische Partei 6, der Heimatblock 1 und der Schoberblock 1 Mandat(e).[8]
Im Zusammenhang mit der Nationalratswahl 1930 ist bemerkenswert, daß die „Nationalsoz. deutsche Arbeiterpartei" (Hitlerbewegung) weder in St. Radegund noch im Gerichtsbezirk Wildshut auch nur eine einzige Stimme bekam, im Bundesland Oberösterreich erreichte diese Partei mit 11 604 Stimmen bereits 2,4 Prozentpunkte.[9]
Bei der Landtagswahl 1931 ging die Wahlbeteiligung in St. Radegund wieder auf 83 Prozent zurück, neben 228 Stimmen für die Christlichsozialen gab es 8 für die Sozialdemokraten, die nationalsozialistische deutsche Arbeiterpartei bekam in St. Radegund keine Stimme; in Ostermiething allerdings brachte sie es zu diesem Zeitpunkt bereits auf 50 Stimmen, in Eggelsberg auf 9, in Tarsdorf auf 3 und in St. Pantaleon auf 1 Stimme. Trotz des 7prozentigen Anteils in Ostermiething blieb im Gerichtsbezirk der der Nationalsozialisten bei 1,3 Prozent (landesweit 3,4 Prozent).[10] Im Landtag stellten die Christlichsozialen 28 Mitglieder, die Sozialdemokraten 15, der Nationale Wirtschaftsblock und Landbund 5 Mitglieder.[11]
Zieht man das Ergebnis der Gemeinderatswahlen 1929 in St. Radegund in Vergleich mit denen der Nachbargemeinden, muß man feststellen, daß die „Einstimmigkeit" in St. Radegund kein Einzelfall ist. In den kleinen Gemeinden des Gerichtsbezirkes Wildshut gab es offensichtlich keine Gegenkandidaten gegen die Christlichsozialen. So weist das Wahlergebnis 1929 in Franking, Haigermoos, St. Pantaleon und Tarsdorf ebenfalls nur Stimmen und Mandate für die Christlichsozialen aus.
Die größeren Gemeinden weisen ein reicheres Parteienspektrum auf.[12]
Bis in die Gegenwart ist im oberen Innviertel eine „Neigung" zu großen Mehrheiten festzustellen, dies gilt für die sozialistische Partei in St. Pantaleon genauso wie für die Volkspartei in den übrigen Gemeinden. Sachpolitik oder berufliche Stellung der Wähler dürften

22

dabei weniger eine Rolle spielen als der Wunsch, möglichst zu denen zu gehören, die an der Macht sind.

Passionsspiel zeigt Leistungskraft der Gemeinde St. Radegund

Der Aufweis des Leistungswillens und der Organisationskraft der Gemeinde waren die Passionsspiele zu Beginn unseres Jahrhunderts. Gegen den Widerstand des damaligen Pfarrers Blümelhuber begeisterte Bürgermeister Eichelseder den seit 1885 bestehenden Dilettantenverein und die Feuerwehrmänner (!) für den Plan, und 1908 wurde in einem Gasthaussaal zum erstenmal gespielt. 1913 konnte bereits das Spiel in einer großen neuen Passionsspielhalle aufgeführt werden. Über 16000 Zuschauer kamen. Die Zeitungsberichte aus dieser Zeit geben Aufschluß, was von der kleinen Gemeinde alles zuwege gebracht wurde: Die Besucher mußten mit Leiterwagen vom 6 km entfernten Tittmoninger Bahnhof abgeholt werden, waren den ganzen Tag über zu verköstigen; vor dem Spiel wurden Darbietungen der Blechmusik und des Kinderchores geboten, dann erst folgte das sechsstündige Spiel auf der Bühne.[13]
Weitere Spiele fanden in den Jahren 1922, 1925, 1930 statt, 1933 wurde als letztes ein Marienspiel aufgeführt.[14] Im Jahre 1929, zur Zeit der Beschlußfassung über das Passionsspiel im Jahre 1930, war Josef Karobath als Provisor in St. Radegund, er schreibt in der Chronik:

„Ja, wenn die Radegunder nicht 1930 die Passion aufführen möchten! Man ist an mich herangetreten, ob ich mittue. Ich sagte zu, trotzdem alle früheren Pfarrer bis auf Lehner dagegen waren... Man war fast gezwungen zu spielen, weil das Unternehmen in schweren Schulden steckte. Ich habe zum Spiel nicht gedrängt und habe auch jede Verantwortung abgelehnt. Nun war es Schluß mit dem Studium, vom Herbst ab gab es jetzt Arbeit in Hülle und Fülle."[15]

Mit dem Studium hätte sich Josef Karobath auf den Pfarrkonkurs vorbereitet und somit die Bedingung erfüllt, selbst um eine Pfarre einreichen zu können.

Insgesamt konnte der ab April 1930 in St. Radegund tätige Pfarrer Franz Wimmer eine gute Bilanz des Spieles ziehen, es kamen insgesamt 27100 Besucher. „Herr Provisor Karobath hat fleißig

23

eingeübt und ich arbeite kräftig mit." Doch auch Pfarrer Wimmer blieb die Vorbereitungsarbeit nicht erspart, für 1933 wurde das Marienspiel eingeübt, auch er bemerkte in der Chronik, der Entschluß zum Spiel stammte von der Passionsspielgemeinde, die eigentliche Leitung und die Arbeit aber lag in den Händen des Ortspfarrers. Infolge „der erlittenen Aufregungen und der Überanstrengung" des Jahres 1933 erlitt Pfarrer Wimmer im August 1933 einen Nervenzusammenbruch und verzichtete im folgenden Jahr auf die Pfarre.[16]

NS-Machtergreifung kostet Erfolg der Spiele

Das größte Problem des Spieljahres 1933 waren die Folgen des politischen Umsturzes in Deutschland für die Grenzgemeinde. Pfarrer Wimmer notierte in der Chronik unter:

„5. März 1933. Übernahme der Macht in Deutschland durch die Nationalsozialisten. Damit beginnt für uns eine Unglücksepoche. Seit diesem Tage wurde Österreich und was damit zusammenhängt, also auch unser Spiel, von reichsdeutscher Seite boykottiert. Unsere Plakate und Briefe nach Deutschland wurden unterschlagen. . . Seit 1. Juni dieses Jahres wurde die deutsche Grenze gegen Österreich vollkommen gesperrt. Der kleine Grenzverkehr ist auf dem Papier zwar erlaubt, de facto kommt nicht ein Deutscher herüber."[17]

Die Machtergreifung der Nationalsozialisten brachte für die Passionsspielgemeinde nur große Nachteile, da auch den österreichischen Besuchern der Bahnweg abgeschnitten worden war. Im Unterschied zu den Nachbarpfarren Ostermiething und Tarsdorf werden für die Zeit bis zum „Anschluß" in der Pfarrchronik St. Radegund keine Aktivitäten von Nazis vermerkt.

Dauerkonflikt Pfarrgemeinde – Pfarrer

Von dem einheitlichen christlichsozialen Wahlergebnis auf ein ebenso gutes Verhältnis der Ortsbewohner von St. Radegund zu ihren jeweiligen Pfarrern zu schließen wäre ein naheliegender, aber grober Fehlschluß. Die beiden Bände der Pfarrchronik belegen mit einer auch für das obere Innviertel einzigartigen Sammlung von Details diesen Konflikt.

Seit den achtziger Jahren des 19. Jahrhunderts wechseln häufig die Pfarrer, sie gingen jeweils verbittert fort. Die Auseinandersetzungen waren jeweils persönlicher Art. So ärgerte sich 1918 der Pfarrer über eine Anpöbelung durch einen Wirt, ein Nachbarpfarrer würde (zuerst) grüßen.[18] Derselbe Pfarrer wurde 1919 wegen Giftmordes anläßlich der Spendung der Sterbesakramente bei Gericht angezeigt; die Ursache der, wie sich herausstellte, haltlosen Verleumdung war nach Darstellung des Pfarrers die Rache einer abgewiesenen Verehrerin desselben.[19] Ein weiterer Dauerkonflikt wird bei der Giftsache erwähnt: „Die Kranke hat noch jeden Lehrer gegen den Pfarrer aufgehetzt."[20] Das Verhältnis Lehrer – Pfarrer war jeweils ein gespanntes.

1929 dürften die Verhältnisse in St. Radegund sich so weit unter dem Klerus herumgesprochen haben, daß um die vakante Pfarre niemand mehr ansuchte. Der damalige Provisor Karobath schreibt darüber: „H. H. Pfarrer Lehner ging mit 1. Juli in Pension, die üblichen Verdrießlichkeiten machten es wohl, daß es so schnell ging."[21] Und weiter: „Radegund wird ausgeschrieben. Die ‚Krax'npfarr‘ will niemand. Es rächt sich eben manches. Die Leute sagen: Wir kriegen keinen Pfarrer mehr, wir sind schon zu stark verschrien."

1930 – 1933 war Franz Wimmer als Pfarrer in St. Radegund. Kurz nach einem Besuch Bischof Gföllners in der Pfarre erleidet der Pfarrer einen Nervenzusammenbruch, St. Radegund „geht auf die Nerven,"[22] als Provisor kommt Franz Krenn, der für Franz Jägerstätter ein Freund werden sollte, in die Pfarre. Die letzten Eintragungen Franz Wimmers, der mit 1. Mai 1934 auf die Pfarre resignierte, ähneln denen seiner Vorgänger:

„Seit Pfarrer Pogner hat es kein Pfarrer mehr hier ausgehalten. Bei jedem wiederholt sich dasselbe Schauspiel! Auch bei Dir, mein lieber Amtsbruder, wird es so sein! Zuerst wird man Dich vergöttern! Man wird Dich auf den Händen tragen! Dich umschmeicheln, Dich mit Geschenken überhäufen, über Deinen Amtsvorgänger schimpfen, so daß Du mit Verwunderung Dich fragen wirst, wie es denn möglich sei, daß man es hier nicht aushalten könne.

Aber nur Geduld! Das dauert höchstens zwei Jahre, dann wird man Dich genauso steinigen, wie man es Rainer, Blümelhuber, Grimm,

Lettenmüller, Lehner und mir gemacht hat. . . Möge Gott dieses Radegund nicht so strafen, wie es diese Leute verdienten."

Neben diesen Zeilen: „Warum bin ich schon das 3. Mal nach St. R. gekommen? Karobath."[23]
An einem Beispiel aus der Amtszeit Pfarrer Karobaths kann der Dauerkonflikt zwischen Pfarrgemeinde und Pfarrer vielleicht etwas verdeutlicht werden.
Im Jahr 1954 gab es eine sehr arge Überschwemmung, als deren Folge einige Häuser zerstört wurden. Der Pfarrer versuchte vergeblich, für eine schwer getroffene Familie einen neuen Bauplatz zu bekommen.

„So predigte ich am 1. August, daß Gott der Grundherr ist, daß wir alle nur Verwalter sind. Nach Verlesung der Gottesdienstordnung verlas ich noch Folgendes: ‚Für Felix G. . . . wurde noch kein geeigneter Bauplatz gefunden. St. Radegund würde sich das aller-schlechteste Zeugnis ausstellen, wenn das Unglück des Mannes benützt würde, ihn dadurch zu vertreiben, daß man ihm keinen Bauplatz gibt.' Nach dem Gottesdienst schrie der Bürgermeister vor der Kirche, die Gemeinde lasse sich das nicht gefallen u. s. w. auch der P. . . . beschimpfte mich."[24]

Karobath zieht daraufhin den Schluß:

„Unter solchen Leuten will ich nicht mehr leben. Jetzt, da ich alt und krank bin, suche ich eine neue Pfarre. Hoffentlich gelingt es."[25]

Er blieb dann doch, das Klima besserte sich auch wieder, aber auf die Situation wirft die Sache ein bezeichnendes Licht.

Beruflich und wirtschaftlich zeigt St. Radegund bis nach dem 2. Weltkrieg eine sehr einheitliche Struktur. Dem Bauern-Kleinhäusler-Kleingewerbetreibenden-Milieu stand keinerlei Honoratioren-schicht (wie Arzt oder Apotheker oder höhere Beamte) gegenüber. Die Passionsspielerfahrung hatte die Menschen zudem in ihrem religiösen Selbstbewußtsein gestärkt, was hatte sich also der Pfarrer in ihre Angelegenheiten einzumischen. Die Kritik am ortsüblichen „Christentum" war dem Pfarrer, wie obiges Beispiel zeigt, nicht gestattet.
Soziologisch betrachtet verwendet die Gruppe Pfarre die sozialen Kontroll- und Strafmöglichkeiten Mißachtung und Tratsch, um den

26

einzelnen, in dem Fall den Pfarrer, zur Anerkennung ihrer Ordnung zu bringen.[26] In einem persönlichen Gespräch mit der Verfasserin beantwortete Pfarrer Karobath im Herbst 1982 die Frage, warum es immer wieder zu Spannungen und Reibereien zwischen Priester und Pfarrvolk gekommen war, wie folgt: „Ich hätt' halt einer von ihnen sein müssen", und das in der Form, daß er nicht nur ihre Lebensbedingungen, sondern auch ihre Werthaltungen geteilt hätte, was aber den Seelsorger erübrigt hätte.

Innviertler sind religiös, aber nicht klerikal

Kommt man aus einem anderen Teil des Bundeslandes Oberösterreich, wirken diese Berichte in der Chronik höchst eigentümlich und auch unglaubwürdig. In der Nachbarpfarre Tarsdorf gab es jedoch auch Reibereien zwischen den Pfarrern und den Katholiken, wenn auch nicht in derselben Häufigkeit wie in St. Radegund. Die Religiosität der Innviertler steht beim Klerus nicht im besten Ruf, wie ein Sprichwort ausdrückt:

„Im Mühlviertel ist der Priester der Herr, im Hausruckviertel ist er der Bruder, im Traunviertel der Freund und im Innviertel ist er der Knecht."[27]

Der Pfarrer ist der, den man sich zum Beten „verzahlt", so wie den Chor zum Singen und den Knecht zum Arbeiten. Versuche der Pfarrer, die Gottesdienstbesucher aus ihrer passiven Haltung herauszuholen, zeigen bis in die Gegenwart nur geringe Erfolge. Die Menschen sind religiös, bestimmen Art und Maß ihrer Glaubensausübung aber selbst. Beichten fand nie besonderen Anklang, dafür machen die Leute gern Wallfahrten. Wichtig ist, daß die Kirche ordentlich hergerichtet ist, das darf auch etwas kosten, bei Sammlungen dagegen für überpfarrliche Zwecke sind die Innviertler knausrig. Hier ist ein Konfliktbereich mit den Nationalsozialisten vorgezeichnet, die an den Spendenergebnissen ihren Erfolg maßen; es ist kaum anzunehmen, daß sie im Innviertel auf annähernd zufriedenstellende Ergebnisse gekommen sind. Sowenig sich die Innviertler von ihren Pfarrern irgendwelchen Druck gefallen lassen, sowenig gehorchten sie den Nationalsozialisten, als diese das Kirchengehen abschaffen wollten; ein alter Pfarrer hat die Kirche nie so voll wie damals gesehen: „Denn Druck erzeugt im Innviertel allemal Gegendruck."[28]

Franz Jägerstätter steht durchaus in der religiösen Tradition seiner Heimat, wenn für ihn in religiösen und gewissensmäßigen Fragen die Meinung des Pfarrers nur von relativer Bedeutung ist.

3 Der jugendliche Franz

Im Urteil der Nachbarn

Aus den Befragungen der Ortsbewohner von St. Radegund, die der amerikanische Soziologe Gordon Zahn 1961 durchführte, ergibt sich ein einheitlicher Befund; Franz wird als beliebter junger Mann, als „lustiger Bursche", „kreuzfideler Kerl", „lebenslustiger Mensch" geschildert.[1]

Der Befund Gordon Zahns über den jungen Mann ist jedoch auf dem Hintergrund seiner Briefe von 1927 bis 1930 ergänzungsbedürftig. Bei Zahn heißt es:

„Sein Verhältnis zur Religion unterschied sich in keiner Weise von dem seiner Alters- und Standesgenossen. Jedenfalls ließ nichts in ihm den künftigen Mesner ahnen, und nichts wies auf die tiefe religiöse Überzeugung hin, die so ergreifend aus den hinterlassenen Schriften spricht."[2]

Der Zwanzigjährige verläßt seine Heimat

Auf Fotografien, die aus der Zeit vor 1927 stammen, fällt an Franz bereits auf, wie gut er nach städtischer Mode angezogen ist und wie gut er insgesamt aussieht. Da er zudem ein lieber Kerl war und der einzige Sohn auf einem Bauernhof, war er in einer vergleichsweise guten Position. Bei den Mädchen kam er ebenfalls gut an, so manche meinte nach der Verheiratung zu seiner jungen Frau, daß sie einiges aus der Vergangenheit zu erzählen wisse; Franziska hatte für solche Andeutungen nur ein „Ich bin auf nichts neugierig" übrig. Unmittelbarer Anlaß für das Verlassen der Heimat im Sommer 1927 war nach der Angabe von Franziska Jägerstätter eine Mädchengeschichte; Franz geriet mit einem Nachbarn wegen eines Mädchens in Feindschaft. Es hatte beiden Männern Hoffnungen gemacht und diese auf ungute Weise gegeneinander ausgespielt. Einen weiteren Grund gibt der Patensohn Franz Huber an: Franz wollte Geld verdienen. Bargeld dürfte auf dem Leherbauernhof tatsächlich knapp gewesen sein, nicht zuletzt auch wegen der Wirtschaftsweise des Adoptivvaters. Daß es mit diesem Auseinandersetzungen gegeben hätte, wurde nirgends ausdrücklich erwähnt, liegt aber im Bereich des Möglichen.

Den Sommer 1927 über arbeitet Franz in einem Landwirtschaftsbetrieb im bayerischen Teising. Er zeigt sich besorgt, ob die Eltern auf dem Hof die Arbeit schaffen würden, von seiner Stelle ist er nicht sehr begeistert, auch gesundheitlich hat er Probleme:

„...nur die Gicht hab ich halt immer, denn gut darf es ja den Menschen niemals gehen auf der Welt, hoffentlich geht es auf der anderen Welt besser."[3]

Im selben Brief berichtet er davon, daß er die letzten drei Sonntage nacheinander im Wallfahrtsort Altötting war. Nur fünf Tage später schreibt Franz kurz entschlossen an seine Eltern, daß er wegen des „argen Staubens beim Maschindreschen mit Sack und Pack nachhause" kommen und anschließend in der Steiermark Arbeit suchen will.[4]

Der Verwandte, der ein Jahr zuvor in Donawitz gestorben war und dort gearbeitet hatte, mag das Denken in diese Richtung gelenkt haben. Nach Franziska Jägerstätters Angaben ging der junge Mann als ein geistig Suchender in die Ferne. Er fand beim Erzabbau Arbeit. Im sozialdemokratischen Milieu der Bergarbeiter gab Franz eine Zeitlang seine Religionsausübung auf. Bei der Suche nach seiner eigenen persönlichen Lebensweise und Identität kam er offensichtlich im atheistischen proletarischen Milieu zu keinem befriedigenden Ergebnis. Franziska Jägerstätter auf die Frage, warum ihr Mann wieder mit dem Kirchengehen begonnen habe: „Weil er gesehen hat, daß er anders auch nicht glücklicher geworden ist." Die materialistische Lebensauffassung konnte er nicht übernehmen; wie aus einem mit 3. 10. 1932 datierten Gedicht hervorgeht, sind für ihn Friede und Liebe, die wichtigsten Güter, ohne Gottesglaube nicht auf Dauer zu erhalten.

Als Dokument, das sowohl die Lebenserfahrung des in die Heimat zurückgekehrten 25jährigen Mannes zusammenfaßt als ihn auch als Denkenden und Schreibenden aufweist, sei es hier wiedergegeben:

„Sei nicht zu stolz, du reicher Mann,
auch du wirst einmal sterben,
gib auf den bösen Klassenkampf,

Elegant und modisch wirkt der jugendliche Franz.

denn Gottessohn war auch nicht reich auf Erden.
Ach wie schmerzvoll sind oft unsre Tage
auf unsrer kurzen Straßenbahn,
auf der wir alle ungleich fahren,
bis einst der Zug entgleisen kann.
Nun frag ich dich, du stolzer Mensch,
ob persönlich Reichtum dir genügt,
solang dir Gott Gesundheit schenkt
und dich sonst kein Leid nicht drückt.
Gesundheit und Klugheit wär sonst die allerschönste Gab,
auch schön sein und Geld haben, ist auch recht,
wenn er hat.
Aber all die schönen Gaben
bringen dir nicht das erhoffte Glück,
wenn im Herzen dir die Liebe fehlt,
denn auch sie ist ein Meisterstück.
Aber auch Frieden und Liebe währen nicht lange Zeit,
wenn du an deinen Gott nicht glaubst
und an keine Ewigkeit."

In einem Brief aus Eisenerz erweist sich Franz wieder als der um die Eltern besorgte Sohn. Er legt dem Brief Geld bei, damit sich die Eltern zu einer anstrengenden Arbeit jemanden „verzahlen" können, „denn das hat es nicht not, daß Ihr Euch so schindet".[5] Es ist ihm eine Sorge, daß er bei der schweren Arbeit des Maschindreschens nicht bei den Eltern sein kann; er reflektiert auch über den Anlaß seines Fortgehens:

„... aber ich glaube, jetzt ist uns diese verhängnisvolle Feindschaft mehr Nutzen als Schaden, denn man darf nicht bei jeder Kleinigkeit gleich verzagen, denn Gott macht es immer wieder recht, hoffentlich wird es auch für Euch wieder besser."[6]

1930 kehrt Franz in seine Heimat zurück, möglicherweise hat die beginnende Erkrankung des Adoptivvaters die Rückkehr beschleunigt. Den materiellen Ertrag seiner Arbeit im Erzberg legt er in einem Motorrad an, das das erste im Dorf sein sollte.

Lebenserfahrung für den Patensohn

Die materielle Not, die Franz Jägerstätter als Kind erlitten hat, machte offen für die Nöte anderer. Ein besonderes Anliegen war ihm sein Cousin und Patenkind Franz Huber, der als Zehnjähriger 1932 den Vater verloren hatte. Franz Jägerstätter nahm ihn auf den Leherbauernhof und kümmerte sich viel um den Buben. Am Sonntag nahm er ihn nach der Kirche mit ins Gasthaus zum Kegeln, der Bub durfte die Kegel aufstellen, manchmal übersahen sie die Essenszeit, und Rosalia Jägerstätter schimpfte, wenn sie das Essen für Sohn und Neffen warmhalten mußte. Der Bub durfte mit dem Motorrad mitfahren. Als Zwölfjähriger mußte Franz Huber auf Anraten des Arztes den Leherbauernhof verlassen, weil auch beider Cousine Aloisia an Tuberkulose erkrankt war, der Bub kam bereits als Dienstbote auf einen fremden Hof.[7]

Für den vierzehnjährigen Franz Huber verfaßte Franz Jägerstätter Lebensregeln in der Form eines Patenbriefes. Der Brief wurde vor der Hochzeit des Paten geschrieben, da sonst die Erfahrung des Ehestandes stärker eingeflossen wäre; nach Auskunft des Empfängers hat dieser den Brief 1935 oder 1936 erhalten.

Das Schriftstück dokumentiert zum einen einen hohen Grad an Reflexion und Ausdrucksfähigkeit beim Schreiber, zum anderen gibt es Aufschluß über dessen Geisteshaltung vor dessen Eheschließung. Daß er überhaupt darauf kommt, etwas niederzuschreiben, und auch darauf hinweist, wie wichtig ständige Lektüre für die geistige Entwicklung eines Menschen sei, verdankt Franz der Erfahrung im Jägerstätterhaus. Sein Großvater, Vater des Adoptivvaters, besaß nach der Mitteilung von Franziska Jägerstätter sehr viele Bücher, in welchen er auch viel gelesen hatte. Dieser Großvater, Matthäus Jägerstätter, starb im Jahr 1930.[8] Es ist naheliegend, daß der alte Mann dem Heranwachsenden Bücher wie Lebenserfahrung vermittelte.

Sinnkrisen des Jugendlichen

Als Motivation für die Abfassung des Patenbriefes gibt Franz Jägerstätter zweimal an, daß er für die Erziehung des Buben anstelle des verstorbenen Vaters sorgen wolle, „denn eine Mutter allein ist oft zu schwach". Beinahe kann man durchhören, daß sich Jägerstätter selbst manchmal eine stärkere Hand gewünscht hätte. Er will den Cousin und Patensohn auf eine möglicherweise bevorstehende Sinn- und Lebenskrise vorbereiten:

„Öfter kann man in der Zeitung lesen, daß sich 15- oder 16jährige Menschen das Leben genommen, als Motiv der Tat heißt es dann gewöhnlich wegen unglücklicher Liebe oder wegen schlechtem Fortgang im Lehrfach. Wenn es heißen würde, sie waren entwurzelt im Glauben, könnte es besser stimmen, denn wenn unglückliche Liebe schon so eine Hauptursache wäre, sich das Leben zu nehmen, dann würden wenige Menschen ihr Alter auf dreißig Jahre bringen."

In dieser Einleitung des Patenbriefes kommen unzweifelhaft persönliche Erfahrungen des Autors zum Ausdruck. Die „unglückliche Liebe", die den Fortgang Jägerstätters aus der Heimat veranlaßt hat, dürfte auch der vordergründige Anlaß für eine Sinnkrise beim Zwanzigjährigen gewesen sein; nicht zufällig vermutet er hinter Selbstmorden junger Menschen den Verlust überkommenen Lebenssinnes. Er selbst muß die geistige und religiöse Entwurzelung, die sich im Aufhören religiöser Praxis in Eisenerz dokumentiert hatte, als lebensbedrohend empfunden haben.

Dem Patensohn möchte der junge Bauer die Entwurzelung ersparen; die Betonung von „Verstand" und „freiem Willen" an dieser Stelle läßt vermuten, daß Franz selbst seine Probleme eher im einsamen Nachdenken und mit einem starken Willensentscheid überwinden konnte:

„Wir haben schon in der Schule gelernt, daß der Mensch einen Verstand und einen freien Willen hat; und besonders auf unseren freien Willen kommt es an, ob wir ewig glücklich oder ewig unglücklich werden wollen. Du weißt auch, wenn man ein junges Bäumchen zu einem schönen und starken Baum großziehen will, so muß man ihm eine gute Stütze beigeben, damit ihn nicht jeder Wind umknicken oder gar entwurzeln kann. Und so ist es auch bei einem jungen Menschen, daß er eine gute Stütze braucht, um nicht im katholischen Glauben entwurzelt zu werden, diese gute Stütze müssen in erster Linie die Eltern sein, darum bin ich gerne bereit, für deinen verstorbenen Vater diese Stelle zu übernehmen . . ."

Am Schluß des sechsseitigen, großformatigen Briefes kommt Franz Jägerstätter noch einmal auf Glaubenszweifel zu sprechen, an dieser Stelle wird noch deutlicher gemacht, wie er sie überwunden hat:

„Sollten Dir einmal Glaubenszweifel kommen, von denen fast kein Mensch verschont bleiben wird, ob unser Glaube doch der wahre sei, so denke an die Wunder und an unsre Heiligen, die in keinem andren Glauben als im katholischen vorkommen. Seit Christi Tod hat es noch fast in jedem Jahrhundert Christenverfolgungen gegeben, und noch immer hat es Helden und Märtyrer gegeben, die für Christus und ihren Glauben oft unter gräßlichem Martyrium ihr Leben opferten. Wollen wir einmal unser Ziel erreichen, so müssen auch wir Glaubenshelden werden, denn solange wir die Menschen mehr fürchten als Gott, werden wir nie auf einen grünen Zweig kommen."

Ob sich in diesen Worten „Berufung" im theologischen Sinn vorbereitet, sich die „Lebensleitlinie"[9] im Sinne der Individualpsychologie manifestiert oder das „Unbewußte"[10] C. G. Jungs, wird von der Ausgangsposition eines Beobachters abhängen; unzweifelhaft aber hat sich in den Krisen des heranwachsenden Franz Jägerstätter das Fundament gefestigt, auf das sich die späteren weittragenden Entscheidungen gründen sollten.

Auf die Umgebung ist kein Verlaß

Die Moral der Umgebung ist für Franz Jägerstätter scheinheilig und der Jugend aufgrund ihrer Doppelbödigkeit eher zum Nachteil:

„Wie sollten da Eltern oft ihre Kinder gut erziehen können, wenn sie selbst nicht recht wissen, was gut und schlecht ist? Da können sehr oft erwachsene Kinder von Eltern hören, wenn sie erfahren, daß ihr Bub oder Mädl schon verliebt ist und noch dazu die Liebe nicht mehr ganz rein, dann werden sie gewöhnlich einmal herbeigezogen und bekommen eine richtige Kraftpredigt. ‚Wirst Dir die Nase schon noch früh genug abrennen, aber wehe Dir, wenn Du mir so einen kleinen Schrapen daherziehst! Dann kannst von mir aus hingehen, wo Du willst, bei uns hast dann nichts mehr zu suchen.' Nun gut, wird sich so mancher Bub oder Mädl denken, passen wir halt recht auf, daß nichts kommt, und wenns schon gfehlt geht, so ist auch das Kind noch zu beseitigen, bevor es zur Welt kommt; durch eine solche Aufklärung reizen die Eltern ihre Söhne und Töchter oft nur zur Fruchtabtreibung, wenn also Eltern keine bessere Aufklärung für ihre Kinder haben, so wäre es besser, sie ließen sie ganz ihre Wege gehen, denn viel dümmer als solche Eltern sind, können doch ihre Kinder auch nicht mehr werden?"

Als Ursache für die Gefährdung der Jugend sieht Franz Jägerstätter die losen Reden der lauen und der Scheinchristen, die einerseits denjenigen, der die Gebote etwas ernster nimmt, verhöhnen: „Dieser traut sich nicht, oder er bekommt keine, oder er ist sogar zu gar nichts fähig." Der Schreiber mag eigene Erfahrung einfließen lassen, wenn es weiter heißt:

„Erfahren aber dann diese Spötter, daß auch ein solches gefallen ist, über die sie zuerst gespottet wegen ihres Bravseins, dann sind jene Spötter die ersten, die das Maul am weitesten aufreißen, da schaut's es an diese Betbrüder oder Betschwestern, einen Treck sind's besser als die anderen, diese Luder die scheinheiligen."

Orientierung aus der Lektüre

Daß die Wertvorstellungen der näheren Umgebung und auch die Predigten des Pfarrers für Franz als nicht ausreichende Lebenshilfen betrachtet werden, geht aus einer weiteren Empfehlung an den Patensohn hervor:

„Warum soll der junge Mensch nur gute Bücher und Schriften lesen, erstens weil der Mensch nicht bloß körperliche, sondern auch geistige Nahrung braucht. Wir haben ja nicht immer Gelegenheit gute und schöne Predigten anzuhören, denn jeder Geistliche besitzt nicht das Talent, sehr gut predigen zu können.
Ja, dieses Lesen, kann man von vielen Leuten hören, da wird der Mensch noch dümmer, als er schon ist? Kann auch oft sein, denn es gibt viele junge, die oft sehr viel lesen, aber hauptsächlich nur Liebesromane und Räubergeschichten, sie sind ja oft ganz schön und spannend zum Lesen, aber zur geistigen und religiösen Bildung haben sie keinen Wert. Erwischt man ein schlechtes Buch, die können oft mehr Schaden bringen als zehn gute Nutzen bringen. Deshalb sollen junge Leute hauptsächlich Geistliche oder gute Erzieher fragen, was

sie lesen sollten. Wenn auch nicht jedes den gleichen Eifer hat zum Lesen, aber ein bißchen was in den langen Winterabenden geht schon, denn ein Mensch, der nichts liest, wird sich nie so recht selbst auf die Füße stellen können, sie werden sehr oft nur zum Spielball andrer."

Ein uneheliches Kind

In das Jahr 1934 fällt die Angelegenheit mit der Geburt einer unehelichen Tochter Franz Jägerstätters. Über die Mutter dieses Kindes und die Intensität der Beziehung zu ihrem späteren Mann sagt Franziska Jägerstätter: „Die hätte er nie geheiratet, die hat ja nichts geglaubt." Vor der Eheschließung mit Franziska Schwaninger aus Hochburg gingen beide zur Mutter dieses Kindes und wollten es zu sich nehmen. Die leibliche Mutter jedoch behielt das Kind. Daß sich Franz nicht vor seiner Verantwortung drücken wollte, ist umso bemerkenswerter, als sowohl nach Meinung der Nachbarschaft[11] wie auch der Mutter Jägerstätters[12] er nicht der Vater des um zwei Monate „zu früh" geborenen Kindes gewesen sein dürfte.

Daß Franz selbst nicht durchschaut hätte, daß er hineingelegt worden war, ist eher unwahrscheinlich, eine mögliche Erklärung für das Nichtbestreiten der Vaterschaft wäre das Aufsichnehmen des Geredes und der Alimentenleistung als Akt der Buße für ein einmaliges „Schwachwerden". Im Brief an seinen Patensohn warnt Franz jedenfalls davor, „wegen ein paar Sekunden der Wollust" sein zeitliches und ewiges Glück aufs Spiel zu setzen. Die Tatsache, daß die Mutter der angeblichen Tochter sich während der Untersuchungshaft von Franz bemühte, die Alimente vom Staat und nicht mehr von der Frau zu bekommen, spricht für sich. Hätte sich die Kindesmutter verdrängt gefühlt als die, der eigentlich der Platz auf dem Hof gebührte, ist es fraglich, ob sie von sich aus einen solchen Schritt getan hätte.[13]

Leiblicher Vater des kleinen Mädchens soll nach Meinung der Umgebung ein verheirateter Bauer gewesen sein, der zudem mit Jägerstätter verfeindet gewesen war. Die Weise, in der sich Franz bis zu seinem Tod um das Kind gekümmert hat, läßt vermuten, daß er um des Kindes willen ihm Vater sein wollte.

In lebhafter religiöser Diskussion

Dorfbewohner berichten aus der Zeit vor 1934 von einer Diskussion zwischen Franz und dem damaligen Pfarrer (wahrscheinlich Wimmer) über die Frage, ob Maria neben Jesus noch andere Kinder geboren habe; Franz brachte dafür sprechende Bibelzitate.[14] Dieses Beispiel dürfte weniger ein Zeichen für Jägerstätters unabhängiges Denken gewesen sein als ein klärungswürdiger Punkt aus den vielen Diskussionen mit den Zeugen Jehovas innerhalb der Familie. Die Tante Maria und mit ihr Sohn Johann waren 1927 zur anderen Religionsgemeinschaft übergetreten.[15] Im Jägerstätterhaus gab es bei jedem Besuch hitzige religiöse Diskussionen, bei der jedoch keine Seite die jeweils andere überzeugen konnte.

Die Tatsache, daß der Pfarrer keine befriedigende Antwort geben konnte, mag mit ein Grund geworden sein, daß Franz solchen Wert auf Information durch Lektüre legte.

4 Ehe mit Franziska Schwaninger

Die Hochzeit Franz Jägerstätters mit Franziska Schwaninger wird von den Nachbarn übereinstimmend als Wendepunkt in dessen Leben angeführt, in der Folge sei er ein „anderer" geworden. Diese Beobachtung ist zum Teil zutreffend, die Distanz zu den sozialen Normen seiner Umwelt, in der Franz seit seiner Rückkehr aus der Steiermark gestanden hatte, wird nach außen deutlich. Der nach Sinn und wohl auch nach Geborgenheit Suchende findet in der Ehegemeinschaft ein unerwartet hohes Maß an Erfüllung und Beglückung. Wiederholt sagt er zu seiner Frau über die gemeinsame Ehe: „Ich hab mir nicht vorstellen können, daß Verheiratetsein so etwas Schönes sein kann."

Franziska

Franziska Schwaninger lebte und arbeitete bis zu ihrem 21. Lebensjahr auf dem elterlichen Bauernhof in der von St. Radegund etwa 10 km entfernten Pfarre Hochburg. Die beiden letzten Jahre vor ihrer Verheiratung war sie im Gasthof „Zur Reib" in Ach tätig. Dort lernte sie bei einer Tanzveranstaltung ihren späteren Mann kennen. Franziska war es, die sich zu Beginn ihrer Bekanntschaft darüber vergewisserte, ob der Franzl auch in die Kirche ginge. Als wichtig für ihre eigene religiöse Formung bezeichnet Frau Jägerstätter einerseits das religiöse Elternhaus sowie die Erfahrungen in der Jugendgruppe der Heimatpfarre. Die im Jahre 1934 verstorbene tiefgläubige Großmutter war wie der Vater Lorenz Schwaninger Mitglied der Marianischen Kongregation; die Großmutter gehörte auch dem 3. Orden des Hl. Franziskus an. Hier ergibt sich eine Parallele zum Elternhaus des ebenfalls wegen Wehrdienstverweigerung hingerichteten Pallottinerpaters Franz Reinisch, auch dessen Eltern gehörten dem 3. Orden an.[1] Auch wenn die Eltern selbst für ihre Kinder sorgten, wie im Hause Schwaninger, so hatte dennoch die Großmutter eine wichtige Funktion in der Erziehung; während die jungen Leute die Arbeit auf dem Feld und im Stall verrichteten, sorgte sie für die Kinder und für den Haushalt.
Der in der Jugendarbeit erfolgreiche Pfarrer Josef Lindinger sollte

nach der Besetzung Österreichs 1938 einer der ersten Priester sein, die gezwungen wurden, ihre Stelle zu verlassen.[2] Die Bilder aus der Jugendzeit Franziskas zeigen eine schlanke, großgewachsene Frau mit einem feingeschnittenen Gesicht. Die Siebzigjährige zur Zeit der Abfassung dieser Arbeit ist eine viel jünger wirkende, sehr gut angezogene, gescheite Frau. Besuchern, die nach ihrem Mann fragen, gibt sie Antwort auf das, was sie fragen; sie geht jedoch weder mit seinem noch mit ihrem Schicksal „hausieren". Ihre Erfahrungen haben sie keineswegs verbittert, sondern eher schweigsam gemacht. Manchmal kann man die junge glückliche Frau in ihr erahnen, man muß sie in einer Gesellschaft, in der sie sich wohl und zugehörig fühlt, erleben und kann sich kaum eine humorvollere und charmantere Frau vorstellen.

Der schon erwähnte Franz Huber, Patensohn ihres Mannes, jetzt Bauer in Gumpling, Ostermiething, arbeitete von 1946, dem Zeitpunkt der Rückkehr aus der Gefangenschaft, bis 1948 auf dem Leherbauernhof. Sein Urteil über Franziska: „Ich war in 13 Ländern der Erde, aber so eine einmalige Person, so christlich, so jemanden habe ich auf der ganzen Welt noch nicht gefunden."

Ungewöhnliche Form der Eheschließung

Die Bekanntschaft von Franz und Franziska dauerte nur sechs Monate. Der Mangel an Arbeitskräften auf dem Leherbauernhof aufgrund der Krankheit der Ziehschwester und der Mutter beschleunigte den Hochzeitstermin. Bis in die Gegenwart sind im oberen Innviertel die zweitwichtigsten Feste im „Leben" der Gemeinde nach den Beerdigungen die Hochzeiten. Es kommt auch heute noch vor, daß Paare jahrelang mit der kirchlichen Eheschließung warten, obwohl sie längst standesamtlich getraut sind und Kinder haben, nur um genug Mittel zum großen Hochzeitsfest zu haben. Es nehmen

Bild unten:
Franz nach seiner Rückkehr aus der Steiermark, er besitzt das erste Motorrad im Dorf. Von links nach rechts: Ziehschwester Aloisia, Mutter Rosalia, Adoptivvater Heinrich Jägerstätter, Franz und ein zufällig anwesender Fleischhauer.

40

Bild oben:
Franziska Schwaninger in der
Zeit vor ihrer Heirat; sie arbeitet
in einem Gasthof in Maria Ach.

41

jeweils auch Hunderte von Menschen teil; eine Musikkapelle spielt zum Festzug, eine andere zum Tanz auf.

Das Paar Franz Jägerstätter – Franziska Schwaninger setzte sich über all diese Gebräuche hinweg. Anstelle der außerkirchlichen Feier plante das Brautpaar eine – für die Gegend unübliche – Hochzeitsreise nach Rom. Franziska ging auf den Vorschlag ihres Bräutigams bezüglich der Romfahrt mit Begeisterung ein, von sich aus wäre sie nie auf eine solche Idee gekommen. Die beiden kostete die Fahrt für ihre Verhältnisse sehr viel. Bei 30 Schilling Monatslohn im Fall von Franziska waren die Kosten von je 200 Schilling der Ertrag von mehr als einem halben Jahr Arbeit. Der Zeitpunkt der Abfahrt nach Rom bestimmte den der Trauung, und so wurde diese auf den frühen Gründonnerstagmorgen (6.30 Uhr) festgesetzt. Am selben Tag, dem 9. 4. 1936, war um 7.30 Uhr das Begräbnis der Ziehschwester Aloisia Sommerauer,[3] doch das junge Paar „konnte daran wegen der Romfahrt nicht teilnehmen".

Das eigenwillige Hinwegsetzen des jungen Paares über die ortsüblichen Verhaltensweisen wird durch das Hinweggehen über eine Beerdigung noch verstärkt, es kann gar nicht genug betont werden, welche Stellung der Totenkult in der Gegend hatte und hat. Deutlich wird hierin jedoch auch bereits, daß das sich nicht nach den sozialen Normen des Ortes richtende Paar im Pfarrer einen Verbündeten haben mußte, denn dieser war mit dem Hochzeitstermin einverstanden gewesen. Zur Hochzeit bekam der Bräutigam vom Pfarrer eine Bibel geschenkt – vielleicht als Reaktion auf manche Diskussion.

Der Beginn der Hochzeits- und Pilgerreise brachte für die Braut gleich die bange Überlegung: „Ja, wen hab ich da eigentlich geheiratet?" Das Brautpaar bekam beim Zusteigen in den von Wien her kommenden und schon voll besetzten Pilgerbus nämlich nur zwei getrennte Notsitze am Mittelgang angewiesen, trotz ordnungsgemäßer Anmeldung. Franz erklärte dem Reiseleiter, daß, wenn sie nicht zwei ordentliche Plätze bekämen, dieser seine Innviertler Fäuste zu spüren hätte. Ab Innsbruck gab es dann nebeneinanderliegende Plätze für das Paar. In Rom besuchte es die heiligen Stätten sowie eine Papstaudienz.

Religiöse Intensivierung

Nach Angaben von Franziska Jägerstätter war sie zu Beginn des gemeinsamen Lebens die religiös Aktivere. Sie ging häufiger zur Kommunion und hielt etwa die Herz-Jesu-Freitage; den Mann interessierte ihre Einstellung, und er machte z. B. in Hinsicht auf den häufigen Kommunionempfang mit. Nach außen brachte er sich damit verstärkt in Gegensatz zu den ortsüblichen Normen, die Frau war „schuld", daß er sichtlich religiöser, daß er ein „andrer Franz" wurde.

Die religiöse Lektüre war eher Sache des Mannes, die tägliche Bibellesung hielt er allein; die Frau war dazu abends, vor allem als bald die Kinder kamen, zu müde.

Für die Frau war der religiöse Halt, den der Mann gefunden hatte, eine große Beruhigung, als er während des Militärdienstes argen Schikanen ausgesetzt war.[4]

„Ein großer Trost ist es für mich, daß Du so gerne beten magst und vielleicht doch so ziemlich alles geduldig erträgst in dieser schweren Zeit. Aus allen Deinen Briefen konnte ich ja entnehmen, daß Du doch nicht unglücklich bist und immer wieder Zeit findest zum Kirchengehen, um sich dort Trost und Mut zu holen."[5]

In den Gefängnisaufzeichnungen fällt ein Satz Jägerstätters ein wenig aus dem Rahmen. Während die große Mehrzahl der Überlegungen sich auf die Verantwortung des einzelnen und die Anforderungen des Gottesreiches bezieht, bestätigt er aus der eigenen Erfahrung einmal auch eine erfolgreiche Missionsmethode: „Von dem Einfluß einer frommen, keuschen und allzeit gütigen Frau auf ihren Mann erwartet der Apostel mehr als von der Predigt des Missionärs."[6]
Die Frau über die religiöse Dimension in der Beziehung: „Wir haben eins dem anderen weitergeholfen im Glauben."

Sie bleiben Verliebte

„Wir haben uns sehr gut verstanden... Wir haben einander recht gern gehabt." So lauten die Kernaussagen der Frau über ihre Ehe. Die knapp sieben Jahre ihres Zusammenlebens waren sie immer auch Verliebte geblieben. Als eines der Zeichen des Verliebtseins bezeichnet Franziska die Spielerei, daß, wenn einer dem anderen eine

Überraschung machte, diese der Partner erst suchen mußte. Franz versteckte seine Mitbringsel von auswärts, Franziska die für ihren Mann zubereitete Lieblingsbäckerei. Das sind zwar nur Kleinigkeiten, für das Milieu und die Zeit jedoch keineswegs selbstverständlich. Während der ersten, nur einige Tage dauernden Militärzeit im Juni 1940 ist die Frau in einer besonders schwierigen Situation: der Mann eingerückt, die Schwiegermutter im Krankenhaus, sie selbst ist wenige Wochen nach der Geburt ihres dritten Kindes schwach und ohne jede Hilfe auf dem Hof. Franz kann fürs erste nur einen Trostbrief[7] schreiben: „Es ist hart, jemand leiden zu sehen und man kann nicht helfen, und erst ganz besonders, wenns die herzallerliebste Gattin ist." Sie solle sich den Kummer wenigstens von der Seele schreiben, ihm das Herz ausschütten, denn niemand außer Gott würde sie besser verstehen. In diesem Brief wird in bezug auf den Hof eine der selbständigen Werthaltungen Jägerstätters erkennbar: Franziska solle Arbeit, „die nicht leicht geht, stehen lassen, die erste Sorge muß unseren Kindern gelten". Bis in die Gegenwart muß man in Bauernfamilien eine umgekehrte Praxis feststellen. Zu Beginn der zweiten Militärzeit, die von Oktober 1940 bis April 1941 dauerte, bemerkte Franz, das Exerzieren wäre nicht so hart zu ertragen wie die Trennung.[8] Dabei hätte Franz zu diesem Zeitpunkt die Trennung noch hinausschieben können, wenn er sich mit der Ortsparteileitung gut gestellt hätte, denn diejenigen Kameraden, die ein Gesuch um Rückstellung in der Hand hatten, wurden wieder nach Hause geschickt.[9]

Franz antwortet, daß er es in Enns gut getroffen habe, die andern wüßten auch nicht, wie lange ihr Zuhausebleiben dauern würde. Er verweist auf das ihm Wichtigste, vom leiblichen Wohlergehen eines ganzen Lebens würde er im Moment nichts mehr spüren,

„aber daß wir in unserer Ehe so glückliche und friedliche Jahre verlebten, dieses Glück wird uns unvergeßlich sein, und es wird mich auch begleiten für Zeit und Ewigkeit; Du weißt auch, wie mich die Kinder freuten. Und deshalb überkommt mich auch hier noch manchmal so ein Glücksgefühl, daß mir öfters Tränen der Freude in die Augen treten, wenn ich auf das Wiedersehen denke."[10]

Im Zusammenhang mit einer abgewendeten Sorge schreibt die Frau:

„... bin schon sehr froh, denn es wäre doppelt hart, wenn Du nicht daheim bist, da Du mir ja immer die meisten Sorgen und die schwerste Arbeit abgenommen hast..."[11]

Franziska zeigt immer wieder Humor, sei es, daß sie Franz ermahnt, bei seiner Rückkehr ihr die drei Pfennige zu zahlen, die ein beigelegtes Bischofsbildchen gekostet hat[12] oder auch die Busserl zurückzugeben, die sie ihm schickte.[13]

Die Kinder vermissen den Vater

Franz dürfte sich mit seinen Kindern viel beschäftigt haben, auch als sie noch sehr klein waren, denn die Dreijährige wie die Zweijährige vermissen ihn sehr. Die Frau berichtet ihm:

„Die Rosi frägt immer um Dich, wenn wir ins Bett gehen: net fei Vata ausi sperrn, beim Essen – Vata a was sparn, wenn ich es bei der Nacht aufheb – Vata nu net heim. Manchmal fängst zum Weinen an, daß der Vater gar net kommt. Wursti bringa sagt dann die Maridi."[14]

Der Schwiegervater ist Freund

Wenn man das Verhältnis von Franz Jägerstätter zu seinem Schwiegervater untersucht, kann man gleichzeitig die Liste seiner Freunde eröffnen. Beide sind durch eine intensive Religiosität verbunden.[15] Den Brief vom 29. 10. 1940 unterzeichnet der Schwiegervater mit: „Dein Freund L. Sch.". Lorenz Schwaninger hilft während der Abwesenheit von Franz viel auf dessen Hof aus. Den eigenen Hof hat er bereits übergeben; Auseinandersetzungen mit der Schwiegertochter bewirken, daß er sich dort überflüssig fühlt. Er bittet Franz um seine Meinung in diesem Konflikt.[16] Die Autorität des Schwiegervaters hindert Franz jedoch nicht, daß er von diesem eine großzügige christliche Haltung verlangt:

„... nach menschlichem Denken und Fühlen wäre es uns halt immer viel wohler, in manchen Sachen sich ein wenig zu rächen, aber nach christlichem Sinn ist es uns nicht erlaubt, wir müssen Böses mit Gutem vergelten."

Christus selbst sei mit diesem Beispiel vorangegangen. „Und nur die Liebe ist imstande, immer wieder den Frieden herzustellen... sei mir aber über diese Zeilen nicht böse."[17]

5 Spannungsfeld Kirche – Nationalsozialismus

Konkurrierender Anspruch auf weltanschaulichem Gebiet

Bis zuletzt hielten die Machthaber des Dritten Reiches neben den politischen an den quasi-religiösen Zielen des Nationalsozialismus fest. Noch im Jänner 1945 drückte der berüchtigte Roland Freisler dies Graf Moltke gegenüber so aus:

„Nur in einem sind das Christentum und wir gleich: wir fordern den ganzen Menschen!... Von wem nehmen Sie Ihre Befehle? Vom Jenseits oder von Adolf Hitler? Wem gilt Ihre Treue und Ihr Glaube?"[1]

Für die Kirchenverfolgungen gab es nur ein Motiv: Der Einfluß der kirchlichen Verkündigung auf die Bevölkerung sollte möglichst eingeschränkt werden, um die Wirksamkeit der rassistischen Propaganda, welche die Expansionskriege vorbereiten sollte, nicht zu gefährden. In erster Linie suchte man die Jugend dem christlichen und kirchlichen Einfluß zu entziehen, sollte doch diese eine Hauptfunktion in bezug auf den Krieg haben.[2] Reichsleiter Bormann forderte 1941, daß „die Einflußmöglichkeit der Kirchen restlos beseitigt werde".[3]

Zur Widerstandsdiskussion innerhalb der Kirchen

Vorausgeschickt sei, daß sich die Situation in Österreich unterschiedlich von der in der Bundesrepublik Deutschland darstellt. Die Opfer nationalsozialistischer Verfolgung wurden im Bereich der Diözese Linz, wie noch zu zeigen sein wird, eher übergangen und im Sinne einer „Befriedigungspolitik" heruntergespielt. In der deutschen Öffentlichkeit wurden herausragende Personen des Widerstandes, wie Alfred Delp, die Geschwister Scholl oder der Berliner Dompropst Lichtenberg, stärker herausgestellt. In den sechziger Jahren hatte sich die katholische Kirche Deutschlands in der Folge des Hochhut-Stückes „Der Stellvertreter" mit dem Vorwurf der Kollaboration mit den Nationalsozialisten auseinanderzusetzen. Eine Fülle von Publikationen war die Folge.[4]

Einen neuen Ansatz zur Beurteilung des Verhaltens einzelner wie gesellschaftlicher Gruppen innerhalb des totalitären Systems findet sich in der breitangelegten Studie „Bayern in der NS-Zeit". Das Interesse richtete sich hierbei auf den wirkungsgeschichtlichen Aspekt des Widerstandes. Ein zu Beginn hypothetisch angenommener und aus der medizinischen Terminologie stammender Begriff „Resistenz" hat sich hiebei bewährt. „Resistenz" in diesem Sinne bedeutet ganz allgemein: „Wirksame Abwehr, Begrenzung, Eindämmung der NS-Herrschaft oder ihres Anspruches, gleichgültig von welchen Motiven, Gründen und Kräften her."[5]
Diese Resistenz konnte sich manifestieren in Nichtmitmachen an NS-Veranstaltungen, Verweigerung des Hitlergrußes, Nichtbeobachtung der Umgangsverbote mit Juden oder Kriegsgefangenen, Aufrechterhalten von Gesinnungsgemeinschaften außerhalb der NS-Organisationen oder auch in der bloß inneren Bewahrung dem NS widerstrebender Grundsätze und der dadurch bedingten Immunität gegenüber nationalsozialistischer Ideologie und Propaganda. Nach Broszat ist Voraussetzung dafür, daß die unterschiedlichen Formen der Einstellung oder des Reagierens den wirkungsgeschichtlichen Begriff der Resistenz erfüllen, einzig und allein, daß sie eine die NS-Herrschaft und NS-Ideologie einschränkende Wirkung hatten.[6]
Die Vorgangsweise der Gestapo in „Oberdonau" bestätigt, für wie gefährlich sie diese Resistenz gehalten hat. Im oberen Innviertel wird ersichtlich, daß sie als Schuldige am mangelnden Erfolg der NS-Organisationen die Pfarrer vermutete und entsprechend verfolgte. Wenn auch die allem Fremden gegenüber skeptische Mentalität der Innviertler das Hauptverdienst daran hatte, daß weder NS-Propaganda noch -Gliederungen große Erfolge vorweisen konnten, so bot sich häufiger Gottesdienstbesuch als willkommene politische Demonstration an.[7]

Auseinandersetzung auf ideologischem Gebiet

Bischof Gföllner ist eindeutiger Gegner des Nationalsozialismus

Aufstellungen über den Mitgliederstand der NSDAP vom Herbst 1938 weisen für „Oberdonau" übereinstimmend relativ sehr kleine Zahlen auf.[8] Mit eine der Ursachen für diesen Sachverhalt mag eine

Immunisierung der Bevölkerung gegen die nationalistische Ideologie infolge der heftigen Auseinandersetzung gewesen sein, die der Bischof der Diözese Linz mit dem Nationalsozialismus geführt hat. Johannes Maria Gföllner, 1867 als Sohn eines Sattlermeisters geboren, war von 1915 bis 1941 Diözesanbischof von Linz.[9] Weinzierl bezeichnet ihn als den ersten österreichischen Bischof, der die Gefahren des Nationalsozialismus erkannt hat.[10] 1932 gibt er im Diözesanblatt ausführliche Literaturangaben zum Thema „Nationalsozialismus" mit folgender Begründung: „Über die stark zunehmende nationalsozialistische Bewegung muß jeder Seelsorger Bescheid wissen."[11] Innerhalb der Bischofskonferenz arbeitete Gföllner als deren politischer Referent einen Hirtenbrief über den „wahren und falschen Nationalismus" aus. Bei der von 22. bis 24. 11. 1932 in Salzburg stattfindenden Bischofskonferenz wurde dieser diskutiert, die Initiativen des neuen Erzbischofs von Wien, Innitzer, in dieser Hinsicht ließen es jedoch zu keiner gemeinsamen Veröffentlichung kommen, vielmehr wurde Innitzer beauftragt, bei wieder mit der NSDAP zu führenden Verhandlungen eine parteiamtliche Erklärung über Programmpunkte einzuholen, die mit den Lehren der katholischen Kirche nicht vereinbar seien. In noch einer Angelegenheit bestimmte Innitzer eine Gegenrichtung zu dem den Habsburgern sehr verbundenen Gföllner. Letzterer hatte sich im Sommer 1932 gegen die Abhaltung eines allgemeinen Deutschen Katholikentages in Wien ausgesprochen, wahrscheinlich aus der Befürchtung heraus, dieser könnte zu großdeutschen Aktionen mißbraucht werden. Innitzer bezeichnet auf obengenannter Konferenz den Katholikentag 1933 in Wien als fix.[12]

Die nach der Machtergreifung Hitlers in Deutschland eingeführte „Tausendmarksperre" verhinderte in der Folge jedoch eine Teilnahme der deutschen Katholiken.

Auch das Dollfuß-Regime kam bei Gföllner nicht ungeschoren weg; er wies 1933 die Bischofskonferenz auf die Gefahr der faschistischen Ideen für die Jugend hin, die von Italien her eingebürgert werden könnten.[13] Auf der anderen Seite wurde durch den von Bischof Gföllner im Jänner 1934 erzwungenen Rücktritt des Präsidenten des Katholischen Volksvereines, der in Oberösterreich mit der Christlich-sozialen Partei identisch war, dieser Partei „das Rückgrat" gebrochen und der Demokratie in Österreich ein entscheidender Schlag versetzt.[14]

48

Von Erkundigungen Erzbischof Innitzers in bezug auf den Nationalsozialismus schien Gföllner nicht viel erwartet zu haben, denn er
ordnete für den Bereich seiner Diözese, quasi im Alleingang, für den
22. 1. 1933 die Verlesung des Hirtenschreibens „Über wahren und
falschen Nationalismus" an.[15]
Das zusammenfassende Urteil des Linzer Bischofs über den Nationalsozialismus lautet folgendermaßen:

„Der Nationalsozialismus krankt innerlich an materialistischem
Rassenwahn – an unchristlichem Nationalismus – an nationalistischer Auffassung der Religion – an bloßem Scheinchristentum; sein
religiöses Programm weisen wir darum zurück. Alle überzeugten
Katholiken müssen es ablehnen und verurteilen; denn wenn es nach
der Erklärung Papst Pius XI. ‚unmöglich ist, gleichzeitig guter
Katholik und wirklicher Sozialist zu sein‘, dann ist es auch unmöglich, gleichzeitig guter Katholik und wirklicher Nationalsozialist zu
sein."[16]

Gföllner weist auf den „krankhaft tiefen Haß" des „Führers" gegen
Österreich hin und stellt dagegen:

„Der österreichische Gedanke hat mindestens ebenso sein gutes
Recht wie der deutsche Gedanke, er darf nicht besudelt und
verunglimpft werden... Darf man deutsch fühlen, dann darf man
mindestens mit gleichem Recht österreichisch fühlen..."

Den Blutmythos des Nationalsozialismus betrachtet Gföllner als
„Rückfall in ein abscheuliches Heidentum".

„Der nationalsozialistische Rassenstandpunkt ist mit dem Christentum völlig unvereinbar und muß daher entschieden abgelehnt
werden. Dies gilt auch hinsichtlich des radikalen Rassenantisemitis-
mus, den der Nationalsozialismus predigt. Das jüdische Volk nur
wegen seiner Abstammung verachten, hassen und verfolgen, ist
unmenschlich und antichristlich;... Verschieden allerdings vom
jüdischen Volkstum und von der jüdischen Religion ist der jüdische,
internationale Weltgeist. Zweifellos üben viele gottentfremdete Juden einen schädlichen Einfluß auf fast allen Gebieten des modernen
Kulturlebens."

Diesen Einfluß, der auch in „politischen und sozialen Umwälzun-
gen" zu finden sei, wollte der Bischof bekämpft sehen, nicht aber

„rassischen Antisemitismus durch (seine) überhebliche Vergötterung der arischen Rasse".

Am Hirtenbrief entzündeten sich lebhafte Diskussionen,[17] auf die der Bischof am 26. 3. 1933 einen zweiten Hirtenbrief als Bekräftigung folgen ließ, in dem er erstere Verlautbarung als „Sonde, die die Gedanken der Herzen offenbar macht", keine bloße „Privatansicht des Bischofs, sondern als verpflichtende lehramtliche Kundgebung bezeichnet, die auch keine „Sonderstellung der Diözese Linz" bezeichne.[18] Gegensätzliche Verwendung fanden die Stellen über Antisemitismus, die nationalsozialistische Propaganda verwendete einen Teil daraus, andererseits klebten Linzer Parteigenossen am Gründonnerstag des Jahres 1933 ein Plakat an das Tor des Linzer Katholischen Preßvereines „Juda-Christus verrecke".[19]

Ein Hinweis auf die Beachtung, die der Hirtenbrief fand, ist die Tatsache, daß er indirekt Anlaß für die Suspendierung des nazifreundlichen Abtes Alban Schachleitner wurde. Dieser lebte von 1890 bis 1918 im Kloster Emmaus zu Prag, das er nach 1918 im Verlauf des Nationalitätenkampfes zwischen Deutschen und Tschechen als Abt verlassen mußte. Aus nationalistischer Gesinnung war er ab 1926 Anhänger Hitlers. In einem Artikel des Völkischen Beobachters 1933, Nr. 32 vom 1. 2., versuchte der Abt den Hirtenbrief Bischof Gföllners zu widerlegen. Mit diesem Aufsatz brachte sich Schachleitner in Widerspruch zum gesamten deutschen Episkopat.[20] Von der zuständigen römischen Kongregation wurde Schachleitner noch am 20. 2. 1933 suspendiert, „wegen schweren, dauernden Ungehorsams".[21] Daraufhin veranstaltete die NSDAP in Feilnbach, Bayern, einen Fackelzug zu Ehren des Abtes, an dem mehrere hundert SA-Männer teilnahmen.[22]

Kein wesentlicher grenzüberschreitender Erfahrungsaustausch

Am 29. 3. 1933 fragt Bischof Gföllner beim Münchner Kardinal Faulhaber vertraulich an, was es mit den Gerüchten an sich habe, der deutsche Episkopat würde nach der Kanzlerrede Hitlers die bisherige Verurteilung des Nationalsozialismus abschwächen. Das Gerücht würde sich auch gegen seinen (Gföllners) Hirtenbrief richten, und im Interesse einer einheitlichen Linie innerhalb des deutschen und österreichischen Episkopates erbittet er Informationen über diesbezügliche Anschauungen und Intentionen des deutschen Episkopates.[23]

In der Antwort Faulhabers vom 3. 4. 1933[24] werden die Hintergründe der Kurskorrektur deutlich:

„Die deutschen Bischöfe nennen natürlich heute noch den Irrtum Irrtum. In der Beurteilung der politischen Ziele des Nationalsozialismus aber sind sie nachsichtiger geworden, besonders aus zwei Gründen. Erstens hat Herr Reichskanzler Hitler in seiner Programmrede am 23. 3. Erklärungen abgegeben, die in kirchlich politischer Hinsicht zum erstenmal den Schleier lüften und besonders die Anerkennung der Konkordate und Nuntiaturen zusagten. Außerdem liegen ebenfalls von höchsten politischen Stellen Erklärungen vor, die auch für weitere wesentliche Fragen des öffentlichen Lebens Bürgschaften geben."

Für die Folgezeit lassen sich keine weiteren Kontakte zwischen bayerischem und österreichischem Bischof belegen, die reichsdeutsche Regierung übt auf diesem Gebiet „vorsorgende" Kontrolle, wie aus einer Unterredung Kardinal Faulhabers mit dem deutschen Gesandten in Österreich, von Papen, hervorgeht.[25] Im Gespräch wurden die Spannungen zwischen Kirche und NS-Stellen besprochen. Von Papen beklagt sich darüber, daß ihn die österreichischen Bischöfe „auf Weisung von Rom" schneiden. Faulhaber notiert dazu: „Auf Weisung von Rom ist mir sehr zweifelhaft." Wiederholt beklagt sich Papen in diesem Gespräch, daß man in Österreich nichts von ihm wissen wolle. Den Abschluß des Gesprächs notiert der Münchner Kardinal wie folgt:

„Wir haben keine Beziehung mit den österreichischen Bischöfen, schicken nicht einmal die Hirtenbriefe. Oder es wird aufgehalten. Ich danke nochmals fürs Konkordat (Der Abschluß wurde überall anerkannt, aber die Durchführung bleibe zurück). Ich würde das auch Kardinal Innitzer sagen."

Noch in anderer Hinsicht trachteten die NS-Behörden mögliche Kontakte deutscher Amtsträger mit österreichischen zu verhindern. In einem Referat,[26] das er bei Kleruskonferenzen in der ganzen Diözese hielt, beklagte Kardinal Faulhaber unter anderem:

„Das Visum für die Einreise nach Österreich wird zumeist den Geistlichen verweigert. Aus dem gleichen Mißtrauen werden bei Besetzung der Grenzpfarreien gegen die österreichische Grenze hin die Personalakten der Bewerber einer doppelt strengen Prüfung unterzogen."

Von Mitbischöfen wenig unterstützt

Für den Bereich seiner Diözese ließ Bischof Gföllner die Auseinandersetzung mit den Nationalsozialisten nicht abreißen.
Er druckte 1936 eine Stellungnahme des niederländischen Episkopates gegen den Nationalsozialismus im Diözesanblatt ab.[27] Im selben Jahr kommt es zu einer weiteren Verlautbarung über den Nationalsozialismus und einer Bekräftigung des Hirtenbriefes von 1933.[28] Sofort nach Erscheinen der päpstlichen Enzyklika „Mit brennender Sorge" im April 1937 stellt Gföllner eine Kurzfassung her und verordnet deren ausnahmslose Verlesung von allen Kanzeln der Diözese.[29] Die Gründe, die ihn bestimmten, die Enzyklika gegen den Nationalsozialismus allgemein zur Verlesung zu bringen, dagegen nicht die gleichzeitig erschienene gegen den Bolschewismus, führt Gföllner wie folgt an:

„Sodann steht uns die Kirche in Deutschland nicht nur räumlich und geschichtlich näher, sondern angesichts unseres deutschen Volkscharakters fühlen auch wir uns ganz besonders mitbetroffen; endlich sind die Gefahren, denen die Kirche in Deutschland ausgesetzt ist, auch unsere eigenen Gefahren, denen wir ganz gewiß ebenfalls ausgesetzt wären, wenn die vom Papste verurteilte Gedankenwelt des deutschen Nationalsozialismus auch bei uns noch weitere Verbreitung fände oder gar infolge politischer Verhältnisse zur Herrschaft gelänge."[30]

Wiederum betont der Bischof den Kernsatz seines Hirtenbriefes vom Jänner 1933: „Es ist unmöglich, gleichzeitig guter Katholik und wirklicher Nationalsozialist zu sein."[31]

Die beiden nächsten größeren Aktionen in Richtung Nationalsozialismus setzen die österreichischen Bischöfe gemeinsam. Bei der Konferenz der österreichischen Bischöfe vom 15. bis 18. 11. 1937 verabschieden diese eine von Kardinal Innitzer unterzeichnete Kundgebung „An Deutschlands Kardinäle und Bischöfe".[32] Der einfache, trösten wollende Stil dieser Kundgebung läßt den Wiener Kardinal als Urheber vermuten.[33] Nur vier Monate vor der ungeschickten „Feierlichen Erklärung" des Episkopats bekundet dieser „Innigste Anteilnahme" an den Vorgängen im Deutschen Reich,

„wo der Staat in voller Anwendung seiner Gewalt, wie sie sich im Laufe der letzten Jahre immer mehr ausgebildet hat, planmäßig und unaufhaltsam bis zum äußersten geht, um die christliche Religion, besonders aber die katholische Kirche in diesem Reiche auszuschalten und zurückzudrängen, und das so sehr, daß jede aktive Gegenwehr mit neuen Strafen und Verfolgungen geahndet wird... Wir nehmen aber auch darum innigen Anteil an euren Schicksalen, weil viele bemüht sind, solche Verhältnisse, wie sie bei euch sich herausgebildet haben, auch in unserem Staate erstehen zu lassen und der Gottlosigkeit zum Siege zu verhelfen. Wir haben jedoch auch diesbezüglich das Vertrauen, daß diese Bemühungen vergeblich sein werden und daß wir auch fernerhin euch zum Nutzen und zum Troste gereichen können... Je aussichtsloser alle Gegenwehr zu sein scheint, umso kraftvoller wird sich die Hilfe Gottes erweisen."[34]

Auf welche Aufnahme dieses Schreiben beim Deutschen Episkopat gestoßen ist, macht eine Äußerung Kardinal Faulhabers gegenüber Bischof Preysing im August 1938 deutlich, als sie über eine etwaige Teilnahme der österreichischen Bischöfe an der Fuldaer Konferenz sprachen; wenn diese teilnähmen, würde er als ersten Punkt der Tagesordnung beantragen: „Antwortschreiben der deutschen Bischöfe auf das Beileidsschreiben der österreichischen Bischöfe zur Kirchenverfolgung in Deutschland."[35]
Während Bischof Gföllner im Jurisdiktionsbereich seiner Diözese seine Gegnerschaft zum Nationalsozialismus in Taten umsetzen konnte – dies soll am Beispiel eines nationalsozialistisch gesinnten Pfarrers gezeigt werden –, war innerhalb der Bischofskonferenz die eher konziliante Haltung des Wiener Metropoliten maßgeblich. So wurde in der Auseinandersetzung mit dem Rektor der Anima in Rom, Bischof Hudal, der in einer ideengeschichtlichen Untersuchung „Grundlagen des Nationalsozialismus" einen „Brückenschlag" zur Kirche versuchte, letztlich Gföllner blamiert. Hudal geht in seinem 1936 erschienenen Buch, das übrigens in Deutschland gar nicht in den Handel kommen durfte, in Österreich aber großes Interesse fand, von

der Annahme zweier Richtungen innerhalb des Nationalsozialismus aus, deren eine linkssozialistisch und christentumfeindlich sei, die andere rechtskonservative jedoch reformierbar; mit letzterer sollte sich nach Hudal die Kirche verständigen.[36] In einer Gesprächsnotiz Kardinal Faulhabers vom 16. 11. 1936 erfahren wir, was der deutsche Botschafter in Wien zur Aufnahme des Buches als Stimmungshintergrund berichtete: „Die österreichischen Bischöfe hätten keine Freude daran, wollten ihm (Hudal) die Vertretung in Rom entziehen, aber Innitzer mahnt zur Mäßigung."[37]

Hudal seinerseits konnte diese Situation ausnützen; bis dahin als eine Art Mittlerinstanz zwischen den österreichischen Bistümern und Kurie tätig, legte er die Vertretung für jene zwei Diözesen (Linz und Salzburg) nieder, deren Bischöfe er in Verdacht hatte, im Vatikan gegen seine Person Mißtrauen zu säen.[38] Für Gföllner mußte dies heißen, daß seine Linie wenig Rückhalt hatte.

Nationalsozialistisch aktiver Pfarrer und Bischof Gföllner

Der 1889 in Berlin geborene Gregor Peter Weeser-Krell kam als Kind nach Österreich und wurde 1911 zum Priester der Diözese Linz geweiht. 1920 kam er als Pfarrer nach Laakirchen. Dort erlebte er die Februarrevolte 1934 der Sozialdemokraten wie den Putsch der Nationalsozialisten im selben Jahr. Im Jahr 1939 schreibt er darüber in die Pfarrchronik Ebensee, daß er sowohl die inhaftierten Sozialdemokraten im Bezirksgericht Gmunden wie die Nationalsozialisten im Kreisgericht Wels besucht habe. Für zwei Laakirchner konnte er vor dem Militärgericht Linz nach seinen Angaben ein Todesurteil abwenden. Er war überzeugt davon, daß die NSDAP als Siegerin aus den Auseinandersetzungen zwischen den Arbeitern hervorgehen würde.[39] Aufgrund seiner Beziehungen zu Nationalsozialisten mußte er, von Bischof Gföllner veranlaßt, in eine kleine Mühlviertler Pfarre (Mitterkirchen) gehen. Dort konnte er nur wenige Monate bleiben; denn als ihm wieder Kontakte zu Nationalsozialisten nachgesagt wurden, schickte ihn der Bischof im Juli 1935 „unter Drohung mit weltlicher Gewalt" in die „reichsdeutsche Heimat" zurück.[40] Mehrere Monate fuhr er durch Deutschland auf Postensuche, doch kein Bischof wollte ihn haben. Von Gföllner bekam er die Möglichkeit, nochmals als Kaplan in der Diözese anfangen zu können, wenn er einen Revers unterschreibe. Er war auf drei verschiedenen Seelsorgs-posten, bis ei wieder Pfarrer (St. Johann am Wimberg) werden durfte.

„Als es zur Machtübernahme und anschließend zur Abstimmung am 10. 4. 1938 kam, war meine Pfarre St. Johann am Wimberg die erste, die – um $^1/_2$2 Uhr nachmittags – ein 100prozentiges Ja melden konnte. Ich sandte an den Führer ein Telegramm mit dieser Meldung."[41]

Gleich nach dem Umsturz hatten die Nationalsozialisten den damali-gen Pfarrer von Ebensee, Giesriegl, verhaftet. Weeser-Krell suchte um die Pfarre an und bekam sie.[42] Ein Hinweis auf Einstellung der Bevölkerung in einer Industrie-Landpfarre vor dem Krieg ergibt sich aus dem Boykott, den der „Nazi-Pfarrer" erfuhr. Den Widerstand der Ebenseer rief Weeser-Krell sehr bald hervor, weil er überall, auch in der Pfarrkanzlei, mit „Heil Hitler" grüßte und dasselbe auch von den Gläubigen verlangte. Er nannte Hitler bei Predigten häufig und brachte nationalsozialistische Ideen, was eine richtige Opposition herausforderte. Weeser-Krell beschloß jede Litanei mit: „Daß Du unseren Führer beschützen mögest", worauf von der Gemeinde kaum ein „Bitt für uns" geantwortet wurde, was den Pfarrer sehr ärgerte. Er schreibt über 1938/39 in der Ebenseer Pfarrchronik: „Dieses erste Jahr gehört zu den erfolglosesten meiner Seelsorgejah-re." Was aber weder Bischof Gföllner mit seinen harten Versetzungen noch die Ebenseer mit ihrem Widerstand gegen den Pfarrer erreich-ten, gelang bald der NSDAP. Seine Parteibegeisterung ließ nach, als er 1939 die Enteignung des kirchlichen Kindergartens in seiner Pfarre nicht verhindern konnte. Da in der Folge weder die NSDAP noch die Pfarrbevölkerung zu ihm stand, verzichtete er 1940 auf die Pfarre, war vorübergehend in Pension und kam 1942 nach Friedburg-Lengau.[43]

Pläne Weeser-Krells, mit dem Stadtpfarrer von Braunau, Ludwig, der in Hitlers Geburtsort Pressionen der Partei mitmachte und schließlich auch verhaftet wurde, das Arbeitsgebiet zu tauschen, wurden von Bischof Gföllner verhindert, der an der Stadtpfarrkirche Braunau, dem Taufort Hitlers, keinen Kult in dieser Richtung fördern wollte.[44]

Von den Praktiken der Nationalsozialisten überrascht

Überrumpelt

Es ist beinahe unmöglich, sich dem Komplex „Nationalsozialismus" zu nähern, ohne betroffen zu fragen, wie denn so etwas möglich gewesen sei, wie die Generation der Eltern und Großeltern so etwas hätte dulden können bzw. sich vom System derart „gebrauchen" lassen konnte.

Franz Jägerstätter ist in seinen Aufzeichnungen aus dem Jahr 1942 rigoros in bezug auf Entschuldigungsgründe; er diagnostizierte Verblendung durch Größenwahn.[45]

Daß jedoch die Gewalt- und Greueltaten der NS-Formationen in der Öffentlichkeit nicht Zustimmung gefunden hätten, wird indirekt dadurch aufgezeigt, wiesehr die Machthaber auf Geheimhaltung etwa der Vorgänge in den Konzentrationslagern bedacht waren.[46]

Die Überzeugung, daß eine Obrigkeit nur in Recht und Gerechtigkeit würde regieren können, war bis in die Kreise, die den Aufstieg Hitlers hätten verhindern können, sehr stark, denn sonst hätten letztere nicht „geglaubt", die Regierungsverantwortung würde Hitler und seine Kumpane „zähmen".[47]

Für die deutschen Bischöfe war es 1933 kein Problem, Zusagen des Regimes und Verträgen mit diesem Vertrauen zu schenken. Im März 1938 waren die österreichischen Bischöfe, wie die Erklärung über die „Anschluß"-Abstimmung dokumentiert, ähnlich bedenkenlos. Die vertikal ausgerichteten innerkirchlichen Kommunikationsstrukturen dokumentierten ihr Ungenügen.

Die Methoden der Gestapo konnten aufgrund des Nichtvorbereitetseins der Menschen möglichen Widerstand leichter isolieren. Mit einem einfachen Trick, den heute jeder TV-erfahrene Volksschüler durchschauen würde, gelang es ihnen beispielsweise, den jungen Pfarrer von Braunau zu verunsichern und zu einem „Geständnis" zu bringen. Im Herbst 1941 erschienen bei ihm Postangestellte, um den Telefonapparat in der Pfarrkanzlei auszutauschen, weil er angeblich nicht mehr funktionierte. Vier Wochen später hielt der aus Linz kommende Gestapobeamte Grömer eine zweistündige Hausdurchsuchung; in einem Verhör zeigte er sich über jedes Wort informiert, das in der letzten Zeit in der Kanzlei gesprochen worden war. Als dem jungen Pfarrer dann vorgehalten wurde, letzten Sonntag habe eine

Bäurin zwanzig Eier gebracht, war es mit seiner Fassung vorbei, er fürchtete, daß die Gestapo ohnehin „alles" wüßte; um in die Hände der Justiz zu kommen, gestand er anschließend „Schwarzhören". Ludwig rätselte lange darüber, wie die Polizei zu den Kenntnissen gekommen sei, bis ihn der technisch interessierte spätere Bischof Franz Zauner über die Möglichkeit des Abgehörtwerdens informierte. Ähnlich ahnungslos war der Priester gewesen, als er bereits vor dem März 1938 in Bayern beschattet wurde. Johann Ludwig gehörte zu den wenigen, die einen Paß, der zum Grenzübertritt nach Deutschland berechtigte, besaßen. Nach Kriegsende erfuhr er von den damaligen deutschen Grenzbeamten, daß, sooft er die Grenze überschritt und den Paß vorwies, ihm ein Beamter in Zivil zu folgen hatte.

Bischöfe nicht vorbereitet

Obwohl seit Beginn der dreißiger Jahre eine Auseinandersetzung mit nationalsozialistischen Ideen durchaus stattfand, konnten die Praktiken des NS-Staates auch die Bischöfe in Österreich völlig überrumpeln. Einerseits dürfte hier die Einschränkung des Kontaktes (vgl. oben) kirchlicher Amtsträger über die Grenzen hinweg ihre Früchte getragen haben, andererseits dürfte bei den Bischöfen kein großes Interesse an grenzüberschreitenden Kontakten vorhanden gewesen sein. 1933, als die deutschen Bischöfe gerade auf einen versöhnlichen Kurs den Nationalsozialisten gegenüber einschwenkten, waren diese durch Gföllners Hirtenbrief verärgert. So schreibt Kardinal Faulhaber am 10. 4. 1933 an Kardinalstaatssekretär Pacelli:

„Ein großer Schaden für die kirchliche Autorität ist die Tatsache, daß die deutschen Bischöfe dem Nationalsozialismus ihr Vertrauen ausgesprochen haben, während der Herr Bischof von Linz gleichzeitig alle Verbote gegen die Nationalsozialisten neu verkündet."

1938, als es zur Verärgerung mit umgekehrten Vorzeichen kommt, rächt sich der Nichtkontakt. So bemerkt Kardinal Bertram Anfang April 1938 in Breslau, daß er keinen von den österreichischen Bischöfen kenne.[49] Bischof Preysing war in Angelegenheit der Wahlerklärung der österreichischen Bischöfe beim Breslauer Kardinal. Ersterer äußerte sich über die österreichischen Bischöfe sehr verärgert, Bertram hatte „innigstes Mitleid" mit den Mitbrüdern:[50]

„Kennt Innitzer nicht die Enzyklika ‚Mit brennender Sorge…'? – Weiß Innitzer nicht, was Bürckel dem Bischof Bornewasser von Trier und dem Bischof Sebastian von Speyer zugefügt hat?"[51]

Als Vorsitzender der deutschen Bischofskonferenz verfügt Bertram, daß man mit gemeinsamen Bischofskonferenzen so lange warten müsse, bis sich die Ansichten und Prognosen der österreichischen Bischöfe denen der deutschen assimiliert hätten.[52] Der neue Wiener Gauleiter Bürckel war für die deutschen Bischöfe längst kein unbeschriebenes Blatt mehr. So hatte er als Gauleiter an der Saar vor der Abstimmung im November 1933 im Hinblick auf eine bischöfliche Wahlempfehlung genauso agiert wie im März 1938 in Wien. Dem Bischof von Speyer „legte Gauleiter Bürckel, um einen fehlerlosen Text besorgt, gleich selbst einen Kundgebungsentwurf vor, für den er vom Speyerer Oberhirten lediglich noch die kleine Formalität der Unterschrift erbat."[53]

Diese Unterschrift gab allerdings dieser Bischof nicht, obwohl der Entwurf genauso wie der Märzentwurf 1938 für den österreichischen Episkopat für die Zeit nach der Wahl mit dem Köder einer „dauernde(n), wahren und aufrichtige(n) Gemeinschaft mit Katholiken" versehen war.[54] Im August 1937 war Bürckel mit seinem Aufruf zur Predigtüberwachung[55] und, wie Faulhaber es in einem Referat vor allen Kleruskonferenzen seiner Diözese ausdrückte, „zum Eintritt in diese Denunziantenbrigade" als aktiver Kirchenkämpfer aufgefallen.[56]

Auch Kardinal Faulhaber wunderte sich, daß die österreichischen Bischöfe auf Gauleiter Bürckel hereinfielen und dessen Wunsch nach Teilnahme an der Bischofskonferenz nicht von vornherein zurückwiesen; letzteres bezeichnet er als „Grundfehler, aus dem sich alles andere entwickelte".[57] Das gutgläubige Vertrauen auf die Zusicherungen des Gauleiters für die Zeit nach der Wahl versieht der Kardinal mit mehreren Rufzeichen.[58] Ihm waren die Praktiken der Gestapo bereits bekannt. Die telegraphische Übermittlung sowohl der Einladung zur Bischofskonferenz, die Bürckel überhaupt informierte,[59] als auch das Telegramm Innitzers an den Breslauer Kardinal Bertram vom 1. 4. waren den deutschen Bischöfen als Information an die Gestapo klar. Bertram rechnete damit, daß die Reichsregierung den Text des letzteren bereits kannte.[60] Über dessen Inhalt äußert sich der damals 79jährige Bertram in zynischer Weise: „Der ehemalige Minister weist den jungen Mann in Breslau an!" (Innitzer war 1928 bis 1930 Minister für soziale Verwaltung gewesen.)[61] Für das Wort „Kirchenfriede" setzt er „Kirchhofsfriede".[62] Wie aus einem Brief Kardinal Faulhabers vom 3. 10. 1938 an Kardinalstaatssekretär Pacelli hervorgeht, hat besonders der aus dem Telgramm erkennbare Vorwurf, „die deutschen Bischöfe seien durch ihre ablehnende Haltung selber an der immer stärker kirchenfeindlichen Einstellung der Staatsregierung schuld gewesen", diese schwer getroffen.[63] Im selben Brief berichtete der Münchner Kardinal aber bereits, daß die österreichischen Bischöfe aufgrund der kirchenkämpferischen Maßnahmen schon nachdenklicher würden.[64]

Linzer Nuancen

Kardinal Innitzers und Bischof Gföllners Verhalten dem Nationalsozialismus gegenüber ist unterschiedlich. Innitzers Einstellung wird aus dem Telegramm an Kardinal Bertram deutlich.[65] Die sudetendeutsche Abkunft des Kardinals und die infolge dieser naheliegende deutschnationale Einstellung wie seine sozialpolitischen Hoffnungen mögen die Euphorie bedingt haben. Während Innitzer in Wien zu Hitler ins Hotel Imperial ging, lehnte Gföllner es ab, diesen zu sehen, als der Führer den Linzer Dom besuchte.[66] Von der „Feierlichen Erklärung" erzählte er Generalsekretär Vieböck mit Unbehagen, daß sie komme.[67] In einem Gespräch mit Dr. H. Ehrengruber berichtete der Bischof unter Tränen, daß er sich nicht habe durchsetzen können.[68]

Dem Salzburger Kanonikus Simmerstätter gegenüber meinte der Linzer Bischof in diesen Tagen: „Schweigen, dulden, beten, hoffen."[69]

Gföllner ließ den Text auch nicht im Diözesanblatt abdrucken, sondern versandte ihn in der Form eines hektographierten Blattes unter dem Titel „Verlautbarung von der Kanzel am Sonntag 27. März 1938". Während üblicherweise alle Mitteilungen des Ordinariates entweder vom Bischof oder einem Ordinariatsbeamten gezeichnet wurden, stehen auf dem Linzer Blatt nur die Namen Innitzer und Waitz für die jeweiligen Kirchenprovinzen. Die ergänzende Verlautbarung vom 3. 4.: „Unter voller Wahrung der Rechte Gottes und der Kirche" war wieder wie üblich geschlossen: „Linz, am

31. März 1938, Johannes Maria, e. h. Bischof".[70] Ob der höhere Rang Innitzers, das Interesse an einer gemeinsamen Linie oder die Sorge einer weiteren Isolation wie schon in der Hudal-Auseinandersetzung das Verhalten des Linzer Bischofs bestimmt haben, wird offen bleiben müssen.

Das Schicksal eines einzelnen Bischofs, der bei der Abstimmung über die Angliederung Österreichs nicht mitzog, wird im Fall Bischof Sprolls von Rottenburg sichtbar. Dieser wurde 1938 bis 1945 aus seiner Diözese vertrieben, weil er an der obengenannten Abstimmung nicht teilgenommen hatte und damit „seine primitivsten Pflichten gegenüber Volk und Führer nicht wahrgenommen" und sich in dieser Weise selbst „aus der Volksgemeinschaft ausgeschlossen habe".[71] Die Linzer Seelsorgepriester waren vom Wahlaufruf nicht sehr begeistert; so Klostermann:

„... daß nun die tausendjährige Sehnsucht des österreichischen Volkes in Erfüllung gegangen sei, verlas ich mit tiefer Beschämung."[72]

Am 30. 3. 1938 schreibt Kardinal Faulhaber an den bayerischen Episkopat in diesem Zusammenhang:

„Die Pfarrer von Salzburg hatten die größten Bedenken, die geforderte Erklärung am Sonntag, 27. März, in dieser Form dem katholischen Volke bekannt zu geben."[73]

Noch harmlose Konsequenzen von Nicht-Mittun erlebten am 20. 6. 1938 zwei Pfarrer in Linz, sie haben sich

„anläßlich der Durchfahrt des Führers in Linz am Fenster einer Wohnung des I. Stockes des Hauses Landstr. 22 über einen Sprechchor der vor dem Hause aufgestellten HJ gemeinsam lustig gemacht, außerdem den Führer bei seiner Vorbeifahrt nicht gegrüßt und damit den öffentlichen Anstand derart verletzt, daß mehrere Personen, die das beobachteten, in große Erregung kamen und in das Haus eindringen wollten, und dadurch eine Übertretung nach Art. VIII a E. G. V. G. begangen. Gemäß ... wird gegen die Beschuldigten je eine Geldstrafe von 100 RM verhängt."[74]

Bischof Gföllner blieb in der Folge für seine Person beim eher schweigsamen, abwartenden Kurs, was vor allem vom jüngeren

Klerus nicht verstanden wurde. So schreibt Klostermann von zwei Richtungen innerhalb des Klerus: Die eher älteren wollten in der „Eiszeit überwintern", die eher jüngeren die Botschaft verkünden, „gelegen oder ungelegen".[75] Daß der junge Klerus mit der Haltung des Bischofs nicht zufrieden war, gelangte auch zur Kenntnis der Gestapo:

„Bezüglich des Linzer Bischof Gföllner ist noch festzustellen, daß sich unter dem jungen fanatischen Klerus eine Mißstimmung gegenüber ihm geltend macht, weil man von dieser Seite mehr Aktivität im Interesse der Kirche erwartet."[76]

Was in Linz rasch einsetzte, nachdem die kirchliche Vereinsarbeit durch die Partei verboten worden war, war eine intensive religiöse Jugendarbeit. Das neugegründete Seelsorgeamt unter Pfarrer Dr. Hollnsteiner als Leiter und Domkurat Vieböck als Generalsekretär begann im Oktober 1938 mit der Zusendung von „Hilfsmitteln für eine zeitgemäße Seelsorge".[77]

Die Erfolge der kirchlichen Jugendarbeit überraschten nicht nur die Sicherheitsdienststellen, wie häufig aus den Berichten hervorgeht, sondern im Fall der Jugendwallfahrt nach Maria Scharten sogar die Veranstalter.[78]

Die zahlreichen Aussendungen des Seelsorgeamtes beantworteten die vielen Gestapo-Schikanen mit jeweils neuen pastoralen Vorschlägen, aus den Anmerkungen der Exemplare im Pfarrarchiv Ostermiething geht hervor, daß sie dort verwendet wurden.[79]

Kirchenkampf im Erfahrungsbereich Jägerstätters

Zunehmender Druck, je näher man St. Radegund kommt

Die knappen, spontanen ersten Antworten Franziska Jägerstätters, die manchmal überraschen, erweisen im Lauf der Untersuchung mehr und mehr ihren Gehalt. So beantwortete sie die Grundfrage, warum ihr Mann nicht in den Krieg gezogen sei, wie folgt: „Weil sie (gemeint sind die Nationalsozialisten) die Kirche und die Pfarrer so verfolgt haben." Nimmt man als Indikator Priesterverhaftungen, so wird sowohl im Bereich der Diözese Linz und insbesondere im Bezirk Braunau der Kirchenkampf vergleichsweise scharf geführt.

Anläßlich des Besuches des deutschen Reichsaußenministers von Ribbentrop bei Papst Pius XII. am 10. 3. 1940 überreichte letzterer eine Beschwerdennote „bezüglich der Leiden der katholischen Kirche in Deutschland"; in dieser Note wird bereits auf die systematische Unterdrückung karitativer Werke und Organisationen „vornehmlich in Österreich" hingewiesen und über die „häufigen Verhaftungen von Geistlichen, insbesondere in Österreich" Klage geführt.[80] Einerseits machte sich bemerkbar, daß die Berliner Regierung Österreich als „konkordatsfreien" Raum betrachtete, in dem die Kirche sich auf keinerlei rechtliche Vereinbarungen stützen konnte. Andererseits war durch die Unterstellung der Kirchenbelange in den Bereich der Gestapo der Ton und die Art der „Behandlung" vorgegeben; während etwa das Bischöfliche Ordinariat der Nachbardiözese Passau fast ausschließlich mit dem Münchner Staatsministerium für Kultur und Unterricht zu verhandeln hatte, war der Partner in Linz überwiegend die Geheime Staatspolizei.[81] Dieselbe Gestapoleitstelle war in Wien wie in Linz jeweils für „Juden" wie für „Katholiken" zuständig.[82] Während aber in Wien nach der Volkszählung 1934 der Anteil der Juden an der Gesamtbevölkerung 9,39 Prozent betrug (in absoluten Zahlen 176034 Personen),[83] ist er in Oberösterreich zum selben Zeitpunkt nur 0,1 Prozent (966 Personen bei einer Wohnbevölkerung von 902318).[84] Die Beamten dürften, wie dieser Zahlenvergleich zeigt, einiges an „freier Kapazität" gehabt haben. Besonderer Ehrgeiz der reichsdeutschen Beamten in bezug auf den „Heimatgau des Führers" mag eine zusätzliche Rolle gespielt haben, wie Prälat Vieböck, der von Seite des Bischöflichen Ordinariates Linz die jeweiligen Anweisungen der Gestapo entgegenzunehmen hatte, für möglich hält. Während auch bei den gerichtlich geahndeten „Vergehen" wie „Rundfunkverbrechen" oder „Heimtücke" bei Priestern der Diözese Linz eine relativ größere Anzahl zu verzeichnen ist, springt besonders der Unterschied in bezug auf KZ-Einweisungen ohne Gerichtsurteil ins Auge. Neun Priester der Erzdiözese Wien kamen in Konzentrationslager, von denen einer starb.[85] Aus der Diözese Linz, die etwa nur die halbe Katholikenzahl umfaßte, waren es vierzig, von denen elf starben.[86] Zum Vergleich seien hier die Zahlen einiger bayerischer Bistümer angeführt, die die Ausnahmesituation von Linz bestätigen, vor allem, wenn man bedenkt, daß in Bayern der NS fünf Jahre länger an der Macht war: Drei Priester der Diözese Augsburg, dreizehn der Erzdiözese Bam-

berg, neun der Erzdiözese München, elf der Diözese Passau und acht der Diözese Regensburg mußten in Konzentrationslager.[87]
Innerhalb der Diözese war die Vorgangsweise der Gestapo jeweils noch sehr verschieden. Während etwa im Bezirk Wels eine lebendige kirchliche Jugendarbeit relativ unbehelligt durchgeführt werden konnte,[88] genügte 1942 in Hochburg, Bezirk Braunau, ein erfolgreicher Einkehrtag für Mädchen durch einen bayerischen Priester für die Verhaftung des dortigen Pfarrers.[89]
Die Zahl der Priesterverhaftungen im Dekanat Ostermiething entzieht sich jedem Vergleich: Auf zehn bis elf im Dekanat tätige Seelsorgepriester kamen acht Verhaftungen.[90]
Von den ca. 1000 Geistlichen der Diözese Linz waren zwischen 1938 und 1945 mindestens 118 eingesperrt gewesen; die aus der letzten diesbezüglichen Veröffentlichung[91] sich ergebende Zahl von 109 muß um mindestens neun erweitert werden: Pfarrer Brandner aus Moosdorf,[92] Giesriegl aus Ebensee,[93] Krenn aus Geinberg,[94] Kücher aus Hochburg,[95] Leichtenmüller aus Tarsdorf,[96] Michael Mayr aus Linz,[97] Josef Zeilinger aus Krichberg (!).[98] Selbst die jetzt in der Diözese Linz in leitenden Funktionen wirkenden Priester Franz Vieböck[99] und Karl Wild[100] scheinen in den Listen nicht auf.
Diözesan waren demnach mindestens 11 Prozent der Priester von Gefängnisstrafen betroffen, wobei sich bei systematischen Nachforschungen die Zahl noch beträchtlich erhöhen würde, im Dekanat Ostermiething zwei Drittel. Dabei muß es sich um eine besondere Verschärfung der Maßnahmen gegen Geistliche im Kreis Braunau gehandelt haben, denn die Priester aus den umliegenden Pfarren Burgkirchen, St.Georgen am Fillmannsbach, Pischelsdorf, Feldkirchen, Geinberg, Braunau waren gleichfalls eingesperrt.[101]

Aktive illegale Nationalsozialisten im oberen Innviertel

Nach den Wahlergebnissen faßten die Nationalsozialisten zwischen 1930 und 1931 im Gerichtsbezirk Wildshut Fuß. Sie bekamen, wie schon erwähnt, bei der Nationalratswahl 1930 im ganzen Gerichtsbezirk noch keine einzige Stimme, im politischen Bezirk Braunau jedoch, zu dem auch Wildshut gehört, waren es bereits 432 Stimmen, die 1,3 Prozent der abgegebenen gültigen Stimmen ausmachten.[102]
Die Stimmen für die Nationalsozialisten wurden vorwiegend in den

größeren Orten abgegeben: Stadt Braunau 93 Stimmen, Markt Mattighofen 114, Helpfau-Uttendorf 68 Stimmen.[103] Bei der Landtagswahl 1931 verzeichneten die Nationalsozialisten im politischen Bezirk Braunau eine Verdoppelung ihrer Stimmenanzahl auf 903, im Gerichtsbezirk Wildshut gab es 63 Stimmen, davon 50 in der Marktgemeinde Ostermiething.[104] In der Pfarrchronik Ostermiething findet sich ein Blatt, in dem nach 1945 der illegale Ortsgruppenleiter und spätere Bürgermeister Voggenberger von den Vorgängen ab 1933 berichtet. Die persönlichen Motive für das NS-Engagement des Mühlenbesitzers und Bauern waren, daß er gerne auch etwas geworden wäre, wie sein Bruder, der Jura studieren konnte. Die Propaganda von Haus zu Haus machte der „Rahmmann", ein Bursch, der von den einzelnen Höfen den Rahm einsammelte. Es gab Waffenübungen von bis zu dreißig Leuten, die Gewehre waren von Deutschland herübergeschmuggelt worden. Die Plätte, auf der man zu diesem Zweck die Salzach überquerte, versteckte man, um keinen Verdacht zu erregen, im Pfarrhofgarten zu Ach. Über die Salzach transportierte man auch einen Verwundeten nach einer Schießerei. Der ganze Bericht erweckt eher den Eindruck, daß hier eine Bande Kriegsspiele machte, als daß sie an politischen Themen interessiert war.

Aus der Sicht des Dechants von Ostermiething ergab sich 1933 folgende Perspektive: „Unsere Grenzbevölkerung ist vom Nationalsozialismus ganz durchfressen, die Begeisterung für Österreich gleich Null."[105]

Im Herbst 1933 nehmen am Jugendsonntag in Ostermiething nur noch Mädchen teil, die Burschen waren bereits auf der anderen Seite.

„In höchst beunruhigender Weise betrieben die hiesigen Hackenkreuzler (!) die Beunruhigung der Bevölkerung, wobei ihnen der Turnverein einen starken Rückhalt gibt... Allen voran gehen die Gasthäuser König, Wanghofer, Heinrich, darum habe ich jetzt den Gasthausstreik angefangen und werde ihn auch durchführen (für meine Person), solange dieser närrische Wahnsinn dauert."[106]

Bei der örtlichen Struktur der kirchlichen Festlichkeiten, die zu einem nicht unwesentlichen Teil aus dem großen Mahl im Gasthaus bestehen, war dies eine nicht zu übersehende Form des Protests. Nachdem im Februar 1934 der Pfarrer den Schulkindern den Beitritt zum Turnverein verboten hatte, kam es nachts zu einer Beschmierung des Pfarrhofes mit drei Hakenkreuzen. Der Pfarrer beurteilte dies wie folgt:

„Unsere Bevölkerung ist derart verhetzt und irregeleitet, daß wir im Ernstfalle kaum 10 Prozent hätten, die für die Rechte der Kirche eintreten möchten!"[107]

Die aus den Zeilen ersichtliche politische Einflußlosigkeit des Dechanten und Pfarrers von Ostermiething mag mit bedingt haben, daß er als einziger Priester im Dekanat während der Herrschaft des Nationalsozialismus an seiner Stelle bleiben konnte.

„Und die Dummheit der Leute ist so groß, daß, obwohl sie die verheerenden Wirkungen der nationalsozialistischen Regierung im Deutschen Reich sehen, es doch kaum erwarten können, von ihnen aufgefressen zu werden. Namentlich ist der Deutsch-völkische Turnerbund nichts anderes als eine Organisation der Nazi. Am Sonntag 27. 1. (1934) wurde wieder ein Schmähplakat aufgehängt. Durch die deutsche Regierung wird diese Auflehnung der österreichischen Verräter mit Geld und Material, Zeitung und Runfunk kräftigst unterstützt."[108]

In der Pfarrchronik Geretsberg findet sich unter Hinweis auf den Februaraufstand 1934 eine Schilderung der politischen Situation im Innviertel:

„Im Bezirk Braunau und im Gemeindegebiet Geretsberg herrschte vollkommene Ruhe. Umso bedrohlicher war in der folgenden Zeit das Aufflackern der nazion. Bewegung, besonders auch am Grenzland, sodaß in Eggelsberg, Ostermiething, Braunau ständig eine Grenzwache untergebracht war, u. zw. ältere und jüngere Heimwehrschützen, in Ostermiething Dragoner. Wegen schwerer Sachbeschädigung und lebensgefährlicher Verbrechen der Nazi sah sich die sehr langmütige Regierung auch gegen die Nazi zu energischen Abwehrmaßnahmen gezwungen, das Standrecht wurde wieder verlautbart, doch sind die Gerichte in der Handhabung der Justiz vielfach zu nachsichtig, ja lax, wodurch die Nazi nicht abgeschreckt werden, sondern mit neuen ‚Pöllern und Sprengmitteln' antworten, die sie reichlich vom ‚Deutschen Bruder' als Geschenke für Österreich erhalten!"[109]

Als der Geretsberger Pfarrer auf diesem Hintergrund für die Vaterländische Front Stimmung machen wollte, versagten ihm die örtlichen Vereine das Mittun:

„Für Ostermontag (1934, Anm.) war eine öffentl. und feierliche Kundgebung für die Vaterl. Front geplant und im Beisein aller maßgebenden Körperschaften und Personen beschlossen. In eigenen Versammlungen haben Kriegerverein und Feuerwehr das Gegenteil beschlossen. Sie werden sich nicht korporativ beteiligen. So fand sie hinter 4 Wänden in Kreuzhubers Gasthaus als ‚Versammlung' statt."[110]

In der Acher Pfarrchronik ist aufgezeichnet, daß von Burghausen aus bei kirchlichen Veranstaltungen verhetzte Kinder Spottrufe über die Salzach schrien.

In der Pfarrchronik Tarsdorf sind die beginnenden Auseinandersetzungen mit den Nationalsozialisten ab Sommer 1933 mit Zeitungsausschnitten dokumentiert. Unter „Tarsdorf" heißt es am 25. 7.:

„Manche Postämter Deutschlands müssen scheints nicht viel Arbeit haben, weil sie auf Briefe an Grenzbewohner das Hakenkreuz schmieren. – Der Hitlerjunge J. Sch. verrichtete am Dienstag vormittags in der Pfarrhofkapelle, in welcher Messe gelesen wird, die große Notdurft."

Am 21. 8. werden die Auswirkungen der Grenzsperre auf die Seelsorge ausgeführt (1933):

„Tarsdorf hätte wegen einer ständigen Frühmesse bei den Kapuzinern in Burghausen verhandelt. Leider läßt sich dies wieder nicht verwirklichen, weil die Patres zur Zeit überhaupt nicht über die Grenze dürfen. Sie kriegen Pässe für alle Länder ausgestellt, nur nicht nach Österreich. Als die Kapuziner in Österreich sammeln wollten, ließ man sie nach Österreich, um beim Bettelstaat, wie es im Radio München oft heißt, zu sammeln. Wir bedauern die Patres ob der Einschränkung ihrer primitivsten Freiheitsrechte."

1937, als im Deutschen Reich als Rache für die Enzyklika „Mit brennender Sorge" eine Flut von Sittlichkeitsprozessen gegen Geistliche angezettelt wird,[111] läßt sich ein Überschwappen der Verleumdungskampagnen über die Grenze feststellen. In der Tarsdorfer Pfarrchronik heißt es unter 1937: „Der Pfarrer und andere wurden placatiert und als homosexuell bei der Sicherheitsbehörde denunziert."

Im Jänner 1938 senden Tarsdorfer einen diesbezüglichen, mit der Gemeindeamtsstampiglie versehenen Brief an den Bischof: „Diesen Tag hauen auch Lausbuben 22 Fensterscheiben ein." Wenig später heißt es: „Am Sonntag, den 28. 1. hauen Lausbuben wieder 13 Fensterscheiben ein."

In der Tarsdorfer Chronik ist die Originalseite von 1938, gezeichnet mit einem Visitationsvermerk „Gesehen 29. 4. 1938 M. Hagn Dec.", noch vorhanden. Die Aufzeichnungen von Pfarrer Leichtenmüller sind dahingehend aufschlußreich, wie schnell die Verfolgung der Priester einsetzte und wie wenig die Werbung für die Volksabstimmung am „Feindbild Pfarrer" für die örtlichen Parteigremien änderte:

„13. März ist Umbruch. Infolge wird der Pfarrer von H. A. Marko u. Voggenberger (Ostermiething, Anm.) mit der Einsperrung bedroht. In 14 Tagen soll er wenigstens Tarsdorf verlassen, widrigenfalls nicht mehr für sein Leben garantiert wird.

Der Pfarrer wirbt auf der Kanzel, bei den Vertrauensleuten des Volksvereins und durch Werbung von Haus zu Haus für den Anschluß an Deutschland.

Am 15. 6. wird der Pfarrer als Staatsfeind nach Linz abgeführt.[112] Das Pfarrvolk sieht, wie die Gestapo-Beamten beim Oberlehrer H. A. Rottensteiner, H. Lehrer Brandl ... geschäftig ein- und ausgehen ...

Die Verhaftung wird damit begründet, daß der Pfarrer zum 40 stünd. Gebet sammeln ließ. An der Verhaftung ändert sich nichts, auch dann nicht, als man erfuhr, der Pfarrer hatte die Erlaubnis. 4 Mann waren gekommen, 2 holten ihn beim Wastlseppn in Eichbichl ab, die übrigen hielt (!) Hausdurchsuchung. ‚O Haupt voll Blut und Wunden‘ sagte man bei der Beförderung ins Auto. Am Fronleichnamstag werde ich nach drei Seiten photographiert u. nahm man mir 27 Fingerabdrücke ab. Am 18. 6. war Verhör.

Gegenstände: 1. ich sei homosexuell! 2. ich ließ trotz Bürckel-Verbot sammeln, 3. ich hätte gepredigt: a) ich bin neugierig, wem die Leute mehr geben, dem Hitler oder dem Herrgott; b) 5 Kommunisten sind mir lieber als ein Nazi. Am 20. 6. wurde ich entlassen mit 60 RM Strafe, weil ich sammeln ließ. Gemeindehaupt und Confratres waren während der Verhaftung nett. H. J. Wengler, Höhlbauer (?) fuhr wegen Protestversammlung herum. Zum Empfang des Enthafteten hatten sich viele Leute im Pfarrhofe eingefunden."

Als Information an seinen Nachfolger führt der Pfarrer dann die bei der Partei aktiven wie die für ihn verläßlichen Leute an. Darüber hinaus schreibt er in der Pfarrchronik: „Der Pfarrer steht 2x vor neuer Verhaftung innerhalb 3 Wochen, ihm werden die Fenster eingeschlagen" (zum drittenmal im Jahr 1938). Ein Pater aus München, der im Dezember 1938 die religiöse Woche hält, wird von 3 NSDAP-Leuten angerempelt. Pfarrer Leichtenmüller erhält Schulverbot und verläßt nach seinen Aufzeichnungen in der Chronik deshalb Tarsdorf.

Aus St. Radegund sind keinerlei Aktivitäten illegaler Nationalsozialisten bekannt. Die Erinnerung an den Mißerfolg des Marienspiels als Folge der NS-Machtergreifung im Sommer 1933 dürfte dabei eine große Rolle gespielt haben. Der frühe Zeitpunkt der schlechten Erfahrungen mit nationalsozialistischer Politik immunisierte gegen die aufkommende Propaganda; für solche, die sich einmal begeistern ließen, war es viel schwerer oder unmöglich, sich wieder abzusetzen.

Beim Studium der übrigen Pfarrchroniken des Dekanates ergibt sich der Eindruck, die Gewaltakte von seiten der eigenen Ortsbewohner gegen den Klerus seien vor dem „Anschluß" stärker gewesen als zur Zeit der eigentlichen NS-Herrschaft, in der die Maßnahmen des Regimes nur zu bald „aufklärend" wirkten.

Die Vorgänge in der nahen bayerischen Kreisstadt Traunstein hatten offensichtlich „Vorbild"-Charakter für Österreich, insbesondere da wahrscheinlich dieselben Personen sowohl für die Traunsteiner Ereignisse wie für die Kontakte zu den österreichischen Illegalen verantwortlich waren. Der Konflikt um den Traunsteiner Pfarrer Josef Stelzle hatte durch Meldungen von Auslandszeitungen große Publizität.[113] Daß er im angrenzenden Innviertel auch bekannt war, ist daraus mit Gewißheit zu erschließen, daß auch damals viele Menschen im benachbarten Bayern arbeiteten. Am glücklichen Ausgang der Auseinandersetzung für den Priester wird auch der Unterschied zur Situation in Österreich nach 1938 erkennbar; hier setzte sofort ein Polizeistaat seine Methoden in einer derart scharfen Weise ein, daß an ähnliche Erfolge eines Widerstandes gegen staatliche Maßnahmen nicht mehr zu denken war. Die Pfarrer in Österreich wurden mit der Drohung der Schutzhaft gezwungen, „freiwillig" auf ihre Posten zu verzichten.[114]

In Traunstein hatten Parteileute, an ihrer Spitze der Kreisleiter, ab Herbst 1933 den Ortspfarrer durch verschiedene Machenschaften zu verdrängen gesucht. Wegen einer Predigt an Dreikönig 1934 wurde Pfarrer Stelzle festgenommen. Daraufhin gab es Gerüchte, daß der Münchner Erzbischof als Gegenmaßnahme über Traunstein den Kirchenbann verhängen würde. Am Gerücht war so viel wahr, daß die Gemeinde nach der Verhaftung ihres Pfarrers zum Zeichen der Trauer auf Glockengeläute und Orgelspiel verzichtete. Aufgrund von Krankheit wurde der Pfarrer nach drei Wochen wieder aus dem Gefängnis entlassen. Die Belästigungen wurden jedoch fortgesetzt; am 24. 4. 1934 wurde auf das Pfarrhaus in Traunstein ein Sprengstoffanschlag verübt. Daraufhin entschloß sich der Pfarrer von Traunstein wegzugehen, um den Unruhestiftern das Ziel zu nehmen. In der Pfarrkirche schwiegen daraufhin wieder Orgel und Glocken, was bewirkte, daß der Priester am 22. 10. 1934 endgültig in die Pfarre zurückkehren konnte.[115]

Klima unter NS-Herrschaft von Ort zu Ort sehr verschieden

St. Radegund igelt sich ein

Nach der Machtübernahme durch die Nationalsozialisten fällt St. Radegund auf. Da es in der Gemeinde keine illegalen Nationalsozialisten gegeben hatte, fand sich im März 1938 niemand, der die Bürgermeisterstelle übernehmen wollte; erst als von den Kreisbehörden mit der Einsetzung eines auswärtigen Kommissars gedroht wurde, ließ sich ein Bauer unter dem Motto „Einer muß es nehmen" zur Amtsübernahme überreden.[116]
Im Zusammenhang mit dieser Suche der St. Radegunder nach einem Bürgermeister ist höchst interessant, daß unter denen, die befragt wurden und ablehnten, auch Franz Jägerstätter war. Als er dies seiner Frau erzählte, hat er sehr über das Ansinnen gelacht und sich gewundert, daß seine Mitbürger den Nationalsozialismus ohne Zusammenhang mit der Religionsausübung sahen. Franziska, nach den Motiven befragt, die die Nachbarn auf ihren Mann gebracht haben, meint, daß sie jemanden suchten, „der etwas darstellte" und der eben noch in keiner politischen Funktion gewesen war. Die späteren Urteile der Nachbarn über Franz Jägerstätter werden auch

69

durch diese Tatsache relativiert. Einem „Sonderling" hätten sie das Amt kaum angetragen.

Mit der durch den deutschen Einmarsch geänderten politischen Situation hatte man sich abzufinden, und die neue Obrigkeit forderte eben einen neuen Bürgermeister.

Daß es in St. Radegund keine ehrgeizigen „Illegalen" gegeben hatte, mag durch das Fehlen größerer Konflikte innerhalb der Bevölkerung bedingt gewesen sein.

Die Siedlungsstruktur der Gemeinde St. Radegund, Streusiedlung ohne Dorf- oder Ortskerne, ließ Spannungen, wie sie etwa in Ostermiething zwischen Markt- und Ortschaftenbewohnern bestehen, erst gar nicht aufkommen. Da es in St. Radegund weder Post noch Bank noch Arzt oder reichere Gewerbetreibende gab, war auch keine deutschnational eingestellte Honoratiorenschicht aktiv.[117]

Das Gegenbeispiel zu St. Radegund bildet St. Pantaleon am südlichen Rande des Dekanates. Die etwas größere Gemeinde (Wohnbevölkerung bei der Volkszählung 1934: St. Radegund 567 Personen, St. Pantaleon 966)[118] steht bis in die Gegenwart im Ruf, daß die Bewohner untereinander stark zerstritten sind; die öffentlichen Einrichtungen sind auf mehrere miteinander konkurrierende Ortschaften verteilt: Gericht, Post, ein Teil der Gewerbebetriebe befinden sich in Wildshut; Schule, Kirche, weitere Betriebe in St. Pantaleon; weitere Wirtschaftsunternehmen und eine eigene Feuerwehr in Trimmelkam. Die Nationalsozialisten dürften konkurrierende Interessen zur Vergrößerung des eigenen Machtbereiches ausgenutzt haben; jedenfalls brachte es der dortige Bürgermeister zu einer starken Machtposition. Die Position zeigte sich in der Eingemeindung der Nachbargemeinde Haigermoos.[119] Ähnliche Erweiterungen ihres Machteinflusses strebten die politisch ebenfalls sehr regen Ostermiethinger Nationalsozialisten an; zuerst versuchten sie einige Ortschaften der Gemeinde Tarsdorf dazuzubekommen, was von den Bewohnern allerdings verhindert werden konnte.[120] Erfolg hatten die Ostermiethinger „Raumgewinnungsbestrebungen" allerdings im Falle St. Radegund, das im Sommer 1943 mit Ostermiething zusammengelegt wurde.[121] Die räumliche Nähe und die Gemeindegrößen hätten allerdings einen Zusammenschluß von Tarsdorf und St. Radegund nahegelegt.

Obwohl der Vergleich schwierig ist, da vor der Ankunft der Amerikaner fast alle Akten aus dieser Zeit verbrannt wurden, zeigt schon der Vergleich der in Tarsdorf und St. Radegund erhaltenen Sitzungsprotokollbücher einen Unterschied zwischen den Nachbargemeinden. Die St. Radegunder dürften den Nationalsozialisten der Umgebung zuwenig aktiv oder verläßlich gewesen sein, denn sie kümmerten sich bereits vor der Zusammenlegung um deren Belange. Für Tarsdorf findet sich in den Sitzungsprotokollen kein Hinweis auf die Teilnahme Ortsfremder an den Gemeinderatssitzungen. In St. Radegund scheint in der „Niederschrift" der Sitzung vom 25. 5. 1938 noch der ortsansässige Limmer Franz, Forstaufseher, als „Ortsgruppenleiter der NSDAP" auf, in der vom 9. 7. 1938 wird derselbe nur mehr als „Zellenleiter der NSDAP" bezeichnet. Da in der Folge kein Leiter der Ortsgruppe mehr aufscheint, dürfte die Gründung einer solchen auf Schwierigkeiten gestoßen sein. Am 4. 12. 1938 nimmt der Ortsgruppenleiter aus Ach an der Sitzung teil. Zum ersten Mal am 1. 3. 1939 scheint der Lehrer Paul Bandzauner als „Vertreter der NSDAP" und „Parteigenosse" auf. Für vier weitere Sitzungen im Jahr 1939 ist kein Parteivertreter ausgewiesen. 1940 heißt es jeweils „die Gemeindetagsmitglieder und Beigeordneten... sowie der Vertreter der Partei Zellenleiter Bandzauner". In dieser Ausdrucksweise sowie in der Tatsache, daß mit einer einmaligen Ausnahme die Bezeichnung „Parteigenosse" für die „eingeborenen" Mitglieder der Gemeindeleitung vermieden wird, zeigt sich eine klare Distanzierung von „der Partei"; der Zusatz „Pg." zu den Namen von Bürgermeister und Beigeordneten findet sich nicht zufällig im Protokoll der Sitzung, an der ein Landrat aus Braunau und der Leiter des Gemeindeprüfungsamtes teilnehmen. An der folgenden Sitzung vom 22. 5. 1941 nehmen als „Vertreter der NSDAP Ortsgruppenleiter Pg. Sauer aus Hochburg und Gemeindezellenleiter Pg. Bandzauner" teil. Für das Jahr 1942 ist eine einzige Sitzung ausgewiesen, wieder mit Sauer als Parteivertreter. Er ist auch bei den Sitzungen im Jahr 1943 anwesend; bei der letzten Sitzung vom 29. 4. 1943, die über die Gemeindezusammenlegung mit Ostermiething zu befinden hatte, ist der Hochburger Ortsgruppenleiter an erster Stelle genannt.

Von damals aktiven Ostermiethinger NSDAP-Funktionären hörte ich 1981 als einen der Hauptvorwürfe gegen Franz Jägerstätter, daß er sich gegenüber seiner Gemeindeleitung, die ihn ja zweimal aus dem Militär herausgeholt hatte, so undankbar verhalten und diese in eine schwierige Situation gebracht habe. Es ist nicht auszuschließen, daß als Druckmittel gegen die St. Radegunder Gemeindeleitung, die ihre Unabhängigkeit bewahren wollte, deren Sympathie für einen todeswürdigen Widerständler verwendet wurde und man deren „freiwillige" Zustimmung erreichte.

Die späteren Ressentiments gegen Jägerstätter und seine Frau haben mit eine Ursache in der Angst der Ortsbewohner von St. Radegund, sein Verhalten könnte stärkere Aufmerksamkeit der Behörden auf sie lenken und ihre durch Zusammenhalt und Einigkeit geschützte Position gefährden. Franz Jägerstätter lehnte jeden Einsatz für die NSDAP ab; als die Feuerwehrmänner zu Sammlungen für die Partei verpflichtet wurden, trat er aus der Freiwilligen Feuerwehr aus mit der Begründung, daß er im Brandfalle auch „so" löschen könne.

Schon 1940 wurde eindeutig und einmütig demonstriert, wo die Menschen standen. Am 10. 7. 1940 wurde Pfarrer Karobath wegen einer Predigt verhaftet.[122] Die Pfarrgemeinde, die immer wieder in der Vergangenheit Front gegen den jeweiligen Pfarrer gemacht hatte, nahm einmütig und ausnahmslos für diesen Partei, als es um die Wahl zwischen Partei und Kirche ging. Der Verdacht, den Pfarrer denunziert zu haben, fiel auf den Bauern Josef Wengler. Er wurde deswegen verdächtigt, weil er über die Nationalsozialisten positiv gesprochen hatte, da sich unter ihnen aufgrund der Kinderbeihilfe für seine neun Kinder die finanzielle Situation seiner Familie entscheidend gebessert hatte.[123] Der Bauer wurde aufgrund des Verdachtes, er habe den Pfarrer verraten, vom ganzen Ort diskriminiert und ignoriert; auf dem Kirchplatz etwa ließ man ihn allein stehen, niemand sprach mit ihm, außer Franz Jägerstätter, der an seine Schuld nicht glaubte. In der Folge wurde bekannt, daß der Oberlehrer und „Zellenleiter" Bandzauner der Denunziant gewesen war. Auch der Nachfolger Karobaths, Fürthauer, sollte mit dem Lehrer Schwierigkeiten bekommen.

Noch im selben Jahr schreibt Franziska Jägerstätter an ihren mittlerweile eingerückten Mann:

„Mit unserem Pfarrer hat es auch schon wieder Krach gegeben in der Schule, er hat nämlich am Sonntag verkündet, daß die Eltern die Kinder schon in die Messe schicken dürften, das soll das Mittermeierdirndl der Hebamme gesagt haben und diese dem Lehrer, natürlich hat der Pfarrer von ihm dann eine Rüge bekommen, denn die Oberen wollen oder können es nicht mehr mitansehen, wenn die Kinder noch

immer in die Kirche gehen, denn die Jugend gehört ja ihnen. Der
Lehrer muß jetzt recht vorwärts streben und fest eintreiben den neuen
Geist, daß er bei den Oberen gut steht, ist ja auch wegen dem
Einrücken, wäre auch recht schad um den netten Herrn, mir wär auch
recht leid, Dir auch gelt, und den meisten Radegundern, hat ja unsern
Pfarrer wegbringen können, diesen Herrn, der nur Gutes wirkte bei
seinen Pfarrkindern..."[124]

Den Lehrer sollte seine Vorgangsweise bei den Ortsbewohnern auch
keine Sympathien eintragen. Franziska berichtet im selben Brief
ihrem Mann, daß der Lehrer von einem Bauern doch noch Butter
bekommen würde; noch während des Krieges mußte ersterer
St. Radegund verlassen.
Die Sanktionen gegen den irrtümlich verdächtigten Bauern haben
diesen und seine Familie schwerst getroffen. Wie stark sie den Druck
empfunden haben und wie sehr sie für das Vertrauen Jägerstätters
dankbar waren, geht aus den Briefen der Familie hervor. Josef
Wengler schreibt am 21. 10. 1940 an Franz Jägerstätter:

„...nun, wenn die Deinen mal irgendwie Hilfe brauchen, werd ich
ihnen schon beispringen. Werde Dir nie vergessen, daß Du mir in
jener Zeit beigestanden bist und auf mich vertraut hast."[125]

Die Hirl-Mutter (Hirl ist Hofname der Wenglers) ist ausführlicher:

„Die schwere Zeit, die wir heuer mitgemacht haben und sie unser
einziger Freund zur Seite standen, geben mir immer Anlaß, bei der hl.
Messe an Dich zu denken und in mein Gebet einzuschließen. Daß der
liebe Gott Dich und Deine liebe Familie beschütze und segne auf dem
Lebenswege. Bei so was erkennt man die wahren Freunde. Freunde in
der Not gehen hundert auf ein Lot. O von W... leute tat es mir doch
so weh, daß ich immer wieder erfahren mußte, daß sie so furchtbar
über uns herfallen, daß wir Judasse sind. Lieber Freund. Ich hab
schon viel mitgemacht im Leben, aber so unrecht leiden ist schon
noch das allerschwerste, das die meisten Tränen gekostet hat."[126]

Diese Worte sandte Frau Wengler auf offener Karte an Franz.
Pfarrer Karobath kann sich in der Verbannung die Aufregung im Ort
vorstellen:

„Wir müssen verzeihen und uns in allem als gute Christen zeigen. Es
war mir sehr unangenehm, als ich hörte, daß Streitereien in St.

Radegund wegen meiner ausgebrochen sind. Hirl tut mir sehr leid. Bitte arbeite für den Frieden in der Pfarre."[127]

Eine ähnliche Parteinahme der Bevölkerung für den Pfarrer geschah in Neukirchen am Walde. Die dortigen Bauern bestraften drei gegen den Ortspfarrer besonders ausfällig gewordene Parteigenossen, von Beruf Schneider, Sattler und Tierarzt, mit totalem Geschäftsboykott, sodaß diese sich innerhalb weniger Wochen ihr Brot anderswo suchen mußten.[128] Nicht nur die St. Radegunder Bevölkerung schloß sich gegen die vermeintlichen oder echten NS-Sympathisanten zusammen, auch der Bürgermeister schützte seine Leute. Als die sehr nazibegeisterte Hebamme des Ortes, die aufgrund ihres Berufes viel Einblick in die Familien hatte, einen Denunziationsbrief mit zehn Namen abschicken wollte, fiel dieser Brief der Botin auf, die die abgehende Post nach Ostermiething zum Postamt zu bringen hatte; sie gab den Brief dem Bürgermeister, welcher ihn öffnete und verbrannte. Franz Jägerstätter stand auf der Liste.[129]

Verfolgungsdruck in den Nachbargemeinden

Die Bürgermeister hatten aufgrund der Einführung der deutschen Gemeindeordnung einen großen Machtzuwachs bekommen; zusammen mit Ortsgruppenleitern und Ortsbauernführern entschieden sie nicht nur über finanzielle Förderungsmaßnahmen für die Landwirtschaft und deren Ablieferungsquoten, sondern auch über Arbeitsdienstverpflichtungen und Einberufungen zur Wehrmacht.[130] In St. Pantaleon war Ortsgruppenleiter und Bürgermeister Michael Kaltenegger ein ausgesprochener Kirchenhasser. Der ehemalige Jesuitenzögling sprach von der Kirche nur als der „schwarzen Brut", die er bald vernichtet haben würde. Er brachte es zustande, daß in St. Pantaleon an hohen Festtagen keine Gottesdienste stattfinden konnten. 1940, 1941 und 1942 gab es in der Pfarre keine Weihnachtsmette, da der Priester jeweils kurz vor dem Fest entweder verhaftet oder zumindest vertrieben worden war,[131] der Bürgermeister veranstaltete dafür eine Julfeier.[132] 1941 und 1942 konnte in der Pfarrkirche keine Karwochenliturgie gefeiert werden. Ab Mai 1942 war infolge der Beschlagnahmung des Pfarrhofes durch den Braunauer Landrat in St. Pantaleon keine Seelsorge durch einen ortsansässigen Priester mehr möglich.[133]

Während für Jägerstätter von den St. Radegundern zweimal eine Freistellung vom Wehrdienst erwirkt worden war, obwohl seine Gegnerschaft bekannt war, galt für St. Pantaleon, daß nur Parteimitgliedschaft und eifrige Spendentätigkeit vor einer Einberufung schützten.

Im Zusammenhang mit dem Arbeitslager Weyer der DAF (Deutsche Arbeitsfront) auf dem Gemeindegebiet von St. Pantaleon scheint der Bürgermeister bezeichnenderweise im Zusammenhang mit dem Verbot für die Bevölkerung auf, über die Vorgänge im Lager zu sprechen.[134] In dem nur während der zweiten Jahreshälfte 1940 existierenden Arbeitslager herrschte ein derartiges Klima, daß sich die Häftlinge nach dessen Auflösung im Konzentrationslager Mauthausen „wohl fühlten".[135] Der Gemeinde- und Lagerarzt Dr. Alois Stauffer, der am 26. 12. 1940 zu einem sterbenden Häftling ins Lager Weyer gerufen wurde und aufgrund dessen „unzähliger Verletzungen vom Scheitel bis zur Sohle" die Anzeige gegen die Lagerführung erstattete,[136] bekam als Quittung für das Nichtvertuschen des grausamen Mordes von den Ortsbehörden die Einberufung zur Wehrmacht vermittelt.[137] Der ebenfalls mutige Oberstaatsanwalt Dr. Josef Neuwirth beim Kreisgericht Ried i. I. leitete prompt ein Verfahren gegen die Lagerwärter ein, die inhaftiert wurden; 1942 mußte das Verfahren gegen diese jedoch auf Weisung des Führers eingestellt werden.[138] Ein vom St. Pantaleoner Bürgermeister wegen eines angeblichen kriminellen Deliktes vor das Rieder Gericht gebrachter Priester wurde dort freigesprochen. Vergleicht man das Schicksal der von örtlichen Behörden belasteten Priester vor Gericht mit dem der von der Gestapo ohne konkrete Anschuldigung verhafteten, kommen erstere relativ günstig weg.

Die Liste der während der NS-Zeit inhaftierten Geistlichen[139] weist für den Bereich der damaligen Gemeinde St. Pantaleon die Gemeinde Haigermoos war eingemeindet – drei Namen auf:

„Fuchs Johann, geb. 22. 5. 1878, Pfarrer von St. Pantaleon (OÖ), verhaftet 24. 5. 1940 wegen Vergehen gegen das Heimtückegesetz, Untersuchungshaft im Gestapogefängnis Linz... Verurteilung 26. 9. 1940 zu sechs Monaten Gefängnis, Strafanstalt Garsten, Gefangenenhaus Ried i. I., erneute Verhandlung in Ried i. I. am 13. 8. 1941 wegen ‚Diebstahls von elektrischem Strom' endet mit Freispruch. Entlassen am 16. 8. 1941, Ortsverbot für St. Pantaleon...

Laux Karl (Kajetan), geb. 12. 4. 1900, Kapuziner, verhaftet 17. 3. 1944 als Aushilfspriester in St. Pantaleon (OÖ) wegen ‚aufreizender Predigten' und ‚Wehrkraftzersetzung', Haft in Linz und Berlin, bei Verhandlung in Berlin am 6. 10. 1944 freigesprochen...
Müller Franz, geb. 10. 7. 1898; Pfarrer in Haigermoos, verhaftet 1942 und sechs Wochen eingesperrt..."

Bei Pfarrer Fuchs heißt es in der Urteilsbegründung:

„Er war Mitglied des katholischen Volksvereines und der Vaterländischen Front, auch war er bereits mehrmals wegen nichtgehörigen staatspolitischen Verhaltens gewarnt worden, da er in der für HJ-Appelle festgesetzten Zeit sogenannte Christenlehren für die Jugend in der Kirche angeordnet, sich an die Anordnungen des Luftgaukommandos rücksichtlich des Läutens der Kirchenglocken nicht gehalten, eine Sammlung zugunsten des Kapuzinerordens versucht hatte und auch in der katholischen Bevölkerung seines Pfarrdorfes sich als durch die neue Staatsführung beeinträchtigt hinstellen wollte."[140]

Die im oberen Innviertel aktuellen Konfliktbereiche zwischen NSDAP und Religionsgemeinschaft sind in der zitierten Urteilsbegründung bereits umrissen: Es geht um den Einfluß auf die Jugend, HJ-Appelle dürfen daher durch nichts konkurrenziert werden; das Läuten der Kirchenglocken ist eine Manifestation in der Öffentlichkeit, solche stehen wie der Fahnenkult oder die Aufmärsche nur der Partei zu; Geldsammlungen ebenfalls; zudem sollten kirchliche Organisationen ausgehungert werden; Sprechen über erlittene Schikanen von seiten des Staates zieht neue Verfolgung nach sich.
Wie empfindlich Parteistellen gegenüber öffentlichen Bezeugungen kirchlichen Lebens waren, wird am ständigen Gerangel um die Fronleichnamsprozessionen im ganzen Land Oberösterreich deutlich, doch das war eine Form des örtlichen Feierns, die sich die Gläubigen und weniger Gläubigen nicht nehmen ließen – nie im Jahr kann sich die Pracht der Fahnen und Vereinsuniformen besser entfalten. Als in den sechziger Jahren der damalige Pfarrer von Ostermiething, Amstler, wünschte, die örtlichen Vereine sollten nicht geschlossen in Uniform mitmarschieren, sondern um des persönlichen Mittuns willen in „Zivil" sich beteiligen, marschierten die Vereine zur Zeit der Prozession geschlossen und in Uniform ins Gasthaus.[141]

In Braunau kam es 1941 unter der Bevölkerung zu einiger Aufregung, als, nachdem die Fronleichnamsprozession auf Befehl Gauleiter Eigrubers hin nur auf kircheneigenem Gebiet stattfinden durfte, der Stadtpfarrer dies wörtlich nahm und an einem strahlend schönen Tag die Liturgie in der Kirche abhielt; bei der bald folgenden Verhaftung von Stadtpfarrer Ludwig wurde ihm diese Vorgangsweise als „Beunruhigung" der Bevölkerung ausgelegt.[142]
Die Einmischung in Feiergewohnheiten, wie etwa 1939 anläßlich einer Primiz in Geretsberg, für uns heutzutage eine vergleichsweise harmlose Angelegenheit, dürfte den Parteistellen sehr viel an Sympathie von Seite der Innviertler Bevölkerung gekostet haben. Anläßlich einer Primiz im Jahre 1939 ordnete der Geretsberger Bürgermeister und Ortsgruppenleiter an:

„1) Eine schriftliche Einladung zur Teilnahme am Kirchenzug oder eine Aufforderung außerhalb der Kirche ist untersagt. Sollte dies erfolgen, wird der Kirchenzug verboten.
2) Triumphbogen darf keiner errichtet werden.
3) Schulkinder dürfen am Kirchenzug nicht teilnehmen.
4) Bekränzung kann erfolgen. Eine Aufforderung hiezu ebenfalls untersagt."[143]

Trotz oder wegen der Aktivitäten illegaler Nationalsozialisten vor dem Einmarsch hatten deren Gliederungen im oberen Innviertel wenig Erfolg. Ein Gestapobeamter sagte zum damaligen Braunauer Pfarrer: „Im Bezirk Braunau kommen wir zu nichts, und da sind Sie (die Pfarrer) die Schuld."[144]
Diese Schuld oder dieses Verdienst kann den Priestern des Gebietes allerdings nur mit großen Einschränkungen zugeschrieben werden; viel stärkeren Anteil an der Resistenz gegenüber der neuen Richtung hatte die Innviertler Mentalität.[144a] In erster Linie ist hier eine starke Differenziertheit und Eigenständigkeit auf vereinsmäßigem und kulturellem Gebiet festzustellen. Die Jugend-Zechen etwa waren völlig autonome regionale Gruppen, die dem spezifischen Bedürfnis nach Gemeinschaft nachkamen; in den Augen der Betroffenen „ihr" Verein, wozu sollten sie sich plötzlich von Fremden dreinreden lassen? Die kirchliche Jugendarbeit stößt bis in die Gegenwart an dieselben Grenzen.
Wenn die Partei als Gradmesser ihres Erfolges die Höhe der Spenden nahm, kam sie im oberen Innviertel schlecht weg. In Ostermiething ist

heute noch nur Großzügigkeit bei Spenden zu verzeichnen, wenn das Geld für die eigene Pfarrkirche verwendet werden soll, was für noch so soziale Zwecke „weggeschickt" wird, fällt sehr knausrig aus.
Vielleicht ist noch ein Vergleichspunkt möglich: In der konfessionellen Jugendarbeit ist es eher sehr schwierig, Führungspersönlichkeiten zu gewinnen. Die einzelnen wären von sich aus bereit, können aber die Scheu nicht überwinden, sich von den anderen abzusetzen, sich „patzig" zu machen, aus der Masse hervorzutreten.
Wenn man sich schon von den Pfarrern in bezug auf die Glaubensbräuche nicht allzuviel dreinreden ließ, wie die Chroniken und auch Erfahrungsberichte[145] aus der Gegenwart bezeugen, dann umso weniger von den Nazis. In Schwand etwa versuchte die Obfrau der NS-Kreisfrauenorganisation zum Kirchenaustritt zu werben; daraufhin schloß die Orts-Obfrau derselben Organisation aus Protest die Versammlung, und die Bäuerinnen verließen den Saal.[146]
Für örtliche wie übergeordnete Parteiinstanzen waren die Pfarrer der einzelnen sich als wenig beeinflußbar zeigenden Orte die einzigen faßbaren Gegner, umso mehr, als die Leute im Laufe der Zeit eher mehr als weniger in die Kirche gingen.[147]
In Geretsberg wurde der dortige Pfarrer von den Ortsbehörden zum Verlassen des Ortes gezwungen. Im September 1939 wurde der Obstgarten des Pfarrers zu Gemeindezwecken enteignet. „7 obsttragende Bäume wurden umgeschnitten und das Holz von der Gemeinde aus willkürlich verteilt. Anderswo geschah dies nicht", notiert Pfarrer Brandner in der Pfarrchronik. Es ist zu vermuten, daß die bereits erwähnte Primiz in der Pfarre eine zu starke Demonstration von Kirchlichkeit gewesen war, denn er hatte in dem halben Jahr, in dem er noch in der Pfarre bleiben konnte, noch einiges zu erleiden; wo die Gestapo zu mild war, halfen die örtlichen Nazis nach:

„Da der Pfarrer sich selbstredend ein Jahr weigerte, zur Beraubung des Pfarrbesitzes mitzuwirken und alle Nachfolger schwer zu schädigen, wurde er mit Entziehung aller staatl. Zuschüsse (monatl. 120 Rm) durch sieben Monate bestraft, außerdem wurde ihm die Erteilung des Rel.-U. 1 Jahr verboten... Obendrein wurde d. Pfarrer wiederholt zur G. St. P. (Gestapo, Anm.) zitiert, wo es ihm gelang, vor dem Pol. Assistenten (der im allgem. gerecht urteilte), sich zu rechtfertigen. Bald darauf wurden im Pfarrhof um ½ 11 h mitternacht wie auf Befehl und Kommando auf 3 Seiten durch 1 Steinbombardement 5 Fenster durchschossen, dies geschah in ein und derselben Minute von unbekannter Seite."

Der Nachfolger von Pfarrer Brandner, der Kapuziner Heribert Hofmann, konnte knapp zwei Jahre die Seelsorge in Geretsberg ausüben, bis er nach mehreren Gestapoverhören abgesetzt und zu „Klosterhaft" verurteilt wurde, deren Aufhebung aber Bischof Fließer erwirken konnte.

In Geretsberg kam es zu einer Beschlagnahmung des 1. Stockes des Pfarrhauses, in dem die Gemeindekanzlei eingerichtet wurde.[148]

Ähnlich wie in Geretsberg richtete sich in St. Pantaleon das Hauptgewicht des politischen Druckes gegen die jeweiligen Seelsorgspriester, wobei aber auch hier die Ortsgewaltigen offensichtlich wenig Rückhalt bei der Gestapo hatten. Der beim Erntedankfest 1943 in St. Pantaleon Aushilfe leistende bayerische Kapuziner P. Kajetan Laux wurde vor das berüchtigte Berliner Volksgericht gebracht. Bürgermeister Kaltenegger stenographierte von außerhalb der Kirchentür die angeblich „aufreizende" und „wehrkraftzersetzende" Predigt mit und ließ das Stenogramm von zwei Zeugen unterschreiben. Der Pater bestritt die Äußerungen und führte als Zeugin Frau Landertinger aus St. Pantaleon an. Ihre Zivilcourage rettete wahrscheinlich dem Priester das Leben. Denn obwohl sie zur ersten Vernehmung von einigen Lederbemäntelten um Mitternacht abgeholt wurde und der Bürgermeister im Dorf erzählen ließ, daß die Frau, falls sie als Zeugin nach Berlin führe, von dort selbst nicht mehr zurückkehren würde, sagte sie zugunsten P. Kajetans aus. Die Zeugen des Bürgermeisters stellten sich insofern als wertlos heraus, da sie keine Stenographiekenntnisse hatten und daher etwas unterschrieben hatten, das sie gar nicht lesen konnten.[149]

Nach der Personalstandsliste des Dekanates Ostermiething mußte ein noch nicht aufgezählter Priester St. Pantaleon unfreiwillig verlassen: Josef Gerl am 20. 12. 1941 wegen Gauverweisung. In Hochburg wie in St. Pantaleon wurde auch auf die jeweiligen Organisten starker Druck ausgeübt. In Hochburg wurde das orgelspielende Mädchen als einziges vom Dorf zum Reichsarbeitsdienst eingezogen und vom Ortsgruppenleiter bedroht, als es während eines Urlaubes spielte.[150] In St. Pantaleon bedrohte der Bürgermeister den Organisten, den Bäckermeister Landertinger ständig: „Wenn Du Dich noch einmal hinaufsetzt auf das Narrenkastl, kostet es mich grad 6 Pfennig (Postkartenporto, Anm.), und Du bist weg." Obwohl der Organist sowohl wegen seines Berufes als auch wegen seines Leidens an multipler Sklerose nicht hätte einrücken müssen, erreichte der Bürgermeister und nächste Nachbar die Einberufung. Die Militärbehörden schickten ihn allerdings umgehend wieder nachhause.[151]

Aufgrund des Kirchenhasses des Bürgermeisters konnte in St. Pantaleon die regelmäßige Seelsorge unmöglich gemacht werden. Im ebenfalls NS-aktiven Ostermiething dagegen schützte Bürgermeister Voggenberger den dortigen Dechant, selbst als er gegen diesen etwas Handfestes hätte vorbringen können. Es heißt dazu in der Ostermiethinger Pfarrchronik:

„Der Dechant von Taching (Bayern, Anm.) kam öfters herüber zum Hagn (Dechant von Ostermiething, Anm.), und dann wurden Schriften ausgegeben mit Aufschriften: ‚Wer ist unser Führer? Christus!'[152] Voggenberger kam dazu. Nahm auch so ein Blatt. Er ist heute froh, daß er es nicht weitergegeben hat."

Während der Ostermiethinger Bürgermeister den Pfarrer nicht anzeigte, bekamen dessen nächste Nachbarn in der kleinen Ortschaft Sinzing die Macht des Parteiapparates zu spüren. Den einen Sinzinger brachte der Ausspruch „Nazi-Bazi" vor Gericht.[153] In einem weiteren Fall, der einer gewissen Komik nicht entbehrt, werden ein weiteres Mal die verschiedenen Hintergründe politischer Verfolgung ersichtlich. Im Urteil des Sondergerichtes beim Landesgericht Linz gegen Karl Siegl aus Ostermiething wegen Vergehens gegen das Heimtückegesetz heißt es:

„Der Angeklagte, der den Hausnamen ‚Fuchsmüller' führt, ist Besitzer einer Mühle und betreibt eine Landwirtschaft, zu der 4 ha Grund gehören. Einer politischen Organisation hat er früher nicht angehört. Er ist kirchlich eingestellt und mit dem Ortsbauernführer und dem Ortsgruppenleiter aus persönlichen Gründen verfeindet. Gelegentlich versuchte er sich (!) auch, an beiden zu reiben. So hat er im November 1941 einmal, als die beiden, der Zeuge Felix Steiner und der Zeuge Franz Voggenberger, in der Nähe seines Hofes standen, mit lauter Stimme auf sein Gespann Pinzgauer Kühe eingeredet und die Schimpfworte ‚Ihr 2 braunen Krüppel' gebraucht, offensichtlich dabei aber nicht die Kühe, sondern die beiden Zeugen gemeint."[154]

Ob bei der Anzeige auch Geschäftsneid mitspielte – die Mühle des Angeklagten und die des Bürgermeisters liegen nur einige hundert Meter voneinander entfernt am selben Bach –, sei offengelassen. Dem Angeklagten Siegl wurden jedoch nicht nur die „braunen Krüppel" und die kirchliche Einstellung zur Last gelegt, sondern auch allgemein, er sei „gegen die heute herrschende politische Richtung".[155] Spendenunwilligkeit und Kritik am Nichteinrücken der Parteigenossen, keineswegs seltene Raunzereien,[156] werden als Angriffe auf Staat und Partei geahndet. Die inkriminierten Äußerungen fielen anläßlich einer Sammlung für das Winterhilfswerk:

„Zunächst wollte der Angeklagte nicht wissen, was die Abkürzung ,WHW' bedeute, und verlangte Auskunft darüber. Als die Zeuginnen ihm das erklärten und hinzufügten, daß sie für eine Weihnachtssammlung für die Soldaten zum Christkindl sammelten, erklärte der Angeklagte: ,Wenns keinen Herrgott gibt, kanns auch kein Christkindl geben, es geht ja sowieso niemand in die Kirche.'... Der Angeklagte setzte dann weiter hinzu, daß die Herren Ostermiethinger, wobei er offensichtlich die führenden dortigen Parteigenossen meinte, selbst einmal an die Front gehen sollten, von ihnen sei noch keiner draußen. Dann ließ er den Zeuginnen durch seine Frau 30 Pfennig geben und ließ sich, als die beiden Mädchen um eine größere Spende baten, auf nichts weiter ein."[157]

Aus Ostermiething gibt es Berichte über Willkür der Parteistellen hinsichtlich der Einberufung zur Wehrmacht oder zum Arbeitsdienst. Derjenige Landarbeiter[158], der im Dorf erzählte, daß die Motorspritze der Feuerwehr im Einsatzfalle nicht verwendbar sei, weil zu Privatzwecken Benzin abgezweigt worden war, war davon ebenso betroffen wie ein Gewerbetreibender,[159] bei dem eine Parteigröße die Schulden nicht bezahlen wollte. Eine junge Frau mit einem Kleinkind, die dem Ortsbauernführer nicht zu Willen gewesen war, konnte sich vor der erzwungenen Trennung von ihrem Kind und vor der Arbeitsdienstverpflichtung nur dadurch retten, daß sie einem anderen Parteifunktionär drohte, überall zu erzählen, warum sie fortmüsse und daß sie bei ihrem Kind würde bleiben können, wenn sie dem Mann keinen Widerstand geleistet hätte.[160]

An diesen Beispielen aus der nächsten Umgebung wird das andersartige Klima in St. Radegund verdeutlicht. In kaum einer der Nachbargemeinden dürfte Jägerstätter bis zum Verweigern gekommen sein;

die örtlichen Parteistellen hätten kaum seine u. k.-Stellung („Unabkömmlich-Stellung") befürwortet, wenn er nicht schon vorher wegen irgendeiner Äußerung verhaftet worden wäre.

6 Umbruch 1938

Vorbereitung im Traum

Franz Jägerstätter hatte in den Jahren vor dem Einmarsch keine politische Funktion inne. Wiederholte Zitate aus kirchlichen Lehrschreiben aus dieser Zeit weisen ihn jedoch als interessierten Zuhörer in politischer Hinsicht aus.[1]

Im Jänner 1938, zur Zeit, als in der Nachbargemeinde eine verstärkte Welle nationalsozialistischer Propaganda stattfindet,[2] kommt es für Jägerstätter zu einem Erlebnis, das ihm die Untrennbarkeit des politischen Bereichs vom religiösen stark einprägte.

In einem von Franz so benannten Traum wird für ihn die Unvereinbarkeit der katholischen und der nationalsozialistischen Weltanschauung deutlich. Als anschauliche Antwort auf die Frage, ob man zugleich Christ und Nationalsozialist sein könne, schildert er sein Erlebnis:

„Erst lag ich fast bis Mitternacht im Bett, ohne zu schlafen, obwohl ich nicht krank war, muß dann aber doch ein wenig eingeschlafen sein; auf einmal wurde mir ein schöner Eisenbahnzug gezeigt, der um einen Berg fuhr, abgesehen von den Erwachsenen strömten sogar die Kinder diesem Zug zu und waren fast nicht zurückzuhalten; wie wenig Erwachsene es waren, welche in selbiger Umgebung nicht mitfuhren, will ich am liebsten nicht sagen oder schreiben. Dann sagte mir auf einmal eine Stimme: ‚Dieser Zug fährt in die Hölle.‘ Gleich darauf kam es mir vor, als nähme mich jemand bei der Hand. Jetzt gehen wir ins Fegefeuer, sagte dieselbe Stimme zu mir; was ich da für ein Leiden geschaut und verspürte, war furchtbar, hätte mir diese Stimme nicht gesagt, daß wir ins Fegefeuer gehen, so hätte ich nicht anders geglaubt, als würde ich mich in der Hölle befinden. Es waren wahrscheinlich nur Sekunden vergangen, während ich dies alles geschaut. Dann hörte ich noch ein Sausen, sah ein Licht, und alles war weg. Weckte dann gleich meine Frau und erzählte ihr alles, was sich zugetragen hatte. Bis zu jener Nacht konnte ich natürlich nie recht glauben, daß die Leiden im Fegefeuer so sein könnten."[3]

Träume im Vergleich

Vergleicht man das Erlebnis Franz Jägerstätters mit einer Reihe von Träumen politischen Inhaltes, die in Deutschland zwischen 1933 und 1938 gesammelt wurden,[4] findet sich auch dort die Situation des Unterwegsseins. So illustriert der Traum einer etwa zwanzigjährigen Handelsschülerin 1934 den Übergang zum Mitmachen wie folgt:

„In einem fahrenden Zug, im Speisewagen, stehen lange Tische, an denen lange Reihen von Menschen sitzen. Ich sitze allein an einem kleinen. Ein politisches Lied klingt so ulkig, daß ich lachen muß. Setze mich an einen anderen Tisch, muß aber wieder lachen. Es hilft nichts, ich stehe auf, will hinausgehen, da überlege ich: Vielleicht ist es gar nicht so ulkig, wenn man mitsingt und singe mit."[5]

Der Versuch, über die Sache zu lachen, wird aufgegeben im Moment, da man merkt, daß man in einem fahrenden Zug sitzt, man tut mit; in einem ähnlichen Traum wirkt die braune Uniform in dem Moment nicht mehr komisch, in dem man sie selber trägt.[6] Charlotte Beradt sieht darin:

„Beiträge zu der Frage, wie Menschen, die das Theater von Liedern, braunen Uniformen und gehobenen Armen am Anfang komisch fanden, denen man das ganze Trauerspiel vom Dritten Reich aber erst bis zu Ende vorspielen mußte, bis sie es heute wieder ablehnen, durchaus und ehrlich dieselben Menschen sein können."

Die demütigenden, sich selbst und seiner Umwelt entfremdenden Folgen der Anpassung träumt ein Fabriksbesitzer, dessen mühsamst zum Gruß erhobene Hand von Goebbels nicht akzeptiert wird; vor seiner ganzen Belegschaft ist er unfähig, sie wieder zu senken.[8]
In direktem Gegensatz zu den Träumen von sich Anpassenden, die sogar im Traum die Fähigkeit zu handeln verloren haben, sind die von aktiv Widerstand leistenden Personen. „Je größer die moralische und politische Widerstandskraft des einzelnen war, desto weniger absurd, desto positiver wurden seine Träume."[9]
Der letzte Traum von Sophie Scholl, die wegen Mitgliedschaft an dem Widerstandskreis „Weiße Rose" am 22. 2. 1943 in München hingerichtet wurde,[10] wird von Beradt als „transzendent in leuchtenden Symbolen, wie der Held im klassischen Drama der klassischen Gewissensentscheidungen ihn träumt" bezeichnet.[11]

Sophie Scholl erzählte diesen Traum am letzten Tag ihres Lebens ihrer Zellenkameradin:

„Ich trug an einem sonnigen Tag ein Kind in langem weißen Kleid zur Taufe. Der Weg zur Kirche führte einen steilen Berg hinauf. Aber fest und sicher trug ich das Kind in meinen Armen. Da plötzlich war vor mir eine Gletscherspalte. Ich hatte gerade noch soviel Zeit, das Kind sicher auf der anderen Seite niederzulegen – dann stürzte ich in die Tiefe."

Sie erklärte den Traum ihrer Mitgefangenen: „Das Kind ist unsere Idee, sie wird sich trotz aller Hindernisse durchsetzen. Wir durften Wegbereiter sein, müssen aber zuvor für sie sterben."[12]

Franz Jägerstätter hat mit Sophie Scholl die Klarheit der Bilder Berg und Abgrund gemeinsam. Inhaltlich ist Jägerstätters Traum ein Warntraum, wie sie nach der Machtübernahme 1933 öfters aufgezeichnet worden waren. Diese Träume brachten nicht nur Aufschlüsse über Situationen, sondern auch Warnungen, den Totalitarismus unter seinen Bemäntelungen rechtzeitig zu erkennen. Qual und kommender Schrecken wurden im Traum unter dem Jubel und Rausch des Heute durchaus vorausgeführt und enthüllt.[13]

Jägerstätter interpretiert den Traum als eine Art Vorausfühlen. Er schreibt im Anschluß an den Traum:

„Anfangs war mir dieser fahrende Zug ziemlich rätselhaft, aber je länger die ganze Sache ist, desto entschleierter wird mir auch dieser fahrende Zug. Und mir kommt es heute vor, als stellte dieses Bild nichts anderes dar als den damals hereinbrechenden oder schleichenden Nationalsozialismus mit all seinen verschiedenartigen Gliederungen ..."[14]

Die Abstimmung 1938

„Nein" bei der Abstimmung

In bezug auf die politische Situation im Frühjahr 1938 bestätigt Frau Jägerstätter den Eindruck, daß die Bevölkerung von St. Radegund nicht fanatisch nationalsozialistisch eingestellt gewesen war. Als zur ersten Kundgebung nach dem deutschen Einmarsch, bei der der Lehrer des Ortes unter freiem Himmel sprach, sehr viele Menschen kamen, war Franz Jägerstätter, der zusammen mit seiner Frau die Vorgänge aus einiger Distanz beobachtete, deshalb „enttäuscht". An der Volksabstimmung über den Anschluß wollte er ursprünglich gar nicht teilnehmen. Die Frau drängte ihn jedoch hinzugehen. Sein „Nein" jedoch wurde von der Wahlbehörde unterschlagen. Mit der unkorrekten Durchführung der Wahl steht St. Radegund allerdings nicht allein da. Für das Gebiet des Bundeslandes Oberösterreich differierten allein die Angaben über Zahlen der Wahlbeteiligten um mehr als 20000. Die Zahlen der Nein-Stimmen unterscheiden sich bis zum Dreifachen der niedrigsten Zahl.[15] Slapnickas Folgerung: „Die ungünstigen Ergebnisse sprechen nur für eine korrekte Durchführung der Wahl"[16] wird in St. Radegund indirekt bestätigt.

Firmpate Franz Huber kann sich erinnern, wie ein christlich eingestellter Ortsbewohner, der Schmied, versuchte, seinen Nachbarn zu einem „Ja" zu bewegen. Daß Franz überhaupt zur Abstimmung hinging, bewirkte seine Frau. Sie hatte Angst vor dem, was passieren könne, wenn der Mann nicht hingehen würde und damit auffällig würde. Sie redete ihm zu und drohte ihm – das einzige Mal, daß sie das getan hat, wie sie betont –, ihn nicht mehr zu lieben, wenn er nicht auf sie hören würde. Franz ging zur Wahl, stimmte aber mit „Nein". Die Frau bereute allerdings, ihm so zugesetzt zu haben. „Wenn Du das tust, dann mag ich Dich nimmer", kam nie mehr über ihre Lippen, auch in der größten Sorge um den Mann nicht.

Wie schon die Analysen der Träume von sich Anpassenden nahelegen, haben die ersten symbolischen, an sich unwichtig erscheinenden Handlungen, in denen man sich politischem Druck unterwirft, eine prägende Bedeutung für die verschiedensten später geforderten Taten.

Jägerstätter verweigert auch das ohnehin nur symbolische „Ja" und behält sich damit seine Handlungsfreiheit vor. Im französischen Le Chambon weigerten sich die dortigen protestantischen Priester, das erste vom Vichy-Regime 1940 geforderte faschistische Treuebekenntnis, den allmorgendlichen Flaggengruß in der Schule, zu organisieren. Die Menschen merkten, daß es möglich war, polizeilichen Anordnungen Widerstand zu leisten, und erlebten Zusammenhalt und Unabhängigkeit, die es ihnen später ermöglichten, Hunderten von flüchtenden Juden das Leben zu retten.[17]

Bewertung des „Ja"; es ist zurückzunehmen

In seinen Aufzeichnungen aus den Jahren 1941/42 vergleicht Franz Jägerstätter das Verhalten des österreichischen Volkes im Frühjahr 1938 mit der Sünde von Adam und Eva und mit dem Verrat des Gründonnertagabends:

„Aber seit es Menschen auf dieser Welt gibt, lehrt uns die Erfahrung, daß Gott den Menschen den freien Willen läßt und nur selten in die Schicksale der Menschen und Völker auffallend eingegriffen hätte; und so wird es für die Zukunft kaum viel anders werden, außer am Ende der Welt. Adam und Eva haben sich ihr Lebensschicksal schon durch ihren Ungehorsam gegen Gott gänzlich ruiniert. Gott ließ ihnen den freien Willen, nie hätten sie leiden müssen, wenn sie auf Gott mehr gehorcht hätten als auf den Verführer."[18]

Im Hinblick auf die Tatsache, daß jede Sünde Folgen nach sich zieht, warnt der Schreiber davor, diese Folgen immer ohne Bußbereitschaft abwälzen zu wollen.[19] Er nimmt auf die offensichtlich damals herrschende Meinung Bezug, daß im Falle eines für Deutschland schlimmen Kriegsausganges Österreich und Bayern nie viel geschehen würde:

„Fragen wir uns einmal, sind denn Österreich und Bayern schuldlos, daß wir statt einer christlichen Regierung jetzt eine nationalsozialistische haben? Ist denn bei uns der Nationalsozialismus ganz einfach vom Himmel gefallen? Ich glaube, darüber brauchen wir nicht viel Worte zu verlieren, denn wer im März 1938 nicht geschlafen hat, der weiß ohnedies gut genug, wie es damals ausgeschaut hat. Ich glaub, es ist nicht viel anders zugegangen als am Gründonnerstag vor mehr als 1900 Jahren, wo man dem jüdischen Volke freie Wahl gegeben hat zwischen Christus, dem unschuldigen Heiland und dem Verbrecher Barabas, auch damals hatten die Pharisäer Geld ausgeteilt unter das Volk, um fest zu schreien, um diejenigen, die noch zu Christus gehalten, irrezuführen und einzuschüchtern. Was hat man nicht auch bei uns im März 1938 gegen den noch christlich gesinnten Kanzler und gegen die Geistlichkeit für Schauermärchen erzählt und erdichtet."[20]

Anschließend findet sich bei Franz Jägerstätter einer der knappen Hinweise auf seine Erfahrung in der Heimatgemeinde in den Jahren 1938 bis 1940:

„Die wenigen, die nicht zu diesem unglücklichen ‚Ja' zu bewegen waren, hat man einfach als Narren oder Kommunisten bezeichnet, aber bis heute hat man den Kampf um diese Narren noch nicht aufgegeben, um sie vielleicht doch noch zur N. Volksgemeinschaft zu gewinnen oder wenigstens für diese Idee zu opfern."[21]

Das starke Zusammengehörigkeitsgefühl der Dorfgemeinschaft ließ diese immer wieder versuchen, auch Jägerstätter auf die dem neuen Regime „angepaßte" Linie zu bringen. Es wurde nicht – und das sei den Radegundern hoch angerechnet – wie andernorts[22] mit Denunziation und Auslieferung an die Justiz versucht, sondern man wollte den jungen Bauern überzeugen. Nach Bericht von Franziska Jägerstätter holten die Ortsverantwortlichen, vielleicht aufgrund der Tatsache, daß sie seiner Argumentationskraft nicht gewachsen waren, den Ortsgruppenleiter von Hochburg, Sauer, als Unterstützung. Doch auch dieser konnte Franz nicht dazu bewegen, etwas für die Partei zu spenden oder Geld vom Staat, wie die Kinderbeihilfe, anzunehmen. Da Franz auch in den Gasthäusern in politische Diskussionen verwickelt wurde, mied er diese in der Zeit nach dem Anschluß. Die allgemein wachsende Unzufriedenheit war ihm nicht unbekannt, von seinem Weg der radikalen Absage an das System konnte er aber dennoch kaum jemand überzeugen:

„Freilich haben bei vielen diese Siegesfreuden nicht lange gewährt, und (sie) sind zur Erkenntnis gekommen, daß doch alles ganz anders kommt, als man anfangs versprochen, was wurde nicht von solchen seitdem zusammengeschimpft und gemeutert, aber sich von dieser antichristlichen Volksgemeinschaft auszuschließen, dazu haben sie doch nicht den Mut."[23]

Über die Konsequenzen dieses „heraus aus der Volksgemeinschaft" war sich Franz Jägerstätter im klaren: „...vor keiner Marter zurückschrecken, und wenn es sein muß, auch sein Leben hinzugeben."[24]

In bezug auf eine Änderung der Machtverhältnisse gibt sich Franz keiner Illusion hin, niemand sollte sich auf ein machtvolles Eingreifen Gottes verlassen. Er zieht die Situation in Rußland zum Vergleich

heran: „Haben die ein besseres Programm in ihrer bolschewistischen Gemeinschaft als bei uns die Nationalsozialisten? Hat vielleicht dort der Herrgott den Strom aufgehalten?"[25]
Auch die Tatsache, daß die Österreicher noch dazu fast durchwegs Katholiken waren, garantiert kein strafloses Herauskommen aus der Lage.[26] Dem russischen Volk hält Jägerstätter zugute, daß es der bolschewistischen Gemeinschaft wohl nicht gleich so willig beigetreten sein dürfte wie das österreichische im März 1938 der nationalsozialistischen.[27]
Nach dem damaligen Studentenseelsorger Klostermann brachte der Rußlandfeldzug manchen christlichen Soldaten als „Heiliger Krieg" gegen den Kommunismus eine Gewissensentlastung.[28] Franz fiel auf diese Kreuzzugspropaganda allerdings nicht hinein, obwohl er über die religiösen Situationen in Rußland durch den Kameraden Rudolf Mayer aus der zweiten Wehrdienstzeit nicht im unklaren war.[29] Im Winter 1941/42 schreibt er angesichts des deutschen Vormarsches im Osten: „Sollte auch dieses Jahr ihnen eine Befreiung aus dieser traurigen Lage bringen, wie sieht aber die wieder aus?"[30] Im Vergleich zum Kommunismus bezeichnet er die „nationalsozialistische Volksgemeinschaft" um keinen Schimmer besser, „höchstens noch ein wenig hinterlistiger".[31]
Eine Änderung der Verhältnisse erwartet er nur durch ein Karfreitagsgeschehen nach dem Verrat am Gründonnerstag:

„Denn Christus mußte auch erst sterben, bis er von den Toten auferstehen konnte. Der Gründonnerstag war halt für uns Österreicher der unglückselige 10. April 1938 (Tag der Volksabstimmung über den Anschluß an Deutschland, Anm.), dort ließ sich die Kirche Österreichs gefangennehmen und liegt seitdem noch immer in Fesseln, und bevor nicht dieses ‚Ja', das eben damals von vielen Katholiken doch sehr zaghaft abgegeben wurde, nicht mit einem kräftigen ‚Nein' beantwortet wird, gibt es auch für uns keinen Karfreitag. Wird aber auch dieses ‚Nein' so geschlossen und zahlreich abgegeben werden können als seinerzeit das ‚Ja'? Ich glaube kaum. Wie aber kann dann dieses ‚Nein' erfolgen? Wird es dann auch viel nützen, wenn es nicht gleich sehr zahlreich geschieht? Oja, zudem braucht einer den andern nicht zu fragen, wie er meint und tut, denn für jeden einzelnen, glaub ich, hat es Wert genug, seine Seele aus dieser gefährlichen Lage zu befreien, und dieser Entschluß kann erst dann ausgeführt werden, wenn eines jederzeit bereit ist, für Christus und seinen Glauben jedes Opfer auf sich zu nehmen..."[32]

Voraussetzung für das letztlich befreiende Karfreitagsleiden wäre die Zurücknahme des Verrates, eben das „Ja" vom Frühjahr 1938. Die Schuld der Kirche an ihrer gegenwärtigen Unfreiheit sieht Jägerstätter im damaligen Sich-gefangennehmen-Lassen. Politische Uninformiertheit oder den äußeren Druck der Besatzer läßt er nicht gelten:

„Denn fast alle wußten wir durch Zeitungen, Radio, Versammlungen u. s. w., was Hitler mit seinem Programm durchführen will, und daß die Abschüttlung der Schulden und die Außerkurssetzung der Reichsmark keine anderen Folgen mit sich bringen konnten, als sie eben schon zur Genüge eingetreten sind, außer es hätte der Herrgott den andren Völkern den freien Willen genommen und ihre Gedanken so gelenkt, daß sie sich gleich kampflos dem deutschen Nationalsozialismus unterworfen hätten, aber Gott läßt eben jedem Menschen den freien Willen, und denselben hätten eben auch wir Österreicher noch am 10. April 1938 gehabt, wenn auch die Deutschen unser Land schon in Besitz genommen hatten, aber den freien Willen zu einem ‚Ja' oder ‚Nein' hat uns weder Gott noch die Deutschen genommen."[33]

Die Taktik der Kirchenleitung im Zusammenhang mit der Abstimmung 1938 wird sehr eindeutig qualifiziert, deren Lob für die Partei verhalf dieser zu einem fast hundertprozentigen Wahlsieg;[34] durch die Anpassung gibt die Kirche quasi ihre Existenzberechtigung auf:

„Ich glaube, daß es kaum schlimmer stünde um den echt christlichen Glauben in unserem Lande, wenn auch nicht mehr ein kath. Gotteshaus offenstünde und vielleicht schon Tausende ihr Blut und Leben für Christus und ihren Glauben geopfert hätten, als daß man jetzt stillschweigend diesem immer mehr um sich greifenden Irrtum zusieht!"[35]

Anschließend kehrt der Schreiber wieder zu den Symbolen seiner Vision zurück, indem er jedem, der in diesem Zug sich befindet, zuruft: „Springt aus, ehe dieser Zug in diese Endstation einfährt, wenn es dabei auch das Leben kostet."[36]

90

Für seine Person stellt er fest:

„Somit glaub ich, hat mir Gott es durch diesen Traum oder Erscheinung klar genug gezeigt und ins Herz gelegt, mich zu entscheiden, ob Nationalsozialist – oder Katholik!"[37]

Er bemüht sich um Verständnis für das „Schwachwerden" der Bischöfe und Priester:

„Sie waren halt vielleicht zu wenig vorbereitet, diesen Kampf aufzunehmen und sich zu entscheiden: Leben oder Sterben... Deshalb kann man sich leicht in die schwere Entscheidung, vor der unsere Bischöfe und Priester im März 1938 standen, hineindenken. Unsere Bischöfe werden vielleicht auch geglaubt haben, es dauert vielleicht nur eine kurze Zeit und dann zerfällt alles wieder, und sie können durch ihre Nachgiebigkeit den Gläubigen viele Marter und Peinen ersparen, kam es halt anders, es sind schon viele Jahre vergangen und Tausende Menschen müssen jetzt jährlich in diesem Irrtum dahinsterben."[38]

Die Gemeindeleitung von St. Radegund hilft Franz, obwohl dieser aus seiner politischen Einstellung kein Hehl macht

Aus der ersten nur wenige Tage dauernden Militärdienstzeit im Mai 1940 schreibt Franz einen Trostbrief an seine Frau, aus dem bereits ein gespanntes Verhältnis zur örtlichen Obrigkeit hervorgeht. Er hatte der Einberufung zum Militär Folge geleistet, ohne bei der Gemeindeleitung Unterstützung für einen Aufschub zu suchen, „denn zum Spielball der politischen Leiter dürfen wir uns nicht herablassen, ich glaub, wir werden noch öfters einen festen Willen brauchen".[39] Als sich die Situation für die Frau zuspitzte – sie war wenige Wochen nach der Geburt des 3. Kindes selber krank geworden, die Schwiegermutter lag im Krankenhaus, und sonst war niemand auf dem Hof zur Betreuung der Kinder und der Wirtschaft –, ergriff der Bürgermeister, den eine zufällig auf den Hof gekommene Frau verständigt hatte, von sich aus die Initiative und holte Franz binnen kürzester Zeit vom Wehrdienst zurück. Zu der Frage, ob die Gemeindeleitung für eine Unterstützung in bezug auf Freistellung eine politische Nachgiebigkeit von Franz gefordert hätte oder ob er von vornherein um nichts bitten wollte, dürfte, wenn man die

Verhaltensweisen bei der zweiten Einberufung in Betracht zieht, im Sinne der letzteren Antwort entschieden werden.

In den Sommer 1940 fällt die Verhaftung von Pfarrer Karobath. Auf die persönliche Stellung von Franz innerhalb der Pfarre wirft die Bitte des Priesters ein bezeichnendes Licht. Er fordert Franz auf, für den Frieden in der Pfarre zu wirken.[40] Anfang Oktober 1940 wird Franz zum zweitenmal zum Militärdienst einberufen, er hatte auch diesmal nicht wie viele andere ein Gesuch um Freistellung in der Tasche und durfte nicht wie diese sofort wieder heimkehren.[41] Erst nachdem er den Militärbetrieb kennengelernt hatte, sollte seine Frau ein solches Gesuch besorgen, politische Konzessionen seinerseits bräuchte aber niemand erwarten: „Grüß mir halt die Gemeinde-Oberen schön, ich werde schon mit ihnen streiten, wenn ich nach Hause darf."[42] Politische Zugeständnisse von seiten der Frau sind im Zusammenhang mit der Erlangung der Freistellung ebenfalls nicht ersichtlich. Sie, die sonst in dieser Hinsicht sehr großzügig war, wie mehrfach aus den Briefen hervorgeht, gibt der nationalsozialistischen Frauenschaft keine Lebensmittelspenden für Soldaten-Weihnachtspakete; gleichzeitig berichtet sie von ihrer Vorsprache bei den „Gemeindeherrn" bezüglich des Gesuches.[43] Im Brief vom 15. 11. 1940 berichtet Franziska von einem Nachbarn, der zu 4 Monaten Kerker verurteilt worden sein soll: „Soll den Mund zuweit aufgemacht haben, wirst doch Du sowas nicht machen, denn diese bekommen immer sehr lange keinen Urlaub, habens erzählt."[44] Sie ist in Sorge, Franz könnte unvorsichtig sein.

Franz ist über die positive Abfassung seines Freistellungsansuchens durch die Gemeinde überrascht und erfreut:

„. . . der Huber (Gemeindesekretär, Anm.) hat sich ja fest zusammengenommen, sind halt doch noch gute Leute in Radegund, hätte gar nicht geglaubt, daß sie Dir ein solches Gesuch schreiben würden, indem ich doch im Sommer gegen ihren Willen gehandelt habe."[45]

Die Kreisbehörden dürften über Franz' Einstellung bereits informiert gewesen sein, denn ihre Unterstützung fiel sehr dürftig aus, Franziska ist mit dem Schreiben aus Braunau nicht zufrieden.[46] Falls Franz mit den bisherigen Papieren aus der Heimat noch nichts ausrichten sollte, würde die Frau:

„dann selber nach Braunau fahren, denn es ist nicht gar so angenehm, wenn ich wieder zu den Gemeindeherren gehen müßte um ein Gesuch, da ich immer anhören muß, daß es zuvor leichter gewesen wäre, denn wer die Ausbildung einmal gemacht hat, wird nicht mehr so leicht los...".[47]

Franz hält von einer Vorsprache der Frau bei der Kreisbauernschaft nicht viel, sie würde dort wenig ausrichten:

„Denn diese Karte, die Du mir beigelegt hast, ist nicht viel mehr als eine etwas spöttische Absage; ich habe mir nicht viel mehr gehofft von dieser Ge.....ft."[48]

Die Gemeindeführung wird im Fall der Freistellung Franz Jägerstätters von sich aus nochmals aktiv, als sich diese um Monate hinauszögerte. Franziska berichtet Anfang März 1941:

„Heute war ich im Auftrag des Ortsbauernführers in der Kanzlei, daß der Huber eine Anfrage macht im Namen des Ortsbauernführers, was es mit der U. K. Stellung (Unabkömmlich-Stellung, Anm.) ist, ob sie doch bevorzugt weitergeleitet wird...".[49]

Dieses letzte Urgieren dürfte bewirkt haben, daß Franz Anfang April 1941 vom Militär abrüsten konnte und fast zwei Jahre von einer weiteren Einberufung verschont blieb.

Auswirkungen der „großen" politischen Ereignisse im kleinen Bereich

Eine kleine ärgerliche Angelegenheit in der Kaserne Enns – während des Trocknens sind seine Militärsocken vorübergehend verschwunden – nimmt Franz zum Anlaß, sich über die Propaganda von der „Volksgemeinschaft" lustig zu machen.[50] Anläßlich eines Treffens mit Pfarrer Karobath in Kronstorf nahe Enns erfährt Jägerstätter vom dortigen Pfarrer Arthofer, daß die Nationalsozialisten in Konnersreuth[51] nicht viel ausrichten können; „so sollt es halt überall sein", schreibt er seiner Frau.[52]
Die Abschaffung bzw. Verlegung des Allerheiligenfestes – im Innviertel bis in die Gegenwart das Fest mit der höchsten Zahl von Kirchenbesuchern – auf den folgenden Sonntag findet in den Briefen an Jägerstätter seinen Niederschlag. Firmpate Ferdinand Huber

kommentiert: „Allerheiligen ist auch abgeschafft, geht immer besser?"[53] Frau Franziska schreibt zuerst: „Müssen alle Festtage abschaffen, diese H. . . . ."[54] und vergleicht dann mit der Situation im benachbarten Bayern: „In Tittmoning und überall drüben wurde freitags schon Allerheiligen gefeiert. Nur unser Bischof hatte sich wahrscheinlich nicht getraut."[55]

Um ein Patenkind vor den Einflüssen des „neuen Geistes" zu bewahren – es sollte eine Arbeitsstelle in einem Gasthof bekommen, dessen Inhaber Franziska als Parteigenossen ersten Grades bezeichnet –, sucht die Patin eine andere Stelle für das Mädchen.[56]

Auch die Auswirkung der Greueltaten der Nationalsozialisten unter dem Begriff „Euthanasie" finden ihren Niederschlag in der Korrespondenz der Ehegatten. Vorsichtig schreibt Franz:

„Ybbs ist eine ganz schöne Stadt an der Donau, es ist hier auch eine ziemlich große Irrenanstalt, die schon einmal stark besetzt war, jetzt sind halt wahrscheinlich auch die Narren gescheit geworden, weil nicht mehr viele in dieser Anstalt untergebracht sind. Liebe Gattin, es soll schon auf Wahrheit beruhen, wie Du mir einmal erzählt hast, was mit diesen Leuten geschieht. Wie uns ein Bauer, wo wir einquartiert sind, erzählte, sollen sich hier schon sehr traurige Szenen abgespielt haben."[57]

Auch in St. Radegund wirkten sich diese mörderischen Aktionen aus. 1943 schreibt Franziska vom plötzlichen Tod eines Kindes, das kurz vorher in ein Heim gebracht worden war.[58] Im Herbst 1940 berichtet die Frau ihrem Mann von der Ankunft von kleinen Kindern aus deutschen Städten in St. Radegund. „Fast jeden Tag, wenn sie aufstehen, weinen sie um ihre Mama." Hierauf folgt eine der wenigen Stellen, in denen sie konkrete Angst äußert: „Ich meine, es wäre fast das härteste, solch kleine Lieblinge hergeben zu müssen auf unbestimmte Zeit."[60]

Daß die Einführung der Lebensmittelrationierung eher eine Kluft zwischen den örtlichen Behörden und der Bevölkerung aufriß, ist an der ironischen Ausdrucksweise Franziskas erkennbar: „Morgen ist wieder Kartenausgabe, da muß ich wieder zu den Kanzleiherren gehen."[61]

7 Dienst in der deutschen Wehrmacht

Die Wahl zwischen Militär und Partei

Die ersten beiden Ehejahre der Jägerstätters und die während dieser Zeit stattfindende religiöse Entwicklung beim Mann fallen zusammen sowohl mit verstärkten nationalsozialistischen Aktivitäten in den Nachbargemeinden, insbesondere, wie schon erwähnt, im nahen Tarsdorf, wie auch mit verstärkter kirchlicher Diskussion im Gefolge der Enzyklika „Mit brennender Sorge".

Die neuentdeckten religiösen Werte sind für Franz Jägerstätter gefährdet. Seine hohe persönliche Beteiligung auf religiösem Gebiet läßt ihm keinen Spielraum in bezug auf Änderung seiner Einstellung in Richtung Nationalsozialismus. An politischen oder religiösen Fragen wenig beteiligte Personen hatten es „leichter", ihre Einstellung entsprechend anzupassen.[1]

Franz Jägerstätters Kompromißlosigkeit in bezug auf den Nationalsozialismus drückt sich im Jänner 1938 durch den Traum vom Eisenbahnzug aus und wird durch den Traum verstärkt.

Die Einstellung Franz Jägerstätters zum Militärdienst dagegen wird erst eindeutig ablehnend, als er ihn kennenlernt; sechs Monate in Uniform bewirken das endgültige Nicht-mehr-mittun-Können. Der Briefwechsel zwischen Franz und seiner Frau während dieser Zeit belegt die anfängliche Wahl des Militärdienstes, um nicht die örtlichen Amtsträger, von Franz als Repräsentanten der Partei gesehen, um Unterstützung angehen zu müssen.

Als die Frau später ein Gesuch zur Freistellung vom Militärdienst von der Gemeindeleitung unterstützt haben wollte, mußte sie sich wiederholt anhören, daß dies zuvor leichter gewesen wäre.[2]

Daß die Rückstellung im Oktober 1940 nicht bloß eine Illusion gewesen wäre, wird aus den Briefen deutlich, in denen Franz seiner Frau mitteilt, daß von Ried aus alle, die irgendein Gesuch mithatten, umgehend wieder nach Hause durften.[3] Daß in Hochburg viele aus diesem Grund wieder zurückkehrten, berichteten sowohl der Schwiegervater[4] als auch der Pate Franz[5]. Die Frau ist traurig: „... mir wurde ganz weh ums Herz, wie ich das hörte, wie Du auch eines gehabt hättest, würdest vielleicht auch schon wieder daheim sein."[6]

Franz hatte vorerst der Frau zur Beruhigung nur geschrieben, daß er mit 76 Familienvätern in der Stube sei,[7] bestätigt dann aber ihre Informationen über die zahlreichen Rückstellungen.[8] Seine Frau tröstet er, daß er mit Enns einen relativ nahen Ausbildungsort hätte und die in die Heimat Zurückgekehrten auch nicht wüßten, wann ihr Glücksstern zu Ende sei.[9] In Betracht ziehen sollte die Frau nicht allein das dauernde Beisammensein, sondern die Intensität ihres Glücks in den Jahren der Ehe.[10]

Unter dem Drill

Der deutsche Drill, der aus dem einzelnen Menschen ein bloß noch funktionierendes Rädchen im Wehrmachtsapparat machen sollte, verlangte dem bis dahin unabhängigen und selbständigen Franz einiges ab. So schreibt er während dieser Ausbildungszeit in sein Notizbuch (undatiert): „Mit ruhigem Gewissen schrei ich täglich zu meinem Ruhekissen. Denn unser Stubenältester Herr Gefreiter Cai brachte mir die schöne Tugend der Demut bei."

Die Grundausbildung möchte Franz möglichst schnell hinter sich bringen, deshalb geht er nicht auf den Vorschlag der Mutter ein, durch ein sofortiges Rückstellungsgesuch (19. 10. 1940) die Ausbildung abzubrechen und durch eine zweimalige Grundausbildung länger vor dem Dienst im Feld verschont zu bleiben.[11]

Daß die Rekrutenausbildung den jungen Männern zu diesem Zeitpunkt das Äußerste abverlangte, wird durch die Erfahrung meines Vaters bestätigt, der sie zur selben Zeit in einer Kaserne in Schlesien zu absolvieren hatte; aufgrund der Schikanen wurden in seiner Einheit im Dezember 1940 drei junge Männer zum Selbstmord getrieben.

Franz ist um alles froh, was das Exerzieren verkürzt:

„. . . wir müssen öfters in die Au (an der Donau, Anm.) gehen, exerzieren, da vergeht wenigstens eine schöne Zeit mit dem Hin- und Hermarschieren, hier ist es ja egal, was wir machen, die Hauptsache ist, wenn die Zeit vergeht."[12]

Eine Fahrt zum Scharfschießen nach Steyr bescherte einen „schönen Feiertag".[13]

Der Kraftfahrkurs ist eine angenehme Abwechslung, die für zwei

Wochen vom schikanösen Drill befreite. Gleich zu Beginn bezeichnete er, der ja schon lange Zeit eine Lenkerberechtigung besaß, diesen als Spielerei, obwohl sicher einiges zu leisten war.[14] Das Ende dieses Kurses bedauert er:

„Jetzt ist eine schöne Zeit auch wieder vorüber, denn morgen muß ich schon zur Prüfung, dann wird halt wieder das Marschieren und Exerzieren losgehen, wird auch wieder zum Aushalten sein.“[15]

Im selben Brief berichtet er von der bestandenen Fahrprüfung: „... ist doch wieder gut, daß es vorüber ist, denn da könnte man sehr leicht faul werden bei diesem Schwindel.“

Das übliche Uninformiertsein über Sinn und Ziel von Transaktionen ärgert Franz, insbesondere wenn er merkt, daß die Sache von langer Hand geplant war. Nach der Verlegung seiner Einheit nach Obernberg am Inn schreibt er seiner Frau: „Hier wußten sie es schon 3 Wochen, daß Militär kommt, und wir erfuhren es erst bei der letzten Bahnstation Antiesenhofen, daß wir hierher kommen...“[16] Schon vor der Verlegung hatte er anläßlich eines überraschenden generellen Kasernenarrests übermittelt: „Unser Wahlspruch heißt hier, nur wundern und nicht ärgern.“[17]

Das Weihnachtsfest 1940 konnte Franz mit seiner Familie verbringen. Im Jänner 1941 erkrankt er während seiner Stationierung in Utzenaich (Innviertel) an einer Darminfektion. Seine Meinung über den Arzt, der ihn krank schrieb, ohne eine genaue Diagnose anzugeben, macht sein Mißtrauen in bezug auf die Vernünftigkeit des Systems deutlich:

„Er hat lieber gar kein Urteil abgegeben. Er hat eigentlich ganz recht gehabt, wenigstens blamiert er sich nicht, wenn vielleicht ein anderer Arzt wieder etwas anderes konstatieren würde.“[18]

Er muß dann mehrere Tage in der Krankenstube bleiben, da kein Arzt kommt zum „gesund melden“, er hofft auf einen Heimaturlaub mit ungewissem Anfang, „denn beim Militär kann man kein bestimmt nicht angeben“.[19] Von diesem dann gewährten Urlaub wird er telegraphisch vorzeitig zurückgeholt, obwohl sich der Abmarsch seiner Einheit noch hinauszieht, was er wiederum als Schikane empfindet.[20]

Schikanen bewirken keine Gesinnungsänderung

Von Anfang der Ausbildung in Enns an ist Franz Jägerstätter mit seinen Interessen unter den Militärkameraden allein. Er verwendet den freien Sonntag, an dem er wegen schlechten Wetters nicht zu einem Treffen mit Pfarrer Karobath nach dem nahen Kronsdorf fahren konnte, zum Lesen; seine Kameraden tanzen und musizieren.[21] Ähnlich ist es anläßlich des Silvester-Feierns, er benützt die Zeit zum Briefschreiben und berichtet seiner Frau, daß er schon gefeiert habe – in der Kirche.[22] Über das religiöse Interesse der anderen schreibt er: „... viele von unseren Soldaten sind sehr arm daran, sie würden vielleicht noch in die Kirche gehen, aber halt diese schlimme Menschenfurcht."[23]

Nach Absolvierung der Grundausbildung wurde Franz Jägerstätter mit einer Truppe nach Obernberg am Inn, nahe seiner Heimat, verlegt.[24] Dort mußte er unvorbereitet das Einsatzgebiet wechseln; nach dem Kraftfahrkurs und den Trainingsfahrten mit dem Motorrad in Enns hatte er ein Pferdefuhrwerk zu übernehmen, er berichtet seiner Frau:

„... daß ich gestern ein Paar Pferde und einen Wagen übernehmen mußte, wahrscheinlich hat mir das der Spieß aus Liebe zugeschanzt, bin halt jetzt wieder Rekrut, muß halt so manche liebe Worte?[25] über mich ergehen lassen, darf mir so[26] was einbilden, wenn ich das in ein paar Tagen können muß, was andre können, die schon 4–5 Monate bei diesem Geschäft sind, das Schweigen ist schon hart? Es werden auch diese Tage wieder vergehen, die Hauptsache ist ja hier, daß die Zeit vergeht, und dabei kann man doch viele Verdienste für die Ewigkeit sammeln, besonders wenn man alles mit großer Geduld ertragen könnte."[27]

In diesem Briefabschnitt wird deutlich, was für den an selbständiges Handeln gewöhnten 34jährigen Mann im Militärdienst schwer zu verkraften ist: Die Entscheidungen der Vorgesetzten wirken auf ihn uneinsichtig und willkürlich, so etwa die Zuteilung eines Pferdegespannes für den am Motorrad Ausgebildeten; er wertet dies als Feindseligkeit des unmittelbaren Vorgesetzten – das Pferdegespann habe „der Spieß aus Liebe zugeschanzt". Das Motorradfahren wäre für den sich kirchlich Bekennenden ein zu großes Privileg gewesen. Die Schikanen sieht Franz Jägerstätter jedoch auch als ein Mittel, sich selber besser in die Hand zu bekommen und sich in Geduld zu üben.

Anfang Februar 1941, vor der Abfahrt eines Pferdekonvois vom Innviertel nach dem Waldviertel, wird ersichtlich, daß der Soldat Jägerstätter nicht im mindesten an Sabotage dachte; im Gegenteil: Da die Versorgung der Tiere ungenügend gewesen sein dürfte, bittet er seine Frau, einen Sack Hafer für die Tiere zu schicken.[28]

Pflicht ist für Franz nicht gleich Pflicht. Während er von einem Scharfschießen noch schreibt: „Der beste Schütze war ich natürlich nicht, ist auch gar nicht notwendig"[29], ist dem Bauern die Ernährung der Tiere ein Anliegen, sodaß er vom privaten Besitz beisteuern möchte.

Der Transport von Infanteriematerial auf Pferdewagen von Puchheim in Oberösterreich nach Hirschbach im Waldviertel war für Menschen wie für Tiere eine große Belastungsprobe. Ein Teil der Tiere hielt den Strapazen auch nicht stand und erreichte nur krank das Ziel.[30] Möglicherweise handelte es sich um einen Leistungstest dieser Fortbewegungsart unter winterlichen Fahrbedingungen. Franzens Hauptklage richtet sich denn auch gegen die rücksichtslosen Anforderungen. Vom ersten Tag, an dem bereits 40 km zurückzulegen waren, heißt es: „. . . dafür wurde bei uns während des Marsches noch dazu eine Übung abgehalten, damit wir ja nicht zu früh an unser Ziel kamen."[31] Vom zweiten Tag berichtet er:

„Heute mußten wir schon vor 5 Uhr angespannt haben, war mir auch ziemlich egal, denn ich hatte so die ganze Nacht Stallwache in einer Scheune. Zuerst hat es geheißen, daß wir in Steyr Rast haben (Ausgangspunkt Kremsmünster, Anm.), es wäre ohnedies schon genug gewesen, denn es waren bis Steyr schon 30 km; war nur kurz Fütterung, dann gings noch über 20 km weiter bis St. Johann in Niederösterreich, außer Steyr wurde es noch dazu sehr bergig, mußte in Steyr noch dazu ziemlich viel Hafer aufladen, um 11 Uhr nachts konnten wir erst abspannen, natürlich heißt es da zuerst für die Pferde sorgen, schlafen und essen wird schon bald Nebensache."[32]

Geduld fordert ihm der 4. Tag ab:

„Heute ging es wieder weiter, wie halt so gewöhnlich in der Früh, und zwar bis Ulmerfeld, es war nicht besonders weit, es waren kaum 30 km. Die Hauptsache ist nur, daß wir bald aufstehen müssen und in der Finsternis fahren, in Ulmerfeld mußten wir dafür bei (umgangs-sprachlich für circa, Anm.) vier Stunden stehen und warten, bis wir abspannen durften. Nur alles schön mit Geduld ertragen, mit Gottes Hilfe und gutem Willen bringt man vieles fertig."[33]

Vom 5. Tag berichtet Franz von einem Umweg, damit sie nicht zu schnell ans Ziel kämen.[34]
Eine zusätzliche Belastung bedeutet die fehlende Kameradschaft, nicht zum erstenmal wird er verklagt:

„Heute war Ruhetag, aber nur für die Pferde, für uns ist es halt nicht notwendig. Es wäre alles leichter zu ertragen, wenn mehr Kamerad-schaft sein würde. Da wäre man schön arm daran, wenn man sich immer auf andere verlassen müßte, wurde heute wegen einer Kleinigkeit wieder beim Gruppenführer verklagt. Es ist nur gut, daß hier das Zuhauen so streng bestraft wird, sonst könnte schon sein, daß ich mich manchmal nicht derhalten (umgangssprachl. für beherrschen, Anm.) könnte. Manchmal scheint es schon, man kommt mit der Ehrlichkeit und Gutheit nicht mehr durch, aber es geht doch immer wieder; der Teufel wendet halt alle List an, um den Menschen zu Fall zu bringen."[35]

Der unmittelbare Vorgesetzte teilt Franz ab dem Zeitpunkt, an dem er weiß, daß dieser gern in die Kirche ginge, an Sonntagen zur Stallwache ein.[36] Freudig berichtet er jeweils seiner Frau, wenn es ihm unterwegs dennoch gelingt, in eine Messe zu kommen.[37] „Der Herrgott wird schon wissen, wieviel Kraft ich noch brauche, um den Stürmen dieser Zeit standzuhalten",[38] schreibt er im Zusammenhang mit einem dieser Meßbesuche.
Möglicherweise ein erstes Anzeichen von Überlegungen, nicht mehr mitzumachen. Franziska Jägerstätter bezeugt, daß ihr Mann Anfang April 1941 von der Wehrmacht zurückkehrte mit dem Entschluß, nicht mehr einzurücken.

Bild oben:
Franz während der Militärdienstzeit in Enns; am 3. 12. 1940 bedankt sich Franziska brieflich: „Habe heute Deinen Brief samt dem lb. Bild erhalten, freute mich sehr und bedanke mich recht herzlich dafür. Stehst jetzt scheinbar bei einer besseren Küche, weil Du so gut ausschaust, aber auch ein bißchen traurig, wie's halt nicht anders möglich ist, wenn man unfreiwillig von den Lieben fort muß in die Fremde..."

Bild unten:
Die Kraftfahrausbildung war für Franz Jägerstätter eine willkommene Unterbrechung des Drilles der Grundausbildung; nach seinen Briefen wurde im Winter 1940/1941 der Einsatz hauptsächlich unter extremen Wetterbedingungen geübt.

Die von Stadler in NS-Akten gefundenen Berichte vom kirchen-freundlichen Verhalten der Wehrmacht[39] treffen auf den Erfahrungs-bereich Franz Jägerstätters nicht zu. Seine Kameraden berichten Ähnliches. So schreibt Rudolf Mayer aus Rußland vom ersten Wehrmachtsgottesdienst, den er besuchte: „Waren drei Besucher da, weißt alles. Die schlimme Menschenfurcht und wohl auch Sünde."[40] Auch Pate Franz ist traurig, daß von seiner Kompanie so wenige an einem Feldgottesdienst teilnahmen, nur 25 von 300 Mann.[41] Eine ähnliche Erfahrung berichtet er aus dem Heimat-Lazarett: „... die Soldaten, die kann man fast mit den Fingern zählen, die in die Kirche gehen."[42]

Franz selbst bringt seine häufigen Stallwachen mit seiner Gesinnung in Zusammenhang:

„... hatte jetzt schon drei Samstage und Sonntage keine freie Zeit mehr, gestern wäre nachmittag frei gewesen, leider mußte der Franzl halt wieder zur Stallwache antreten, für morgen bin ich schon wieder zum gleichen Dienst eingeteilt, meinetwegen sollten sie alle zusam-menhelfen, die können mir doch keine andre Gesinnung einjagen."[43]

Die Abneigung gegen den Militärdienst war nicht in erster Linie im Übermaß der körperlichen Anstrengung begründet, sondern in der schikanös und unmenschlich empfundenen Behandlung:

„Bei der Besichtigung kam ich glücklich daraus, denn unser 5 Mann mußten 9 kranke Pferde nach Raabs führen, es war zwar auch gerade kein Sport, denn wir mußten 36 km marschieren und doch kam es mir vor wie ein Festtag, erstens waren wir Selbstverpfleger und zweitens war ich doch wieder einen Tag von diesem Tango los..."[44]

Nicht einmal die Freistellung vom Militärdienst macht bei Franz positiven Eindruck. Die Tage des Wartens nach bereits bei der Truppe eingelangter u. k.-Stellung auf das Heimfahrendürfen kom-mentiert er: „... ein wenig müssen sie mich ja doch noch schikanie-ren."[45]

Verschärft wurde die Situation für Franz gewiß durch die Aufsässig-keit des unmittelbaren Vorgesetzten, des „Spieß", der für die Diensteinteilung zuständig war. Er war auch der Frau ein Begriff, die gehofft hatte, dieser würde den Waldviertelmarsch nicht mitma-chen.[46] Zu seinem Oberleutnant hatte Franz mehr Vertrauen:

„Heute war ich beim Oberleutnant betreffs Urlaub, denn ich konnte
es doch nicht mehr erwarten, und überhaupt mußte ich die Zeit
ausnützen, weil der Spieß schon zwei Tage krank ist...“[47]

Daß Franz nicht die Fähigkeit zu Freundschaft oder Kameradschaft
fehlte, wird aus den Berichten seiner Mitgefangenen aus dem Linzer
Wehrmachtsgefängnis ersichtlich. Mit drei wegen Eidesverweigerung
angeklagten Lothringern schließt er Freundschaft, sie beten zusammen, Franz gibt von den kärglichen Lebensmittelrationen etwas ab,
einem schenkt er seinen Rosenkranz.[48] Für einen dieser Mitgefangenen erbittet er von seiner Frau getrocknete Edelweiß.[49]

Aus der Wehrmacht in den Orden

Bewirkte schon in St. Radegund für Jägerstätter sein offen gezeigtes,
von der Norm abweichendes religiöses Leben eine gewisse Trennung
und Absonderung von der Dorfgemeinschaft, die wenig Toleranz für
abweichende Verhaltensformen aufbringen konnte, war in der Wehrmacht die Situation nochmals gewaltig verschieden. Waren in St.
Radegund vor allem graduelle Unterschiede auf einheitlich christlichem Hintergrund störend, so erschien das Militär im Erfahrungsbereich des jungen Bauern eindeutig antichristlich und antikirchlich.
Am eigenen Fall sah er, was alles versucht wurde, um ihn vom
Gottesdienstbesuch abzuhalten.
In der glaubensmäßig isolierten Situation sucht er Rückhalt in einer
religiösen Gemeinschaft.
Einen Tag vor der Abfahrt der Truppe Jägerstätters von Enns wird er
mit einem weiteren Soldaten in feierlicher Form in den Dritten Orden
des Heiligen Franziskus eingekleidet. Seiner Frau berichtet er nach
dem Ereignis:

„... gestern am Feste der Unbefleckten Empfängnis konnte ich noch
einen großen Gnadensonntag verbringen, es wurden in der wunder-
bar festlich geschmückten Franziskanerkirche zwei Soldaten in
feierlicher Form in den Drittorden aufgenommen. Liebste Gattin,
unter diesen zwei Soldaten war auch Dein Gatte dabei, hoffe, daß Du
ihm deshalb nicht böse bist, denn Du hast ja, wie ich hoffe, dieselbe

Ansicht wie ich. Muß Dir auch ein guter Trost sein, daß mein Glaube als Soldat nicht schwächer wurde."[50]

Die Autorität der Frau in Glaubensbelangen klingt hier an, wenn das verstärkte Bekenntnis von Franz als Trost für diese bezeichnet wird. Das Ereignis ist in den Büchern der Franziskanischen Gemeinschaft in Enns bezeugt,[51] in der „Chronik des III. Ordens" ist zu lesen:

„8. Dez. 1940: Die übliche Predigt unterblieb. Um ½4 Uhr wurde zuerst verkündet: Wochen- und Monatsordnung. Dann war die Einkleidung von 2 Soldaten: Nagel Rudolf[52] und Franz Jägerstätter! War sehr feierlich und die Versammlung stark besucht. Dann schloß sich an die goldene Jubelprofeß der Frau Grundner (aus d. Bürger-Spital). Bei dieser Doppelfeier wurden je eine Ansprache vom Altar aus gehalten. Die anschließende Prozession war sehr stark besucht. An der Grotte war die feierl. Weihe an die Unbefleckte."

Nähere Personalangaben finden sich im „Protokoll der Dritt-Ordensgemeinde in Enns". Bei Mayer Rudolf ist eingetragen: „Geb. 1906 in Peuerbach, Einkleidung 8. XII. 1940, von P. Konrad eingekleidet, Profeß: 28. IX. 1942, von P. Konrad Schmiedinger entgegengenommen."
Bei *Jägerstätter Franz* ist eingetragen: „Geburtsjahr 1907 in St. Radegund, Einkleidung 8. XII. 1940, von P. Konrad eingekleidet", unter Bemerkungen: „umgeschrieben nach St. Radegund". In der Heimat sollte Franz ein Jahr nach der Einkleidung seine Profeß ablegen.
In Anlehnung an die von Franz von Assisi im 13. Jahrhundert gegründeten Männer- und Frauengemeinschaften (Erster und Zweiter Orden) ist der Dritte Orden eine Gemeinschaft von Männern und Frauen, die in der „Welt", d. h. in ihren Familien und Berufen, bleiben, in franziskanischem Geist leben wollen. Nach wechselnder Geschichte im Laufe der Jahrhunderte erlebte der Dritte Orden in den zwanziger und dreißiger Jahren dieses Jahrhunderts in Hinsicht auf die Mitgliederzahlen eine Blütezeit.[53] Aufgrund des Verbotes des Waffentragens und der Eidesleistung für die Mitglieder war diese Bewegung im Mittelalter sozialpolitisch sehr aktiv und wurde aus diesem Grunde verfolgt.[54] Nach einer Reform durch Papst Leo XIII. im Jahre 1883 wurde der Schwerpunkt auf die Frömmigkeit des

einzelnen gelegt, der Papst sah im Dritten Orden ein Instrument zur Wiederverchristlichung der Massen und versagte einer sozialreformerisch und antikapitalistisch eingestellten Gruppe seine Unterstützung.[55] Die vom Papst geforderten Haltungen sind eher passiv, in bezug auf Ungerechtigkeit erwartet er sich durch den Dritten Orden eine „Auflösung von außen her durch Nichtmitmachen, Ruhigbleiben, vor allem durch Geduld, im Wissen darum, daß die endgültige Bestimmung nicht in dieser Welt liegt".[56]

Ob im Bereich der Stadtfehden am Ausgang des Mittelalters oder dem der Arbeiterbewegung Ende des neunzehnten Jahrhunderts, im Dritten Orden lag immer die Potenz, die drängendsten Zeitprobleme zumindest zu erkennen, wenn auch revolutionäre Handlungen immer gebremst wurden.

Franz Jägerstätter paßt gut in die Linie der franziskanischen Laienbewegung, die immer wieder den Anspruch christlicher Lebensführung mit der politischen Realität in Verbindung brachte. Es ist nicht feststellbar, ob Jägerstätter über die Tradition des Waffen- und Eidverbotes innerhalb des Dritten Ordens wußte; die Verpflichtung zum „Frieden stiften" war jedoch neben der Betonung des Laienapostolats auch zu seiner Zeit wesentlicher Teil der Regel.[47]

8 1941–1943 Abklärung und Vertiefung einer Entscheidung

Eid ohne Relevanz?

Nach dem Zeugnis seiner Frau kam Franz Jägerstätter im April 1941 vom Militärdienst zurück mit dem Entschluß, kein weiteres Mal einzurücken. Bemerkenswerterweise findet sich weder in den Briefen noch in den ausführlichen politischen und religiösen Aufzeichnungen aus den Jahren 1941–1943 ein Hinweis auf die etwa durch Eidesleistung bestehende Verpflichtung hiezu. In den Briefen erwähnt er nichts von einer Vereidigung; es ist jedoch anzunehmen, daß er sie am Ende der Grundausbildung im Herbst 1940 in Enns im Rahmen seiner militärischen Einheit mitgemacht hat. Jedenfalls ist von Schwierigkeiten, die aus der Tatsache der Eidesverweigerung entstanden wären, nichts bekannt. Für Franz war das Ende der Rekrutenzeit der ersehnte Moment, zu dem er sein Gesuch um Freistellung einreichen wollte.

Es dürfte für ihn kein Problem gewesen sein, daß er durch einen vor Gott geschworenen Eid nicht zu verbrecherischen Taten verpflichtet sein konnte; Franz sieht da klarer als viele – auch Offiziere – innerhalb der Wehrmacht, die zwar den verbrecherischen Charakter des Systems erkannten, dennoch Gehorsam und Pflichterfüllung leisteten.[1] Hier sei aber einschränkend festgestellt, daß, wenn der Preis für eine „Gewissensentscheidung" das eigene Leben ist, nachträgliche Beurteilungen vorsichtiger erfolgen müssen als unter den Bedingungen einer totalitären Staatsordnung. Franz waren die Konsequenzen seines Handelns von Anfang an klar, umso sorgfältiger überprüft er in den knappen zwei Jahren bis zur nächsten Einberufung seine Entscheidung.

Wieder auf dem Hof: Bauer und Mesner

Das intensivierte religiöse Leben wird durch den täglichen Meßbesuch des jungen Mannes zu einem öffentlichen Bekenntnis, das den Rahmen des ortsüblichen Christentums bereits sprengt. Eine solche

Bild oben:
Franz Jägerstätter als Mesner bei
einem Begräbnis, die rechte Fah-
nenstange verdeckt sein Gesicht.

Bild unten:
Franz mit Josef Wengler, dem
Freund, dem er beigestanden ist,
als ihn die Dorföffentlichkeit des
Verrates am Pfarrer verdächtigte.

Häufigkeit des Kirchenbesuches gesteht man älteren Frauen zu, die „Zeit dazu haben". Für den jungen Bauern entspringt aus dieser Tatsache der Vorwurf, er hätte die Arbeit am Hof vernachlässigt. Franziska Jägerstätter, die in diesem Fall die Hauptleidtragende gewesen wäre, berichtet jedoch, daß ihr Mann immer mit der Arbeit zurechtkam. Die wirtschaftlichen Erträge sprechen ebenfalls für ihn: Er konnte einerseits die offiziellen Ablieferungsquoten erfüllen, daneben geben die zahlreichen Dankbriefe Zeugnis davon, daß er noch einiges an wertvollen Lebensmitteln verschenken konnte.[2]

Als im Sommer 1941 der Mesner der Pfarre stirbt, lädt Vikar Fürthauer Franz ein, dessen Nachfolge zu übernehmen. Er tut dies in erster Linie aus praktischen Gründen, da Franz ohnehin jeden Tag in die Messe geht, konnte er gleich auch diesen Dienst übernehmen.[3] Der seit einem Jahr mit Ortsverbot belegte Pfarrer Karobath ist interessiert, wer die Mesnerstelle übernehmen würde.[4] Im nächsten Brief drückt er seine „große Freude" über den Brief von Franz aus,[5] der wahrscheinlich die Mitteilung von der Übernahme des Mesnerdienstes durch Franz enthielt. Im Brief vom November 1941 schreibt Karobath von notwendigen Erneuerungsarbeiten an der Radegunder Pfarrkirche; er, der nicht auf seine Pfarrerstelle verzichtet hatte, rechnet bereits mit der Möglichkeit der Rückkehr auf diese: „Recht notwendig wäre die Bemalung im Innern der Kirche! Aber das wird wohl mir vorbehalten bleiben."[6] Die Mesnertätigkeit von Franz ist in Radegund positiv aufgenommen worden:

„Die Radegunder sind sehr erfreut, daß Du diese Stelle hast. Man schrieb mir, daß die Kirche jetzt recht sauber ist. Die materielle Entlohnung ist freilich recht schwach. Aber laß Dir Kirchenputzen einzeln entlohnen. Auch vom Mesner gilt: Wer dem Altare dient, soll vom Altare leben."[7]

Karobath zeigt sich an einer gerechten finanziellen Abgeltung interessiert, vielleicht ist dies wie der Hinweis auf die Renovierungsbedürftigkeit der Kirche Zeichen eines nicht allzu großen Vertrauens in seinen Nachfolger. Ähnlich erfreut wie Karobath reagiert Pfarrer Krenn aus Enns:

„Vor allem freue ich mich, daß St. Radegund einen tiefgläubigen Mesner gefunden und das kleine liebe Gotteshaus einen fürsorglichen

Betreuer. Möge Gott Ihnen diesen heute so kostbaren Idealismus lohnen, vor allem Sie vor dem Einrücken bewahren.''[8]

Auch Karobath bringt Einrücken und Mesnerdienst in Zusammenhang, die Stelle bei ihm könnte man auch dahingehend interpretieren, daß er fürchtete, das kirchliche Engagement könnte die Einberufung beschleunigen.[9] „Der heute so kostbare Idealismus", wie es Krenn ausdrückt, wird von beiden Priestern in seiner politischen Relevanz verstanden.

Die Art, wie Franz Jägerstätter sein Mesneramt ausfüllt, erhellt Aspekte seines Wesens. Vikar Fürthauer war verwundert, in welch kurzer Zeit der Mann die lateinischen Meßgebete auswendig gelernt hatte. Doch nicht nur rasches Auswendiglernen ist an ihm zu beobachten. Vermutlich hatte er mehr Feingefühl als der Priester, denn bevor Franz die Mesnerstelle annahm, fragte er die Tochter seines Vorgängers, die den Sommer über die Sakristei versorgt hatte, ob sie einverstanden sei.

Als Mesner war Jägerstätter auf Ruhe und würdiges Benehmen in der Sakristei bedacht, Tratscher wies *er* hinaus.[10] Bis in die Gegenwart wird bei Befragungen der Ortsbewohner Franz Jägerstätter als eine Art religiöser Sonderling bezeichnet. Aus der fraglichen Zeit sind zahlreiche Briefe und Karten von Freunden und Nachbarn, die Militärdienst leisteten, erhalten, die diesen Vorwurf entkräften. Es findet sich nicht der kleinste Hinweis, daß Franz in irgendeiner Hinsicht nicht ernstgenommen worden wäre.

Das nachträgliche Urteil ist von der sehr großen Differenz zwischen Jägerstätters Einstellung und der seiner Nachbarn mitbestimmt.

Die Tendenz, die Handlungen oder Meinungen anderer Menschen mit den eigenen zu vergleichen, nimmt in dem Maße ab, wie der Unterschied zwischen der eigenen Meinung oder Handlungsfähigkeit und der der Vergleichsperson zunimmt. Sind andere unvergleichbar besser oder schlechter, hört ein Vergleichen ganz auf, bei Meinungsdifferenzen wird dem anderen mit Ablehnung begegnet.[11]

Sucht man die Motive des Handelns zu ergründen, werden Beobachter die Ursachen für ein Verhalten bzw. eine Verhaltensänderung eher der Person des Handelnden zuschreiben, dieser selbst aber wird das Schwergewicht und Hauptmotiv in der jeweiligen Situation sehen.[12]

Die Bezeichnung „religiöser Wahn" für das Verhalten Jägerstätters ist auf diesem Hintergrund zu verstehen. Es gibt keine konkreten

Vorwürfe oder Beispiele für ein krankhaftes Verhalten Jägerstätters. Die Ablehnung, die sich in Worten wie „Wahn" oder „Sonderling" ausdrückt, ist vielmehr eine Folge der Unvergleichbarkeit seiner Handlungsweise mit der seiner Nachbarn, die über ihn befragt wurden.

Bei Diskussionen mit Kriegsteilnehmern im oberen Innviertel fällt auf, daß sie es vermeiden, die Zeitumstände zu diskutieren, und damit der Gefahr ausweichen, etwaigen eigenen Versäumnissen begegnen zu müssen.

Im Briefwechsel mit dem Drittordensbruder zeichnet sich eine Entscheidung ab

In den Jahren 1941–1942 stehen Franz Jägerstätter und sein Drittordensbruder Rudolf Mayer in lebhaftem geistigen und religiösen Austausch. Hauptthemen der Korrespondenz sind Erfahrungen in der tagtäglichen Glaubensverkündigung und in der persönlichen religiösen Entwicklung. Ein weiterer Schwerpunkt sind Hinweise auf und Austausch von religiöser Lektüre, in der Hauptsache Heiligenbiographien (Franziskus, Bruder Konrad, Klaus von der Flüe, Kleine Theresia und nicht zuletzt Thomas Morus).

Der Apostolatsgeist verbindet beide Männer:

„Lieber Bruder, du wirst sowieso eifrig sein an Seelen gewinnen für Jesus... Unser Vater Franziskus hat sich wirklich aufgerieben im Eifer für den Nächsten... Wir als Söhne sollten halt auch bei jeder Gelegenheit einwirken, daß der Glaube in Europa nicht zugrunde geht...“[13]

Apostolat und religiöses Bekenntnis werden hier in der über das Seelenheil des einzelnen hinausgehenden „europäischen" politischen Bedeutung angesprochen.

In bezug auf seinen Einsatz an der Front sind bei Mayer anfangs keine grundsätzlichen Zweifel zu erkennen; er beurteilt diesen in erster Linie nach den Möglichkeiten, die er für die Religionsausübung offenließ. In dieser Hinsicht bezeichnet er die letzten vier Monate, die er in Holland, Belgien und Frankreich eingesetzt war, als „eine Gnadenzeit, wo mir die Größe Jesu im Heiligsten Sakrament wieder zum Bewußtsein kam".[14] Er erwähnt nichts über seine

Tätigkeiten als Soldat, sondern schreibt ausführlich über das blühende religiöse Leben und die prunkvolle Ausstattung der Kirchen in Belgien; im Masurenland sehnt er sich dorthin zurück.[15] In diesem zweiten Brief, in dem er sich auch für eine von Franz geschickte Bruder-Konrad-Karte bedankt, wird nochmals die Sorge um die Zukunft ausgedrückt:

„Es wird eine Zeit kommen, wo wir uns gegenseitig stützen müssen, wenn wir wollen, daß die Religion nicht untergeht; wir leben in einer großen Zeit bestimmt sehr verdienstvoll, es wird uns manchmal bewußt werden, daß das Himmelreich Gewalt braucht..."[16]

Den beiden ersten Briefen sind jeweils Fotos von Kriegerfriedhöfen beigelegt.
Im dritten der in kürzesten Abständen (Poststempel vom 29. 5. 41; 31. 5. 41 und 1. 6. 41) geschriebenen Briefe bedankt sich Rudolf für ein Paket, das „Nahrung für Leib und Seele" enthalten habe. Ausführlich gibt er ein Gespräch über Religion wieder, das er mit einem Kameraden führte und das ihm eintrug: „Du sollst ein Pfarrer geworden sein." Bei seinen Bekehrungsversuchen will Rudolf wie im Fall dieses Soldaten „mit Schriften und Büchern fischen".[17]
Franz dürfte daraufhin irgendeine Bemerkung in Richtung des in der Heimat mangelnden religiösen Interesses geschrieben haben, denn Rudolf antwortet:

„Da hast wohl recht, daß die Leute ohnehin sehr gescheit sind, das ist das Übel, daß man schwer herankommt an Kameraden, weil von vornherein die Abneigung ist zum Religiösen."[18]

Sehr dankbar ist der „von Priestern und Kirchen isolierte" Soldat[19] für ein von Franz geschicktes Neues Testament, in dem er täglich liest.[20] Mit einem Mitsoldaten, der aus der Kirche ausgetreten ist, bleibt Rudolf im Gespräch; er sieht auch einiges ein, will aber dennoch nicht zur Kirche zurückkehren.[21] Bei einem Gespräch über religiöse Fragen hatte Mayer allein gegen die ganze Gruppe die gläubige Position zu vertreten, sein „Stolz" in dieser Situation ist das Bibelwort: „Wer mich vor den Menschen bekennt, den werd ich kennen vor meinem Vater."[22]
Im April 1942 kann der Drittordensbruder doch Früchte seines Bemühens erkennen:

„Erzähl Dir von einem Wiener, wo ich mich selbst wundere. Er sagte vor ein paar Monate von Selbstmord und meint, zuerst müssen noch ein paar andere dran glauben, war schon sehr zerrissen, er hat mich sehr gern und horcht wie ein Kind auf einmal, wenn ich ihm abends oder wenn wir allein sind von Jesus erzähl, wie er uns geliebt, was er gelitten zum Trost für die Ärmsten, ich erzähl ihm von den Heiligen, und er ist begeistert; wundert mich sehr, gab ihm Lebensbeschreibung von hl. Franziskus wie Bruder Klaus und vieles andere, was er gern liest; er frägt mich sogar, ob ein Pfarrer aufnehmen kann in 3. Orden. Ich bet ja viel Jahre für die Rettung der Seelen..."[23]

Eine der Stützen für Rudolf Mayer ist die tägliche Lektüre im Neuen Testament, da der „geistige Kampf" oft schlimmer als der andere sei.[24] Die Art des Einsatzes an der Front bewertet er in erster Linie danach, ob Zeit zum Beten gelassen wird; in den ersten Monaten in Rußland beklagt er, daß er sowenig allein sei und deswegen sowenig beten könne.[25] Das Drittordensgebet (12 Vaterunser am Tag) bringt er in dieser Situation dennoch immer fertig, dem Aufenthalt in Frankreich trauert er immer noch nach wegen der Möglichkeiten zum Kirchenbesuch.[26]

Daß er beim Postenstehen direkte Berührung mit dem Feind haben könnte, mit allen daraus sich ergebenden Konsequenzen, bedenkt Rudolf Mayer offenbar nicht, wenn er schreibt: „... bin nicht mehr in der Küche, sondern Posten stehen, ist ein einsamer für Gott passender Dienst, sicher besser wie die zerstreuende Küche."[27]

Versprechungen an Maria Alacoque, daß jene nicht in Ungnade sterben würden, die die 9 Herz-Jesu-Freitage halten würden, sind ihm Trost in der zunehmenden Bedrängnis.[28]

Am 24. 12. 1941 schreibt Rudolf einen verzweifelten Brief, das Weihnachtsfest erwähnt er mit keinem Wort, es geht um das nackte Überleben:

„... gegenwärtig schau ich schlecht aus, zu essen hab ich genug, aber mitmachen... wenn ich aufrichtig bin, muß ich Dir sagen, mein Körper zuckte schon am Boden, jetzt und jetzt ist mein Leib durchsiebt, da hab ich schon gebetet; Jesus hilf uns, Maria... Bomben, Bordkanonen, MG – hab ich schon was mitgemacht."

Die Hoffnung richtet sich auf das Ende des Schreckens: „Es lebe Christus der König, vielleicht darf ich das Ende sehen... Große

Macht ist eines Tages nicht mehr, sie ist schon morsch."[29] Rudolf zeigt Interesse an den verschiedensten Zukunftsvisionen, die offensichtlich auch in Soldatenkreisen umherschwirrten. Er berichtet Franz von angeblichen Marienerscheinungen an der holländischen Grenze und von Kreuzvisionen.[30] Bei der Marienerscheinung soll Kindern neben der Mahnung, um ein Kriegsende zu beten, ein Geheimnis anvertraut worden sein, das sie dem Papst übermittelt hätten. In diesem Geheimnis vermutet Rudolf eine Stärkung für die Zukunft. Im selben Brief berichtet er von einer Botschaft an eine Schwester Benigna:[31]

„... wenn Du wüßtest, wie sehr ich die Welt liebe, doch die Welt rennt dem Abgrund zu, aber ich will sie retten durch eine kleine Schar, die an meiner Seite kämpfen. Das Herz Jesu hat einen König uns versprochen, der das Volk auf eine Zeit gut regiert, und die Kirche wird neu blühen."

Im selben Brief kommt noch ein weiteres Wunderzeichen vor:

„Ich erinnere mich noch an das Himmelszeichen, es war ein Kreuz am Himmel zu sehen, es wurde fotographiert, darunter das Hakenkreuz, es wurde immer blasser, bis es verschwand."

Eine Änderung der Weltsituation erwartet Mayer quasi von einem Deus ex machina:

„Ich denk auch an Konnersreuth, es sind sicher Gnaden für die große Zeit, doch wen Gott liebt, den züchtigt er. Der Weltkrieg machte die Leut nicht besser, im Gegenteil, wir rückten dem Antichrist näher. Diesmal wird der Antichrist meinen, es ist seine Zeit. Er hat sich getäuscht, sein Reich breitet sich nicht aus auf Dauer. Zuerst kommt noch die Barmherzigkeit, der versprochene König. Es wird zwar entsetzlich werden, wir sind mit Kleinigkeiten nicht zu wecken. Wir brauchen nicht verzagen, was hier vor sich geht, ist nicht entscheidend ..."[32]

Franz, in dessen Schriften nie derartige irrationale Zukunftsperspektiven zu finden sind, dürfte seinen Freund im Antwortbrief in dieser Hinsicht etwas gedämpft haben, denn einen Monat später heißt es bei Mayer:

„Du schreibst, es ist nicht notwendig, daß wir die Zukunft wissen. Die

Zukunft wissen wir sowieso nicht, aber manche Andeutungen sind uns gegeben auf schwere Zeiten. Dazu gehören die vielen Muttergotteserscheinungen ..."[33]

Franz dürfte über die verschiedenen Prophezeiungen auch Pfarrer Karobath geschrieben haben, da dieser bemerkt: „Die Prophezeiungen, welche herumschwirren, sind sicher nicht göttlichen Ursprungs."[34]

Rudolf Mayers Zukunftshoffnung gründet sich weiterhin auf irgendwelche Prophezeiungen; Ansätze zu einer Interpretation der erlebbaren Gegenwart auf die Zukunft hin wie bei Franz finden sich bei ersterem nicht:

„Ein Schreiben bekam ich, der Hl. Vater soll in einer Privataudienz gesagt haben, habt Geduld und Gottvertrauen, es währt nicht mehr lange die Zeit der Prüfung. Gott wird dem Orkan des Sturmes bald ein Ende setzen, und zwar so nach menschlichem Ermessen nicht faßbar. Ein Kamerad bekam ein Schreiben, daß in Lourdes die Gnadenquelle ausgetrocknet sei. Selbes war auch drei Monat vor Weltkriegsende."[35]

Die Nationalsozialisten ahndeten die Verbreitung derartiger Zukunftsvisionen äußerst streng. Sieben Oberösterreichern wurde aufgrund der Verbreitung einer „Prophezeiung der hl. Ottilie" der Prozeß wegen Wehrkraftzersetzung gemacht; zwei von ihnen, Franz Heger und Camilla Estermann, wurden zum Tod verurteilt. Aus der Urteilsbegründung:

„Die Angeklagten haben im Jahre 1941 und 1943 zwei als Weissagungen getarnte Schmähschriften, die Verunglimpfungen des Führers und seiner Politik enthielten und den militärischen Zusammenbruch des Reiches voraussagten, verbreitet."[36]

Der den Prophezeiungen gegenüber vorsichtige Franz vermittelt seinem Freund als Orientierungshilfen neben dem Neuen Testament[37] und neben Büchern auch Inhalte bischöflicher Hirtenbriefe. Ob nur in der Form von Zitaten oder ob Franz von seinem Pfarrer eines der hektographierten Exemplare erhielt, ist nicht feststellbar. Möglicherweise auf einen Hinweis von Franz hin zeigt Mayer im August 1941 Interesse an einem Hirtenbrief (208). Im Oktober 1941 schreibt Rudolf aus Rußland, daß auch der Bischof vom täglichen

Rosenkranz Rettung erhoffe.[38] Einige Tage später bittet Rudolf, beim Übersenden von Hirtenbriefen vorsichtig zu sein: „...ohne Absender, laß eine fremde Schrift schreiben, daß ich wieder von der Heimat etwas weiß."[39]

Wenn Franz seinem Freund von und aus Hirtenbriefen schreibt, ist unbezweifelbar, daß er sich selbst damit auseinandersetzte. Als Mesner hatte er die Möglichkeit, über das Anhören bei den Gottesdiensten hinaus, den Text in der Sakristei genauer anzusehen. In der zweiten Hälfte des Jahres 1941 gab es zwei für das Verhältnis Staat – Kirche bedeutsame Hirtenworte: Im Sommer beklagen die Bischöfe Deutschlands in einem gemeinsamen Hirtenbrief die Übergriffe von seiten des Staates auf die „Belange des Glaubens".[40] Für den 7. 12. 1941 war in der Diözese Linz eine Verlesung der „Mitteilungen des österr. (!) Episkopates zur Frage: Krieg und Bolschewismus" angeordnet, dessen Kernsatz lautet: „Das verderbliche Wesen des Bolschewismus liegt in der Gottlosigkeit, die er der ganzen Menschheit aufzwingen will."[41] Unter Bezugnahme auf kirchliche Lehrschreiben zu diesem Thema wird die Realität eines selbstherrlichen, religionsfeindlichen, totalitären Systems dargestellt, die Parallelität der Zustände zu denen unter der NS-Herrschaft dürften auch einfachen Hörern nicht verborgen geblieben sein. Im Gegensatz zum gemeinsamen deutschen Hirtenbrief dieses Jahres finden sich keinerlei patriotische oder kriegerische Töne, es heißt vielmehr:

„Die ungeheuerlichen Übel des Kommunismus entspringen einem Quell *geistiger Irrungen* und können daher *nur mit geistigen* Waffen endgültig und von Grund auf bekämpft werden."[42]

In politischer Hinsicht wird der Briefwechsel brisanter: Im Dezember 1941 schreibt Rudolf, daß er die übrigen Briefe von Franz immer aufgehoben, die letzten beiden aber sofort in den Ofen geworfen habe.[43] Möglicherweise befaßten sich die Dezemberbriefe von Franz mit dem Krieg gegen Rußland.

Im Frühling 1942 finden sich erste Hinweise auf ein lebensbedrohendes Vorhaben von Franz:

„Deinen Brief werd ich noch öfter lesen, mich bringst nicht leicht in Verlegenheit, wennst keinen Abs. schreibst. Wohl kannst Du schlimm dran sein, Du sollst noch lang leben und viel Gutes tun, schütze daher Dein Leben, damit Du noch viel Gutes tun kannst; überleg Dir das Abs. schreiben."[44]

Im Sommer[45] bestellte Rudolf für Franz ein Buch über Thomas Morus.
Am 12. 5. 1942 antwortet Rudolf ohne Unterschrift oder Absenderangabe Franz:

„Hab Deinen Brief am 11. erhalten. Herzlichen Dank dafür. Recht hast ja. Ich trug einmal Deinen Wunsch, weiß nicht, ob die nötige Kraft vorhanden wär, ich find mich noch nicht ab mit der Vollendung, für Dich ists vielleicht so gut. Größere Liebe hat niemand, als wer sein Leben gibt, und die größte Heiligkeit ist die vollendete Liebe, mehr konnte selbst Christus nicht als sterben für uns. Ich hab noch zuwenig geleistet, ich weiß, daß Du es genau nimmst und man auch nicht freiwillig lügen darf. Weißt, ich hüt mich auch vor einer freiwilligen Lüge, aber wegen einem Menschenleben bräct ich es stur fertig, es gibt Schwächen des Menschen, man kanns aber nicht als Schwäche bezeichnen, wenn einer bei jeder Gelegenheit lügt, das sag ich Dir ehrlich, wirst auch wissen, Christus sagte einmal zu den Aposteln, der Teufel hat verlangt, euch auch sieben zu dürfen, kannst mirs glauben, ich bin noch nicht gesiebt. Selig, der in der Prüfung stand hält, denn hat er sich bewährt, so wird er empfangen die Krone des ewigen Lebens, die Prüfung hab ich noch nicht bestanden. Daher will ich noch kämpfen . . . Ich geb Dir auch recht, wenn Du sagst, ists nicht besser, wenn wir den Strom schnell überschwommen haben, um dann vom Himmel aus Gott zu bitten, daß andre auch durchhalten, als hier uns mühn andern zu helfen, wo wir selbst nicht wissen, ob wir noch lang schwimmen . . ."

In diesem Brief ist einiges an den Rand geschrieben, neben einer Verlustbilanz der Kompanie heißt es:

„Warte lange wieder, denn solang ich leb, möchte ich Dich auch lebend wissen . . . Auch dürfen wir nicht vergessen, wenn wir tot sind, gibts nichts mehr, daher der eine Wunsch der Armen Seelen, noch eine Stunde zu leben um noch was zu beten, zu opfern, noch was Jesus zulieb zu tun."[46]

Wenn auch aus Vorsichtsgründen – wie so viele andere Freiheitsrechte war auch das Briefgeheimnis in der NS-Zeit ohne Schutz – das

„Vorhaben" nicht ausdrücklich angeführt ist, für Rudolf Mayer dürfte es eindeutig gewesen sein. Die nötige Kraft zu dem Entschluß hatte er nicht aufgebracht, Franz traute er sie allerdings zu. „Ich find mich noch nicht ab mit der Vollendung", heißt ganz einfach, daß Rudolf noch nicht sterben will. Es fällt auf, daß er keinerlei Versuch macht, den Kriegsdienst zu beschönigen oder abzuschwächen; er möchte überleben.

Anläßlich eines Heimaturlaubes von Rudolf Mayer im September 1942[47] besuchen die Ehepaare Jägerstätter und Mayer einander. Nach Mitteilung von Franziska Jägerstätter überlegten die beiden Männer, sich durch Verstecken dem Militärdienst zu entziehen. Wegen der Gefährdungen, die für die Familien daraus entstanden wären (Mitschuld, eine Vielzahl von Hausdurchsuchungen), ließen sie diese Absicht jedoch fallen. Franziska Jägerstätter bestätigt auch den aus den Briefen entstehenden Eindruck, daß Rudolf im Gefühlsleben eher schwankend war. Aufgrund der Tatsache, daß die Frau in Mayers Briefen fast nicht vorkommt, entstand die Vermutung, daß er auch nicht besonders glücklich verheiratet war. Franziska Jägerstätter hatte bei den zwei Begegnungen mit dem Ehepaar, einmal in St. Radegund, einmal in Raab, einen ähnlichen Eindruck. Gerade auf dem Hintergrund des eifrigen, religiösen und guten Menschen Rudolf Mayer hebt sich das Format Franz Jägerstätters umso klarer ab. Weder umherschwirrende beruhigende Prophetien noch die lebensbedrohenden Konsequenzen können ihn von der klaren Analyse der politischen Situation abhalten.

Austausch mit Frontsoldaten

War der Briefwechsel zwischen den Drittordensbrüdern Franz und Rudolf Austausch religiöser Gedanken und Erfahrungen im Apostolat, sandte Franz Verwandten oder Freunden an der Front ermahnende Briefe. Vieles muß rückerschlossen werden, zwei dieser Briefe sind jedoch erhalten.

Den jungen Rekruten Hans Rambichler mahnt Franz, das Beten und den Gottesdienstbesuch nicht aufzugeben:

„Die Zeit zum Kirchengehen muß man sich halt bei diesem Verein gewöhnlich nur stehlen, wie hart dies noch werden wird, wirst erst später noch erfahren. Wenn die Menschenfurcht nicht wäre, dann würde es, glaube ich, zahlreiche Heilige geben auf dieser Welt?... Gib ja das Beten nicht auf, damit Du nicht von dieser Schwachheit der Menschenfurcht überwältigt wirst."[48]

Franz zeigt auf, daß die Trennung vom schützenden heimatlichen Milieu in jedem Fall den Glauben auf eine Bewährungsprobe stellt; diese Erfahrung hatte er bereits während seines Aufenthaltes in der Steiermark zehn Jahre zuvor gemacht: „Ich glaube, es war fast immer so, wenn Hunderte hinauszogen in die Fremde, so waren es halt immer nur einige, die auch dort noch ihren Glauben öffentlich bekannten."[49] Die Ursache dafür, daß sich viele nicht zu ihrer Religion bekennen, liegt nach Franz nicht sosehr im Unglauben, sondern in „Lauheit und Menschenfurcht", im mangelnden Widerstand gegen den herrschenden politischen Druck.[50] Wenn auch im Brief in bezug auf Militärdienst nur äußerst vorsichtige Äußerungen möglich waren, so sind sie dennoch aufschlußreich im Hinblick darauf, was sie enthalten und nicht enthalten. Es finden sich keinerlei Anklang an die Helden- oder Vaterlandterminologie und auch keine grundsätzlichen Überlegungen zu einem „Beruf des Tötens". Franzens Sorge zielt in erster Linie darauf, die jungen Rekruten könnten ohne das stützende heimatliche Milieu in die Glaubenslosigkeit gleiten, mit allen Konsequenzen für das Schicksal in der Ewigkeit. Er übermittelt einen Ausspruch, den er bei Exerzitien gehört hatte:

„... soll ein hoher Offizier schon vor Jahrzehnten gesagt haben, ‚das Militärleben ist ein sehr großer Wendepunkt im menschlichen Leben, wer als guter Christ einrückt, wird beim Militär noch besser werden, wer dagegen als schwacher oder lauer Christ fortzieht, der wird noch schlechter werden'."[51]

Dieser Brief führte zu heftigen Auseinandersetzungen in der Truppe, wie Hans Rambichler an Franz schreibt: „Ich bedanke mich vielmals für Deinen sinnreichen Brief, den ich auch hab anderen lesen lassen, obwohl viele darunter wären, die einen solchen Brief zerreißen würden."[52] Rambichlers Brief läßt ebenfalls jeden Soldatenehrgeiz vermissen, der inspizierende General wird als „alter Surmer" bezeichnet, dem „nichts recht war".[53]
Einen mahnenden Brief richtete Franz im Mai 1942 an seinen zu den Zeugen Jehovas übergetretenen Cousin Hans Huber. Franz dürfte

ihn zum Rosenkranzbeten ermahnt haben beziehungsweise eine Broschüre mit diesem Inhalt geschickt haben, da dieser antwortet: „... über das Beten zu den Heiligen möchte nur sagen, was Jesus sagte: ,Was ihr den Vater in meinem Namen bitten werdet, wird er Euch geben.' "[54] Das beigelegte Heftchen gab Hans einem anderen Soldaten. Möglicherweise in Erinnerung an zahlreiche Glaubensdiskussionen ist Franz auf die Stellung seines Cousins zur Kirche eingegangen. Doch dieser will seine Kritik gar nicht wiederholen:

„Du schreibst, daß ich vielleicht an Euch Katholiken viel Schlechtes sehe, so möchte ich Dir schreiben, daß ich das gar nicht tue, jemandem seine Fehler vorzuwerfen, dazu kenne ich die Hlg. Schrift zu genau, da heißt es doch ,urteilet nicht, auf daß ihr nicht verurteilet werdet', oder von den Splittern in des Bruders Auge." [55]

Franz dürfte zur Rückkehr in die Kirche gemahnt haben; Hans antwortet:

„Ich glaube, Gott wird bestimmt den Menschen nicht nach seiner Zugehörigkeit zu einer Religionsgesellschaft richten, sondern lediglich nur über das, was er in seinem Leben getan hat, ob er versuchte, die Gesetze Gottes des Allmächtigen zu erkennen und danach zu handeln oder ob er sich überhaupt nicht gekümmert hat um das Gebot des Herrn.
Meine Überzeugung ist die, daß dem Menschen dies gar nichts nützt, wenn er in irgend einem Kirchenbuch eingetragen ist, sondern nur die Taten wird der Herr ansehen." [56]

In bezug auf religiösen Eifer und persönlicher Meinungsbildung über das politische System könnte der folgende Briefabschnitt auch von Franz stammen:

„Bin auch fest davon überzeugt, daß ich bestimmt nicht verdammt bin, solang ich den Willen Gottes zu erkennen suche und auch zu tun. Für mich ist nur die Heilige Schrift das, was ich glaube, weil es das Wort Gottes ist, alles andere sind nur Meinungen von Menschen, die sind nicht immer richtig. Dafür hat Gott den Menschen mit freiem Willen erschaffen und mit Verstand, damit er Erkenntnis sammeln möchte, aber heute werden ja die Menschen daran gehindert. Die nahe Zukunft wird ja zeigen, was von Bestand sein wird." [57]

119

Nur in bezug auf die persönlichen Konsequenzen aus der Beurteilung des Systems unterscheidet sich Franz von seinem Verwandten; obwohl dieser als Zeuge Jehovas in einer Tradition der Wehrdienstverweigerung steht,[58] ist für ihn nicht die Zeit zu handeln, ein „es" wird läutern und das Böse beseitigen:

„Heute ist keine Zeit, etwas zu ändern, sondern es wird alles geläutert, solang, bis das Böse hinweggeschafft ist, dann wird das bleiben, was Gott der Allmächtige will, nicht wie so verschiedene Menschen, die gerne Macht haben wollen."[59]

In St. Radegund war die ablehnende Haltung der Zeugen Jehovas zum Wehrdienst bekannt. Die Tatsache, daß sein Cousin, der ja sogar von seinem Glauben her zur Verweigerung verpflichtet gewesen wäre, den Wehrdienst leistete, wurde Franz nach dem Bericht seiner Frau ungünstig angerechnet. Der Verwandte hätte eher einen Grund gehabt, anders als die anderen zu handeln.

Der Cousin Hans entschuldigt sich am Briefende gewissermaßen, daß er Franz nicht folgt, und erwähnt dabei die für ihn zuständige Instanz: „Nun sei mir nicht böse, weil ich Deinem Wunsch nicht entspreche, sondern nur nach meinem Gewissen handle."[60] Hier haben wir dasselbe Argument, mit dem Franz alle gutgemeinten Ratschläge, sein Leben zu retten, später zurückweisen wird.

Der Briefschluß läßt etwas von der guten Beziehung zwischen Franz und Hans erkennen, trotz der verschiedenen Religionszugehörigkeit verwendet Hans die keineswegs selbstverständliche Ausdrucksweise „Dein Freund".

Herzlichkeit und eine Intensität der Beziehungen wie im engsten Familienkreis sprechen aus den zahlreichen Briefen, die Franz Huber an seinen Firmpaten richtet. Franz Jägerstätter war für seinen „Gödn" nicht nur der Absicht nach an die Stelle des verstorbenen Vaters getreten. Als Firmpate ist er in besonderer Weise an der religiösen Lebensführung des jungen Mannes interessiert.

Auch Franz Huber weicht beim Militär der politischen Auseinandersetzung nicht aus, Kameraden aus demselben Milieu erleichtern ihm den Anfang des Wehrdienstes:

„Kann Euch mitteilen, daß wir noch immer nicht ausgehen dürfen. Mir macht es nicht viel aus, weil ich sowieso meine Kameraden bei mir habe. Es ist schön in unserer Stube, weil lauter Bauernburschen beisammen sind. Aber zwei sind bei uns, die könnten eine ganze Stube verderben, gestern abend haben wir schon anständig gestritten, denn diese zwei wollten uns verspotten, weil wir uns als katholische Burschen verteidigt haben."[61]

Die Begeisterung für den bevorstehenden Fronteinsatz ist bei Franz sehr gering, er meint zum Tod eines Freundes aus St. Radegund in einem Lazarett: „Wer weiß, wie es besser ist, weiß Gott, was wir noch alles vor uns haben."[62] Ähnlich reagiert der zwanzigjährige Franz auf die Mitteilung vom Tod seiner Schwester, die im Sommer 1942 an Lungentuberkulose starb: „Aber für sie ist es gut, daß sie es überstanden hat. Man möchte sie sowieso fast beneiden, wenn man so in die Zukunft denkt, was uns noch alles bevorsteht...."[63]

Im Juli 1942 ist Franz bereits in Rußland, im „Südabschnitt der Ostfront", sechs Tage und sechs Nächte dauerte der Transport dorthin, „hab mir Rußland schon gut angesehen... Hier in Rußland sieht man keine Kirche, Soldatenfriedhöfe kann man genug sehen."[64] Ende Juli findet sich im Brief des jungen Mannes bereits das erste Heimweh: „Denke mir oft, wenn ich doch in der Heimat sein könnte, daß ich mir zuhause mein tägliches Brot verdienen könnte, und nicht hier bei diesem müden Verein."[65] Als einer der wenigen von seiner Kompanie hatte Franz an einem Feldgottesdienst teilgenommen: „... mich kann keine Kugel überraschen, denn ich bin glücklich, weil ich hier im Feindesland noch die heilige Kommunion empfangen habe."[66] Zeigte dieser Brief eine deutliche Übereinstimmung mit der religiösen Grundhaltung des Paten, wird im nächsten die politische Übereinstimmung deutlich:

„Lieber Pate, habe Deinen Brief 3 bis 4 mal durchgelesen, bis ich einmal den Sinn dieses Briefes begriffen hatte, muß Dir sagen, es ist bestimmt nicht anders, wie Du es meinst. Ich erkenne das schon aus eigener Erfahrung. Wir haben in der Gruppe einen, zirka 30 Jahr alt, ein echter Nazi Bandit. Wir zwei streiten oft mitsammen, sagte ich dazu (Mundartausdruck für: zu ihm, Anm.), bei uns in der Heimat wird es einmal genauso werden, wie es hier in Rußland aussieht, ihr habt eine falsche Idee, sagte er mit Zorn, wir werden es euch nach den (hier ist sinngemäß ‚Krieg' zu ergänzen, Anm.) schon noch beibringen, was wir vorhaben. Das werdet ihr auf dem Lande nicht im Stande bringen, sagte ich. So, sagte er, das bringen wir fertig, wenn es gut nicht geht, so geht es mit Feuer und Schwert. Jetzt unter dem Krieg können wir das nicht machen, weil wir die Leute brauchen. Da kann man sich was Gutes in die Zukunft denken, könnte noch viel schreiben, wenn ich dürfte. Mit solchen Leuten soll man in den Kampf ziehen. Nun, wir werden in den nächsten Tagen zum Einsatz kommen."[67]

Schon im vorherigen Brief hatte der junge Mann angedeutet:

„Man glaubt es gar nicht, was man beim Militär alles erleben und erfahren kann. Welche Feinde Gottes man da neben dir (umgangssprachlich für: neben sich, Anm.) hat, welche falsche Lehrungen man da hören kann. Ich glaub, wenn ich noch einmal das Glück hab, nach Hause zu kehren, so kann ich Dir viel Erlebnisse erzählen."[68]

Franz ist mit der Einstellung seines Patensohnes offensichtlich zufrieden:

„Vor allem meinen herzlichsten Dank für Deine zwei Briefe, die ich mit großer Freude erhalten, den vom 13/8 hab ich vorgestern bekommen und den vom 16/8 gestern, kannst Dir vorstellen, daß mir etwas leichter geworden, als ich Deinen gestrigen Brief gelesen, natürlich war meine l. Gattin noch mehr beängstigt."[69]

Die Ursache der „Beängstigung" von Franziska Jägerstätter ist nicht allzuschwer zu ergründen, Ausdrücke wie „Nazi Bandit" oder „mit solchen Leuten sollen wir in den Krieg ziehen" konnten in der Tat sehr gefährlich werden.[70]

Wie gefährlich „defaitistische Briefe" für Empfänger wie Absender werden konnten, wird im Fall des oberösterreichischen Karmeliten P. Paulus Wörndl deutlich. Im Todesurteil des Volksgerichtshofes gegen ihn heißt es:

„August Wörndl (Ordensname Paulus, Anm.) von jeher fanatischer Feind unserer nationalsozialistischen Lebensauffassung, hat unter Berufung auf seine Priesterautorität einen deutschen Soldaten fortgesetzt habsburgisch-seperatistisch verseucht und ihn darin bestärkt, auch andere hochverräterisch zu zersetzen. Als Handlanger unserer Kriegsfeinde hat er dadurch unsere Kraft zu mannhafter Wehr angegriffen. Für immer ehrlos, wird er mit dem Tode bestraft."[71]

Es ist beinahe verwunderlich, daß Franz Jägerstätter weder wegen des häufigen Briefwechsel mit Rudolf Mayer noch wegen des

Briefwechsels mit seinem Patensohn auch nur irgendwie behelligt wurde. Erklärlich ist dies vielleicht daraus, daß die Briefträger im einzelnen Fall eine Order der Gestapo hatten, bestimmte Poststücke verdächtiger Empfänger anzuliefern.[72] Franz dürfte trotz seiner allgemein bekannten Gegnerschaft von seiner Dorfgemeinschaft in keiner Weise denunziert worden sein, auch nicht von solchen, die ihn etwa wegen seiner Außerdienststellung vom Militär beneidet haben. Franz täuschte sich nicht über die Gefährlichkeit seines Handelns hinweg, die daraus entstehende Angst bezeichnete er aber als „dumm".

„Wir haben auch manchmal eine sehr dumme Angst, denn solange wir Gott nicht beleidigen, brauchen wir uns ja nicht zu fürchten; das Sterben bleibt uns nie erspart, ob es jetzt etwas früher ist oder später."[73]

Sein gefährliches Apostolat aus Angst zu unterlassen, wäre in den Konsequenzen schlimmer als der Tod; den jungen Verwandten mahnt er:

„Lieber Pate, auch für Dich werden die russischen Angriffe einmal nicht so gefährlich werden, denn die können nur den Leib töten, viel gefährlicher sind oft die unscheinbaren Angriffe der eigenen Kameraden, die einem das Beste, was man hat, aus dem Herzen reißen wollen, gegen diese Angriffe heißt es sich tapfer wehren, und nach Deinem Schreiben hast Du in diesem Kampfe noch tapfer standgehalten, was mich sehr freut, denn nur so können wir uns ein Wiedersehen hoffen, wenn es uns auch nicht mehr auf dieser Welt gegönnt sein sollte, aber desto besser dann in der Ewigkeit."[74]

Aus diesem Brief wird wie aus denen Rudolf Mayers die Auseinandersetzung von Franz mit einem nahen Tod deutlich, täglich hätte der Postbote die erneute Einberufung mit allen Konsequenzen bringen können. Nach Franziska Jägerstätter wich diese Sorge keinen Tag von ihnen.
Es gab auch Gerüchte, welche Gruppe als Nächste eingezogen würde; so schreibt der Patensohn im Oktober 1942: „... Daß sämtliche U. K. gestellte von 1908 aufwärts eingezogen werden. Hoffentlich bist Du nicht auf der Liste."[75] Daran dürfte etwas gestimmt haben, denn der 1907 geborene Franz Jägerstätter wurde erst im Februar 1943 einberufen.

Die Briefe, die Franz Huber vom Mai 1942 bis Jänner 1943 an seinen Firmpaten richtete, geben Einblick in die Verfassung eines jungen Soldaten; für den Empfänger waren sie aber auch aufschlußreich über das, was ihn an der Front erwarten würde.

Hunger[76] und Heimweh[77] sind die Probleme, die schon vor dem unmittelbaren Fronteinsatz bedrängend werden.

Im September 1942 kommt Franz Huber vor Stalingrad in die erste Schlacht, die für seine Truppe in einem blutigen Abgeschlachtetwerden enden sollte. Am 27. 9. erlitt er einen Durchschuß im rechten Arm, den er als „Gottes Segen" bezeichnet.[78] Diese Verwundung und die Ausheilung in einem Heimatlazarett bewahren ihn vor dem Schicksal der vielen in und nach Stalingrad. Ein Unteroffizier, der den jungen Mann noch kurz zuvor wegen des Besuches des Feldgottesdienstes gehänselt hatte, sah in der Verwundung ebenfalls einen Segensbeweis.[79] Die Briefe aus dem Lazarett Ziegenhals in Oberschlesien zeigen einen Soldaten, der möglichst lange nicht mehr an die Front zurück will. Im Zusammenhang mit einem von Jägerstätter abgesandten Paket schreibt er:

„. . . das wird halt in Stalingrad liegen, und ich bekomm es nicht mehr zu sehen. Aber lieber das Packl in Stalingrad als ich, kann Euch gar nicht schreiben, wie glücklich ich in Ziegenhals lebe. Es ist so ruhig, wie wenn ich im Himmel wäre . . . Meine Verwundung ist bald geheilt, und ich hoffe ein Wiedersehen, bevor ich wieder (zu) den gräßlichen Taten herangezogen werde."[80]

Der Schrecken sitzt dem jungen Mann noch in den Knochen, über die schnelle Gesundung ist er gar nicht so glücklich:

„. . . ist mir direkt zu schnell gegangen, denn im Lazarett ging es mir ganz gut . . . werde mich schon drücken, so lang es grad möglich ist. . . vielleicht kann ich mich doch in den ärgsten Wintermonaten in der Heimat halten. Denn von dem höllischen Feuer hab ich schon genug über den Kopf hinaus. Bis in zwei Tagen war unsere Kompanie aufgerieben, alles tot und verwundet. Kann dem Herrgott gar nicht genug danken . . . So hat es sie weggerissen einer rechts, einer links, scheußlich zum Mitmachen."[81]

Rußland und der Kampf dort bleiben für den jungen Franz der Schrecken schlechthin. Er hofft für seinen Paten, daß dieser nicht die Einberufung bekommt, da alle wieder nach Rußland kommen würden.[82] Ein ähnlicher Schrecken vor dem Kriegseinsatz in Rußland findet sich in den Briefen Rudolf Mayers. Nach einem kurzen Heimaturlaub im Dezember 1942 kommt Franz Huber wieder zu seiner Stammkompanie und befürchtet die baldige Abstellung nach Rußland: „Hatten gestern abends eine Weihnachtsfeier, hat mich ganz wenig interessiert, weil ich die Gedanken schon immer wieder in Rußland hatte."[83] Immer wieder ist er dankbar, daß er aus Stalingrad herausgekommen ist:

„Nun geht es wieder scheußlich zu in allen Fronten. Bei uns wird jetzt bald eine neue 100 Division aufgestellt, denn wo unsere Kameraden sind, weißt Du ja. Die armen Kerle. Wenn ich meinen Heimatschuß nicht bekommen, wäre ich auch in der verzweifelten Lage."[84]

Auf die Frage, wie die Ermahnungen und Briefe des Paten auf Franz Huber damals gewirkt haben, erinnert dieser sich, daß er dadurch in einen Konflikt gekommen war. Auf der einen Seite war die durch Jägerstätters Einfluß verstärkte Ablehnung des politischen Systems, auf der anderen Seite war er Kamerad unter Kameraden, dem es nicht leicht fiel, nicht völlig dazuzugehören.

Aufschlußreich über die Stimmung unter den Soldaten zu dieser Zeit sind die Briefe, die Jägerstätter von Nachbarn und Freunden von der Front erhielt.

Vorab muß festgestellt werden, daß sich in keinem Brief und in keiner Karte irgendwelche patriotische oder „heldische" Äußerungen finden, in bezug auf den Militärdienst wird nicht der kleinste positive Aspekt aufgezeigt. Auch wenn man von der Tatsache ausgeht, daß die Nachbarn von der Einstellung Franz Jägerstätters wußten, so ist dennoch kein Anlaß für sie gewesen, mit ihrer wahren Meinung hinter dem Berg zu halten. Im Gegenteil, ihre Äußerungen bewegten sich bereits in gefährlichen Gebieten. Von Soldatenseite findet sich keinerlei Versuch, Franzens Gesinnung zu beeinflussen.

Nach Kriegsbeginn und bei Neueingerückten spricht vor allem die Sehnsucht nach daheim aus den Schreiben. „Zu Hause wäre es schöner", heißt es mehrmals.[85] Johann Nußbaumer schreibt: „Nun stecke ich auch in dieser Farbe, wo so viele darin stecken ... Es ist halt so schwer, fort von der Familie, besonders wenn man an der Familie so hängt."[86] Der verwundete Anton Eckinger schreibt aus dem Lazarett, daß er gern anstatt dort zu liegen, bei der Heuernte mitarbeiten würde.[87] Der Heimaturlaub spielt eine wichtige Rolle, Johann Huber hofft, daß bis zum nächsten Urlaub der Krieg beendet sei.[88] Josef Manglberger sieht 1941 keine guten Aussichten auf ein Kriegsende: „Der Krieg, wenn er doch bald ein Ende hätt, die Aussichten dazu sind ganz schlecht."[89] An die Bemerkung über die Strapazen der Soldaten im russischen Winter knüpft der Soldat grundsätzliche Überlegungen über die Sinnhaftigkeit des Krieges:

„Der Winter ist für die Soldaten eine harte Zeit, für die besonders, die in Rußland sind. Für was und für wen muß man den Krieg mitmachen? Gar viele werden es sein, die nicht wissen, warum sie dabei sind. Wir haben es nach dem Krieg genau nicht besser, als wir es zuvor hatten. Uns bleibt nichts übrig, wenn wir mal heimkommen, als die Arbeit. Und das hatten wir zuvor auch schon, wir sind und bleiben die armen Menschen, die sich nicht helfen."[90]

In einem Dankbrief für ein Paket, das seine Firmpatin Rosalia Jägerstätter ihm geschickt hatte, schreibt derselbe Josef Manglberger, wie froh er ist, nicht in Rußland sein zu müssen, und dann wieder grundsätzlich: „Durch den Krieg werden die Menschen schlecht, wie länger es dauert, umso schlimmer wird es."[91]
Die Sehnsucht nach einem Ende des Schreckens wächst:

„... so muß man halt immer dahinlangen, bis (unleserliches Wort) das Ende kommt, höchste Zeit hätt es schon, sonst kommen wir überhaupt nicht mehr heraus aus dem großen Elend."[92]

Ein Bruder obigen Schreibers, Andreas Eckinger, klagt über das schnelle Nach-Rußland-Kommen: „Ich bin wieder schneller zu den Russen gekommen, schneller, wie ich gehofft habe."[93]
Den Tod seines im Oktober 1942 in Tuapse gefallenen Bruders Georg kommentiert er eindeutig: „Der Schosl hat auch sein Leben lassen müssen für die Konsorten, und uns wird auch nichts anderes mehr übrig bleiben, wenn das kein Ende nimmt."[94] Mit „Konsorten" meint er die Parteileute, die Bezeichnung hat in der Umgangssprache eine abschätzige Bedeutung. Dennoch ist auf dem „frommen Gebetsandenken" für Georg Eckinger sein Sterben als „Heldentod" bezeichnet. Johann Eckinger erhofft für 1943 ein Ende des Krieges.[95] Josef Manglberger, der sich im Jänner 1943 wieder für eine Fleischsendung bedankt, überlegt: „Wie lang wird der Krieg noch dauern? Meint Ihr,

daß er heuer ein Ende hat, dazu kann man gar nichts sagen, wie lang und wie er ausgehen wird."[96] Die Leiden nimmt er als eine Art Schicksal, dessen geduldiges Ertragen im Jenseits Lohn finden sollte: „So eine schreckliche Zeit müssen wir alle mitmachen, hoffentlich wird sie uns mal belohnt im Jenseits."[97]

Noch schlimmer als die an körperliche Arbeit gewohnten Bauernburschen dürfte der Kriegseinsatz von der physischen Belastung her die Städter getroffen haben. Eine Bekannte der Familie, die sich eingangs für ein Fleischpaket bedankt, schreibt aus Linz an Franz:

„Ja, denke Dir nur, Toni ist auch seit 10. Jänner in Landau/Isar ... eingerückt. Es strengt ihn furchtbar an, weil er es doch nicht gewöhnt ist, den ganzen Tag im Büro und dann so momentan den Körper umstellen ist auch keine Kleinigkeit."[98]

Die junge Frau stimmt in die einhellige Klage ein: „Wenn nur dieser Krieg schon bald zu Ende wär, dann würden wir alle aufatmen." Während die meisten Bäuerinnen mit Hilfe alter Eltern und anderer Frauen ihre Höfe weiterführen können, ergeben sich für die Geschäftsfrau in der Stadt schon vor den Bombardements größte Probleme:

„Toni hat keine ruhige Minute, da (er) fortwährend an das Geschäft denken muß, da ich es ja alleine nicht führen kann und es wahrscheinlich zusperren muß, wie so viele andere."

Über ihre Gefühle schreibt die junge Frau aus der Stadt ausführlicher:

„Ich kann Dir gar nicht sagen, wie mir zumute ist: oft glaube ich schon, es geht nicht, und wenn ich meine Kinder anschaue, dann heißt es weiter ausharren, wie so viele andere ... Ich habe immer Angst wegen dem Magen vom Toni, wenn er nur nicht schlechter wird. Aber auch dann würde er nicht zurückkommen, denn jetzt wird alles gebraucht. Also muß er halt durchhalten, so oder so. Wenn sie abgerichtet sind, glauben sie, daß sie nach Südfrankreich müssen. Er hat furchtbare Sehnsucht nach mir, und auch mir geht es nicht besser. Du weißt ja so selber, wie furchtbar es ist, wenn man so auseinandergerissen wird."

Der Ehemann Toni Besenböck konnte auf dem Weg über eine Meldung zum Polizeidienst wieder nach Linz zurückkehren. Vielleicht gehörte er später zu denjenigen Beamten, die manches „übersahen" oder Verhafteten einen guten Rat gaben, wie manche damals Verfolgte berichten.[99]

Mit der Nichtbegeisterung für den Krieg auch zu Zeiten der großen deutschen Siege stehen die an Jägerstätter schreibenden Soldaten aus St. Radegund nicht allein. In Oberösterreich ist bereits 1938 und 1939 eine starke Antikriegsstimmung festzustellen; dafür finden sich zahlreiche Hinweise in den Berichten über die Stimmung der Bevölkerung.[100]

Einen ersten Tiefpunkt erreichte die Begeisterung für den Krieg im Winter 1942/1943 in den Briefen der Betroffenen von der Tragödie zu Stalingrad. In äußerster körperlicher und seelischer Bedrängnis geschrieben, gaben diese Briefe den Kriegspsychologen des Dritten Reiches Aufschluß über die augenblickliche Verfassung der Schreiber. In den letzten Tagen der Belagerung von Stalingrad, im Jänner 1943, wurden im Auftrag des Oberkommandos des Heeres sieben aus Stalingrad kommende Postsäcke beschlagnahmt, die darin enthaltenen Briefe geöffnet, Anschrift und Absender entfernt. Für ein geplantes dokumentarisches Werk über die Schlacht an der Wolga wollte das Oberkommando aus diesen Briefen die „Stimmung in der Festung Stalingrad" ergründen. Das Ergebnis war für die Auftraggeber schockierend und führte zur Einstellung des Vorhabens: Nur 2,1 Prozent der Soldaten standen positiv zur Kriegsführung, 57,1 Prozent aber ungläubig ablehnend. Die Abschriften der Briefe überstanden im Heeresarchiv Potsdam das Kriegsende.[101] Ob die innere Einstellung der Soldaten Auswirkungen auf die Schlagkraft des Heeres und somit auf den Kriegsausgang gehabt haben mag, sei dahingestellt.

Hinweise auf positive Einstellung zum Krieg finden sich beim damaligen Studentenseelsorger Ferdinand Klostermann. Neben denen, die mit dem Vorsatz in den Krieg zogen, lieber selbst zu sterben als jemanden zu töten, gab es auch solche mit Haltungen wie: „Wir Christen sind die besseren d. h. tapferen Soldaten" oder „Alles, was wir jetzt tragen, ist ja nicht nur für die Nation, ist letztlich für Gott".[102] Hier ergibt sich die Überlegung, ob die angehenden Intellektuellen im Soldatenrock, die in der Wehrmacht in befehlenden Positionen eingesetzt waren, unter einem stärkeren inneren Zwang standen, sich mit der Kriegsführung zu identifizieren, als dies

beim „kleinen Mann" der Fall war. Untersuchungen in dieser Richtung wären jedenfalls interessant.
In auffallender Distanz sowohl zu Stimmungsberichten der Bevölkerung wie zu den Zeugnissen der Soldatenbriefe steht die in der Öffentlichkeit, auch der kirchlichen, verwendete Terminologie für die Strapazen und das Sterben an der Front.

Auch wenn die deutschen Bischöfe, wie im Sommer 1941 in ihrem gemeinsamen Hirtenbrief, eine Menge von Klagen gegen die ihre Aufgabenerfüllung stark einschränkende Maßnahmen des Staates erheben, mahnen sie einleitend zu „treuer Pflichterfüllung, tapferem Ausharren, opferwilligem Arbeiten und Kämpfen im Dienste unseres Volkes".[103] Die einfachen Menschen schreiben von der Sehnsucht nach der Heimat, vom Wunsch, sich möglichst lange drücken zu können und möglichst nicht nach Rußland zu kommen. Generell wird der Krieg als Unglück empfunden und bezeichnet. Im Fall des Todes aber übernimmt man die offizielle euphemische Sprechweise vom „Heldentod fürs Vaterland", wie man noch allerorten auf den Kriegerdenkmälern oder Totenandenken lesen kann. Sowenig Illusionen über den Krieg sich die Menschen machten, den Gedanken, daß etwa der Tod eines nahen Menschen sinnlos gewesen sein dürfte, wich man anscheinend mit Hilfe der „Heldenterminologie" aus.
Franz Jägerstätter war auf diesem Gebiet sensibel. Aus der Zeit seiner Mesnertätigkeit berichtete der damalige Pfarrvikar Fürthauer Gordon Zahn von einem Tadel, den der Priester anläßlich eines Kriegergedächtnisgottesdienstes von Jägerstätter erhielt. Fürthauer pries in der Grabrede das Heldentum und den Ruhm des Toten, der für das Vaterland gefallen war; der Mesner kritisierte, daß der Priester die Tugenden des Soldatenlebens zu „festlich" gelobt hätte und daß das Soldatensein für die jungen Leute viele Gelegenheiten zur Sünde brächte.[104]
Selbst auf Parteiverantwortliche dürfte das miterlebte Leid betroffener Hinterbliebener Eindruck gemacht haben, über den sie auch persönlich die Heldenideologie nicht hinwegtäuschen konnte. Nach den Erzählungen meiner Mutter betrafen den NSDAP-Ortsgruppenleiter von Ohlsdorf, einen ortsfremden Oberlehrer, die Benachrichtigungen über den Tod von Angehörigen, die er durchzuführen hatte, sehr stark. Da er, wenn er entsprechende Briefe bei der Post sah, nichts essen konnte, gab sie seine Frau ihm erst nach dem Mittages-

sen. Diese Frau hielt ebenfalls dicht, als einem Ohlsdorfer Soldaten eine sehr unvorsichtige Äußerung hervorrutschte. In Johann Kriechbaums Truppe war es üblich, daß für den Fall, daß jemand mit „Heil Hitler" gegrüßt wurde, dieser zurückgab: „Ich bin net dafür." („net" umgangsprachlich für „nicht"). Der schon erwähnte Soldat erwiderte so auf den Gruß der Frau des Ortsgruppenleiters; nachher hatte er Angst, doch zeigten sich keine weiteren Folgen. Franziska Jägerstätter ärgerte angesichts der oft trostlosen und armseligen Situation von Hinterbliebenen das Wort von „stolzer Trauer" und Heldentod.

Der Psychiater Erwin Ringel schreibt dem Begriff „Gewissen" im Bereich Krieg und Frieden eine entscheidende Rolle zu. Es ist ihm beizustimmen, wenn er schreibt: „Das Wort ‚Krieg' stellt alle unsere Gewissensinhalte auf den Kopf; mit einem Schlage ist nun der Beste und Tapferste der, der möglichst viele Menschen umbringt."[105] Er stellt anschließend die Frage, wie lange sich Menschen auf diese Weise manipulieren lassen würden, „wann die aufhören werden, diese ‚Außerkraftsetzung' ihres Gewissens bedenkenlos zu akzeptieren und blind zu gehorchen?"[106]

Soldaten um Jägerstätter gehorchten zähneknirschend, durchaus nicht blind. In einem totalitären Regime stellt sich vielmehr die Frage, was der einzelne zu tun bereit ist, um wenigstens eine Überlebensmöglichkeit zu erhalten.

Schriftliche Zeugnisse der Auseinandersetzung Franz Jägerstätters mit dem Krieg der Nationalsozialisten

Auf einem Briefumschlag mit dem Poststempel vom 1. 3. 1942 (217) finden sich einige Zeilen von der Hand Jägerstätters:

Arbeit für morgen
Futter schneiden, Maschinbretter richten
Pflugscharen in die Schmiede bringen
und wenn noch Zeit bleibt, den Ast zerkleinern

Über diese Zeilen befragt, erinnert sich Franziska Jägerstätter, daß ihr Mann zu dieser Zeit manchmal Arbeiten vergessen hatte und deshalb begann, sich diese aufzuschreiben. Es hat den Anschein, als ob sein Denken mit etwas anderem als seiner Wirtschaft beschäftigt gewesen wäre. Ausführliche Aufzeichnungen aus dieser Zeit lassen erkennen, worüber der Bauer nachdachte.

Angel- und Ausgangspunkte der Überlegungen Franz Jägerstätters sind sowohl Inhalte der nationalsozialistischen Propaganda wie Verhaltensweisen seiner näheren Umgebung, die es sich mehr oder weniger „richtete", um mit dem System irgendwie leben zu können. In seiner politischen Einstellung und durch diese wird Franz nach seiner Rückkehr vom Militär zunehmend einsamer. Die Familie, seine Frau bildet darin eine Ausnahme, versucht ihn zu einem angepaßten Verhalten zu bewegen. In den Gasthäusern führte die Anwesenheit Jägerstätters unvermeidlich zu politischen Diskussionen; da solche lebensgefährlich waren, mied er die Gasthäuser. Weiters sah er mit einer erneuten Einberufung eine große Bewährungsprobe seiner Einstellung auf sich zukommen. In der Vereinsamung, und um Gegengewicht zum sozialen Druck der Umwelt zu schaffen, verlegt sich Franz Jägerstätter darauf, seine Gedanken schriftlich zu fixieren und damit zu präzisieren. Ein weiteres Motiv für sein Schreiben ist es nach Angabe der Frau, den Kindern eine Orientierungshilfe zu hinterlassen. Vor 1943 (Stalingrad) befürchtete er, sie würden in der Schule keinen Religionsunterricht mehr erhalten. Die politischen Überlegungen mögen auch im Wunsch niedergeschrieben worden sein, wenigstens in der Familie verstanden zu werden, um den Vorwurf der Verantwortungslosigkeit zu entkräften.

Solchen Niederschriften kommt große Bedeutung für die Aufhellung der Lebensgeschichte des jeweiligen Autors zu. Unter sozialen Bedingungen wie Vereinsamung und Konfliktbelastung entstehen diejenigen Dokumente, die Aufschluß über das innere Erleben ihrer Verfasser geben. Für den Schreiber selbst hat das Verfassen solcher Texte entspannende wie klärende Funktion.[107] Die Texte Jägerstätters sind in zwei Heften und einigen einzelnen Blättern enthalten. In einem der Hefte, in dieser Arbeit mit „I" bezeichnet, findet sich am Ende eine Datierung: „geschrieben in den Kriegsjahren 1941 bis 1942 von Franz Jägerstätter".[108]

Die Methode, mit deren Hilfe sich Franz Jägerstätter, der nicht den Rückhalt und die Diskussionsmöglichkeit einer Gruppe hatte, gegen die NS-Propaganda zur Wehr setzen und diese entkräften konnte, war einfach: Sein Bezugspunkt war der einzelne Mensch, der einzelne Christ, wie er aktiv und passiv in die Politik verflochten ist. Für den einzelnen hielt er es nicht für zulässig, sowohl der Partei wie der Kirche anzugehören, zwei sich widersprechende Gesinnungen zu haben.[109]

Im Krieg selbst sah er nicht „den Bolschewismus" als Gegner, sondern den einzelnen Menschen, auf den er zielen sollte.[110] Dem einzelnen Deutschen gestattet er nicht, sich an der Ausbeute des Krieges zu freuen, die Verantwortung aber anderen zuzuschieben.[111] Gebet für den Frieden ist für Jägerstätter solange wertlos, solange derselbe, der betet, sich an den Ungerechtigkeiten des Nationalsozialismus beteiligt, mitkämpft, daß dieser siege.[112]

Zugehörigkeit zur Partei

Der Abschnitt „Über die Zugehörigkeit zur Partei und opfern für dieselbe"[113] gibt Einblick in die Argumentationsweise des Autors. Franz Jägerstätter vermutet eingangs, daß sich so manche Mitmenschen die Frage stellen würden, ob es sündhaft sei, bei einer nationalen Gliederung dabeizusein oder seine Kinder zur Hitlerjugend gehen zu lassen. Schon die Kategorie „sündhaft" ist aufschlußreich. Typisch für den Schreiber findet sich am Anfang der Überlegung die ausdrückliche Enthaltung des Urteils gegenüber anders Handelnden: „Darüber zu urteilen, steht uns gegenüber andren nicht zu."[114] Die eigene Meinung zum Thema Parteizugehörigkeit hat er sich keineswegs leichtfertig gebildet:

„Hab über dies und jenes mich schon öfters erkundigt. Einer sagte mir einmal, man kann ohne weiteres bei der Partei sein oder zum WHW opfern, das macht gar nichts aus, denn dies sei von Rom aufgehoben worden, hab aber diese Antwort nicht geglaubt und hab mich überdies noch an höherer Stelle darüber erkundigt. Selbe sagte mir, das sei nämlich nicht wahr, denn Rom hat darüber noch überhaupt nicht entschieden."

Über den Wert der Priester als Ratgeber in dieser Situation macht Jägerstätter sich keine Illusionen:

„Ich glaub, es sei auch ziemlich nutzlos, über diese Sachen die Priester zu befragen, denn erstens haben auch sie von Seite der Kirche keine näheren Weisungen und zweitens, würde einer anders sagen, als die Partei wünscht, und selber würde verraten, so wissen wir ja auch, was mit ihnen geschehen würde. Dann kann es auch Priester geben, die sich selbst über die ganze Sache nicht recht klar sind."[115]

Franz erwähnt die Haltung eines Priesters, der anläßlich von Exerzitien die Entscheidung, ob Kinder zur Partei geschickt werden sollen, den Eltern überantwortete:

„Er erkannte wohl die schwere Situation, in der sich heute viele Eltern befinden, denen das Gewissen nämlich anderes sagt als die Partei, denn man weiß ja, daß bei vielen die ganze Lebensexistenz daran hängt."[116]

Jägerstätter findet es besser, wenn die Kirche die Menschen in nicht noch stärkere Gewissenskonflikte bringt. In dieser Hinsicht begrüßt er sogar das Schweigen der Kirche zur politischen Situation:

„Es wird für viele vielleicht besser sein, wenn die Kirche darüber nicht entscheidet, denn viele würden sich ja trotz kirchlichem Urteile nicht anders entscheiden können, da eben dann mit einem Schlag ihre ganze Existenz ruiniert sein könnte, und solange die Kirche nicht darüber endgültig entscheidet, wird für viele die Verantwortung in der Ewigkeit doch nicht so schwer sein."[117]

Der Gedanke, daß viele, die Widerstand leisten, das System erschüttern könnten, konnte offensichtlich angesichts der totalen Machtentfaltung des Nationalsozialismus bei Jägerstätter gar nicht aufkommen.

Für seine Person verweigert er jede Art von Mitarbeit und Unterstützung der Partei, damit sich nicht diese auch mit seiner Hilfe weiter ausbreiten könne:

„Wie wir, glaub ich, alle wissen, die wir in der katholischen Religion erzogen wurden, sie es uns nämlich nicht erlaubt, einer kirchenfeindlichen Partei beizutreten, auch nicht für eine solche zu opfern, damit sie sich immer mehr ausbreiten könne. Mein Gewissen sagt halt darüber so viel."[118]

Die Gewissenserkenntnis bedingt die Verantwortung:

„Hat man die volle Erkenntnis, daß diese Partei, welcher man beitritt oder -getreten ist oder für sie opfert, weil man dabei sich irdische Vorteile herausholen kann, für solche glaube ich, kann das ohne ewigen Nachteil nicht sein."[119]

In diesem Zusammenhang warnt Jägerstätter nochmals ausführlich vor einer Verurteilung solcher, die sich angepaßt haben.
Er vermutet, daß durchaus nicht bei allen die volle Erkenntnis vorhanden sein mag: „Viele kann es sogar geben, welche glauben, daß diese Opfer, welche sie da geben, sogar ein christliches Werk seien."[120] Nicht jeder handelt in der gleichen Absicht:

„... viele geben nur aus bloßer Schwäche und Menschenfurcht, haben dabei gar nicht die Absicht, der Kirche zu schaden, wenn auch der Erfolg ihrer Opfer derselbe ist als bei solchen, die mit voller Absicht dazu beisteuern, um der Kirche Christi zu schaden."[121]

Im Zusammenhang mit seinem Traum vom in den Abgrund fahrenden Zug, wobei er den Zug als den Nationalsozialismus mit all seinen Gliederungen deutet, beschäftigt sich Franz Jägerstätter mit Gründen für einen Parteibeitritt:

„Von den Erwachsenen sind es insbesondere, welche einen Besitz haben, Beamte sind oder ein Geschäft führen, auch sogar Hilfsarbeiter oder Handwerker, welche nicht irgend einer nationalen Gliederung angehören oder nicht in die rote Büchse opferten."[122]

Die Möglichkeit zur Fortführung eines Geschäftsbetriebes wurde auch in St. Radegund mit Parteimitgliedschaft und Spendentätigkeit zusammengebracht. Franziska Jägerstätter schreibt ihrem Mann diesbezüglich, daß der Hofbauerwirt schließen müsse, obwohl „sie überall dabei wären, auch geopfert (hätten) sie immer sehr viel".[123]
Die Parteistellen selbst waren an den Sammlungen und Spenden tatsächlich nicht nur in Richtung Ergebnis hin interessiert, sondern bewerteten diese auch als Indikator der politischen Einstellung des jeweiligen Antragstellers oder Angeklagten. Szecsi/Stadler analysieren „Rufberichte" von vor Gericht gestellten Personen: „Als wichtigstes Indiz für die Haltung der Beschuldigten galt der Gestapo ihre ‚Spendenfreudigkeit' bei Sammlungen für die von der Partei geförderten Aktionen."[124]
Franz läßt keine Indifferenz gegenüber Parteimitgliedschaft oder Spendentätigkeit gelten:

„... entweder ist die Zugehörigkeit zur Nationalsozialistischen Volksgemeinschaft sowie auch die Opfer in die rote Büchse uns Katholiken zur Seligkeit nützlich oder hinderlich?"[125]

Das Kriterium zur „Seligkeit hinderlich" mag in diesem Zusammenhang aufs erste fraglich erscheinen, doch für Jägerstätter ist die Seligkeit nicht von der politischen Realität zu trennen:

„Sind sie uns zur Seligkeit nützlich, dann ist es ein Segen für das ganze deutsche Volk, daß sich der Nationalsozialismus mit all seinen Gliederungen so stark ausgebreitet, denn ich glaube, noch nie war das deutsche Volk bei den christlichen Caritasvereinigungen so stark beteiligt oder so opferbereit wie jetzt bei den Nationalen."[126]

Franz stellt fest, daß es dem deutschen Staat bei den diversen Sammlungen nicht bloß ums Geld geht: „. . . denn fürs Inland kann man (Geld) machen, soviel man braucht, und für noch nicht eroberte Länder hat es ohnehin keinen Wert."[127] An der Sammeltätigkeit diagnostiziert er den weltanschaulichen quasi religiösen Anspruch der Partei:

„Sie schreiben eigentlich ohnedies ganz deutlich, was das W. H. W. eigentlich ist. In Mautern[128] sah ich ein Plakat angeschlagen, darauf zu lesen war: ,Dein Opfer um W. H. W. sei dein Bekenntnis zum Führer.' Der Führer will also ständig sein Volk prüfen, wer für ihn ist oder gegen ihn."[129]

Franz wundert sich, daß manche seiner Mitmenschen „seelenruhig zur Kommunionbank (gehen), obwohl sie Mitglied zur N. Partei sind, auch ihre Kinder zur Partei gehen lassen oder sie gar zu nationalsozialistischen Erziehern ausbilden lassen".[130]

Der Krieg sollte den Menschen doch endlich den wahren Charakter der Partei enthüllt haben.

„Haben sie denn heute, wo man schon mehr als zwei Jahre ein grauenhaftes Menschenmorden betreibt, ein anderes Programm, daß dies jetzt alles für erlaubt oder für nichtssagend gelten würde?"[131]

Gleichzeitig einer nationalsozialistischen Gliederung anzugehören und regelmäßig die Messe zu besuchen, bezeichnet Franz Jägerstätter als „falsches Spiel".[132] Unter dem Hinweis auf das Schriftwort „Wärest du warm oder kalt, so würde ich dich behalten, weil du aber lau bist, so werde ich dich aus meinem Munde ausspeien" (Apk 3, 15f) prophezeit Franz Jägerstätter den Schwindlern, die es sich mit keiner Seite verscherzen wollen, im Jenseits ein schlimmeres Los als jenen,

„welche nicht mehr in die Kirche gehen oder zu den hl. Sakramenten, oder gar von der Kirche austraten um sogar andre Christen zu verfolgen".[133]

Gesinnungslosigkeit entwürdigt die Christen in den Augen der anderen:

„Tragen wir vielleicht da zur Bekehrung andrer bei, wenn wir so ziemlich überall mittun, was die Partei von uns wünscht oder befiehlt, um vielleicht nur irgend eines irdischen Vorteiles halber, was müssen da die Andersgläubigen von uns und unserem Glauben halten, wenn uns der sowenig gilt? Wir müssen uns da direkt schämen vor echt illegalen Parteigenossen, die seinerzeit trotz Verbot für ihr Ideal, für ihre nationalsozialistische Weltanschauung gekämpft, sogar Kerker und Tod nicht gescheut haben, obwohl ihr Glaube sich nur um irdische Dinge gedreht. Wären die zu solchen Siegen gekommen, wenn sie durchschnittlich so feige und furchtsam gewesen wären, wie wir Katholiken es heute in Deutschland sind?"[134]

In diesem Zusammenhang kann er die Haltung der Mitchristen nicht verstehen:

„Aber wir Katholiken Deutschlands hoffen wahrscheinlich schon auch ohne Kampf für unsren Glauben einen herrlichen Sieg zu erringen und auch dann noch, wenn wir zuerst für die andern kämpfen und ihnen siegen helfen. Darf man da überhaupt noch denken dabei?"[135]

Krieg gegen Rußland, nicht Kreuz-, sondern Raubzug

Die Frage nach der Gerechtigkeit oder Ungerechtigkeit des Krieges differenziert Franz:

„Gibt es denn noch viel schlechteres, als wenn ich Menschen morden und berauben muß, die ihr Vaterland verteidigen, nur um einer antireligiösen Macht zum Siege zu verhelfen, damit sie ein gottgläubiges oder besser gesagt, ein gottloses Weltreich gründen können?"[136]

Die Propaganda vom Kreuzzug gegen den Kommunismus zieht bei Franz nicht:

„Heute ist immer nur von den schlechten Russen die Rede, die andren

Länder kommen wahrscheinlich gar nicht mehr in Frage, denen man es genauso gemacht und vielleicht noch machen wird?"[137]

Er sieht im Gegner, auf den er im Kampf zielen soll, den Menschen, besonders wenn man sein Schicksal in der Ewigkeit bedenken würde.

„Ist (es) denn für einen Christen nicht noch erdrückender, wenn ich einen Menschen erschießen oder erschlagen soll und dabei denken muß, wenn ich den jetzt erschieße, so fährt seine Seele auf ewig in die Hölle, und doch führt dieser einen gerechteren Kampf als ich. Gute Menschen erschießen wäre bestimmt noch leichter, wenn man ein halb-(wegs) guter Schütze wäre, so wäre es nur ein kleiner Moment, und jener wäre ewig glückselig, wenn er für eine gerechte Sache gekämpft."[138]

Dieser Abschnitt der Aufzeichnungen Jägerstätters (II,6 bis II,9) trägt eine genaue Datierung: „Am 24. 5. 1942." Im Mai 1942 wird aus den Briefen von Rudolf Mayer erstmals deutlich, daß Franz mit dem Sterben rechnet.[139]

Am Beispiel Rußlands macht Jägerstätter auch deutlich, daß man die Lösung politischer Probleme nicht auf Gott schieben kann.

„Und nun schauen wir ein wenig nach Rußland. Haben die ein besseres Programm in ihrer bolschewistischen Gemeinschaft als bei uns die Nationalsozialisten? Hat vielleicht dort der Herrgott den Strom aufgehalten?"[140]

Über die Folgen eines deutschen Sieges macht er sich keine Illusionen: „Sollte auch dieses Jahr ihnen eine Befreiung aus dieser traurigen Lage bringen, wie sieht aber die wieder aus?"[141] Für das russische Volk vermutet er, daß es dem Bolschewismus nicht gleich so „willig und zahlreich" beigetreten sei als das österreichische 1938 dem Nationalsozialismus, der doch keinen Schimmer besser sei.[142] Den weltanschaulichen Charakter des Krieges gegen die UdSSR nimmt Franz nicht ernst:

„Es ist eben sehr traurig, wenn man immer wieder von Christen hören muß, daß dieser Krieg, den Deutschland jetzt führt, vielleicht gar nicht so unrecht ist, denn damit wird doch der Bolschewismus ausgerottet. Ja, es ist wahr, daß gerade jetzt die meisten unserer Soldaten im ärgsten Bolschewistenlande stecken, um alle, die in diesem Lande sich zur Wehr setzen, einfach unschädlich und wehrlos machen wollen. Und nun eine kurze Frage? Was bekämpft man in diesem Lande, den Bolschewismus und, oder das russische Volk? Wenn unsre katholischen Missionäre hinauszogen in ein Heidenland, um sie zu Christen zu machen, sind die auch mit Maschinengewehren und Bomben vorgegangen, um sie durch diese Mittel zu belehren und zu bessern? Die meisten dieser edlen Kämpfer für das Christentum schrieben in die Heimat, wenn sie nur genug Mittel hätten zum Austeilen, dann ging es halt viel schneller vorwärts. Natürlich baten sie auch sehr viel um das Gebet, denn die größten Fortschritte verdankten sie doch dem Gebete."[143]

Daß der Krieg weder im Interesse des russischen Volkes noch des europäischen Christentums geführt wird, ist für den Bauern nicht schwer zu erkennen:

„Wenn man ein wenig in der Geschichte nachschaut, muß man fast immer dasselbe feststellen: Hat ein Herrscher ein andres Land mit Krieg überfallen, so sind sie gewöhnlich nicht in das Land eingebrochen, um sie zu bessern oder ihnen vielleicht etwas zu schenken, sondern sich für gewöhnlich etwas zu holen, also deshalb die Frage, kämpft man gegen das russische Volk, so wird man sich halt auch aus diesem Lande so manches holen, was man gut gebrauchen kann, denn kämpfte man gegen den Bolschewismus, so dürften doch andre Sachen, wie Erze, Ölquellen oder ein guter Getreideboden, gar nicht so stark in Frage kommen?"[144]

Blutige Verfolgungen konnten das Christentum nicht ausrotten, Märtyrer würden auch im Falle der Bolschewisten ihre Bewegung eher stärken:

„Ging man gegen das Christentum mit Waffen vor, um es auszurotten, wie man schon öfters glaubte, aber dessen Blut wurde erst recht immer wieder neuer Same und schoß dadurch wieder blühender hervor als vorher. Kann nicht ähnliches auch jetzt vorkommen, wenn man Bolschewistenblut fließen läßt, kann nicht auch aus diesem neuer Same daraus werden?"[145]

Wenn auch die aus dem Religiösen entlehnte Ausdrucksweise in diesem Zusammenhang etwas befremdlich wirken mag, die Folgen dieses Krieges brachten dem russischen Kommunismus eine beträchtliche Macht- und Einflußausweitung; Jägerstätters politisches Gespür lag auch in dieser Hinsicht richtig.

Das Beispiel Christi ist gerade in weltanschaulicher Hinsicht von Relevanz:

„Sind wir Christen in der heutigen Zeit vielleicht schon gescheiter als Christus selbst, glauben denn wirklich viele, durch dieses massenhafte Blutvergießen das Christentum in Europa so vor dem Untergange zu retten oder vielleicht gar dadurch zu neuer Blüte zu bringen, ist denn unser Heiland auch so mit seinen Aposteln gegen das Heidentum vorgegangen wie wir deutschen Christen?"[146]

Die Schuld der Deutschen

Franz Jägerstätter diagnostiziert den Punkt, an dem sein Volk verführbar war und in Schuld und Krieg schlitterte, als Verblendung durch Größenwahn, denn sonst hätte man die Folgen des Programmes Hitlers bedenken müssen:

„O, wir armes, durch Größenwahn verblendetes deutsches Volk, werden wir noch einmal zur Vernunft gelangen? Gewöhnlich sagt man, nichts kommt von ungefähr, alles kommt von oben her, ist denn aber dieser Krieg, den wir Deutsche schon fast mit allen Völkern und Nationen der Erde führen, so auf einmal hereingebrochen, wie vielleicht ein furchtbares Hagelwetter, wo man machtlos zusehen muß und höchstens noch beten kann, daß es bald wieder aufhöre? Ich glaube kaum: Denn fast alle wußten wir durch Zeitungen, Radio, Versammlungen u. s. w., was Hitler mit seinem Programm durchführen will..."[147]

Immer wieder kommt Jägerstätter auf ein hohes Ausmaß der politischen Verantwortung des einzelnen. Wie er für das „Ja" zur Anschlußabstimmung keine Entschuldigung akzeptiert, verlangt er vom „freien Willen", dieses „verhängnisvolle ‚Ja', das vielleicht viele schon bereut, mit einem ‚Nein' zu vertauschen".[148]
Er weiß, daß die Menschen in seiner Umgebung ein Ende des Krieges ersehnen und erbeten, für dieses Gebet findet er aber angesichts der Unrechtssituation sehr harte Worte:

„Andre Völker haben doch wenigstens ein Recht, Gott um Frieden zu bitten und daß er den Deutschen die Waffen aus der Hand schlage. Und wie ist es für uns nicht direkt ein Hohn, wenn wir Gott um

Frieden bitten, wenn wir ihn doch gar nicht wollen, denn sonst müßten wir doch endlich die Waffen niederlegen, oder ist vielleicht die Schuld noch zu klein, die wir schon auf uns geladen haben? Wir dürften höchstens den Herrgott noch bitten, daß er uns zur Vernunft kommen lasse, um baldigst unser Unrecht, das wir begangen, doch wenigstens erkennen, daß andre Menschen und Völker auch noch ein Lebensrecht auf dieser Welt besitzen; ansonsten muß schon Gott durch seine Macht uns einen Strich durch die Rechnung machen, denn wir Katholiken Deutschlands würden sonst noch alle Völker der Erde zwingen, sich unter das nationalsozialistische Joch zu beugen."[149]

Weder Freude über Siege noch über wirtschaftlichen Gewinn gestattet er dem einzelnen: „An der Ausbeute wollen wir uns zwar fast alle ergötzen, die Verantwortung über das ganze Geschehen wollen wir nur einem in die Schuhe schieben!"[150]

Friede ist mehr als Nicht-Krieg

Franz-Martin Schmölz definiert christlichen Frieden nach Thomas von Aquin in zweifacher Hinsicht: „Friede ist ohne Ordnung nicht denkbar. Friede ist ohne Gerechtigkeit nicht denkbar."[151] Gerechtigkeit und Ordnung stehen in engem Zusammenhang. Gerechtigkeit ist die von Gott im Dekalog kundgemachte Ordnung; den Inhalt des Dekalogs kann der Mensch nicht nur über den Weg der Offenbarung, sondern auch über seinen Verstand erkennen, es ist der Inhalt des natürlichen Sittengesetzes.[152]

Das Zweite Vatikanum betont in der Pastoralkonstitution über die Kirche in der Welt von heute „Gaudium et Spes" (GS) verstärkt diesen Zusammenhang:

„Der Friede besteht nicht darin, daß kein Krieg ist; er läßt sich auch nicht bloß durch das Gleichgewicht entgegengesetzter Kräfte sichern; er entspringt ferner nicht dem Machtgebot eines Starken; er heißt vielmehr mit Recht und eigentlich ein ‚Werk der Gerechtigkeit' (Is 32,17). Er ist die Frucht der Ordnung, die ihr göttlicher Gründer selbst in die menschliche Gemeinschaft eingestiftet hat und die von den Menschen durch stetes Streben nach immer vollkommenerer Gerechtigkeit verwirklicht werden muß . . . Da zudem der menschliche Wille schwankend und von der Sünde verwundet ist, verlangt die

Sorge um den Frieden, daß jeder dauernd seine Leidenschaft beherrscht und daß die rechtmäßige Ordnung wachsam ist."[153]

Voraussetzung für irdischen Frieden ist, daß die Menschen zuerst mit sich und mit Gott in Frieden leben.[154] Die mittlerweile zu einem Schlagwort gewordene Friedensvision des Konzils zeigt nochmals die Voraussetzungen im Handeln der Menschen auf:

„Soweit aber die Menschen sich in Liebe vereinen und so die Sünde überwinden, überwinden sie auch die Gewaltsamkeit, bis sich einmal die Worte erfüllen: ‚Zu Pflügen schmieden sie ihre Schwerter um, zu Winzermessern ihre Lanzen. Kein Volk zückt mehr gegen das andere das Schwert. Das Kriegshandwerk gibt es nicht mehr' (Is 2,4)." [155]

Inneren Frieden und Friede mit Gott als Voraussetzung des äußeren Friedens anstreben – dieser Satz eignet sich ganz gut, die Spiritualität Franz Jägerstätters in den beiden Jahren vor seiner erneuten Einberufung zum Militär zu umschreiben. Zuerst muß es in den Herzen Frieden werden. Einleitend zu Zukunftsüberlegungen drückt Franz Jägerstätter die Hoffnung aus, daß manches nicht so schlimm kommen würde, wie er es sich in seinen Gedanken vorstellt. Er zitiert eine häufig gehörte Meinung mit Bedenken, daß schon ein Kriegsende allein eine Blütezeit für die Kirche bringen würde. Immer wieder beschäftigt ihn die Schuld des deutschen Volkes:

„Ja, es wäre sehr zu wünschen, wenn dieses Völkerringen bald sein Ende finden würde und die schweren schwarzen Wolken, die ich für Deutschland aufsteigen sehe, sich wieder zerteilen würden. Ich sehe zwar für alle Völker nichts Gutes, denn kein Land oder Volk auf dieser Erde ist so reich, daß es sich einen solchen Krieg, wie der heutige ist, leisten könnte und somit auch den Siegermächten nicht viel anderes bevorstehen wird als ein Zusammenbruch. Wessen ich gerade für das deutsche Volk am schlimmsten sehe, kommt daher, weil ich es für das Hauptschuldtragendste unter allen Völkern ansehen muß..."[156]

Wie Hinweise auf das bessere Schicksal der Kirche nach einem Kriegsende und auf aufziehende schwarze Wolken und Siegermächte deutlich machen, rechnet Jägerstätter zur Zeit der Niederschrift dieses Textes mit einer Niederlage Deutschlands. Wegen des erlebten Unrechts bangt ihm sosehr vor der Zukunft:

„Vielleicht würde auch ich nicht so schwarz sehen für das deutsche Volk, wenn man es uns vor dem Jahre 1938 erzählt allein hätte, was das nationalsozialistisch gesinnte Volk will. Doch leider mußten wir es auch am eigenen Leibe verspüren. Ja, es wäre sehr zu wünschen, wenn auch für das deutsche Volk noch alles so halbwegs gut ausgehen würde . . .“[157]

Das Heil für Deutschland sieht er in einer Abkehr von nationalsozialistischer Gesinnung und Idee, die auch in Hinsicht auf das irdische Glück der Menschen mit der Lehre Christi nicht konkurrieren kann:

„Und wer vielleicht glaubt, durch die Lehre Christi hier auf dieser Welt nicht glücklich werden zu können, für den ist es ein sicheres Zeichen, daß er sie zuwenig kennt, denn unser Glaube bietet uns soviel, daß wir damit nicht bloß ewig glückselig werden können, sondern auch schon hier auf dieser Welt durch ihn glücklich werden können. So haben wir Katholiken also nicht die geringste Ursache, unseren Glauben vielleicht mit einer anderen Lehre vermischen zu lassen.“[158]

Auch das Schweigen der Kirche zum gegenwärtigen Zeitpunkt ist keine Entschuldigung:

„Wenn auch die kath. Kirche die nationalsozialistische Partei noch nicht als kirchenfeindlich erklärt hat und daher es den Katholiken unter Sünde verboten wäre, selber beizutreten, wenn auch die katholische Kirche über dieses jetzt schweigt, so wissen wir ja doch, was diese Partei ist und wie sie der Kirche gegenüber sich steht.“[159] In diesem Zusammenhang erinnert Franz Jägerstätter an die Enzyklika „Mit brennender Sorge“, die Ende 1937 erschienen war:

„Dann wird auch so mancher Österreicher sich noch an die Worte des Hl. Vaters erinnern können, die in einem kirchlichen Rundschreiben, als in Österreich noch so etwas stattfinden durfte, uns zu Ohren kamen: Als es unter anderem auch hieß, daß die nationalsozialistische Gefahr für uns noch eher gefährlicher ist als die kommunistische oder so ähnlich, denn genau kann ich es gerade nicht mehr sagen, da ich es damals nicht aufgeschrieben habe.[160] Obwohl es heute schnell heißt: ‚Wären Euch die Kommunisten lieber?‘ “[161]

Daß die Kommunisten die einzige Alternative zu den Nationalsozialisten wären, läßt Jägerstätter nicht gelten: „Bin ich denn gezwungen, mich einer von diesen beiden Parteien anzuschließen?"[162] Schon gar nicht dürften irdische Vorteile bei so einem Entschluß eine Rolle spielen, bereits ein Mitlaufen bedingt Mitverantwortung:

„Daß natürlich die ganze Lebensexistenz, ja sogar das Leben für einen solchen in Gefahr kommt, ist ja fast sicher, wenn sich eines nicht dieser Volksgemeinschaft anschließt. Es werden ja viele sein, die nicht gesinnungshalber dieser Volksgemeinschaft beigetreten sind, sondern nur irdischer Vorteile halber, aber ich glaub, deswegen ist die Gefahr doch ziemlich groß, in die man sich begibt, denn wer an den Vorteilen dieser Volksgemeinschaft teilnehmen will, wird schon auch die Nachteile, die daraus noch erstehen können, mit in Kauf nehmen müssen."[163]

Diejenigen, die mit mehr oder weniger Begeisterung die Partei unterstützen, sind mitschuld, daß es zu keinem Frieden kommen kann. Im Hinblick auf die Weihnachtsbotschaft vom Frieden auf Erden und den Gegensatz zum weltweiten Unfrieden meint er: „Christus hätte zwar allen Menschen den Frieden gebracht, und doch werden ihn nur die erhalten, die guten Willens sind."[164]
Die Menschen selbst hätten sich zu ändern, sollte es zu einem dauerhaften Frieden kommen, aus der Zwischenkriegszeit ist Franz der Parteienhader in übler Erinnerung:

„Hätten daher auch schon alle den Frieden, wenn Gott dem Toben des Krieges ein Ende setzen würde, was ihm ja ein Leichtes wäre? Bestimmt nicht! Denn niemandem wird Gott den Frieden und die ewige Glückseligkeit ohne sein Mitwirken in den Schoß legen, denn eher wird Gott die ganze Welt zugrunde gehen lassen, als einem Menschen den freien Willen zu nehmen. Das Himmelreich leidet Gewalt, hat Christus gesagt, und nur wer Gewalt braucht, wird es an sich reißen, und an diesen Worten wird Gott nichts ändern und nicht in alle Ewigkeit. Ein warnendes Beispiel gab uns dafür das Jahr 1918. Das Toben des Krieges fand auf einmal sein Ende, wurde es aber in den Herzen der Menschen auch Friede? Nach außen hat zwar das Wüsten und Morden aufgehört, aber im Innern brannte das Feuer des Hasses und des Unfriedens weiter . . . Parteien entstanden, und so brannte es im Innern weiter, und schon nach 21 Jahren schlugen die Flammen wieder nach außen. Und noch immer sind viele der Ansicht, daß über das ganze Toben des Krieges, das schon bald die ganze Welt erfaßt hat, nur einige die Schuld und Verantwortung tragen."[165]

Franz wendet sich dagegen, die Kriegsereignisse und mögliche negative Auswirkungen für den einzelnen als unabwendbare Schicksalsschläge zu betrachten. Man läßt die Verantwortung einigen wenigen:

„Wie sehr ist man dafür aber gleich beängstigt, es könnte einem an zeitlichen Gütern irgendein Schaden entstehen, das kommt eben daher, weil man sich am ganzen Weltgeschehen für schuldlos hält. Aber selbst den Frieden zu suchen, um auch andren dazu verhelfen zu können, darüber ist man wahrscheinlich noch wenig besorgt?"[166]

Orientierung für den einzelnen auf der Suche nach Frieden ist Christus:

„Wollen wir den Frieden für uns und auch für andre, so müssen wir trachten, gänzlich jenen nachzuahmen, der uns den Frieden gebracht hat; Gott wird keinen von seiner Barmherzigkeit ausschalten, wer nur ernstlich den Willen hat, sich zu bessern."[167]

In diesem inneren Frieden des Gewissens, der die Bedingung für den äußeren wie für den ewigen Frieden ist, zeigt Franz Jägerstätter die Heiligen als Vorbilder auf, „die glücklich waren, wenn Gott ihnen auch manchmal schwere Leiden schickte."[168]

Bloß Christ sein im geheimen läßt Franz Jägerstätter mit dem Hinweis auf die Christen der ersten Jahrhunderte nicht gelten, die 300 Jahre hätten warten müssen. Von den Christen würde auch nach dem Kriegsende einiges gefordert sein, sie wären nach all den Ereignissen in der Minderheit:

„Und sollte aus diesem schweren Ringen noch einmal ein halbwegs gutes Ende herausgehen, glauben wir aber dann, daß die Christianisierung eines schon so tief gesunkenen Volkes so schnell vonstatten gehen würde, daß unsre Kinder es noch erleben könnten?"[169]

Harte Worte findet Franz für diejenigen, die bloß mit Gebet Frieden erreichen wollen und gleichzeitig für einen Sieg der Nationalsozialisten kämpfen:

„Wir sollten nicht bloß Katholiken des Gebetes, sondern auch der Tat sein. Genausowenig wie der Nationalsozialistischgesinnte durch

Gebet allein Siege erreicht, genausowenig werden wir Nichtnational-sozialistischgesinnte mit bloßem Gebet um den Frieden doch keinen Frieden erreichen. Der Nationalsozialist kämpft, opfert und arbeitet auch für den Sieg, sie haben dadurch auch schon viel erreicht und große Siege davongetragen. – Und wieviel kämpfen, opfern und arbeiten denn wir Nichtnationalsozialistischgesinnte für und um den Frieden? Uns soll halt der Herrgott den Frieden durch das Gebet alleine bringen."[170]

Deutlich stellt er daraufhin die Unlogik des Soldatseins für Hitler vor Augen:

„Wenn es auch nicht Sünde sein sollte, wenn wir Katholiken für den nationalsozialistischen Sieg kämpfen, opfern und arbeiten, so scheint es mir doch eine ganz unmögliche Sache zu sein, daß wir auf unser Beten um den Frieden auch Erhörung finden könnten, wenn wir in der Tat das gerade Gegenteil von dem tun, um was wir beten... Wer bringt es fertig, Soldat Christi und zugleich Soldat für den National-sozialismus zu sein? Für den Sieg Christi und zur selben Zeit auch für die nationalsozialistische Idee und für dessen Endsieg zu kämp-fen?"[171]

Schlußfolgerung: Wenigstens ein Beispiel sein, ein Wegzeichen in der allgemeinen Orientierungslosigkeit

„Man kann heute gar häufig hören, da kann man nichts mehr machen, es würde einem nur Henker und Tod bringen."[172] Diese Argumentation seiner eingeschüchterten Umwelt läßt Franz Jäger-stätter nicht gelten, er gibt allerdings zu:

„Freilich kann an dem ganzen Weltgeschehen nicht mehr viel geändert werden, ich glaub, da hätt schon hundert oder noch mehr Jahre früher begonnen werden müssen. Aber einige Seelen für Christus zu erobern, glaub ich, ist, solange wir Menschen auf dieser Welt leben, nie zu spät... Ich seh es auch ein, daß viele Worte heute oft gar nicht viel mehr erzwecken würden als höchstens Kerker, und trotz alldem ist es nicht gut, wenn unsre Seelenführer immer schweigen. Worte, heißt es zwar, belehren, *Beispiele* aber reißen hin. Man will eben Christen sehen, die es noch fertigbringen, dazustehen inmitten alles Dunkels, in überlegener Klarheit, Gefaßtheit und

Sicherheit, die inmitten aller Fried- und Freudlosigkeit, Selbstsucht und Gehässigkeit dastehen im reinsten Frieden und Frohmut, die nicht sind wie ein wankendes Schilfrohr, das von jedem leichten Wind hin und hergetrieben wird. Die nicht bloß schauen, was machen meine Kameraden oder Freunde, sondern sich nur fragen, was lehrt zu diesem oder jenem Christus und die Kirche, oder was sagt mein Gewissen."[173]

An diesem Punkt beklagt Jägerstätter das Fehlen von Orientierungsmöglichkeiten, die Wegzeiger würden so lose in der Erde stecken,

„sodaß sie jeder Wind verdrehen kann... würde sich einer, der des Weges noch unbekannt ist, noch zurecht finden, insbesonders erst dann, wenn ihm die, welche er um Auskunft fragt, die Antwort darüber verweigern oder ihm höchstens eine falsche geben, um den Fragenden bald wieder los zu werden."[174]

Der Vorwurf an die Seelenführer und Priester klingt hier wieder durch.
Doch die beschwichtigende und ausweichende Auskunft befriedigt Franz Jägerstätter nicht, es bringt ihn nicht weiter, wenn er hört, daß es keine Sünde sei, den schlechten Befehlen des Führers zu gehorchen, wenn er dabei doch nicht zur Vollkommenheit gelangen könne.[175] Daß das Nichtbefolgen der Führerbefehle sündhaft sei, weist er mit dem Hinweis auf die Christenverfolgung als absurd zurück:

„Wenn einem heute das Nichtbefolgen solch schlechter Befehle als schwer sündhaft angerechnet wird, so ist es einem heute bei der größten Christenverfolgung, die je existiert hat, unmöglich, sein Leben für Christus und seinen Glauben zu opfern."[176]

Die Hauptfrage konnte offensichtlich niemand befriedigend beantworten: „Ist denn das heutzutage schon egal, ob man einen gerechten oder einen ungerechten Krieg führt?"[177] In diesem Zusammenhang beruft sich Jägerstätter auf sein unabhängiges Denken aufgrund seiner Lektüre: „Hätte ich nie soviel an katholischen Büchern und Zeitschriften gelesen, so wär ich vielleicht auch heute andrer Gesinnung."[178] Jägerstätter erkennt die ungeheuren Ausmaße des Unrechts; daß Heilige schon in weniger drastischen Situationen ihr Leben riskiert haben, ist ihm Orientierungshilfe.

146

„Wie konnte man früher so viele Christen heilig sprechen, die ihr Leben so leicht aufs Spiel gesetzt, natürlich ihres Glaubens wegen? Die meisten von denen hätten keine so schrecklichen Befehle ausführen gebraucht, als jetzt von uns verlangt wird."[179]

Stellung der kirchlichen Amtsträger zu Jägerstätter und zum Krieg der Nationalsozialisten

Franz Jägerstätter konsultiert den Diözesanbischof

Mit dem Bekanntwerden der Entscheidung Jägerstätters, nicht mehr einzurücken, setzte im Familienkreis starker Druck vor allem von Seite der Mutter ein, um ihn von diesem Vorhaben abzubringen. Um die Entscheidung abzuklären, bespricht er diese mit Bischof Fließer; wie wiederholt aus seinen Aufzeichnungen 1941 bis 1943 hervorgeht, waren ihm die Priester, die er in seiner Umgebung sprechen konnte, zuwenig glaubwürdig.[180] Franziska Jägerstätter begleitete ihren Mann nach Linz. Am Gespräch ihres Mannes mit dem Bischof nahm sie nicht teil. Nach Angabe der Frau dauerte das Gespräch etwa eine halbe Stunde, nach dem Bischof „über eine Stunde".[181] Franziska erinnert sich an den Moment, an dem ihr Mann aus dem Zimmer des Bischofs herauskam:

„Er war sehr traurig und sagte zu mir: ‚Sie trauen sich selber nicht, sonst kommen's selber dran.' Der Haupteindruck von Franz war, daß der Bischof nicht wagte, offen zu sprechen, weil er ihn nicht gekannt hatte; er hätte ja auch ein Spion sein können."

Das vorsichtige Agieren des Bischofs ist naheliegend, da er spätestens seit der schlagartigen stundenlangen Durchsuchung aller Pfarrhöfe der Diözese wußte,[182] wie argwöhnisch die Gestapo Beziehungen zwischen Frontsoldaten und Geistlichen beobachtete.

In den Aufzeichnungen Jägerstätters ist ein separiertes Blatt mit einem Katalog von 11 Fragen[183] enthalten. Es ist naheliegend, daß Franz seine Fragen dem Bischof gegenüber auf diese Weise formuliert hat. Die Formulierung muß im Winter 1942/43 geschehen sein, da die Fragen die Überlegungen der Aufzeichnungen ab 1941 zusammenfassen.

„Wer kann und will mir diese 10 Fragen, die ich stelle, beantworten?

1) Wer gibt uns die Garantie, daß es nicht im geringsten mehr sündhaft ist, einer Partei beizutreten, deren Bestreben es ist, das Christentum auszurotten?

2) Wann hat das kirchliche Lehramt die Entscheidung und Gutheißung gegeben, daß man jetzt alles tun und befolgen darf, was die Nationale Partei oder Regierung uns befiehlt oder von uns wünscht?

3) Wenn das alles jetzt für recht und gut befunden wird, wenn man der d. Volksgemeinschaft als Mitglied angehört, für sie sammelt oder opfert, muß nicht dann jedes, das da nicht mittut, für schlecht und ungerecht erklärt werden, denn beides kann doch nicht gut sein?

4) Welcher Katholik getraut sich, diese Raubzüge, die Deutschland schon in mehreren Ländern unternommen hat und noch immer weiterführt, für einen gerechten und heiligen Krieg zu erklären?

5) Wer traut sich zu behaupten, daß vom deutschen Volk in diesem Kriege nur einer die Verantwortung trägt, weshalb mußten dann noch so viele Millionen Deutscher ihr ‚Ja' oder ‚Nein' hergeben?

6) Seit wann können auch die Verführten, welche ohne Reue und Besserung ihrer begangenen Sünden und Fehler, die sie durch Verführung begangen haben, dahinsterben, denn auch in den Himmel kommen?

7) Warum feiert man die Kämpfer für den Nationalsozialismus heute auch in den Kirchen Österreichs als Helden? Hat man denn nicht solche bei uns vor fünf Jahren noch völlig verd...?

8) Wenn also die deutschen Soldaten, die im Kampfe für den nationalsozialistischen Sieg ihr Leben lassen müssen, für Helden und Heilige erklärt werden können, um wieviel besser muß es dann noch für die Soldaten in den andern Ländern bestellt sein, die von den Deutschen überfallen wurden und hinausziehen, um ihr Vaterland zu verteidigen, kann man da den Krieg noch als Strafe Gottes ansehen, ist es dann nicht besser, zu beten, daß der Krieg fortdauere bis ans Ende der Welt, als zu beten, daß er bald aufhört, wenn doch soviele Helden und Heilige daraus hervorgehen?

9) Wie kann man denn heute seine Kinder noch zu wahren Katholiken erziehen, wenn man ihnen auch das, was früher schwer sündhaft war, für gut oder wenigstens für nichts Sündhaftes erklären soll?

10) Warum soll denn jetzt das für gerecht und gut befunden werden, was die Masse schreit und tut? Kann man jetzt auch glücklich ans andere Ufer gelangen, wenn man sich stets wehrlos vom Strom mitreißen läßt?

11) Wer bringt es fertig zu gleicher Zeit Soldat Christi und Soldat für den Nationalsozialismus zu sein, für den Sieg Christi und seiner Kirche und zugleich auch für den Nationalsozialistischen Sieg zu kämpfen?"

Vom Bischof selbst erhalten wir ebenfalls Auskünfte über den Verlauf des Gespräches mit dem Mann aus St. Radegund. Unmittelbar nach Kriegsende, im Sommer 1945, schickte Josef Karobath einen Bericht über Franz Jägerstätter an das Bischöfliche Ordinariat Linz, damit sein Fall in der Öffentlichkeit bekannt würde.[184] Der Bischof lehnte eine Veröffentlichung mit folgendem Vermerk ab:

„Der Antrag wird von mir abgelehnt. Bei aller Achtung vor der subjektiven Haltung des Mannes kann er nicht als objektiv gültiges Vorbild für seine Haltung zur Militärpflicht hingestellt werden. Hümmeler[185] und andere werden gewiß eine Reihe von Kriegern und Gefallenen als Helden und Heilige hinstellen, die wegen ‚ihrer Treue bis in den Tod' es verdienen. Übrigens habe ich bei meiner Unterredung mit Jägerstätter ebenso wie seine Seelsorger und Angehörigen seine Haltung gebilligt."[186]

Franz Vieböck, zu diesem Zeitpunkt Generalsekretär des Seelsorgeamtes, übermittelt diese Entscheidung des Bischofs und fügt abschließend hinzu: „Vorläufig können wir also in dieser Sache nichts unternehmen. Vorbild ist und bleibt er in seiner absoluten Treue zu seinem Gewissen."[187]

Karobath gibt jedoch nicht so rasch auf, beim zweiten Anlauf im Februar 1946 schickt er Pfarrer Arthofer aus Kronstorf vor. Dieser schreibt einen kurzen Artikel unter dem Titel „Heldenhafte Konsequenz" und reicht diesen gleichzeitig beim Wiener und beim Linzer Kirchenblatt ein. Im Wiener Kirchenblatt wird dieser Artikel vollinhaltlich, ohne Korrekturen, von zwei kleinen stilistischen Änderungen abgesehen, abgedruckt. Von der Wiener Redaktion wurde der Satz: „Er suchte kein Hintertürchen, darum mußte er sterben" durch Fettdruck hervorgehoben.[188]

Für den Linzer Bereich fällt eine etwaige Veröffentlichung in die Kompetenz von Franz Vieböck, der innerhalb des Seelsorgeamtes auch für das Kirchenblatt als Schriftleiter zuständig ist. Er begründet die Ablehnung des Artikels mit einer Entscheidung des Bischofs:

„Über den Fall Jägerstätter habe ich im Sommer vorigen Jahres schon einen ausführlichen Bericht vom Herrn Pfarrer Karobath bekommen mit dem Ersuchen, die amerikanische Presse dafür zu interessieren. Der Hochwürdigste hat es damals abgelehnt. Ich mußte daher auch über Deinen Artikel ‚Heldenhafte Konsequenz' mit ihm sprechen, bevor ich ihn veröffentlichen kann. Exzellenz hat sich nun folgendermaßen geäußert:
‚Jägerstätter ist ein Fall, der einer gründlichen Einbegleitung aus der katholischen Moral bedarf, wenn er nicht Verwirrung und unruhige Gewissen, sondern Erbauung schaffen soll. Und das ist der Zweck eines Kirchenblattes, an dem das Linzer Kirchenblatt ganz eindeutig festhalten will.'
In der kurzen Darstellung von Arthofer und schon gar nicht durch den Einleitungssatz des Artikels ist der Gefahr, daß der Fall Jägerstätter falsch verstanden wird und bloß sensationell wirkt, nicht vorgebeugt, im Gegenteil. Daher ist der Artikel in dieser Form abzulehnen."[189]

Der beanstandete Einleitungssatz lautet: „Haben wir den Mut, unser Gewissen zu erforschen, ob wir Katholiken dem braunen Heidentum gegenüber nicht manchmal zu schwach gewesen sind!"[190] Durch diesen Satz, so die Befürchtung des Bischofs, könnte Jägerstätter falsch verstanden werden, könnten „Verwirrung und unruhige Gewissen" entstehen. Spätestens hier wird klar, daß es dem Bischof im Brief nicht in erster Linie um eine Beurteilung der Entscheidung Jägerstätters ging, sondern um die für richtig gehaltene Taktik im Umgang mit der nationalsozialistischen jüngsten Vergangenheit.

Kirchliche Amtsträger zum Krieg

Daß der Linzer Bischof angesichts der unausgesetzten Schikanen seitens der Gestapo[191], der Ermordung und Inhaftierung vieler

150

Priester mit dem Nationalsozialismus sympathisiert hätte, ist kaum denkbar.

Schwieriger ist die Frage in bezug auf den von den Nationalsozialisten begonnenen Krieg; Gordon Zahn erhebt in diesem Zusammenhang den Vorwurf, daß die Kirche, er reduziert diese auf die Bischöfe, infolge der Anpassung an ein weltliches Regime „praktisch ein Werkzeug jenes Regimes" würde, „da sie die weltlichen Kontrollen durch die der geistigen Ordnung ergänzt."[192] Die Bewertung der Haltung Franz Jägerstätters durch Bischof Fließer bestätigt den Vorwurf, zumindest in bezug auf den Krieg.

Beim Studium der bischöflichen Weisungen an den Klerus und der Hirtenworte im Bereich der Diözese Linz ergibt sich der Eindruck, daß die Stellungnahmen nicht losgelöst von der Verfolgungssituation betrachtet werden können. Unmittelbar nach Kriegsbeginn, mit 5. 9. 1939 erließ das Bischöfliche Ordinariat Linz eine „Weisung" an den Klerus:

„... mit besonderem Hinweis auf die *Kriegslage*. Hier ist im Interesse des Staates, der Bevölkerung und des Klerus selber doppelte Vorsicht und Klugheit nötig. Sogenannte Kriegspredigten sollen gänzlich unterbleiben, umsomehr jede Stellungnahme zu außenpolitischen Fragen und rein profanen Problemen allgemeiner oder örtlicher Natur. Äußerungen über Kriegsverhältnisse, schwere Zeiten, drohende Gefahren u. ä. könnten leicht Anlaß zu gewissen Deutungen geben. Man vermeide alles, was niederdrücken, entmutigen oder sonst ungute Stimmung erzeugen könnte; man erfülle vielmehr die Gläubigen mit Hoffnung, Gottvertrauen und christlichem Starkmut, mit Opfersinn und praktischer Nächstenliebe. Abfällige Kritik an staatlichen und sozialen Maßnahmen, Untergrabung der Autorität und Hervorrufen von Unzufriedenheit ist entschieden zu unterlassen."[193]

Gegnerschaft gegen den Krieg von seiten des Ordinariates ist aus dieser Weisung nicht herauszulesen, wohl aber eine gewisse Neutralität. „Vorsicht" und „Klugheit" als Handlungsmaximen zeigen auf, daß das Ordinariat fürchtet, die Priester könnten vermehrt in Konflikt mit den staatlichen Stellen kommen, sie sollten erst gar keinen Anlaß zu „gewissen Deutungen" geben. „Gottvertrauen", „Starkmut", „Opfersinn" als allgemeine Tugenden würden keinem

Christen schaden und Polizei beruhigen, die ja die Post kontrollierte, mögen die Verfasser des Textes kalkuliert haben, die damit rechnen mußten, schon nächsten Tag wegen des Inhaltes zur Gestapo zitiert zu werden.[194] Über die allgemeine Stimmung unter dem Klerus gibt auch die Befürchtung des Ordinariates Aufschluß, die Priester könnten „abfällig Kritik" an staatlichen Maßnahmen äußern.

Ein Jahr später wird in, diesmal von Bischof Gföllner persönlich gezeichneten, „Weisungen" erneut die Enthaltung von politischen Äußerungen gefordert:

„Es wird neuerdings eingeschärft, in Predigten lediglich positiv die katholische Glaubens- und Sittenlehre darzulegen ohne jedwede direkte oder indirekte Polemik oder Anspielung auf politische oder militärische Verhältnisse sei es im Wortlaut sei es in Bildern oder Vergleichen. Das Gleiche gilt im Privatverkehr mit den Gläubigen."[195]

Anlaß der neuerlichen Weisung des Bischofs an seine Priester ist ein Brief des Gauleiters Eigruber an Bischof Gföllner. Der Gauleiter vermutete hinter Predigten wie der Karobaths in St. Radegund eine „einheitliche Weisung" des Bischofs.

„Schreiben Gauleiter August Eigrubers an Bischof Johannes Maria Gföllner betreffend Predigt des Pfarrers Josef Karobath aus St. Radegund, 18. 7. 1940
Bei dieser Gelegenheit möchte ich Ihnen einen Vorfall, bzw. eine Predigt des Pfarrers Josef Karobath in St. Radegund, Kreis Braunau mitteilen. Derselbe hat in dieser Pfarrkirche am 6. 7. dieses Jahres über die heutigen Verhältnisse in einer Art gesprochen, die einfach unglaublich ist und lebhafte Beunruhigung unter den Zuhörern entfachte. Er erklärte u. a., daß hinter den Gesetzen des heutigen Staates der Tyrann mit der Peitsche stehe.
Weiter führte er aus, daß viel Zorn, Leidenschaft und Haß unter den Menschen sei. Zum Schluß seiner gottgefälligen Worte meinte der obgenannte Pfarrer: ,Ein Grauen erfaßt uns vor der Zukunft. Legen wir das Ohr an das Herz der Zeit und wir können hören, wie sich Unheilvolles vorbereitet. Doch wie diese mit Fanatismus um ihre vermeintlichen Ziele kämpfen, so wollen auch wir fanatisch sein. Fanatismus gegen Fanatismus! Wir setzen unsere Zeichen gegen ihre Zeichen, unsre Fahnen gegen ihre Fahnen! Amen!' Pfarrer Karobath

meint zwar, er habe diese Worte nicht gegen Partei und Staat gerichtet. Allerdings müßte man mit Dummheit geschlagen sein, um den Sinn hier nicht zu verstehen. In der letzten Zeit wird überhaupt von seiten der predigenden Pfarrer sehr viel mit schlechten und anzüglichen Vergleichen gearbeitet. Mag sein, daß früher einmal die Bevölkerung solchen bilderreichen Aussprüchen weniger folgen konnte. Durch die politische Aufklärung versteht aber heute jeder Dorf- und Stadtbewohner, was mit den Vergleichen gemeint ist. Es wirft auf alle Fälle auf die gesamte Einstellung der Kirche kein gutes Licht, wenn immer wieder zwischen den Worten und Predigten der Pfarrer versteckte und anzügliche Bemerkungen gegen Führer, Partei und Staat fallen. Ich habe bisher diesen Predigten weniger Bedeutung beigemessen. Da sich aber die Häufigkeit der Fälle mehrt und ich die Überzeugung gewonnen habe, daß diese Methode auf eine einheitliche Weisung zurückzuführen ist, bin ich gezwungen, falls diesem Treiben nicht Einhalt geboten wird, dagegen mit aller Schärfe vorzugehen. Von loyaler Einstellung kann hier nicht mehr die Rede sein. Die politischen Ereignisse sollten doch gerade den studierten geistlichen Herren die Zwecklosigkeit ihrer Nadelstiche gegen Führer, Partei und Staat erkennen lassen. Wenn Vernunft und Einsicht nicht Platz ergreifen, muß ich in meinem Gau in Zukunft deutlicher die Stellung der Partei und des Staates wahrnehmen."[196]

Im Sommer 1940 waren bereits zahlreiche Priester in Konzentrationslagern oder Gefängnissen,[197] was ein noch „schärferes" Vorgehen bedeuten würde, war dem Bischof klar. Die darauf folgende Weisung sollte eindeutig die Prediger warnen.
Eine wortlos sprechende Stellungnahme zu dem zu diesem Zeitpunkt noch „erfolgreichen" Krieg gibt das Linzer Ordinariat am 5. 5. 1940. Nach dem siegreichen Ende des Frankreich-Feldzuges war von staatlicher Seite die Anordnung ergangen, eine Woche lang mittags eine halbe Stunde zu läuten.[198]
Das Schreiben an die Pfarrämter umfaßt einen einzigen Satz: „An den 3 Tagen 6., 7. und 8. 6. d. J. ist von 12^h bis $12\frac{1}{4}^h$ mit allen Glocken zu läuten, Bischöfliches Ordinariat Linz."[199] Kein Wort von der Ursache und dem Zweck des Läutens; Siegesfreude oder Triumphalismus oder Kriegsbegeisterung wären an dieser Stelle wohl nicht verborgen geblieben.
Die „Meldungen aus dem Reich" des Sicherheitsdienstes vom 13. 6.

1940 belegen die kirchliche Distanzierung vom Siegesgeläute:

„In gegnerischen Kreisen der politischen Kirchen beschäftigt man sich wieder einmal, ähnlich wie bei der Beendigung des Polenfeldzuges, mit dem angeordneten Siegesläuten der Kirchenglocken. Dieses Siegesgeläute, bei dem alle aus Luftschutzgründen getroffenen Einschränkungen wegfielen, bewiese erneut, daß diese Einschränkungen gar nicht so sehr aus luftschutztechnischen Gründen, sondern aus der religionsfeindlichen Haltung des Nationalsozialismus zu erklären seien. Wenn das rituelle Läuten eine Gefahr bedeute, so gelte dies genauso auch für das angeordnete Siegesläuten. Im allgemeinen allerdings wurde das Glockenläuten anstandslos durchgeführt. Nur vereinzelt konnte die Beobachtung gemacht werden, daß Kirchen nur ganz kurze Zeit und nur mit ihren kleinsten Glocken läuteten (Wien)."[200]

Im gemeinsamen Hirtenbrief der Bischöfe Deutschlands vom 26. 6. 1941, den die österreichischen Bischöfe mitunterzeichnet hatten, wurde auch in der Diözese Linz die Taktik der politischen „Enthaltsamkeit" aufgegeben. Dieser Hirtenbrief kann ebenfalls nicht losgelöst vom Verfolgungsdruck gesehen werden, dem sich die Kirche ausgesetzt sah. Aussageabsicht des Hirtenbriefes sind nicht die einleitenden Sätze über den Krieg, sondern eine ausführliche Beschwerde über die staatlichen Pressionen gegen die Kirche. Die Worte über den Krieg sollen die „vaterländischen" Qualitäten der Kirche unter Beweis stellen; diese sowie der Hinweis auf den Soldatendienst der Priester und Theologiestudenten sind die Einleitung zur Frage, warum die Kirche in dem Ausmaß an ihrer Aufgabe gehindert werde und warum so für den Kirchenaustritt geworben werde. Eine für die Argumentationsweise typische Stelle sei hier angeführt:[201]

„Unsere Priester, die als Sanitäter im Feld stehen, unsere zahlreichen Theologiestudenten und Klosterzöglinge, die dem Vaterland mit den Waffen dienen, stehen an Einsatzbereitschaft und soldatischer Haltung hinter Niemanden zurück und teilen die Entbehrungen und Gefahren ihrer Kameraden. Aber wir verstehen es nicht und sind mit großem Schmerz darüber erfüllt, daß manche Maßnahmen getroffen wurden, die tief in das kirchliche Leben eingreifen, ohne daß sie durch Kriegsnotwendigkeit begründet sind. Wir erinnern nur an die

Einschränkungen auf dem Gebiete der religiösen Erziehung, des religiösen Schrifttums, der außerordentlichen Seelsorge in Exerzitien und Einkehrtagen, der Seelsorge in den öffentlichen Krankenanstalten, des Gottesdienstes und der kirchlichen Feiertage."

Nach einer ausführlichen Aufzählung der staatlichen Maßnahmen gegen die Kirche werden auch die Pflichten der Gläubigen im Krieg in bezug auf den Menschen aufgezählt:

„Es gibt aber auch heilige Gewissenspflichten, von denen uns Niemand (!) befreien kann, und die wir erfüllen müssen, koste es uns selbst das Leben: Nie, unter keinen Umständen, darf der Mensch Gott lästern, nie darf er seinen Mitmenschen hassen, nie darf er außerhalb des Krieges und der gerechten Notwehr einen Unschuldigen töten, nie darf er ehebrechen, nie lügen. Nie darf er seinen Glauben verleugnen oder sich durch Drohung oder Versprechung verleiten lassen, aus der Kirche auszutreten."

Bei der Lektüre des Hirtenbriefes mehr als vierzig Jahre nach seinem Entstehen, fallen vor allem die Aussagen über den Krieg ins Auge; in diesem Zusammenhang ist interessant, wie der Brief auf seine Adressaten im Jahr 1941 gewirkt hat. In den Meldungen des Sicherheitsdienstes und der Gestapo findet sich deren Bewertung der bischöflichen Äußerung wie eine Dokumentation von Reaktionen an der Basis.[202] Unter „Auswirkungen der Verlesung des Hirtenbriefes des gesamten Episkopats Deutschlands" heißt es im Bericht des Sicherheitsdienstes: „Die nunmehr aus allen Gebieten des Reiches vorliegenden Berichte sprechen von einer außerordentlichen Beunruhigung der Bevölkerung in Folge der Verlesung dieses Hirtenbriefes."[203]
Einzelne im Sicherheitsdienstbericht wiedergegebene Äußerungen bestätigen, daß die Menschen dem Argumentationsgang der Bischöfe folgten: „Ich kann nicht verstehen, warum der Staat so auf die Kirche losgeht, wo doch die Bischöfe so vaterlandsliebend sind und viele Geistliche sogar Frontdienst machen."[204] Allein die Tatsache, daß sich die Kirche gewehrt hat, dürfte auf die Menschen großen Einfluß gemacht haben: „Endlich läßt sich die Kirche nicht mehr alles gefallen." „Das hätte schon lange gesagt gehört." „Die haben es ihnen aber gesagt, das war wenigstens eine deutliche Sprache." „Gegen unsere Bischöfe kommt eben selbst Adolf Hitler nicht auf."

Der Hirtenbrief brachte kaum Neues, es dürfte 1941 wenige Kirchenbesucher gegeben haben, die die Auswirkungen der nationalsozialistischen Schikanen auf die Seelsorge nicht bemerkt hätten; aber die Tatsache, daß über Maßnahmen des Staates überhaupt öffentlich gesprochen wurde, dürfte auf die Menschen so stark gewirkt haben:

„Hoffentlich bekommen auch die Leute draußen an der Front Kenntnis, wie hier mit der Religion umgesprungen wird, es wird höchste Zeit, daß der Krieg zu Ende geht."
„Partei und Staat können sagen und machen, was sie wollen, wir halten zu unserer Kirche."
„Den Glauben lassen wir uns nicht nehmen."
„Ich trete aus der Partei aus."
„Die werden schon sehen, wie die nächsten Sammlungen ausfallen."
„Kommt nur wieder mit einer Sammlung!"[205]

Aufgrund des Hirtenbriefes fürchteten Parteigenossen für die künftige Parteiarbeit: „Was in den einzelnen Ortsgruppen durch mühsame Arbeit Tag für Tag erarbeitet worden ist, wird durch einen solchen Hirtenbrief zunichte gemacht." In bezug auf die Kriegslage war die Parteiseite mit dem Hirtenbrief schon gar nicht zufrieden:

„Der Hirtenbrief ist eine bestellte Arbeit der Kriegsgegner Deutschlands."
„Wenn Partei und Staat den Brunnenvergiftern nicht zur rechten Zeit das Handwerk legen, müssen wir gewärtig sein, daß sich der Dolchstoß von 1918 wiederholt."[206]

Machte sich im gemeinsamen Hirtenbrief von 1941 die Kirche bereits vorsichtig zum Sprecher der Rechte der Menschen, indem sie auf das Verbot der Tötung Unschuldiger hinweist, so verstärkte sich dieses Engagement deutlich im Laufe des Krieges. Der Kampf der Soldaten bekommt im Hirtenbrief Sommer 1943 nur mehr einen einzigen Satz:

„Vor allem sind wir mit unseren Gedanken, Gebeten, Wünschen und Sorgen bei unseren Kriegern, die in heldenmütigem Kampfe, mit Opfern und Leiden ohne Zahl die Heimat schützen und vor unabsehbarem Unglück bewahren."[207]

Das laufend geschehende Unrecht wird deutlicher genannt:

„Wir können es uns endlich auch nicht versagen, unserem tiefsten

Schmerz und Grauen Ausdruck zu verleihen über die wahrhaft unmenschlichen Formen, in die der Krieg ausgeartet ist. Krieg ist der ritterliche Kampf zwischen kämpfenden Gegnern, aber Massenmorde an unschuldigen Nichtkämpfern, sogar an Kindern, Greisen und Kranken, Zerstörung von Gotteshäusern, von Werken der Kultur und christlichen Liebe, die bisher jeder Feind verschont hat, das kann nicht mehr als Krieg bezeichnet werden, dafür ist dieses furchtbare Wort noch viel zu gut."[208]

Meinen die Bischöfe in diesem Zusammenhang mit den Opfern der „Massenmorde" in erster Linie wohl die der Luftangriffe, so setzen sie sich auch noch im selben Jahr kritisch mit den vom Krieg unabhängigen Morden des eigenen Regimes auseinander. Im gemeinsamen Hirtenbrief „Über die 10 Gebote Gottes als Lebensgesetz der Völker" nehmen sie eindeutig Partei:

„Das Recht des Menschen auf Leib und Leben ... Tötung ist in sich schlecht, auch wenn sie angeblich im Interesse des Gemeinwohles verübt wurde: an schuld- und wehrlosen Geistesschwachen und -kranken, an unheilbar Siechen und tödlich Verletzten, an erblich Belasteten und lebensuntüchtigen Neugeborenen; an unschuldigen Geiseln und entwaffneten Kriegs- oder Strafgefangenen, an Menschen fremder Rassen und Abstammung. Auch die Obrigkeit kann und darf nur wirklich todeswürdige Verbrecher mit dem Tode bestrafen."[209]

Menschen des Widerstandes waren mit ihren Kirchen nicht zufrieden. Sie hätten stärkeres Engagement in obiger Hinsicht erwartet. Alfred Delp findet es für die Zukunft unwesentlich, was an weltlichen „Positionen" sich Menschen aus der Kirche erringen würden; er kritisiert Kritiklosigkeit wie das vordringliche Bemühtsein um das eigene Schicksal:

„Vor allem muß die Überzeugung wieder mehr wachsen, daß die Hierarchie nicht nur Zutrauen zu den Irrtümern und Dummheiten der Menschen hat; man muß wieder wissen und spüren und erfahren, daß sie die Rufe der Sehnsucht der Zeit der Gärung und der neuen Aufbrüche hört und beantwortet ..."[210]

Als entscheidend für die Zukunft fordert Delp eine

„Rückkehr der Kirchen in die ‚Diakonie': in den Dienst der Menschheit. Und zwar in einen Dienst, der die Not der Menschen bestimmt, nicht unser Geschmack oder das Consuetudinarium einer noch so bewährten kirchlichen Gemeinschaft. ‚Der Menschensohn ist nicht gekommen, sich bedienen zu lassen, sondern zu dienen.' Man muß nur die verschiedenen Realitäten kirchlicher Existenz einmal unter dieses Gesetz rufen und an dieser Aussage messen, und man weiß eigentlich genug. Es wird kein Mensch an die Botschaft vom Heil und vom Heiland glauben, solange wir uns nicht blutig geschunden haben im Dienste des physisch, psychisch, sozial, wirtschaftlich, sittlich oder sonstwie kranken Menschen."[211]

Die Fragen, die der Jesuit Delp vom nationalsozialistischen Kerker aus an die kirchlichen Strukturen richtet, sind wahrscheinlich nie überholt:

„Ob die Kirchen den erfüllten, den von den göttlichen Kräften erfüllten, schöpferischen Menschen noch einmal aus sich entlassen, das ist ihr Schicksal. Nur dann haben sie das Maß von Sicherheit und Selbstbewußtsein, das ihnen erlaubt, auf das dauernde Pochen auf ‚Recht' und ‚Herkommen' usw. zu verzichten ... Aber wie dahin kommen? Die Kirchen scheinen sich hier durch die Art ihrer historisch gewordenen Daseinsweise selbst im Wege zu stehen. Ich glaube, überall da, wo wir uns nicht freiwillig um des Lebens willen von der Lebensweise trennen, wird die geschehene Geschichte uns als richtender und zerstörender Blitz treffen."[212]

Zwanzig Jahre nach Delps Fragen unterzog sich die katholische Kirche dem 2. Vatikanischen Konzil, auf dem neben der inneren Strukturreform der Mensch in seiner Weltverantwortung ein Hauptthema werden sollte. Wohl nicht zufällig ist ein Lehrer und Freund Delps, Karl Rahner, wesentlich an der Theologie des Konzils beteiligt.[213]

Bischof Fließer: Keine Fußtritte für den toten Löwen

Unmittelbar nach Übernahme der Diözesanleitung hatte Bischof Fließer eine Verfügung der Gestapo erhalten, die die kirchliche Kinder- und Jugendseelsorge nahezu unmöglich machen sollte. Daß die mit 17. 7. 1941 datierte Verfügung eine Revanche für den gemeinsamen Hirtenbrief, der am 6. 7. verlesen worden war, gewesen sein könnte, liegt nahe. In bezug auf den Ort, die Vorankündigung, die Person des berechtigten Priesters und das Alter der Kinder legte die Gestapoverfügung solche Einschränkungen fest, daß jede Kinder- und Jugendseelsorge praktisch verboten war.[214] Der Bischof weigerte sich, die Verfügung anzunehmen und im Diözesanblatt zu veröffentlichen. Im Laufe des Sommers konnte er in bezug auf die Person der unterweisungsberechtigten Priester minimale Zugeständnisse erreichen. Die Bekanntgabe der Auswirkungen an die betroffenen Gläubigen hat nach Anweisung des Bischofs dennoch äußerst vorsichtig zu erfolgen, „um nicht eine vorzeitige und unnötige Beunruhigung hervorzurufen".[215] Folge jeder „Beunruhigung" in den Augen der Gestapo wären nur neue Schikanen gewesen.

In der grundsätzlichen Ablehnung des Nationalsozialismus unterscheidet sich Fließer nicht von seinem Vorgänger Gföllner, wohl aber in der Taktik des Umgangs. Gföllner hatte „Winkelzüge" jeder Art auch dem Nationalsozialismus gegenüber verabscheut. Fließer wollte im Interesse einer Aufrechterhaltung der Seelsorge jeweils herausholen, was nur ging.[216]

Ein Beispiel für die unterschiedliche Vorgangsweise bildet die Haltung zu Einberufungen von Priestern zur Wehrmacht. Nach einer geheimen Verfügung des Oberkommandos der Wehrmacht vom 14. 10. 1939 waren Priester in leitenden Stellungen vom Wehrdienst befreit, solche in abhängigen Positionen konnten zum Sanitätsdienst einberufen werden. Schon als Kirchenrechtler im Ordinariatsdienst hatte Fließer versucht, diesen Geheimerlaß möglichst auszunützen; doch Bischof Gföllner war anders als seine Amtskollegen zu einer solchen „Gesetzesumgehung" nicht bereit, seinem Charakter widerstrebte „krummes" Handeln auch dann, wenn es auf Kosten des eindeutigen Gegners gegangen wäre. Fließer schuf als Bischof von 1941 bis 1945 nicht weniger als 129 selbständige Seelsorgeposten, die bis auf vier in Steyr von staatlicher Seite akzeptiert wurden.[217] Obwohl er auf diese Weise alles versuchte, um die Priester vor der Einberufung zu schützen und damit indirekt den Krieg wertet, findet sich auch bei ihm die euphemische Sprechweise, wenn es um den Tod von Soldaten geht:

„Von Christus stammt das tapfere Wort, das zunächst ihm selbst, dann jedem Blutzeugen des Glaubens, aber auch dem christlichen Soldaten und stillen Opferseelen in Front und Heimat gilt, das heldische Wort: ,Verliere dein Leben, dann wirst du es gewinnen.' (Marc. 8, 35) Und auch das andere hochgemute Wort stammt aus Christi Mund. ,Eine größere Liebe hat niemand, als wer sein Leben hingibt für seine Freunde.' (Joh. 15, 13) Daß dieses Heldentum Christi auch heute noch in der Jüngerschaft lebt, dafür ist die Ehrenliste der dreißig Todesopfer, die unsre Diözese allein aus den Reihen ihrer Theologenschaft und Priesterschaft bis jetzt für die Rettung des Vaterlandes gebracht hat, der mit wertvollem Blute geschriebene Beweis."[218]

Solche patriotisch-politischen Aussagen sind bei Bischof Fließer jedoch sehr rar. In der oben erwähnten Silvesterpredigt, die 18 Manuskriptseiten umfaßt und wie einige weitere an alle Pfarrämter ausgeschickt wurde, spricht der Bischof hauptsächlich von der Notwendigkeit von Sühne angesichts von „so viel Schuld... je mehr an Sühne und Busse von der Kirche, von Gerechten und Sündern in die Waagschale der Gerechtigkeit Gottes geworfen wird, umso mehr wird die Weltschuld und die Weltstrafe aufgewogen und aufgehoben werden."[219]

Die zahlreichen Mitteilungen Bischof Fließers an seinen Klerus nehmen auf den Krieg nur indirekt Bezug, indem der Bischof Ratschläge gibt, wie den angeblich „kriegsbedingten" polizeilichen Einschränkungen zu begegnen sei, die von der Verweigerung von Kerzenzuteilungen[220] für kultische Zwecke bis zur Ansetzung von Luftschutzappellen zum Zeitpunkt der Fronleichnamsprozession reichten.[221] Es findet sich nicht einmal ein „Heil Hitler" oder eine positive Unterstützung irgendwelcher staatlicher Maßnahmen. Einzig und allein im Zusammenhang mit Klagen über staatliche Angriffe wird die Terminologie der Propaganda verwendet; dies jedoch auch nur in zum Verlesen in der Öffentlichkeit bestimmten Stellen, nicht aber im Verkehr mit den Priestern. Offensichtlich übernimmt Bischof Fließer die Sprechtaktik des gemeinsamen Hirtenbriefes von 1941, indem auch er mit den Hinweisen auf die „Kriegsopfer" von seiten der Kirche gegen die Einschränkungen protestiert.

Zentrales Anliegen der Hirtenbriefe des Bischofs von Linz ist das Thema „Sühne" für die „große Schuld"; als einzelner Bischof wagt er

nicht die Schuld so genau zu benennen, wie es im gemeinsamen Hirtenbrief der deutschen Bischöfe vom Advent 1943 geschehen war; für seinen Bereich sagt er in der Einleitung zu diesem Hirtenbrief: „Eine Aufrüttelung unserer Gewissen tut not!"[222]
Der Sühnegedanke ist auch Hauptmotiv der von Fließer sehr sorgfältig vorbereiteten Weihe der Diözese an Maria.[223]
In der Fastenzeit des Jahres 1944 „wünscht" der Bischof eine Buß- und Betwoche in jeder Pfarre:

„Es soll diese Woche insbesondere dem Gebet für die größten Zeitnöte gelten und dem Gedanken des ernsten Einsatzes aller Christen in Buße und Sühne, um die Strafgerichte Gottes, die die Welt bedrücken und noch bedrohen abzuwenden und die Heimkehr der Verirrten zu Gott zu erbitten."[224]

Die Bußaufrufe dürften von staatlicher Seite negativ bewertet worden sein. Den weiteren ausführlichen Mahnungen zur Umkehr in der Silvesteransprache 1944 fügte er nämlich eine Art Rechtfertigung bei:

„Und die von Gott und dem Volke gesetzt sind, für unser irdisches Wohl zu sorgen – wahrlich eine ungeheure Verantwortung und Sorge bei diesen Zeiten – die können versichert sein, daß wir gott- und ewigkeitsverbundene Christen deswegen nicht feige oder kampfmüde, auch nicht volksfremd oder vaterlandslos und nicht staatsgefährlich werden. Bei Gott, die Gefahr, so zu werden, ist bei denen viel größer, die da glauben, sie müssen von den Freuden der Welt möglichst viel genießen, ehe es mit ihnen für immer zu Ende geht. Nein, das Evangelium Christi zeugt keine Treulosen und keine Schwächlinge, ebensowenig als Christus ein Volksverräter oder Schwächling war."[225]

Nicht „kampfmüde", nicht „feige", nicht „volksfremd" oder „vaterlandslos", dieser Negativtugendkalender bestätigt, was Rahner von der sprachlichen Abhängigkeit in der Auseinandersetzung mit der Ideologie einer Zeit sagt. Da auch bei Delp manch „völkische" Wendung vorkommt, schreibt sein Mitbruder in der Einleitung zu dessen „Gesammelten Schriften":

„Es ist noch ein eigenes Wort zu sagen über Delps Verhältnis zur Ideologie seiner Zeit und zum Nationalsozialismus. Die Mentalität einer späteren Epoche ist kein guter Zugang und kein gerechter Maßstab für die Beurteilung einer früheren Epoche. Hinterdrein ist man immer gescheiter als vorher. Wenn man im Kampf der Weltanschauungen einem Gegner gegenübertritt, begibt man sich unvermeidlich in etwa auf das Niveau seines Gegners. Man ist auch, selbst wenn man im letzten ein eindeutiger Gegner der Ideologie einer Zeit ist, doch unvermeidlich auch von ihr mitbestimmt, spricht ihre Sprache."[226]

Beim Linzer Bischof ist dies ebenso eindeutig, die nationalsozialistische Terminologie verwendet er nur, wenn er sich in der Öffentlichkeit gegen die Nationalsozialisten wendet.

Sühne und Buße als Leitmotive der Verkündigung erstrecken sich bei Fließer über das Kriegsende hinaus. Im Zusammenhang mit den zahlreichen Vergewaltigungen von Frauen durch Besatzungssoldaten im Sommer 1945 betont er Sühne vor allem in Richtung von passivem Erleiden. In einer Mitteilung an die Priester gibt er den praktischen Rat, die Betroffenen mögen sich sofort nach dem Vorfall zum Arzt begeben, um eine Empfängnis zu verhindern. Ihr Leben sollten die Frauen auf keinen Fall gefährden: „Der übrigens meist legendäre Selbstmord bedrohter Jungfrauen ist darum nur als impetus coelestis zu bewundern und nicht nachzuahmen."[227] Dies sei hier angeführt, weil der Bischof dieselben Worte wenige Monate später für Jägerstätter verwenden sollte.[228] Der Bischof regt an, das „bittere Erlebnis" der einzelnen Frau jeweils in einen größeren Zusammenhang zu stellen:

„Am besten ist das Geheimnis vom Sühnegedanken heraus zu verstehen und anderen zu erklären. Brave Frauen und Mädchen brauchen und sollen in dem Leid der angetanen Schändung und Gewalt keine Strafe für persönliche Schuld sehen, sondern müssen auch darin einen Anteil an der allgemeinen Strafe für allgemeine Schuld erblicken, zu deren Abtragung der Herr auch die Unschuldigen beruft, freilich nicht, ohne sie einmal dafür besonders zu belohnen und wie Märtyrer zu verherrlichen. Es ist ja tragisch und unsagbar traurig, aber lehrreich, sehen zu müssen, wie sich alles wieder rächt und wie alles an sich selbst und durch sich selbst widerlegt und gestraft wird. Der alte Grundsatz ‚Worin man sündigt, darin wird man gestraft' gilt für die Schuld der Gemeinschaft noch mehr als für die Schuld des einzelnen; denn die Schuld der Gemeinschaft und der Völker muß hier auf Erden schon gerächt werden. Man denke zunächst daran, was die Völker in diesem Krieg sich gegenseitig antun und wie sehr sie sich gegenseitig zur Strafe und Rache werden müssen. Man denke auch an all das, was innerhalb des deutschen Volkes selber an Schuld aufgehäuft wurde. Welche Massenmorde wurden in den letzten Jahren im Namen der Rassenreinheit des deutschen Blutes aus rein heidnisch-materialistischer Auffassung heraus begangen, statt sich in dieser gewiß hochwichtigen Frage innerhalb der Grenzen der natürlichen und göttlichen Gesetze zu halten – und nun müssen Tausende und aber Tausende deutscher Mütter rassen- und volksfremdes, dazu oft noch verseuchtes Erbgut ihren Kindern weitergeben. Wie schamlos haben sich in den Kriegszeiten leider ungezählte deutsche Mädchen und auch Ehefrauen den Männern und Soldaten angeboten und oft geradezu aufgedrängt, so daß den Besseren unter den Männern der Ekel und die Scham darüber aufgestiegen ist – und nun müssen zahllose Mädchen und Frauen, die Unschuldigen, wie die Schuldigen, wider Willen und voll Abscheu von fremden Wüstlingen sich vergewaltigen und in niedrigster Weise mißbrauchen lassen. Um dem reichen Staate soziale Auslagen zu ersparen, mordete man Tausende von schuldlosen Geisteskranken und Unheilbaren unsres eigenen Volkes und Tausende noch ungeborener Kinder der ausländischen Arbeiterinnen – und nun erwächst dem armen Staate ein neues riesiges sozial-ethisches Problem in den vielen geschändeten deutschen Frauen und deren fremdblütigen Kindern."[229]

An dieser Stelle wird wieder deutlich, wie der Bischof in der Auseinandersetzung mit der Ideologie in deren Sprache verfällt. Die großen Verbrechen der nationalsozialistischen Machthaber waren dem Bischof als solche bekannt und bewußt, daher auch seine vielfachen Ermahnungen zu Umkehr und Sühne. Dennoch fand er es für besser, je näher das Ende der Terrorregierung kam, die Auseinandersetzung abzuschwächen. Die beiden zugänglichen Predigten des Jahres 1943 etwa befassen sich noch ausführlich mit der nationalsozialistischen Ideologie.[230] In einem Zusammenhang, in dem sich der Bischof nicht mit Verfolgungsmaßnahmen, sondern mit den Inhalten der Ideologie selbst auseinandersetzt, gelingt es ihm, die nationalsozialistische Terminologie zu überwinden und ins Absurde zu führen. In einer Predigt am Jugendsonntag (Christkönig) 1943 befaßt er sich mit dem „All Gott" der „Gottgläubigen" und sagt dabei einiges über den Wert jedes Menschen:

„Aber wenn das All Gott ist, alles, was existiert, ein Teil Gottes ist, dann ist nicht nur jeder Mensch Gott, sondern auch das Tier und die Pflanze und der Stein. Vielen ist das Christentum zuwenig artgemäß und artwürdig, weil es alle Menschen im Himmelreich auf Grund derselben Schöpfung und Erlösung für gleichberechtigt hält. Ist es nun nicht tragisch, daß diese stolzen Menschen sich dann in den Begriff des Allgottes flüchten und darin sich erst recht auf die gleiche Stufe stellen müssen mit allem, was im All lebt und existiert."[231]

Anschließend nimmt der Bischof den „Blut- und Bodenmythos" der Nationalsozialisten aufs Korn:

„Das läßt sich nun ja gewiß recht poetisch vorstellen: wie da ein Erbhofbauer sich auf einem Grund in die Heimaterde senken läßt und der Sohn, in dem der Ahne fortlebt, darüber eine deutsche Tanne setzt, in der der Ahne noch einmal zum Licht emporsteigt und mit diesem Erbgut nochmals verwurzelt; bis diese Tanne wieder in einem anderen Stoff aufgeht und wieder anders den späteren Generationen dient, noch immer in sich irgendwie den alten Ahnen fortpflanzend und weitertragend. Das ist ja ein ganz schönes, friedvolles Bild in einem besonders günstig gelagerten Falle. Was ist aber mit den Tausenden und Abertausenden deutschen Kriegsleichen in rassenfremder afrikanischer, kaukasischer und russischer Erde und auf dem rassenlosen Meeresgrund, die nicht in deutschen Bäumen und Saaten allgöttlich weiterkreisen dürfen, sondern von einem Teil des Allgottes verschlungen werden, der unserem stolzen deutschen Vorstellungskreis aber schon völlig fremd ist. Was ist es mit den Tausenden und Abertausenden jungen Kriegern, die in keinem Sohn und keiner Tochter blutsmäßig fortleben können, weil sie in einem Alter dahinsterben mußten, indem sie auf ehrenhafte Weise überhaupt noch keine Nachkommenschaft haben konnten!
Nein – mit einem Gott und einer Unsterblichkeit, die für viele Millionen wertvollster Persönlichkeiten gerade im entscheidenden Augenblicke so jämmerlich versagen, finden wir uns nicht ab."[232]

Ebenfalls in doppelbödiger Art und zynisch setzt sich der Bischof in der Silvesteransprache 1943 mit dem Krieg auseinander:

„Ach Gott   pausenlos wird namentlich an der Ostfront der neuentbrannte grausame Kampf aus dem Kriegsjahr 1943 ins Kriegsjahr 1944 hinübertoben! Ist der letzte aus den Reihen unserer Lieben schon gefallen? – Ach, wir wissen, wenn wir am Schluß dieser Andacht für die vielen Gefallenen dieses Jahres in Dankbarkeit und Ehrfurcht beten werden: in wenigen Stunden wird für Tausende anderer Krieger das Todesjahr anheben. Oder ist das Ende des Mordens wenigstens irgendwie für 1944 zu errechnen? Wer hat am Ende noch Lust, Termine für das Kriegsende anzugeben? Haben doch bisher alle verbotenen Prophezeiungen und alle erlaubten Terminangaben versagt und enttäuscht. Und die führenden Staatsmänner sagen uns doch in letzter Zeit nur noch in echt deutscher Kürze und Würde: ‚W a n n Deutschland siegen wird, ist Nebensache. D a ß es siegt, ist die Hauptsache, und es wird siegen. Mag der Weg dahin kurz oder lang sein – am Ende steht der Sieg!‘ So sagen uns jene, die von der Sache wirklich etwas verstehen und letzte Verantwortung tragen. Ob nun 1944 bloß ein Stück dieses Weges ist oder wirklich ans Ende des Krieges führt – wer weiß es! Auf alle Fälle stehen uns Opfer schwerster Art bevor. Auf alle Fälle müssen wir uns auf vieles und Hartes gefaßt machen. So steht es tatsächlich zu Sylvester 1943.“ [233]

Die Skepsis des Bischofs bezüglich „Endsieg“ klingt hier deutlich durch. In derselben Silvesterpredigt geht der Bischof auf die antikirchliche Propaganda ein, die das Christentum als nur für die Dummen angebracht fand und es bei diesen ausgerottet sehen wollte:

„Man beginnt zwar zunächst die Ausführungen regelmäßig mit der Beteuerung, daß gewisse Kulturleistungen der Kirchen für Europa und auch für Deutschland nicht geleugnet würden, versichert auch, daß den geistesarmen und willensschwachen Volksgenossen, die die Krücken der Dogmen und Sakramente und das Gängelband der Pfaffen nicht entbehren können, all das gelassen werde. Der Schluß der Vorträge ist aber mehr oder minder offen – je nach Publikum – die Forderung und Drohung: ‚Jetzt kommt der Bolschewismus dran, dann die Kirche.‘ “[234]

Von staatlicher Seite wünschte man die Unterstützung von seiten der Kirche erst, als die Kriegslage aussichtslos war. Im März 1945 rief der Leiter der Gestapostelle für Kirchenfragen, Grömer, Generalsekretär Vieböck zu sich, um einen Aufruf der Kirche zu letzter Stunde anzuregen. Die Kirche sollte ihren „moralischen Einfluß" und ihre „Glaubwürdigkeit" bei den Menschen dazu verwenden, einen Aufruf an die Gläubigen zu erlassen, angesichts des drohenden Zusammenbruches alle Kräfte zu mobilisieren und dem Feind entgegenzustellen. Vieböck hielt Grömer entgegen, daß der Staat bis dahin alles getan habe, um den Einfluß der Kirche auf die Menschen zu verhindern und deren Glaubwürdigkeit in Frage zu stellen.[235]

Es kam zu keinerlei Reaktion kirchlicherseits, die letzten Mitteilungen des Bischofs vor Kriegsende beschäftigen sich damit, was auf rein religiösem Gebiet beim Herannahen der Front zu tun sei.

In der Silvesteransprache 1944 wiederholt der Bischof den Sühnegedanken, das Schwergewicht liegt jedoch auf einer weniger polemischen, mit dem Hinweis auf die Ewigkeit tröstenden Verkündigung.[236]

Die Vorgangsweise von Bischof Fließer nach Kriegsende sollte sich darin bereits abzeichnen. Ihm geht es zwar auch um die innere Umkehr derer, die sich von der Kirche getrennt haben, wie aus den Anweisungen, die Wiederaufnahme in die Kirche betreffend, hervorgeht:

„Wo der Seelsorger den Eindruck gewinnt, daß lediglich Konjunkturgründe irgend welcher Art die Veranlassung zum Rücktritt bilden, wird er mit besonderer Vorsicht vorgehen und womöglich in einer längeren Vorbereitungszeit die erforderliche Disposition für den Rücktritt zu schaffen suchen."[237]

Nach Kriegsende ordnet er eine Prüfzeit von mindestens drei Monaten an.[238] Im „Hirtenwort zum Aufbau in Kirche und Staat" vom 11. 5. 1945[239] betont Bischof Fließer in erster Linie den religiösen Wiederaufbau. Die nationalsozialistische Herrschaft streift er, indem er auf Warnungen Bischof Gföllners und Papst Pius XII. vor dieser verweist:

„Beide Männer erkannten, daß der äußere Aufschwung, mochte er für den Augenblick noch so blendend scheinen, nicht von Dauer sein könne, wenn nicht der Nationalsozialismus aus seinem Programm die Verstöße gegen das Naturgesetz und das geoffenbarte göttliche Gesetz ausschaltete."[240]

Betont konziliant lädt der Bischof zur Rückkehr in die Kirche ein:

„Diese Einladung gilt natürlich für alle, die der Kirche in den Erschütterungen des ersten Weltkrieges den Rücken gekehrt haben. Ebenso sehnt sich die Kirche nach der Aussöhnung jener vielen, die in den letzten Jahren im guten Glauben meinten, die Kirche ablehnen und befeinden und jede Verleumdung gegen sie für wahr halten zu müssen."[241]

Die Wendung „im guten Glauben" in diesem Zusammenhang war auch bereits nach Erscheinen des Hirtenbriefes als zu weitgehend empfunden worden, im zum Vorlesen präparierten Exemplar, das sich im Pfarrarchiv Ostermiething befindet, ist diese Stelle ausgeklammert. Bischof Fließer nagelt in diesem Hirtenbrief auch seine Priester auf den jede Auseinandersetzung mit den Nationalsozialisten meidenden Kurs fest, indem er sie verlesen läßt:

„Ich weise meine Priester an, die religiösen Wahrheiten positiv und sachlich darzulegen und alles zu meiden, was die innerliche Rückkehr erschweren könnte. Kein Priester wird, auch wenn er persönlich viel zu leiden hatte und in schweren Fällen mit Recht auf Wiedergutmachung sachlich bestehen darf und muß, aus Rache oder Schadenfreude handeln, und ich bitte alle Katholiken um der Liebe Christi willen, dasselbe zu tun. Hüten wir uns vor aller Lieblosigkeit und Ungerechtigkeit. Meiden wir vorschnelle Verallgemeinerungen, sie sind fast immer falsch und ungerecht. Nennen wir böse, was böse ist, möge es von wem immer und an wem immer geschehen sein. Anerkennen wir als gut, was gut ist, möge es von wem immer getan worden sein. Und über allem stehe die Liebe! Ja, ich bitte alle Priester und Katholiken mir zu helfen, daß der Wahlspruch wahr werde, den ich vor vier Jahren bei meiner Bischofsweihe dem Römerbrief des Apostels Paulus in Vorausahnung der jetzigen Zeit entnommen habe: Vince in bono malum. Besiege das Böse durch das Gute (Röm. 12,21). Das ist ein unerläßlicher Beitrag zum Frieden der Waffen und der Seelen, aufdaß in der Ruhe der Ordnung sich das Reich Gottes ausbreite."[242]

Unmittelbar auf diesen Hirtenbrief ließ der Bischof eine Weisung für die Priester folgen.[243] An erster Stelle formuliert er klar das neue Verhältnis der Kirche zu Politik:

„Ich weiß mich mit den übrigen Bischöfen der Ostmark (!) eins in der Auffassung, daß sich die Kirche einer aktiven Teilnahme am politischen Leben enthalten wird. Ich weiß, daß der überwiegende

Teil des Klerus aus den Erfahrungen der Vergangenheit zur gleichen Überzeugung gekommen ist und diese Haltung der Kirche freudig begrüßen wird. Voraussichtlich wird kein Priester ein politisches Mandat übernehmen oder für eine rein politische Aufgabe zur Verfügung gestellt werden. Andere Zeiten, andere Methoden. Was in früheren Zeiten recht und richtig war, darf nicht geschmäht werden, soll aber nicht übernommen werden, wenn es sich gegenteilig auszuwirken beginnt. Die Kirche wird keine Partei gründen und keine Partei als ihre Vertreterin autorisieren. Das heißt aber nicht, daß die Kirche in Zukunft am öffentlichen Leben desinteressiert ist. Es ist und bleibt ihre Aufgabe, das christliche Gesellschaftsideal zu verkünden, und sie erwartet und begrüßt es, daß katholische Laien in der jeweils möglichen und geeigneten Form am öffentlichen Leben mitgestaltend teilnehmen und aus eigener Überzeugung und Verantwortung heraus das öffentliche Leben nach den Grundsätzen des Christentums zu formen suchen."[244]

Auf diese Beschreibung der Grundlinie läßt der Bischof konkrete Anweisungen für das politische Verhalten der Priester folgen, die auf eine Unterdrückung jeder Auseinandersetzung hinauslaufen:

„Die Predigt soll rufen und einladen, trösten und aufrichten, nicht verletzen und abstoßen. Es muß von jedem Verkünder der christlichen Wahrheit soviel Selbstbeherrschung verlangt werden, daß er nicht irgendwelche eigene Ressentiments auf der Kanzel abreagiert. Priesterliches Taktgefühl, Liebe und Bereitschaft zum Verzeihen wird angeben, was zur Sicherstellung der Priesterehre und der Rechte der Kirche gesagt werden muß und was ohne Schaden für die Sache selbst in Liebe und Demut verschwiegen werden kann. Ich bitte die diesbezüglichen Sätze in meinem neuen Hirtenbrief wirklich ernst zu nehmen, auch was die positive sachliche Darlegung der religiösen und weltanschaulichen Frage anlangt, ohne es zu unterlassen, sachlich einen klaren Trennungsstrich zwischen den katholischen Wahrheiten und dem antichristlichen Gedankengut des Nationalsozialismus zu ziehen. Im übrigen haben Katholiken und katholische Priester jetzt Ehrenhafteres und Wichtigeres zu tun, als dem toten Löwen Fußtritte zu versetzen."[245]

Der Bischof hielt demnach den nationalsozialistischen Löwen für tot. Die Gefahren einer innenpolitischen Auseinandersetzung schienen ihm größer zu sein als die des Zudeckens der nationalsozialistischen Gedanken und Taten. Von seinen Priestern, die vielfach Opfer nationalsozialistischer Verfolgung waren, fordert er vielmehr „Selbstbeherrschung", „Bereitschaft zum Verzeihen" sowie die Bereitschaft, „in Liebe und Demut" zu verschweigen. Ob diese Tugenden vom Bischof hier an der richtigen Stelle gefordert werden, ist ein Angelpunkt zur Beurteilung seiner Vorgangsweise.

In seiner Strategie des Nichtzurückstoßens und des Nichtwiederaufwärmens von Verbrechen schwächte der Bischof auch die Verfolgung der Priester durch den NS-Terror stark ab. Von Jakob Fried über die in seinem Bistum hohe Zahl von Priesterverhaftungen und KZ-Einweisungen befragt, gab er zwei Gründe an:

„Gauleiter Eigruber war gegenüber allen Priestern, die in Verdacht kamen, Schwarzhörer zu sein oder an politischen Widerstandsbewegungen teilzunehmen, rücksichtslos streng und hart; außerdem hielten sich in der Diözese Linz viele Ordens- und Klostergeistliche auf, die von anderswoher schon verfolgt wurden."[246]

Bischof Fließer muß gewußt haben, daß „Schwarzhören" in den meisten Fällen nur eine Schutzbehauptung war, um in die Hände der Justiz zu gelangen und nicht ohne Verfahren in ein KZ gesteckt zu werden.[247] Bei Überprüfung der Liste muß die Angabe einer großen Zahl diözesanfremder Priester als falsch bezeichnet werden.[248] Die Aussagen über das Verhältnis zwischen Bischof und Gauleiter Eigruber sind als eine Art taktische Teilwahrheit zu betrachten. Bemüht, Ahndungen nationalsozialistischer Vergehen im Interesse des inneren Friedens möglichst nicht zu fördern,[249] sagte der Bischof nur das wenige Gute, das im jeweiligen Fall zu sagen war. Prälat Vieböck war während der nationalsozialistischen Herrschaft als eine Art Kurier zwischen Ordinariat und Gestapo tätig, er hatte die jeweils telefonisch übermittelten neuesten Gestapoweisungen entgegenzunehmen und Gegenvorstellungen von seiten der Kirche vorzubringen; letztere Tätigkeit brachte ihm bereits im Sommer 1938 über eine Woche Schutzhaft ein; er bestätigte Fließers Kurs. In zahlreichen Entnazifizierungsverfahren um Zeugnisse gebeten, fand er meist irgendeine positive Tat, die den Entsprechenden dann entlasten konnte. Prälat Vieböck z. B. lehnte positives Zeugnis nur im Fall des Gestapobeamten Andreas Müller ab, dessen Sohn er auf die entsprechende Bitte hin riet, seinen, Vieböcks, Namen nirgends zu erwähnen, da er ansonsten gegen ihn aussagen müßte; dieser Müller sagte vor Priestern: „Geben Sie mir eine Handvoll Leute wie mich, und wir sind mit der Kirche in einem halben Jahr fertig."[250]

Wenn also Fließer über Gauleiter Eigruber nach Kriegsende sagte, er sei von diesem „immer anständig behandelt worden", er sei nie aus der Kirche ausgetreten und habe seinen Kirchenbeitrag bezahlt,[251] dann besagt das noch nicht viel über dessen tatsächliches Verhalten zur Kirche und zu den Menschen.

Die Befriedungsabsichten Fließers waren auch seinem Bischofskollegen Rohracher von Salzburg bekannt, der ihn in seiner Gedenkrede bei der Totenfeier als den „Schöpfer des milden politischen Klimas in Oberösterreich nach dem zweiten Weltkrieg" bezeichnete.[252]

Die Gefahr, durch seine Vorgangsweise in Verdacht zu kommen, mit den Nationalsozialisten sympathisiert zu haben, bestand offensichtlich unmittelbar nach den Ereignissen nicht. Es war klar in aller Erinnerung, wer die Gegner und wer die Verfolgten des Regimes gewesen waren.

Eine weitere Frage ist die nach der Einschätzung des nationalsozialistischen Gedankengutes. Hielt der Bischof die Ideologie als durch die Praxis genügend entlarvt?

Insgesamt dürfte gemeinsames Anliegen breiter Schichten der Bevölkerung gewesen sein, nach den Bürgerkriegs- und Nationalsozialismuserfahrungen der Vergangenheit endlich zu einem inneren Frieden im Land zu kommen. Verfolgungen würden diesen Kreislauf der Gewalt nur fortsetzen. Mein Großvater, 1945 erst kommissarischer, dann gewählter Bürgermeister der Gemeinde Ohlsdorf, OÖ, lehnte im Sommer 1945 den Vorschlag des Vizebürgermeisters ab, das Auto des nationalsozialistischen Vorgängers zu beschlagnahmen. Sein Hinweis war der, daß mit diesen Methoden endgültig Schluß sein müsse und in der Zukunft alle wieder miteinander leben müßten.

Jägerstätter paßt nicht in die Strategie

Die Nichtpublikation des Schicksals Jägerstätters ist, wie schon ausgeführt, taktisch begründet, der Bischof will keine Diskussion über die nationalsozialistische Vergangenheit.

Wo es um die Beurteilung des Falles Jägerstätter durch den Bischof geht, drückt sich eine ambivalente Haltung aus. Als Theologe und

Hirte der Kirche konnte der Bischof Jägerstätter letztlich von seinem Vorhaben nicht abraten: „Ich kenne seine ‚Konsequenz' und achte sie, besonders die Motive." Die Beweggründe des Handelns sind anerkannt, ebenso die Konsequenzen als „Martyrium und Sühneleiden", als sehr hohe positive Werte, nur findet der Bischof übertrieben, daß sich jemand diese selbst aufhalst:[253]

„Ich sah, daß der Mann nach dem Martyrium und nach dem Sühneleiden dürstet, und sagte ihm, er darf diesen Weg nur gehen, wenn er sich durch eine außerordentliche Einsprechung von oben, nicht aus sich selbst berufen wisse. Er bejahte es."

Franziska Jägerstätter findet die Ausdrucksweise des Bischofs „nach dem Sühneleiden dürsten" nicht zutreffend; sie meint, wenn es ihrem Mann in erster Linie um das Sühneleiden gegangen wäre, so hätte er nicht zum Bischof gehen müssen. Wenn sich Franz Jägerstätter über seine Situation mit anderen ausgesprochen hat, dann immer in der Hoffnung, es könnte sich ein Ausweg zeigen, der gerechtes Handeln und Überleben ermöglichen würde.

Im Brief an das Pfarramt St. Radegund vom 11. 8. 1945 wird ein Aktenvermerk des Bischofs wiedergegeben: „Übrigens habe ich bei meiner Unterredung mit Jägerstätter ebenso wie seine Seelsorger und Angehörigen seine Haltung gebilligt."[254]

Der Bischof konnte zu Jägerstätter auch nicht sagen, daß er etwa die politische Situation falsch einschätzen würde – der Bischof hielt es vielmehr nicht für die Aufgabe und Kompetenz des Bauern, die Reichspolitik und deren Auswirkungen zu beurteilen, etwa nach dem Motto: Das Hemd habe ihm näher zu sein als der Rock. In diesem obrigkeitsstaatlichen Denken hatte der „mündige Christ" noch keinen Platz. Der Bischof im Brief vom 27. 2. 1946:

„Ich habe umsonst ihm die Grundsätze der Moral über den Grad der Verantwortlichkeit des Bürgers und Privatmannes für die Taten der Obrigkeit auseinandergesetzt und ihn an seine viel höhere Verantwortung für seinen privaten Lebenskreis, besonders für seine Familie erinnert."[255]

„Außerordentliche Einsprechung", mit anderen Worten: Gnade und klares Wissen um die persönliche Berufung, wird bei Jägerstätter nicht bezweifelt, doch das hebt ihn, so der Bischof, eben von der Allgemeinheit ab:

„Darum ist Jägerstätter ein ganz besonderer Fall, der mehr zu bewundern als nachzuahmen ist und darum nur in der entsprechenden, eindeutigeren Darstellung dem Volk bekannt zu machen ist. Ich bin Arthofer sehr dankbar, wenn er sich an diese schwierige Arbeit als Theologe und Schriftsteller und Seelsorger heranmacht und herausstellt, was an Jägerstätter wirklich echtes Heldentum und nachahmenswert war."

Pädagogische Absichten bestimmen auch die folgenden Aussagen des Bischofs stärker als die Frage, was vor Gott richtig sein mag; Pflichterfüllung soll nicht in Zweifel gestellt werden:

„Ich halte jene idealen katholischen Jungen und Theologen und Priester und Väter für die größeren Helden, die in heroischer Pflichterfüllung und in der tiefgläubigen Auffassung, den Willen Gottes auf ihrem Platz zu erfüllen, wie einst die christlichen Soldaten im Heere des heidnischen Imperators[256] gekämpft haben und gefallen sind. Oder sind die Bibelforscher und Adventisten, die ‚konsequent‘ lieber im K.Z. starben als zur Waffe griffen, die größeren Helden? Alle Achtung vor einem schuldlos irrigen Gewissen; es wird vor *Gott* seine Würdigung finden. Für die Pädagogik an den *Menschen,* sind die Beispiele der Helden, die aus eindeutig richtigem Gewissen konsequent gehandelt haben, die besseren Vorbilder."[257]

Die als „verbohrt" und „unbelehrbar" bekannten Sektierer kann der Bischof nicht als Vorbilder akzeptieren; daß sie in bezug auf den Wehrdienst ähnliche Einstellungen wie Jägerstätter hatten, fördert keinesfalls eine kirchliche Publikation seines Falles. Aus dem Geschriebenen geht nicht eindeutig hervor, auf wen der Bischof das „schuldlos irrige Gewissen" bezieht, aus dem unmittelbaren Zusammenhang wohl in erster Linie auf die Bibelforscher; für die Erziehungsarbeit an den Menschen wünscht der Bischof jedenfalls Vorbilder mit „eindeutig richtigem Gewissen", die sich nicht in solch problematischer Nachbarschaft befinden.
Nach Prälat Vieböck war ein weiterer Grund, warum man eine Darstellung Jägerstätters als des „wahren Helden" vermied, die Tatsache, daß man befürchtete, die Kriegsheimkehrer würden fragen, warum die Kirche ihnen nicht rechtzeitig gesagt habe, daß diejenigen die größeren Helden seien, die nicht kämpften. Diesen Gesichtsverlust wollte man offensichtlich nicht riskieren. Im selben

Brief, in dem sich die ausführliche Begründung des Bischofs bezüglich der Nichtveröffentlichung des Jägerstätter-Artikels von Arthofer befindet, ist die diözesane „Nicht-abstoßen-Linie" noch ein weiteres Mal in bezug auf einen anderen Artikel ausgeführt:

„Die Skizze ‚Das kann ich nicht verantworten!' im Kirchenblatt zu bringen, kann ich mich nicht entschließen... So manche aber, in denen ein kleiner Funke zu glimmen begonnen hat, werden ihn wieder auslöschen, wenn ihnen der Irrtum, dem sie seinerzeit gefolgt sind, immer wieder mit aller Härte als ‚Antichristentum' an den Kopf geworfen wird."

Eine Absicht, aus einem „Märtyrer des Widerstandes" wie Jägerstätter oder aus den zahlreichen politischen Morden an Priestern nach Kriegsende auf irgendeine Art Kapital zur Legitimierung politischer Ansprüche zu stellen,[258] kann für die Linzer Diözesanleitung in keiner Weise festgestellt werden. Im Gegenteil, der Bischof untertrieb eher, um möglichst „keine neuen Gräben aufzureißen". In einem Schreiben von Pfarrer Franz Krenn, selbst Verfolgter des Regimes und Freund Jägerstätters, an Karobath wird deutlich, daß nicht alle die Linie widerspruchslos mitmachten:

„... jetzt fange ich alle 14 Tage wieder beim Frühgottesdienst das Predigen an, damit ich wieder etwas in Schwung komme, freilich haben manche Confratres Angst, daß ich politisiere, wenn ich mit Wahrheit kommen sollte, wie einmal im Vorjahre, doch ich kümmere mich nicht darum, denn die Irrlehre des Nazismus ist noch lange nicht bereinigt, und man darf die Leute das Antichristentum nicht ganz vergessen lassen. Demnächst schreibe ich im Linzer Volksblatt einen Artikel über Franz Reinisch, Franz I. Derselbe Held wie Jägerstätter! Das Martyrium dieser beiden wird noch Segen bringen, nur schade, daß gerade kirchliche Stellen so langsam in der richtigen Auffassung sind, aber begreiflich, denn solche Gestalten sind zuviel der Mahnung!"[259]

In der Nähe der Bibelforscher

Nicht nur die Tatsache, daß Bischof Fließer Franz Jägerstätters Haltung in die Nähe der Bibelforscher bringt, gibt Anlaß zu diesem Exkurs. Seine Tante und mit ihr sein um zwei Jahre älterer Cousin und quasi Ziehbruder sind aktive Zeugen Jehovas, Franz hatte mit ihnen zahllose theologische Auseinandersetzungen geführt; diese werden für ihn mit einer der Gründe gewesen sein, sich intensiver mit religiösen Problemen zu befassen. Sein Cousin, der von seinem Bekenntnis dazu eher verpflichtet gewesen wäre, verweigert den Militärdienst nicht.

Die Bibelforscher oder Zeugen Jehovas waren ab der Machtübernahme durch die Nationalsozialisten 1933 in Deutschland in einem grundsätzlichen Konflikt mit Partei und Staat. Sie verneinten das Recht des Staates, abgesehen von dem in der Bibel wörtlich angeführten Steuergeld, weiteres zu fordern. Sie lehnten infolgedessen die Legitimität der nationalsozialistischen Führung ab. Ihre kleine Zahl machte sie zudem schutzlos.[260]

Nach einem Verbot im Jahr 1933 in Deutschland hielten sie weiter ihre Zusammenkünfte ab und verbreiteten ihr Schriftmaterial illegal; 1936 setzte in Bayern eine gezielte Verfolgung ein, die nach Hausdurchsuchungen zu zahlreichen Verhaftungen führte.[261] In dem zugänglichen Material über den Raum München-Augsburg findet sich kein Fall einer aktiven Dienstverweigerung. Ein Arbeiter, der der Werbung für Bibelforscher beschuldigt wurde, gab vor der Gestapo zu Protokoll, er erkenne die Regierung nicht an und werde keiner Einberufung Folge leisten, ,,. . . weil. . . ungerechte Forderungen an die Menschheit bzw. an die Bibelforscher gestellt werden und ich hiebei gezwungen wäre, meinen Mitmenschen das Leben abzusprechen".[262]

Dieser Mann kam mit einer Verurteilung zu 10 Monaten Gefängnis noch glimpflich davon; nach Strafverbüßung wurde er allerdings ins KZ gesteckt.[263]

Am 18. und 23. 2. 1944 wurden vom Oberlandesgericht München Urteile gegen 20 aktive Bibelforscher gefällt. Einer von ihnen, Georg Halder, der beschuldigt wurde, daß seinetwegen ,,eine große Zahl anderer Personen in Augsburg wieder auf die verbotene Bahn kam", wurde wegen fortgesetzten Verbrechens der Wehrkraftzersetzung zum Tode verurteilt und hingerichtet. Werbung für die Bibelforscher wurde bereits als Wehrkraftzersetzung geahndet; in diesem Zusammenhang ist bemerkenswert, daß von den in München angeklagten Bibelforschern versucht wurde, unter Hinweis auf Fronteinsatz, Verwundung oder Soldatentod von Söhnen und Männern eine Milderung der Urteile zu erreichen.[264]

War die Mehrzahl der Bibelforscher schon wegen ihrer Zugehörigkeit und Betätigung in der Gemeinschaft verfolgt worden und starben aufgrund dieser Verfolgung allein drei oberösterreichische Bibelforscher im KZ,[265] so haben wir ebenfalls aus Oberösterreich ein Beispiel aktiver Eidesverweigerung zu Beginn des Krieges. Zugleich wird an diesem Fall deutlich, wie die Gestapo bei zu „milden" Gerichtsurteilen vorging. Hätte der Mann einige Jahre Haft wegen Bibelforscherei bekommen, hätte er wahrscheinlich überlebt.

Mit Datum vom 18. 8. 1939 begründet der Oberstaatsanwalt beim Landesgericht Linz in einem Schreiben an den Generalstaatsanwalt beim Oberlandesgericht Linz die beabsichtigte Einstellung der Voruntersuchung gegen Wolfgang Mattischek aus Attnang, der an einer Versammlung teilgenommen hatte, unter Hinweis darauf, daß eine „Inkraftsetzung von Rechtsvorschriften des Altreiches auf die Ostmark nicht stattgefunden hat". Nach Einstellung der Voruntersuchung und Entlassung durch die Justiz kam Mattischek jedoch sofort in Gestapohaft.[266] Noch im Herbst 1939 wird er wegen Eidesverweigerung aus Glaubensgründen vom Reichskriegsgericht in Berlin zum Tode verurteilt. Im vorletzten Brief an seine Mutter schreibt er am 24. 11. 1939:

„. . . Liebe Mutter, sei nicht bange und sorge dich nicht um mich, ich vertraue auf den Höchsten, auf seine Güte und Gnade. Er allein hat alles in seiner Hand . . . Gott wird mir die Kraft geben, daß ich alles überwinden kann."[267]

Für die Zeugen Jehovas gab die Glaubensgemeinschaft aufgrund einer wörtlichen Schriftauslegung eine Leitlinie zur Beurteilung der Handlungen und Ansprüche des Staates. Für Franz Jägerstätter als geistig isolierten Menschen ist die Bibellektüre entscheidend in der Meinungsbildung.

9 Verantwortung des einzelnen Menschen

Als Christ wie als Untertan den Verstand gebrauchen

Kirchlicherseits erkannte man durchaus die Gefahren der nationalsozialistischen Ideologie. In bezug auf die rassistische Propaganda
vom deutschen „Herrenmenschen" reagierte der Vatikan mit der
Heiligsprechung des einfältigen, „demütigen" Klosterbruders Konrad.[1] Der Wert demokratischer Strukturen und die Position des
einzelnen innerhalb dieser wird vom Papst anläßlich seiner Weih-
nachtsansprache 1944 erstmals betont.

„Außerdem sind die Völker selbst – und das ist vielleicht der
wichtigste Punkt – im grellen Schein des Krieges... in dem sie
eingeschlossen sind, wie von einer langen Betäubung erwacht. Sie
haben gegenüber dem Staat, gegenüber den Staatsmännern eine neue
fragende, kritische, mißtrauische Haltung angenommen. Durch
bittere Erfahrung belehrt, widersetzen sie sich mit größerem Nach-
druck den ausschließlichen Befugnissen einer diktatorischen, unkon-
trollierbaren und unantastbaren Macht und fordern ein Regierungs-
system, das mehr im Einklang steht, mit der Würde und der Freiheit
der Bürger."[2]

Im Anschluß referiert der Papst die Meinung,

„daß die Welt nicht in den verhängnisvollen Wirbel des Krieges
hineingezogen worden wäre, wenn die Möglichkeit bestanden hätte,
die Tätigkeit der öffentlichen Gewalt zu überprüfen und zu berichti-
gen..."[3]

In diesem Zusammenhang kommt der Papst auf den Wert der
Demokratie zu sprechen:

„Seine eigene Meinung aussprechen zu können über die ihm
auferlegten Pflichten und Opfer, nicht gezwungen zu sein zum
Gehorchen, ohne erst gehört zu werden, das sind zwei Rechte des
Staatsbürgers, die in der Demokratie, wie schon ihr Name sagt, ihren
Ausdruck finden."[4]

Wenn auch die Aussagen des Papstes in bezug auf die kritische
Verantwortung des einzelnen noch vorsichtig waren, so bestätigte er

176

doch eindeutig den Zusammenhang zwischen Staatsform und Krieg. Dagegen vertrat Bischof Fließer Jägerstätter gegenüber noch das Moralschema von der allein verantwortlichen „Obrigkeit"[5].

Das Mißtrauen der Menschen gegenüber Machtträgern aufgrund der Erfahrungen des Krieges blieb jedoch nicht, wie vom Papst zugestanden, auf den staatlichen Bereich beschränkt; ein wesentliches Ergebnis des II. Vatikanums dürfte bleiben, daß „Verantwortung des Laien"[6] auch innerhalb der Kirche und die „Würde des sittlichen Gewissens"[7] neu definiert wurden. Die Auswirkungen demokratischer Denkformen sind innerkirchlich allerdings nicht auf allen Gebieten bejaht, als aktuelle Beispiele seien hier „Lehrzuchtverfahren" oder Ehemoral angeführt. Wobei die Zeitdifferenz zwischen Einstellungen und Aktivitäten an der Basis und deren kirchenamtliche Gutheißung beträchtlich sein kann, wie die historischen Beispiele der Bibelarbeit und der Volksliturgischen Bewegung zeigen.
In der Geschichte der Kirche sind es immer auch einzelne, die eine Notwendigkeit in ihrer gesellschaftlichen Situation erkennen und gegen allen Widerstand durchführen. Für die sozialethische Einstellung der Christen haben solche Persönlichkeiten im nachhinein Modellcharakter (z. B. Franziskus, Elisabeth von Thüringen, Vinzenz von Paul). Von den Zeitgenossen, denen sie eine zu große Infragestellung bedeuteten, wurden diese Erneuerer meist abgelehnt und verfolgt.
Daß in der Kirche, die genau zwischen „lehrender", d. h. Papst und Bischöfen, auf der einen und „hörender", den einfachen Priestern und dem Volk, auf der anderen Seite unterschied[8] – in einer anderen Sprechweise zwischen „Hirten" und „Schafen" –, ein kritisch Fragender nicht verstanden wurde, braucht nicht zu verwundern. Erst ein von der ganzen Nationalsozialismus- und Kriegsproblematik unbelasteter, aus den USA stammender Missionsbischof brachte Franz Jägerstätter als Modellfall einer richtigen Gewissensentscheidung angesichts der Friedens- und Rüstungsfrage vor die Konzilsöffentlichkeit.[9]

Isoliert – „im fremden Land"

Der Widerstand leistende einzelne war im Vergleich zur kleinsten Gruppe in einer noch viel schwierigeren Situation. In der Gruppe fand die Person geistigen und weltanschaulichen Halt, Gefahren, Risiken wie Erfolgschancen konnten zumindest abgesprochen werden. Unter anderem bezeugt Dietrich Bonhoeffer den Wert der Freundschaft in der Widerstandstätigkeit.[10]

Franz Jägerstätter spürt die Vereinsamung ebenfalls stark. Nicht nur, daß er die örtlichen Kontaktzentren, die Gasthäuser meidet, weil es dort unausweichlich zu den lebensgefährlichen politischen Diskussionen kam, er fühlt sich geistig in seiner Heimat im „Feindeslande".[11] Da die „Reiseführer", die Priester und Bischöfe, „irregeführt oder mit Drohungen eingeschüchtert" waren,[12] muß Franz Jägerstätter seine Orientierung auf Lektüre und früher erworbene religiöse Kategorien stützen. Die in der Vorkriegszeit von Klosterneuburg ausgehende Bibelbewegung und das Schriftenapostolat erscheinen ihm in diesem Zusammenhang nicht zufällig:

„War nicht die Kirche in letzter Zeit stark bemüht, auch die Laien mit der Hl. Schrift oder mit sonst vielen guten Zeitschriften zu versehen, damit man sich auch, wenn uns schon die persönlichen Führer weggenommen oder stumm gemacht würden, ohne sie zurechtfinden."[13]

Die Bildung bedingt für Franz Jägerstätter den Grad der Verantwortlichkeit; unzählige Menschen wären in bezug auf Bildung in einer unvergleichlich besseren Ausgangsposition gewesen als der Bauer, der nur eine einklassige Volksschule besucht hatte. Für Jägerstätter ist schon Lesengelernthaben eine Kostbarkeit:

„Freilich werden solche einmal in der Ewigkeit eine weit geringere Verantwortung haben, welche das Lesen von Jugend auf nicht erlernen konnten, als solche, welche dieses große, von Gott erhaltene Talent, das man um viel Geld nicht preisgeben würde, nicht zum richtigen Zweck ausnützen."[14]

Zur Bezeichnung der isolierten Situation verwendet er, wie schon erwähnt, das Bild vom „Unterwegssein im Feindesland", wobei sich der Reisende in einem Lande mit verfälschten oder fehlenden Wegzeichen bewegen muß; da weiters damit gerechnet werden muß, daß ihm auch die Karten weggenommen werden, muß er sich solange es Zeit ist, umso besser vorbereiten.[15]

Ein weiteres Bild für den bedrohlich erlebten Geschichtsverlauf ist das vom „Strom", in dem auch die Katholiken dem Untergang zutreihen; für Franz Jägerstätter ist in diesem Zusammenhang die Gefährdung nicht nur physischer und irdischer Natur: Der, der sich vom Strom mittreiben läßt, gefährdet auch sein ewiges Heil, also sieht der Schreiber schon im Sich-mittreiben-Lassen persönliche Schuld. Er gesteht zu, daß der Weg zum Himmel schwieriger zu finden und zu gehen ist als in einer noch freieren politischen Situation; Passivität gestattet er jedoch nicht:

„Ein großer Strom hat uns erfaßt, in dem wir deutsche Katholiken alle schwimmen und zu kämpfen haben; ob wir in diesen Strom selbst hineingesprungen oder durch andere hineingerissen wurden, bleibt sich, solange wir uns darin befinden, so ziemlich gleich. Um glücklich wieder ans Ufer zu kommen, bleibt uns nichts anderes übrig, als gegen den Strom zu schwimmen, schwerer wird jedenfalls ein solcher gut herauskommen, welcher selbst hineingesprungen und vielleicht auch noch andere mit hineingerissen hat...“[16]

Alexander und Margarete Mitscherlich betonen den Druck des Kollektivs auf das kritische Gewissen des Ichs als eine der Bedingungen und als Ermöglichung der grauenhaften Mordtaten deutscher Menschen; nur Personen mit stabiler „Ich-Organisation" können sich in moralischen Umbruchs- und Ausnahmesituationen behaupten:

„Wer einige solcher verwirrender Zusammenbrüche gesellschaftlicher Wertorientierung erlebt hat, konnte erfahren, daß es nicht leicht ist, Anweisungen des Kollektivs zu widerstehen, die bald Strafdrohungen sind, bald primitive Triebbefriedigung enthemmen. Hier in kritischer Distanz zu bleiben setzt Kaltblütigkeit, also einen hohen Grad stabiler Ich-Organisation voraus; noch schwerer ist es, die durch Kritik gewonnenen Einsichten dann auch als Richtlinien des Verhaltens beizubehalten. Der Mensch ist als Gesellschaftswesen katexochen in außerordentlichem Maße angstempfindlich gegen alles, was ihn von seinen Gruppenbindungen isolieren kann; und umgekehrt begibt er sich als Andersdenkender, wie gesagt, in die große Gefahr, zum Ziel aggressiver Regungen der ‚Rechtgläubigen‘, der Mehrheiten zu werden. Die Bereitschaft, kollektive Sündenböcke zu suchen, kann ihn leicht zum Opfer wählen."[17]

Nicht nur Franz Jägerstätter erlebte Isolierung und Zweifel als schmerzlich. Der Theologe Bonhoeffer drückt die Erfahrung differenziert aus:

„Es ist unendlich viel leichter, im Gehorsam gegen einen menschlichen Befehl zu leiden als in der Freiheit eigenster verantwortlicher Tat. Es ist unendlich viel leichter, in Gemeinschaft zu leiden als in Einsamkeit. Es ist unendlich viel leichter, öffentlich und unter Ehren zu leiden als abseits und in Schanden. Es ist unendlich viel leichter, durch den Einsatz des leiblichen Lebens zu leiden als durch den Geist. Christus litt in Freiheit, in Einsamkeit, abseits und in Schanden, an Leib und Geist, und seither viele Christen mit ihm."[18]

In der wachsenden Distanz und Entfremdung in bezug auf die Dorfgemeinschaft, in der er vor der politischen Veränderung ein geachtetes Mitglied gewesen war, im Nicht-mehr-verlassen-Können auf die kirchlichen Amtsträger bleibt Franz Jägerstätters einziger Halt eine vertiefte Christusbeziehung. Täglicher Kirchenbesuch und Mesnerdienst demonstrieren dies nach außen und vertiefen die Kluft zur Umgebung. Das Ehepaar Franz und Franziska Jägerstätter, das von Anfang an auch in geistiger und religiöser Hinsicht miteinander Gemeinschaft gehalten hat, vertieft die Beziehung auf dieser Basis, und die Frau wird fähig, den Weg des Mannes anzuerkennen.

Verantwortung abschieben – die eigentliche Schuld

Widersinn blinden Gehorsams

In der geistigen Isoliertheit hält sich Franz Jägerstätter an überkommene und in der Umwelt unbestritten gebliebene Denkformen. Das pfingstliche Gebet um die Gaben des Geistes, das in Liedern und Andachten auch in der Volksfrömmigkeit verankert ist, wird nun Ausgangspunkt, um den Widersinn eines blinden Gehorsams aufzeigen zu können:

„Die Gabe der Weisheit und des Verstandes dürfen wir dann bei den sieben Bitten, um die wir zum Hl. Geist beten, gleich streichen. Denn wenn wir ohnedies blindlings dem Führer zu gehorchen haben, zu was brauchen wir da viel Weisheit und Verstand?"[19]

Daß es aber auf den Verstand allein nicht ankam, erlebte Jägerstätter bereits in seiner Umgebung. In bezug auf die Glaubenserkenntnis seiner Mitmenschen räumt er dem Willen die entscheidende Position ein.[20] Ähnlich urteilt er über die politische Urteils- und Handlungsfähigkeit:

„Für solche, welche die gefährliche Lage, in der wir uns heute befinden, nicht erkennen wollen oder nicht gegen den Strom schwimmen, weil es einfach schwerer ist, als von den Wellen sich mitspülen zu lassen, sind die ganzen Stärkungs- und Bekräftigungsmittel ziemlich zwecklos."[21]

Unmittelbar vorher hatte er auf häufigen Kommunionempfang und religiöse Lektüre als „Stärkungsmittel" im „Kampfe" verwiesen.[22] Beispiele dafür, wie Menschen, die im logischen Denken geübt gewesen wären, der politischen Führung und den von dieser propagierten emotionellen, triebhaften Zielen erlagen, finden sich bei Mitscherlich.[23]

Auch Dietrich Bonhoeffer definiert die Stupidität und Uneinsichtigkeit der Menschen als weniger intellektuelles denn soziologischpsychologisches Problem. In einer „Rechenschaft an der Wende zum Jahr 1943" für einen engen Vertrautenkreis innerhalb der Widerstandsbewegung beschäftigt sich der evangelische Theologe mit der Ermöglichung der Machtentfaltung des Nationalsozialismus. Auf einem verschiedenen Ausdrucksniveau kommen der Wissenschafter wie der Bauer zu ähnlichen Ergebnissen. Da dieser Text über die damalige Situation sehr viel aussagt und weit über diese hinaus Gültigkeit hat, sei er hier in wesentlichen Teilen wiedergegeben:

„Dummheit ist ein gefährlicherer Feind des Guten als Bosheit. Gegen das Böse läßt sich protestieren, es läßt sich bloßstellen, es läßt sich notfalls mit Gewalt verhindern, das Böse trägt immer den Keim der Selbstzersetzung in sich, indem es mindestens ein Unbehagen im Menschen zurückläßt. Gegen die Dummheit sind wir wehrlos ... Um zu wissen, wie wir der Dummheit beikommen können, müssen wir ihr Wesen zu verstehen suchen. Soviel ist sicher, daß sie nicht wesentlich ein intellektueller, sondern ein menschlicher Defekt ist. Es gibt intellektuell außerordentlich bewegliche Menschen, die dumm sind, und intellektuell sehr Schwerfällige, die alles andere als dumm sind. Diese Entdeckung machen wir zu unserer Überraschung anläßlich bestimmter Situationen. Dabei gewinnt man weniger den Eindruck, daß die Dummheit ein angeborener Defekt ist, als daß unter bestimmten Umständen die Menschen dumm gemacht werden, bzw. sich dumm machen lassen. Wir beobachten weiterhin, daß abgeschlossen und einsam lebende Menschen diesen Defekt seltener zeigen als zur Gesellung neigende oder verurteilte Menschen und Menschengruppen. ... Bei genauerem Zusehen zeigt sich, daß jede starke äußere Machtentfaltung, sei sie politischer oder religiöser Art, einen großen Teil der Menschen mit Dummheit schlägt. Ja es hat den Anschein, als sei das geradezu ein soziologisch-psychologisches Gesetz. Die Macht der einen braucht die Dummheit der anderen. Der Vorgang ist dabei nicht der, daß bestimmte – also etwa intellektuelle – Anlagen des Menschen plötzlich verkümmern oder ausfallen, sondern daß unter dem überwältigenden Eindruck der Machtentfaltung dem Menschen seine innere Selbständigkeit geraubt wird und daß dieser nun – mehr oder weniger unbewußt – darauf verzichtet, zu den sich ergebenden Lebenslagen ein eigenes Verhalten zu finden."[24]

Franz Jägerstätters Verhalten bestätigt die Aussagen Bonhoeffers. Doch nicht nur im Verhalten, sondern auch in den Reflexionen stimmt er mit dem Theologen überein; er sah sich in seiner eigenen Umgebung mit einer für ihn unverständlichen Form der Dummheit konfrontiert:

„Es ist bei der heutigen Zeit sehr zu bedauern, daß es auch unter uns Katholiken so viele gibt, die gerade dort gehorchen, wo sie nicht gehorchen brauchten, und dort sich auflehnen, wo sie zu gehorchen hätten. Wenn man solche Menschen dann über ihr Tun und Handeln zur Rede stellt, so kann man fast immer dieselbe Ausrede erhalten: ‚Wir kennen uns heute gar nicht mehr aus.‘ Obwohl sie in ganz anderen Sachen oft gerade nicht die Dümmsten sind. Wir Menschen können und dürfen eben über solche nicht urteilen, denn wir wissen nicht, wie unklar oft ein Menschenverstand sein kann. Aber Gott können wir einmal mit keiner solchen Ausrede nicht ankommen, denn er kennt unseren Verstand und weiß es, ob wir uns ausgekannt haben oder nicht!"[25]

Verantwortung der Autorität gegenüber

„Autorität" und „Gehorsam" waren Werte, die Franz Jägerstätter wiederholt reflektierte; sie werden ihm in politischen Diskussionen auch häufig entgegengehalten worden sein. Es finden sich keine anarchistischen Momente bei ihm. Jägerstätter ist bemüht, nicht in die Fehler des Gegners, Hinterlist und Gehässigkeit, zu verfallen. Er fordert sogar, dem Vorgesetzten zu helfen, recht zu handeln; er fordert Zivilcourage auch den Obrigkeiten gegenüber:

„Wir dürfen aber auch nicht vergessen, daß wir der weltlichen Autorität zu gehorchen haben; wenn's uns auch manchmal schwer fällt, den weltlichen Fürsten und Vorgesetzten treuen Gehorsam zu leisten, da wir ja so oft der Ansicht sind, wir werden ungerecht behandelt, mag auch oft sein. Aber deswegen sollten wir nicht in einem fort schimpfen und murren, denn zu was ist es uns denn überhaupt nützlich, wir können uns deshalb in keine bessere oder rosigere Lage betten. Ein offenes Wort, gesprochen zur rechten Zeit, oder eine ernste Bitte können uns oft weit nützlicher sein als stundenlanges Geschimpfe oder Jammern hinter der Vorgesetzten Rücken.“[25a]

Im Zusammenhang mit den Kriegszügen Deutschlands und des weiteren mit dem quasi religiösen Bekenntnis, das Adolf Hitler von allen fordert, sind für Jägerstätter die Grenzen der Gehorsamspflicht erreicht.

„Christus verlangt aber auch ein öffentliches Bekenntnis unseres Glaubens, genauso wie auch der Führer Adolf Hitler selber von seinen Volksgenossen verlangt, kann man also zwei Herren auf einmal dienen? Die Gebote Gottes lehren uns zwar, daß wir auch den weltlichen Oberen Gehorsam zu leisten haben, auch wenn sie nicht christlich sind, aber nur soweit sie uns nichts Schlechtes befehlen. Denn Gott müssen wir noch mehr gehorchen als den Menschen.“[26]

Der entscheidende Kampf ist für Jägerstätter der um Sein oder Nichtsein der Kirche, der „schon begonnen und niemand wird in diesem Kampfe einen Drückeberger spielen können, ‚entweder für Christus oder gegen Christus!‘“[27] Seine Aufgabe sieht er darin, möglichst vielen die Probleme bewußt zu machen:

„Viele werden sich jetzt denken, wenn ich wirklich so handle, wie ich geschrieben habe und so auch für einen Katholiken am besten sein sollte: Was ist dann mit unsren Söhnen, Brüdern oder Gatten, welche an der Front kämpfen oder vielleicht gefallen sind? Dieses Urteil müßten wir eigentlich gänzlich Gott überlassen, wir haben weder das Recht sie zu verdammen, noch auch heiligzusprechen. Ob einer freiwillig bei diesem Kampfe beteiligt oder nur gezwungen dabei ist. Ich bin zwar nicht dieser Ansicht, wie viele sagen: Der einzelne Soldat trägt über das ganze keine Verantwortung, dies trägt nur einer. Freilich werden viele, die noch in der Heimat sind, mit der bloßen Gesinnung oft mehr Verantwortung tragen als so mancher Soldat, der Hunderte erschießt, weil er es eben für seine Pflicht hält. Die meisten dieser Soldaten werden halt in diesem Kampfe mittun, weil es eben der Staat befiehlt und einem, (der) gegen dieses Gesetz sich auflehnt, der sichere Tod geschworen wird. Hoffen wir, daß es nicht viele sind, die mit jener Gesinnung kämpfen, um andre Menschen und Völker zu vernichten oder zu Sklaven zu machen, um selbst dann einmal einen Herren spielen zu können."[28]

Diese Gesinnung des einzelnen Soldaten zu beeinflussen, ist für Jägerstätter sehr wichtig. Soldaten mit Eßpaketen zu versorgen ist richtig, Jägerstätter hat dies auch, wie aus zahlreichen Dankbriefen hervorgeht, in einem großen Ausmaß getan; noch wichtiger ist ihm aber, sie zu ermahnen und zu belehren.[29]

So eindeutig schlecht für Jägerstätter der von Deutschland begonnene Krieg etwa ist, die Schuldigen am ganzen Elend sind dennoch für ihn keine Feinde, die zu vernichten wären, man müßte ihnen vielmehr „die Verantwortung leichter machen".

„Man kann in der heutigen Zeit gar häufig hören, das kann und darf man ruhig tun, die Verantwortung darüber tragen ja andre, und so wird die Verantwortung hinaufgeschoben von einem zu andren, keiner will für etwas verantwortlich sein, und so müßte nach menschlicher Beurteilung über die ganzen Verbrechen und Schrecklichkeiten, denen man gerade in der jetzigen Zeit zur Genüge begegnet, einmal nur einer oder höchstens zwei dafür büßen? Zeigt das noch von christlicher Nächstenliebe, wenn ich eine Tat begehe, die ich zwar für schlecht und höchst ungerecht halte, sie aber trotzdem begehe, weil ich sonst am eigenen Körper oder an der Wirtschaft Schaden leiden könnte? Die Verantwortung darüber, sagt man, trägt ja ein anderer? Es wird ja sein, daß manche führende Persönlichkeiten, ob geistlich oder weltlich, eine sehr große Verantwortung zu tragen haben. Aber anstatt ihnen die Verantwortung leichter zu machen, will man ihnen das eigene Binkerl Schulden, das man selbst leicht ertragen könnte, auch noch aufladen, damit es solche einmal ganz tief hinunterzieht! ... Wird nicht Gott einmal mehr nach dem Verstande jedes einzelnen Menschen urteilen als über seine Stellung, die er in seinem Leben innegehabt... Nach meiner Ansicht kommt es mir aber vor, trägt man eine größere Schuld, wenn man die volle Erkenntnis hat, daß solche Werke, die man da vollbringt, eher schlecht sein müssen als gut, aber nur deshalb mittut, damit unser verhätschelter Körper ja keiner Gefahr und Entbehrung ausgesetzt wird; natürlich klingen uns die Worte, wenn man uns sagt, die Verantwortung darüber tragen ja andre, sehr süß."[30]

Die Verantwortung abzuschieben und wider besseres Wissen zu handeln – darin sieht Jägerstätter „süß klingende Worte" und die eigentliche Schuld. Es ist frappierend, wie sehr Jägerstätters Einschätzung der politischen Zusammenhänge von doch sehr bescheidenen Informationsmöglichkeiten aus mit Mitscherlichs tiefenpsychologischen Untersuchungen übereinstimmt. Jägerstätter sieht als Motiv des Mitmachens den Wunsch, „einen Herrn spielen" zu können. Der Führer hatte für eine frustrierte und enttäuschte Generation ein neues Selbst- und Machtgefühl anzubieten; nach dem Zusammenbruch spätestens waren die „Nazis", die anderen, an allem schuld.[31]

Umwertung der Werte

Man braucht gar nicht auf die nationalsozialistische Propaganda ausgreifen, die die traditionellen Werte wie Vaterland, Heimat, Gehorsam oder Familie für ihre Zwecke mißbrauchte; Franz Jägerstätter wurden von seiner Umgebung dieselben entgegengehalten. Aus den vorangehenden Kapiteln geht hervor, wie der in der Heimat sich bereits als Fremder fühlende sich mit „Gehorsam" auseinandersetzte.

In einer Zeit, in der er jeden Tag damit rechnen mußte, unfreiwillig von seiner Familie getrennt zu werden und nicht mehr für diese sorgen zu können, ist die Verpflichtung der Familie gegenüber für ihn ebenso relativ geworden wie die, das eigene Leben zu erhalten, wo doch das Leben eines Soldaten im Stalingradwinter nur mehr sehr wenig wert war.

Wenn schon das Leben riskiert werden muß, dann wenigstens für eine Sache, von der man überzeugt ist:

„Ich glaube, der Herrgott macht es uns jetzt ohnehin nicht so schwer, das Leben für unsern Glauben einzusetzen, denn wenn man bedenkt, daß in dieser schweren Kriegszeit schon Tausende von jungen Menschen gezwungen wurden, ihr Leben auch ohne des Glaubens wegen unter furchtbaren Strapazen zu opfern, damit andre in der Heimat von den geraubten Sachen ihr Leben noch eine Zeit verlängern können und dabei noch Tausende von Kinderseelen morden, denn mit jedem neuen Sieg, den Deutschland erringt, wird das Schuldbewußtsein für uns Deutsche immer größer, warum soll es denn dann härter sein, das Leben für einen König einzusetzen, dessen Endsieg uns gewiß ist und dessen Reich, das wir uns dadurch erkämpfen, ewig bestehen wird."[32]

Den Einsatz des Lebens, den Tod, wertet Jägerstätter nicht nur als Opfer, sondern stärker noch als Zeichen in einer orientierungslosen und hoffnungslosen Situation, damit „dann andre wenigstens dem Beispiele folgen können".[33]

Stärkung der Handlungsfreiheit und Stärkung des Ichs

Die vielen Toten der Umgebung machten zwar deutlich, daß das Leben eines jungen Mannes im Winter 1943 nicht allzu sicher war, dennoch war Jägerstätter sich bewußt, welch großen Belastungen seine einsam getroffene Entscheidung ausgesetzt sein würde. Er scheint gespürt zu haben, daß jede Schwachheit, jedes unaufgebbare Bedürfnis dem Gegner eine Angriffsfläche bieten würde; er erkennt den Wert der freiwilligen Askese für die Stärkung der Persönlichkeit. Im freiwilligen Verzicht auf Annehmlichkeiten, auf die Dorfgemeinschaft und Zustimmung in der Gemeinschaft, im Verzicht auf erlaubte und zur Verfügung stehende Genüsse bereitet er sich auf die Extremsituation vor, in die er nach dem Widerstand gegen den Einrückungsbefehl unweigerlich kommen wird.

Pfarrer Karobath beschreibt unmittelbar nach Kriegsende in der Pfarrchronik St. Radegund diese Phase im Leben Jägerstätters: „Die Lage fürs Hitlerreich wird kritisch, und die Gefahr, daß er einrücken muß, wächst... Er übt Buße, er fastet, er verdoppelt sein Beten."[34]

Franziska bemerkt im Zusammenhang mit einer Äußerung über ihren Mann, daß er in dieser Zeit sechs Tage gefastet habe, daß es mit sechs Tagen nicht abgetan gewesen sei: mit zunehmender Machtentfaltung des Nationalsozialismus habe Franz das religiöse Leben, Fasten und Gebet vertieft. In bezug auf die Methoden steht Franz Jägerstätter völlig in der aszetischen Tradition seiner Kirche, mit dem einen Unterschied vielleicht, daß er zuerst die großen Zusammenhänge bedachte und dann erst die alltäglichen Kleinigkeiten. Dabei ist er in bezug auf diese durchaus nicht achtlos:

„Aber wer die kleine Sünde nicht achtet, der hat auch vor der großen Sünde wenig Furcht? Auch viele Wassertropfen können sogar ein großes Schiff versenken, wenn das Wasser nicht rechtzeitig aus dem Schiff hinausgepumpt wird."[35]

Diejenigen, die das Angebot der Kirche in Hinsicht auf den Kommunionempfang nicht nützen, vergleicht Jägerstätter mit Menschen, die eine Erbschaft verfallen lassen, nur weil sie es nicht auf sich nehmen, täglich oder wöchentlich eine festgesetzte Summe selbst abzuholen.[36] Den Empfang der Sakramente allein, ohne persönliches Bemühen, „besser und heiliger" zu werden, bezeichnet Jägerstätter als ungenügend für ein geistiges Vorwärtskommen.[37]
Im Gegensatz zur Umwelt ist für ihn Heiligkeit ein erstrebenswertes Ziel. Über häufig gehörte Äußerungen vermerkt er kritisch:

„Man kann auch so manchmal hören, glaubst vielleicht, ich will ein Heiliger oder eine Heilige werden? Es ist aber sehr zu bezweifeln, ob es solche doch bis zur Seligkeit bringen? Solche Worte kommen einem manchmal vor, als möchte man die Heiligen im Himmel nur verspotten ob ihrer schönen Tugenden."[38]

Seine Spiritualität beschränkte sich keineswegs darauf, passiv Sünden und Schwächen zu meiden. In Notsituationen in seiner Umgebung half er diskret durch viele Gaben, wie Nachbarn jetzt noch berichten.
Eine typisch innviertlerische Unsitte, das Aufrechterhalten von Feindschaften, oft über Generationen hinweg, läßt Franz Jägerstätter nicht gelten. Er ist in der Lage, die alltägliche Situation treffend zu analysieren und die Bewältigung auf wirklich christliche Weise aufzuzeigen:

187

„Werden wir von jemandem beleidigt (denn daß einem Unrecht geschieht, das meint man für gewöhnlich immer), sind vielleicht manche der Meinung, nicht eher verzeihen zu müssen, bis selber kommt und Abbitte leistet; in solchen Fällen würde man überhaupt nicht leicht zum Verzeihen kommen? Denn selbes, welches uns beleidigt hat, wird ebenfalls der Meinung sein, sich auch im Rechte zu befinden, deshalb kommt es öfters vor, daß manche jahrelange Feindschaften mit sich herumtragen. Wie gut wäre es in einem solchen Beleidigungsfalle, wenn man sich gleich denken würde, es war ja bloß mein Bruder oder meine Schwester (denn vor Gott sind wir ja alle Geschwister) und den Beleidigern so schnell wie möglich wieder vom Herzen verzeihen."[39]

Für den, der in der bäuerlichen Wertwelt beheimatet ist, mag das stärkste Beispiel für das Freiwerden Franz Jägerstätters von herkömmlichen Bindungen zugunsten innerlichen Gesammeltseins und Stärke des Ichs seine Stellung zum Hof sein.

Franz Jägerstätter, als eher armer Häusler-Bub aufgewachsen, dessen leibliche Eltern aufgrund ihrer Armut nicht heiraten hatten können, war auf dem lastenfreien Leherbauernhof gerade in der Zeit der Arbeitslosigkeit in einer vergleichsweise sehr guten Position gewesen. Es finden sich keine Anzeichen, daß er mit dem Bauersein nicht zufrieden gewesen wäre. In den Briefen aus der Militärdienst- wie aus der Gefängniszeit zeigt sich reges Interesse an der Wirtschaft.

Schon die Tatsache, daß er überhaupt über den Besitz nachdenkt, erscheint für die Zeit ungewöhnlich. Der Verlust der inneren Integrität, die Sünde, ist für ihn schlimmer als der Verlust von Haus und Hof:

„Wie kränken sich oft Menschen, wenn sie irgendein zeitliches Gut verlieren, wie gar etwa Haus und Hof, was würden manche für Opfer bringen, um es recht bald wieder zurückzugewinnen. Wie benehmen sich manche, ja sogar viele, wenn sie durch die Sünde das höchste Gut, Gott den Herrn und die ewige Glückseligkeit verlieren; es pressiert ihnen gar nicht, durch eine gute Beichte sich mit Gott wieder zu versöhnen und somit die ewige Glückseligkeit wieder an sich zu reißen."[40]

Bis in die siebziger Jahre waren in Oberösterreich für fast alle Bauern die Erfordernisse der Bewirtschaftung und Erhaltung ihres Besitzes

188

diejenigen Werte, denen alle anderen untergeordnet wurden; ob es um einen Eheabschluß ging, um Gesundheit von Frauen oder Kindern oder um deren Ausbildung, die Arbeitserfordernisse auf dem Hof standen unreflektiert an erster Stelle.[41]

Die „heiligen" Früchte des Bodens haben für Franz Jägerstätter nur eine relative Bedeutung; Gebete sind für ihn keine bloßen Worte:

„Und nun ein kleines Beispiel: Ein Bauer oder Bäurin machen in der Früh die gute Meinung mit den Worten, alles meinem Gott zu Ehren und gehen dann an die Arbeit, sind ziemlich viel Schritte und Handgriffe, was so arbeitsame Menschen an einem langen Sommertag vollbringen, des Abends schon ganz müde, stellt sie der Herrgott auf Probe, wie ernst es ihnen mit der guten Meinung war, und schickt ein schweres Gewitter, das an Feld und Flur großen Schaden anrichtet. Haben sie also wirklich zur Ehre Gottes gearbeitet, so darf ihnen das gar nichts machen, im Gegenteil, sie werden sogar dem Herrgott für dieses Unglück danken. Haben sie aber aus irdischem Profit ihre Arbeit verrichtet, dann wirds wohl aus sein mit der Ruhe, da brauch ich weiter nichts mehr anzuführen, denn das weiß so jeder gut genug, was da aus solchen Mündern herauspoltert. Ja, wenn man nur irdisch denkt, ist auch so ein Unglück was Schreckliches, Tage, ja sogar Jahre hängen oft daran, bis so ein Schaden wieder gutgemacht ist, so, jetzt haben wir eigentlich schon den Beweis, daß es nicht so einfach ist, alles zur Ehre Gottes zu tun."[42]

Solche Prüfungen sind nach Jägerstätter deshalb nicht zu fürchten, weil man wie ein Schüler weiß, daß man nach bestandener Prüfung wieder eine Stufe höher kommt. Im religiösen Leben gibt es ebenfalls große und kleine Prüfungen, kleine erfährt man täglich: in Hinsicht auf Geduld, auf Demut, auf Nächstenliebe.[43]

10 Trennung und Haft in Linz

Gefährten auf dem Weg ins Alleinsein

Nach dem übereinstimmenden Zeugnis von Franziska Jägerstätter wie von Pfarrer Karobath kehrte Franz Jägerstätter 1941 vom Militär zurück mit dem Entschluß, einer erneuten Einberufung nicht mehr Folge zu leisten.

Die Familie, die Nachbarn finden es „ver-rückt", daß ein einzelner sich dem ganzen Kriegsgeschehen entziehen will, man bedrängt ihn, doch auf Leib und Leben zu achten. Die Menschen können nicht realisieren, wie paradox ihr Argument angesichts des millionenfachen Sterbens und der Mißachtung des menschlichen Lebens ist. An die „Verrücktheit" des Kriegsalltags und des Geschehens im NS-Staat darf nicht gedacht werden. Der, der die Wahrheit nur denken will und am Unrecht nicht mittun will, sondert sich ab, wird zum „Sonderling".

Die Bezeichnung „Sonderling", die Jägerstätter bis in die Gegenwart anhaftet, kann nur auf dem Hintergrund dessen gesehen werden, was eben 1943 als das Normale und Sinnvolle galt.

Argumentativ konnte Jägerstätter nicht geschlagen werden. Das Vorhaben Jägerstätters mußte auch auf Gegner des Regimes „unglaublich" gewirkt haben. Pfarrer Karobath schreibt nämlich, daß er die diesbezüglichen Reden, die Jägerstätter schon 1940 in Wolfern geäußert hatte, gar nicht ernst nahm.[1] Karobath hatte für Braunau Kreisverbot, im Sommer 1942 traf er sich deshalb mit Jägerstätter in Tittmoning zu einem Gespräch.[2] Über den Erfolg dieses Gespräches notiert Karobath 1945 in der Pfarrchronik: „Aber er macht mich mundtot." Auf Befragen, was dieses „mundtot" bedeuten würde, erklärt Karobath, daß Jägerstätter die besseren Argumente gehabt habe.[3] „Wir haben ihn abhalten wollen, aber er hat uns immer geschlagen mit der Schrift." Partner in diesem Gespräch war auch Kanonikus Hindelang von Tittmoning gewesen. Karobath erinnert sich an den Ausgang dieses Gesprächs, er sagte am Ende zu Jägerstätter: „Ich rede Dir nimmer drein." In der Chronik drückt er das Ergebnis ähnlich aus: „Ich muß ihm recht geben, aber ich möchte ihn retten."[4]

190

Auf die Frage, ob Karobath Jägerstätter vorgehalten hätte, sein Vorhaben sei eine Sünde, wie es sein Nachfolger Fürthauer tat,' kommt eine klare Antwort: „Ich hätt nie gesagt, du bist ein Sünder." Befragt, wie Karobath an Stelle Jägerstätters gehandelt hätte, meint er: „Ich hätt den Hitler mehr gepflanzt. – Er war dazu zu ehrlich." In der Beurteilung des Systems stimmte er mit Jägerstätter überein, zudem war Karobath, der im Ersten Weltkrieg ein Bein verloren hatte, pazifistisch eingestellt. Er drückt seine Übereinstimmung mit Jägerstätter aus: „Weil ich den Krieg nicht mögn hab und den Hitler nicht."

Beim „Hitler pflanzen" ist Karobath in gewisser Weise noch glimpflich davon gekommen. Obwohl er nach einer eindeutig politischen Predigt „Feuer gegen Feuer, Fahne gegen Fahne, Fanatismus gegen Fanatismus" verhaftet wurde, konnte er sich vor der Gestapo unter Hinweis auf seine Kriegsverletzung und darauf, daß er nicht vorbereitet gewesen sei, herausreden und war nach wenigen Wochen wieder in Freiheit.[6] Das milde Urteil verwundert umso mehr, da doch sein Fall Anlaß für eine Rüge des Gauleiters an die Adresse des Linzer Bischofs gewesen war.[7]

Als Franziska vom Vorhaben ihres Mannes erfuhr, war sie sich der Konsequenzen dieses Schrittes bewußt, sie versuchte, ihren Mann umzustimmen.

Die Mutter, Rosalia Jägerstätter, mobilisierte in ihrer Angst um den Sohn die Verwandtschaft wie die Nachbarschaft. Franziska schildert diese Zeit:

„Am Anfang hab ich ihn sehr gebeten, sein Leben nicht aufs Spiel zu setzen, aber dann, wie alle mit ihm gestritten und geschimpft haben – die Verwandten sind gekommen –, hab ich es nicht mehr getan."

Die Begründung der Frau für ihr Verhalten: „Wenn Du jemand recht gern hast und der hat gar niemand, der ihn versteht." In einem anderen Gespräch drückt Franziska ihre damalige Einstellung so aus: „Wenn ich nicht zu ihm gehalten hätte, dann hätte er ja gar niemand gehabt." In einem ORF-Interview, aufgenommen und gesendet am 9. 8. 1983, antwortet sie auf die Frage, ob sie mit dem Vorhaben ihres Mannes einverstanden gewesen sei: „Soweit ich konnte."

Franziska Jägerstätter erlebte anläßlich der Abstimmung im April 1938, wie sehr es den Mann verletzte, als sie dem Druck der

Umgebung nachgab und auch den Mann zur Anpassung bringen wollte. Sie bereute 1938 sehr, daß sie sich wegen des äußeren Druckes in Distanz zu ihrem Mann hatte bringen lassen. Diese Erfahrung mag es mit bewirkt haben, daß in der viel gefährlicheren Situation vor der Verweigerung die Liebe und das Verständnis für den Ehemann nicht nur die Angst vor der Außenwelt, sondern auch die vor dem Verlust überwinden konnten.

So entscheidend für die religiöse Lebensausrichtung und -vertiefung die Eheschließung mit Franziska Schwaninger gewesen war, eine ähnlich wichtige Funktion hatte die Frau in der extremen Bewährungsprobe dieser Religiosität. Sie hatte Verständnis für seine Überlegungen, nahm an der Vertiefung der Religiosität teil, wie sie mit ihrem Eintritt in den Dritten Orden dokumentierte. Der starke Glaube der Frau ließ den Ehemann auch hoffen, daß sie ihr Los und den Verlust doch würde tragen können. Die eigentliche Heimat für Franz Jägerstätter war immer seine Ehe.

In der ersten Abklärungsphase der Entscheidung ihres Mannes ist Franziska Jägerstätter der einzige Beistand. An einer Episode aus dieser Zeit wird das exemplarisch deutlich; dasselbe Ereignis macht es auch verständlich, warum Franz Jägerstätter sich so kritisch mit der Haltung der Priester und Seelenführer auseinandersetzt. Seit der Rückkehr vom Militärdienst im Jahr 1941 besuchte Franz Jägerstätter mit seiner Frau täglich die Messe. Eines Tages fiel der Frau auf, daß ihr Mann an mehreren Tagen nicht wie sonst mit ihr zur Kommunion ging; auf ihr Befragen hin erfuhr sie, daß der Mann eine Aussprache mit Vikar Fürthauer gehabt hatte, in der er diesem von seinem Vorhaben berichtete. Der Priester bezeichnete Franz Jägerstätter wegen dessen geplanter Wehrdienstverweigerung als Selbstmörder. Daraufhin war der junge Bauer tief beunruhigt und wagte aufgrund des Urteils des Priesters nicht, zur Kommunion zu gehen. In dieser entscheidenden Situation gelang es der Frau, dem Ehemann wieder zu innerem Frieden zu verhelfen. Sie verstand ihn und seine Motive. Franziska Jägerstätter drückt dies in einem Brief an die Verfasserin vom 17. 2. 1985 wie folgt aus: „Ich habe es Franz ausreden können, und am anderen Tag freute er sich wieder auf die hl. Kommunion. Ich glaube, Franz würde mir das nie gesagt haben (wegen dem Selbstmörder), wenn ich es nicht beobachtet hätte, daß er Kummer hat und sehr leidet."

Das Ehepaar lebte in den Jahren 1941 bis 1943 täglich in der Sorge, der Postbote könnte die erneute Einberufung bringen. Eine Hoffnung für Franziska war, der Krieg würde zu Ende gehen, bevor es zu einer Einberufung käme.

Bei den Kindern blieb die Erinnerung an das Verstehen der Eltern. Die älteste Tochter überlegte noch im Kindesalter bezüglich ihrer Zukunft, ob sie einmal heiraten werde; die Mutter warnte, so viele Eheleute würden streiten, das Kind darauf: „Ihr habt auch nicht gestritten." Auch der von Franz geschätzte Schwiegervater Lorenz Schwaninger versuchte nach Mitteilung von Franziska Jägerstätter nach Erhalt der Einberufung ihren Mann umzustimmen, nach diesem Gespräch schreibt Franz einen Brief an den Schwiegervater;[8] da sein Gewissen nach der Auseinandersetzung mit den Schwiegereltern „nicht ganz ruhig" war,

„denn ich mußte mir den Vorwurf machen, daß ich durch manche meiner Worte, die ich mit Euch gesprochen und gestritten habe, Euch gekränkt und beleidigt habe, ich bitte Euch daher nochmals: Verzeiht mir alles; ich wollte Euch durch mein vieles Reden bloß zu einer anderen Anschauung bringen, nicht aber Euch kränken."

An seiner Haltung findet Franz zu diesem Zeitpunkt nichts mehr zu ändern, ihn reut die heftige Form der Auseinandersetzung mit den Schwiegereltern. Er hat auch Verständnis für deren Haltung:

„Ich glaub es ja gerne, daß Ihr um unser Wohl besorgt seid, freilich hätt ich mir schon längst die Hölle verdient, aber durch die unendliche Barmherzigkeit Gottes hoffe ich Verzeihung aller meiner Sünden."

Diese Wendung legt den Schluß nahe, daß auch von der Verwandtschaft versucht wurde, ihn unter Hinweis auf einen in der Vergangenheit nicht sündenlosen Lebenswandel von seiner religiös motivierten Entscheidung abzuhalten. Die Schwiegereltern dürften sich darüber auch mit Priestern beraten und deren Argumente in der Diskussion verwendet haben, doch für Franz war kein überzeugendes dabei, im Gegenteil, er bittet die Schwiegereltern, diese barmherzig zu verschweigen:

„Um das eine bitte ich Euch noch, so weit es Euch möglich ist, schweigt über das, was die Priester über meinen Fall gesprochen und vielleicht noch sprechen werden, denn sollte sich das Blatt einmal

drehen, dann könnte so etwas für die Priester zum schweren Nachteil
sein."

Hier sollte er sich allerdings täuschen, denn auch nach 1945 hatte
seinetwegen nur seine Frau Nachteile.
Die Mutter, Rosalia Jägerstätter, mobilisierte nicht nur die Verwandtschaft, um den Sohn von seinem lebensbedrohenden Vorhaben
abzubringen, sondern ging nach der Mitteilung einer ihrer Schwäge-
rinnen an Gordon Zahn auch zum damaligen Bürgermeister, welcher
wiederum mit dem Gendarmen sich beriet.[9] Der Gendarm erbot sich,
für Franz Jägerstätter ein Ansuchen an die Militärbehörde bezüglich
des Dienstes ohne Waffen zu richten.[10] Franz dürfte auf dieses
Angebot zu diesem Zeitpunkt nicht eingegangen sein.
Nach Erhalt der Einberufung am 23. 2. 1943 legt Franz Jägerstätter
dem Freund und Priester Karobath gegenüber und nicht zuletzt auch
sich selbst gegenüber ein letztes Mal Rechenschaft ab.[11]
Seine Motive und Argumente hat niemand widerlegen können. Wenn
es schon das Leben einzusetzen gilt, schreibt Jägerstätter, so wenigstens nicht „umsonst für diese Welt" und nicht für eine schlechte
Sache:

„Muß Ihnen mitteilen, daß Sie vielleicht bald wieder eines ihrer
Pfarrkinder verlieren werden. Habe heute den Einberufungsbefehl
bekommen und sollte schon am 25. d. M. in Enns sein. Da mir eben
niemand Dispens geben kann über das, was ich mir bei diesem Verein
am Seelenheile Gefahr zuziehen würde, so kann ich halt meinen
Entschluß, wie Sie ja wissen, nicht ändern. Es ist so schon so schwer,
in der Vollkommenheit einen Schritt vorwärts zu kommen, und dann
erst bei diesem Verein."

Jägerstätter vergleicht die augenblickliche Situation mit der, als Jesus
einsam und verachtet vor Gericht stand und es nicht einmal Petrus
wagte, sich zu ihm zu bekennen:

„Christus hat auch Petrus nicht gelobt, weil er ihn bloß aus
Menschenfurcht verleugnet hat, und wie oft würde ich dies vielleicht
wieder bei diesem Verein tun, denn tut man das nicht, so weiß man ja
auch fast sicher, daß man seine Lieben auf dieser Welt kaum mehr
sehen wird."

Diese Formulierung Jägerstätters legt nahe, daß er überlegt haben könnte, wohl einzurücken, allerdings nur so lange zu gehorchen, als er nichts Unrechtes auszuführen gehabt hätte; seine Überlegungen über die zu erschießenden Menschen lassen diese Interpretation zu.[12] Daneben betonte er aber wiederholt, daß, abgesehen von der einzelnen Tat, die Tatsache, daß man dem Nationalsozialismus im Krieg zum Siege verhelfe, schon Sünde sei. Im Kriegsverlauf mag hier eine Akzentverlagerung stattgefunden haben. Nach Stalingrad sind die Lebensopfer nicht mehr für einen Sieg gebracht worden, sondern nur mehr „sinnlos".

„Es heißt zwar immer, man soll das nicht tun wie ich, wegen Lebensgefahr, ich bin aber der Ansicht, daß auch die anderen, die da mitkämpfen, nicht ganz außer Lebensgefahr sind. Bei denen in Stalingrad sollen, wie man sagt, auch 4 bis 5 Radegunder darunter sein. Was werden diese Armen mitgemacht haben an Seele und Leib, möge Gott ihnen all diese Leiden im Jenseits belohnen, denn für diese Welt sind ja, wie die Aussicht besteht, diese Opfer ja doch umsonst."

Die übliche Entlastung des Gewissens, daß im Krieg andere als die üblichen Normen gelten, kann Jägerstätter nicht für sich verwenden, er ist die ganze Zeit über empfindlich geblieben, ihn würde vieles „drücken", für ihn wäre es Sünde, die er sich nicht auflasten will.

„Wenn auch bei diesem furchtbaren Verein vieles erlaubt ist, so glaub ich, ist es dennoch besser, lieber gleich das Leben zu opfern als sich zuerst noch in die große Gefahr zu begeben, zu sündigen und dann erst sterben."

Jägerstätter streift noch einmal das Argument, daß er um seiner Verpflichtung als Familienvater willen sein Leben „um jeden Preis" zu erhalten trachten müsse. Da es ohnehin unmöglich geworden war für einen Familienvater, für die Seinen zu sorgen, hatten solche Vorhaltungen wenig Gewicht. Jägerstätter konnte auch seine Familie nur der Wertwelt und der Autorität anvertrauen, an die er sich hielt:

„Meine Familie wird Gott und die Hl. Jungfrau nicht verlassen, denn ich könnte sie ja so auch nicht weiter beschützen, schwer wird es für meine Lieben schon werden. Dieser Abschied wird wohl schwer werden."

Äußerer Zeitablauf zwischen Einberufung und Tod

Die Einberufung zur Wehrmacht erhielt Franz Jägerstätter am 23. 2. 1943, bereits am 25. 2. hatte er in Enns zu sein.[13]
Nach Angabe von Franziska Jägerstätter fuhr ihr Mann am Mittag des 27. 2. von Tittmoning weg.
Sonntag, 28. 2., gegen 6.15 Uhr kam Franz Jägerstätter in Enns an; Montag, 1. 3., gegen 11.45 Uhr ging er von Pfarrer Krenn weg in Richtung Kaserne.[14] Am Abend des 1. 3. meldet er sich in der Kaserne. Am 2. 3. früh konnte er die Kaserne nochmals verlassen. Am Vormittag desselben Tages meldete er sich nochmals und sprach wahrscheinlich die Verweigerung aus, denn anschließend begannen die Verhöre.[15] Am selben Tag wurde Franz von Enns nach Linz gebracht.[16]
In Linz ist Franz Jägerstätter im Wehrmachtsuntersuchungsgefängnis im ehemaligen Ursulinenkloster in der Landstraße untergebracht. Am 4. 5. wird Franz Jägerstätter von Linz in das Wehrmachtsuntersuchungsgefängnis nach Berlin-Tegel verlegt.[17] Vom Reichskriegsgericht in Berlin-Charlottenburg wurde Franz Jägerstätter am 6. 7. 1943 zum Tode verurteilt, dieses Urteil wurde am 14. 7. bestätigt,[18] am 9. 8. 1943 wurde Franz Jägerstätter nach Brandenburg gebracht[19] und dort enthauptet.

Trennung und zögerndes Sich-Stellen

Die Trennung zwischen Franz und Franziska Jägerstätter sollte sehr, sehr schwer werden. Franziska Jägerstätter begleitete ihren Mann zur Bahnstation Tittmoning. Der Mann konnte sich überhaupt nicht von ihr trennen, er wollte sie nicht loslassen. Die beiden wurden gewaltsam auseinandergerissen, als der Zug anfuhr.
Der Abschied zwischen den Jägerstätters war mehr als eine endgültige Trennung von Liebenden. Der Mann verließ den letzten Bereich des Vertrauens und der Beheimatung. Die Frau war nicht nur die Geliebte und die Mutter seiner Kinder, sondern auch die geistige Gefährtin und in der letzten Zeit die einzige Vertraute in der äußeren Vereinsamung gewesen. Im Augenblick der Trennung sind bei Franz Jägerstätter die Gefühle stärker als der Verstand und der Wille, nur gewaltsam wird er weggerissen.

Die Angst vor einem erneuten Auseinandergerissenwerden und vor einer Wiederholung dieses Augenblickes ließ Franziska darauf verzichten, ihren Mann umgehend im Linzer Gefängnis zu besuchen. Franziska Jägerstätter ist im Gespräch sparsam mit Ausdrücken wie „Das war schwer"; im Moment der Trennung muß sie an ihrem Mann das ungeheure Maß seines Leides gespürt haben.

Daß Franz Jägerstätter selbst wegfuhr und nicht auf eine Verhaftung wartete, geschah aus Rücksicht auf seine Familie, dieser sollte der Anblick eines auf schändliche Weise Abgeführten erspart bleiben.

Die Bahnroute von Tittmoning nach Enns ist Jägerstätter bekannt, dennoch „verfährt" er sich.[20] Ob er bewußt oder unbewußt den Zug in die Gegenrichtung besteigt, kann nicht entschieden werden. Hinter bewußtem wie unbewußtem Handeln steht das Motiv des Aufschiebenwollens, des nochmals Hinauszögerns eines äußerst ungewissen Schicksals; weiß er doch nicht, ob und auf welche Weise er überhaupt das Aussprechen der Dienstverweigerung überlebt. Wie das Regime mit seinen Gegnern und die Wehrmacht mit nur Schlampigen oder Vorlauten umging, war allgemein bekannt und gefürchtet.

Franziska Jägerstätter ist sich nicht klar darüber, was in ihrem Mann zu diesem Zeitpunkt vorgegangen ist und wo er sich aufgehalten hat. Die Frau war verständlicherweise in größter Sorge und schrieb in der Ungewißheit am 28. 2. an Pfarrer Krenn nach Enns. Krenn erfuhr erst von Franziska, was ihr Mann vorgehabt hatte, und schildert ihr die beiden letzten Tage in Freiheit:

„Ihr Mann kam am Sonntag, 28. II. gegen 6h15 Uhr früh hier an und sagte zur Mutter[21], daß er sich verfahren habe, er kam nämlich nach München und ist von dort Samstag auf Sonntag nach Linz gefahren, so kam er hier Sonntag früh an. Ich selber kam erst zu Mittag zu ihm, da ich den ganzen Vormittag in der Kirche zu tun hatte. Bei der 7h Messe ging er zur hl. Kommunion, die ich ihm reichte, war nicht wenig erschrocken über sein Hiersein[22], denn ich wußte ja nichts. Aufgefallen ist mir und Mutter sein schlechtes Aussehen. Zu Mittag aß er bei uns, ging nachmittags und abends in den Segen, abends war er wieder bei uns und blieb auch bei uns über Nacht, da er ja schon am Sonntag sagte, daß er erst Montag in die Kaserne geht. Uns kam er denkbar schwermütig vor, doch ließ er sich aufheitern. Uns hat er mit keinem Wort mitgeteilt, was er vorhat, wir wissen nur, daß er Montag, 1. 3. einrücken muß, da er schon Donnerstag vorher die

Einberufung erhielt, von einer Bestätigung der Gendarmerie hat er gesprochen, da ja noch Familien-Angelegenheiten zu ordnen waren. Montag gegen ¾ 12ʰ mittag ging er hier weg... "[23]

Diesen Montag schreibt er an seine gesamte Familie und an seine Frau je einen Brief; die Familie mahnt er zu Liebe und Verzeihung untereinander und ihm gegenüber, falls sie seinetwegen noch Leid treffen würde.[24] Im Brief an die Frau[25] berichtet Franz, daß er bei Krenns nichts von seinem Vorhaben gesagt habe. „Denn es wäre ja doch höchstens nur zu Streitigkeiten gekommen, denn für so etwas hätte ich auch hier kein Verständnis gefunden." Hier fällt auf, wieviel enger Karobath von Franz ins Vertrauen gezogen worden war. Die Frau soll sich durch dieses Unverständnis von seiten des Priesters jedoch nicht betrüben lassen:

„Verzage aber deswegen nicht, denn wenn man heute vom Geiste der Buße und Entsagung sprechen würde, fände man halt auch nicht viel mehr Verständnis. Krenn bekommt auch ab heute im Monat 100 M Gehalt."[26]

Der unmittelbare Zusammenhang, in den Jägerstätter das Unverständnis für Widerstand und die Tatsache des Geldempfanges stellt, mag mehr als Zufall sein. Die Abschlußpassage zeigt, wie sehr seine Frau zu diesem Zeitpunkt seinen Entschluß mittrug:

„Liebste Gattin, bedanke mich nochmals herzlich für all Deine Liebe und Treue und Opfer, die Du für mich und die ganze Fam. gebracht hast. Und für all die Opfer, die Du noch für mich bringen mußt. Das schwerste Opfer wird es auch werden, daß Du niemand zürnen darfst, die Dich vielleicht jetzt beleidigen werden, denn die Liebe verlangt es, strebe immer mehr nach Vollkommenheit, und es wird Dir immer leichter werden."

Daß sich Unverständnis und Aggression auch gegen die Frau richten werden, muß sich zu diesem Zeitpunkt bereits abgezeichnet haben. Franz kann in diesem Augenblick auf keinen Menschen verweisen, der seiner Frau Stütze sein könnte; Halt sollte sie am leidenden Christus suchen:

„Du weißt wenigstens, wem Du Deine Schmerzen anvertrauen darfst, die auch Verständnis dafür haben und Dir auch helfen können; auch Christus hat am Ölberg zum himmlischen Vater gebetet, er möge den

Leidenskelch an Ihm vorübergehen lassen, aber nie dürfen wir vergessen bei diesen Bitten: Herr, nicht mein Wille geschehe, sondern der Deine."

Waren die Aufzeichnungen Jägerstätters aus den Jahren 1941 bis 1943 in erster Linie ein Zeugnis seiner Auseinandersetzung mit den politischen Anschauungen und Argumenten seiner Umwelt, die er dem traditionellen, früher anerkannten religiösen Weltbild gegenüberstellte, so spricht aus wenigen Briefpassagen anläßlich der Wendepunkte wie Einrücken oder Tod die innerste Spiritualität, die das Ehepaar verband. Die zentrale Position in dieser Spiritualität hat die Passion Christi.

Petrus, der den Herrn verleugnete, ist eine Gestalt aus dieser Leidensgeschichte. Jägerstätter kann sich mit der Furcht des Petrus angesichts der Machtentfaltung der damaligen politischen wie religiösen Machthaber und der Machtlosigkeit Jesu identifizieren; würde er dem Druck nachgeben, der „Menschenfurcht", würde er wie Petrus etwas tun, das er bitter bereuen müßte.[27]

Im Moment der großen Ungewißheit verweist Jägerstätter seine Frau – und sich – auf das Ölberggeschehen, das die Bereiche Einsamkeit, Opfer und Todesangst enthält und deutet. In den letzten Stunden vor dem Tod ist es das Sterben Christi am Kreuz, sein Sühneleiden, das Jägerstätter den Seinen vor Augen stellen wird. So wie er selbst sich an den für die anderen leidenden Christus hält. Im Schmerz um die Seinen und angesichts des Schmerzes der Seinen identifiziert er sich mit Jesus am Kreuz.[28]

Auf die Situation innerhalb des engsten Familienkreises wirft folgender Satz ein Licht: „Zürne auch der Mutter nicht, wenn sie uns auch nicht versteht."[29] Dieses „uns" zu diesem Zeitpunkt ist die klarste Aussage über die Haltung Franziska Jägerstätters.

Am 2. 3. nach dem ersten Verhör kann Franz Jägerstätter noch einmal ein kurzes unzensuriertes Schreiben absenden. Er, der am 1. 3. vor zwölf Uhr mittag Familie Krenn verließ, kam erst am Abend in die Kaserne, noch einmal zögert er den Moment hinaus, einen letzten halben Tag sucht er sich in Einsamkeit, wahrscheinlich in einer Kirche, zu sammeln für die große Ungewißheit. Fürs erste beurteilt er dann seine Lage gar nicht aussichtslos, er dürfte auch noch auf keiner Fahndungsliste aufgeschienen sein:

„Hab mich gestern Abend gemeldet. Bett wäre bald keines mehr zu finden gewesen, aber heute früh kam ich doch wieder hinaus, weshalb kannst Dir ja denken. Vormittag hab ich mich dann wieder gemeldet, dann ging bald das Verhör los. Kompanieführer war gar nicht so, ein zweiter Oberstleutnant, der das Protokoll aufgenommen, war etwas kritischer. Hätte mir die Sache kritischer vorgestellt, von einem Zusammenschreien war gar nicht die Rede. Jetzt werde ich dann nach Linz abtransportiert. Natürlich war man auch neugierig, was Hochw. Herr Pfarrer dazu gesprochen hat."[30]

Fürs erste schöpft Franz wieder Mut, wenn er abschließt: „Vielleicht schaut alles schlimmer aus, als es wird." Die Erleichterung von Jägerstätter ist verständlich, einerseits ist seine hart errungene Entscheidung zu verweigern auch der Obrigkeit gegenüber ausgesprochen; andererseits erwartet ihn offensichtlich ein ordentliches Verfahren, die Angst vor „Zusammengeschrienwerden" und noch Schlimmerem erwies sich fürs erste als unbegründet. Die Zeit des Überlegens, der täglich drohenden Einberufung, das Zögern beim Sichstellen ist nun vorbei. Jetzt ist die Gegenseite im Zugzwang.
Daß Franz Jägerstätter für den Fall seiner Verweigerung mit einer sofortigen Aburteilung, jedenfalls nicht mit einem Gefängnisaufenthalt gerechnet hat, geht auch daraus hervor, daß er offensichtlich nicht die notwendigsten Gebrauchsgegenstände mitgenommen hatte; im Brief vom 3. 3. aus dem Linzer Gefängnis bittet er seine Frau, Hemden, Wäsche, Kleiderbürste, Zahnbürste und Seife zu schikken.[31] Im unzensurierten Brief, den Franz kurz nach seiner Überstellung nach Linz aus dem Gefängnis bringen lassen kann, berichtet er über die Verhöre in Enns: „Man wollte mich auch in Enns mit allen Tricks fangen und mich doch wieder zum Soldaten machen. Es war nicht so leicht, bei meinem Entschluß zu bleiben."[32] Wie der Ausdruck „Tricks" besagt, erlebte Jägerstätter, daß er weiter wachsam zu sein hatte. Wahrscheinlich hatte er gar nicht damit gerechnet, daß sich nach dem Aussprechen der Verweigerung noch jemand um ihn bemühen würde. Die „sanfte" Vorgangsweise machte das Beharren nicht leichter, Zweifel sind noch immer spürbar. Franz besinnt sich verstärkt auf die Instanz, die ihn ursprünglich veranlaßt hatte, mehr und anders als die anderen zu denken. Er müßte es in seinem Inneren spüren, in seinem Gewissen, wenn er seine Haltung zu ändern hätte: „Es kann auch weiterhin noch schwer werden, aber ich vertraue doch auf Gott, wenn es anders besser wäre, mir doch noch

eine Weisung zu geben."[33] Im Zusammenhang mit den „Tricks", die verwendet wurden, um ihn wieder zu „fangen", schreibt Jägerstätter, daß er sich „auch weiterhin durch keine Lüge das Leben retten" wolle.[34] Möglicherweise ein Hinweis darauf, daß bereits in Enns eine Art Arrangement angeboten worden ist, etwa in der Richtung, daß, wenn Jägerstätter keine Verweigerung ausspricht oder diese widerruft, er Entgegenkommen in Hinsicht auf die Art des Militärdienstes zu erwarten hätte. Auch in Berlin dürfte es „Rettungsversuche" in dieser Hinsicht gegeben haben, wie später noch auszuführen sein wird. Die Worte vom Lügen und vom Schwindel in bezug auf die Ennser Verhöre hätten wenig Sinn, wenn Jägerstätter nicht irgendein Scheinmanöver angeboten worden wäre. Franz Jägerstätter schreibt an seine Frau:

„Solltest Du noch keine Zeugenaussage zu machen gebraucht, so kann ich Dir nur das eine sagen, wenn man Dich frägt, ob Du mit dem einverstanden, daß ich nicht mehr kämpfen will, so sage ganz ehrlich aus, wie es Dir am liebsten gewesen, denn für mich glaub ich, kannst nichts erleichtern und auch kaum beschweren, denn würde ich vor Lügen und Schwindel keinen so großen Schrecken haben, dann würde ich ohnedies nicht hier sitzen, und will mir auch weiterhin durch keine Lüge das Leben retten. Man wollte mich auch in Enns mit allen Tricks fangen und mich doch wieder zum Soldaten machen."[35]

Erster Kontakt mit dem NS-„Untergrund"

Das Gefängnis, die Trennung vom gewohnten Milieu, das Abgeschnittensein von der bisherigen Kommunikation sollte für Jägerstätter auch eine unerwartete positive Erfahrung bringen: Informationen über Widerstand gegen das Regime. An uns klein erscheinenden Aktionen, die er bemerkenswert findet, wird das Maß des Alleinseins und der Isolierung in St. Radegund deutlich. Im schon zitierten unzensurierten Brief teilt er seiner Frau mit:

„Kann Dir auch mitteilen, daß es in Enns eine Bäurin gibt, die ihre Kinder noch nicht zu Heijot (HJ = Hitlerjugend, Anm.) hat gehen lassen, ist auch eine Seltenheit. So erfährt man halt allerhand, daß es auch anderswo noch Menschen gibt, die sich nicht von der Masse mitreißen lassen."[36]

Die geistige Not der Mitgefangenen weckt den Apostolatsgeist des Drittordensbruders: „Ich kann Dir auch mitteilen, daß ich hoffe, hier in den Zellen in religiöser Hinsicht mehr ausrichten zu können als beim Militär."[37] Er erfährt, wie das Regime selbst mit Gesinnungsgenossen umgeht:

„Ja, es gäbe hier viel zu trösten, man trifft bitter enttäuschte Menschen, bin hier auch unter Illegalen.[38] Es ist furchtbar, was die alles erzählen, was die schon diese 5 Jahre mitgemacht und gelitten haben, wegen der geringsten Sachen sperrt man sie Monate ein."[39]

Schutzhaft oder Gefängnis sollten in Österreich nach dem Anschluß nicht nur Gegner einschüchtern, sondern diese Mittel wurden auch benutzt, um Mitkonkurrenten innerhalb der eigenen Parteihierarchie außer Gefecht zu setzen; der nach dem Anschluß 1938 amtierende Gauleiter Eigruber ließ seine Vorgänger aus der Zeit der Illegalität „sicherheitshalber" nicht nach „Oberdonau" zurückkehren, Exgauleiter Klaushofer kam 1938 für zwei Jahre in ein Konzentrationslager.[40] Auf niedrigerer Ebene dürften nach Jägerstätters Erfahrung ähnliche Motive mitgespielt haben. Doch selbst diese seinerzeitigen Illegalen, die Anhänger Hitlers zu einer Zeit waren, in der dies noch keine Vorteile brachte, sind offensichtlich nicht kriegsbegeistert, denn sie ziehen den Aufenthalt im Gefängnis dem an der Front vor: „Monate und Jahre werden einem nachgelassen, wenn sich einer an die Front meldet."[41]

In bezug auf die Parteimitglieder sieht er bereits eine Art „Götzendämmerung", doch zweifelt er daran, daß die Enttäuschung auch zu einer echten Bekehrung wird; in dieser Hinsicht bewirken seine Gefängnisnachbarn einen Realismus, der später Bischof Fließer fehlen sollte: „Was wird das noch für bittere Enttäuschungen geben, wenn sich die gleich alle bekehren würden, wäre es ja recht." Doch sollte es auch hier hoffnungsvolle Zeichen geben: „Es gibt schon SS-Männer, auch wie ich erfahren habe, die sich vor ihrem Sterben noch bekehrt haben."[42]

Über die Haltung Fürthauers urteilt Franz Jägerstätter in diesem Brief etwas milder, es spricht Erleichterung aus dem Brief, daß er nicht noch auch einen Priester in sein Schicksal hineinziehen muß:

„Wurde natürlich auch gefragt, was der Herr Pfarrer dazu gesagt hat, hätte ich seine Aussage verschweigen müssen, so würde er kaum mehr lange in Freiheit sein. So konnte ich aber ruhig sagen, daß er mir auch zum Einrücken zugeredet hat. Da kommt man erst am besten darauf, was das für einen Priester heißen würde, wenn einer anders sagen würde, wenn man um so etwas frägt."[43]

Nur den vordergründigen Nutzen oder die Gefährlichkeit einer Handlung zu bedenken, gestattet Franz Jägerstätter dem Priester jedoch nicht. Im Zusammenhang mit der Notwendigkeit, den Parteimitgliedern zur Bekehrung zu verhelfen, besteht eine indispensable Verpflichtung, wie durch den Zusammenhang mit dem „Seelenheil" ausgedrückt wird:

„Grüße mir auch unsern Herrn Pfarrer und sage ihm, die Menschen sind oft nicht so schlecht, wie man glaubt, aber es fehlt so weit an religiöser Unwissenheit. Er sollte sich nur die größte Mühe geben mit den Christenlehren[44], wenn auch der Besuch schlecht ausfällt und auch die Wirkungen oft zwecklos scheinen. Aber seine Seele kann er sich doch retten."[45]

Zu dem von Jägerstätter im selben Brief angekündigten Besuch eines Polizeispitzels kam es jedoch nicht.[46]

Hoffnungsschimmer Sanität

Franziska Jägerstätters erster Brief an ihren Mann ins Gefängnis ist der, den sie in traurigster Verfassung schreibt. Eingangs vergleicht sie ihre gegenwärtige Situation mit der vor zwei Jahren, in der die Eheleute zwar auch getrennt waren; damals gab es „wenigstens eine Vorfreude auf ein Wiedersehen, wenn Du Urlaub bekommst, aber dieses Schreiben in Deiner jetzigen Lage macht mich schrecklich traurig".[47] Bis zum letzten Moment hatte die Frau gehofft, der Mann würde anders handeln können und sein Leben retten:

„Hatte noch immer eine kleine Hoffnung, vielleicht könntest Du Dich auf der Fahrt noch anders entschließen, weil Du mir fürchterlich erbarmst und ich gar nicht helfen kann, werde die liebe Gottesmutter schon recht innig bitten, daß sie Dich wieder zu uns heimführen wird, wenn es der Wille Gottes ist."[48]

Die letztentscheidende Autorität ist auch für die Frau in ihrer verzweifelten Situation dieselbe wie für den Mann. Der nächste Brief bringt eine große Hoffnung, der Mann berichtet eine Abänderung seines ursprünglichen Entschlusses:

„Teile Dir auch mit, daß ich mich zur Sanität bereit erkläre, denn hier kann man ja eigentlich doch Gutes tun und die christliche Nächstenliebe im praktischen Sinne ausüben, wozu sich auch mein Gewissen nicht mehr sträubt."[49]

Problem- und konfliktlos erscheint der Sanitätsdienst jedoch von Anfang an nicht, Jägerstätter schreibt anschließend: „Strafe werde ich deswegen schon erhalten. Es wird alles zu ertragen sein, wenn Gott es will uns auch auf dieser Welt noch sehen werden."[50] Die Frau antwortet umgehend: „Ich wünsche Dir vom ganzen Herzen Glück zu Deinem Entschluß, da kannst doch wieder Gutes tun, und freue mich schon im voraus auf ein Wiedersehen, wenn Gott es will."[51]

Einem Ansuchen Jägerstätters in Hinsicht auf einen Meßbesuch wird nicht stattgegeben mit dem Hinweis, daß „eben zwei Mann als Begleitung mitgehen müßten".[52]
Auf ein weiteres Ansuchen hin bekommt er ebenfalls abschlägigen Bescheid, jedoch die Zusicherung, daß ihn in der Zelle ein Priester besuchen würde. Dies geschah am Gründonnerstag, 22. 4. 1943.[53]
Franz erwähnt über diesen Besuch nur, daß er gebeichtet und kommuniziert habe; nachdem Zellengenossen nach seinem Beispiel ebenfalls um einen Priester ansuchten, kam am Karsamstag der Priester nochmals, und Jägerstätter konnte nochmals kommunizieren. Für ihn bedeutete der Sakramentenempfang in diesem Moment sehr viel, er bezeichnet sich deswegen als „Glückskind".[54]
Dem Priester, der ihm die Sakramente spendete, blieb Franz Jägerstätter in Erinnerung. Auf eine Veröffentlichung über die Forschungen Gordon Zahns bezüglich Jägerstätter im „Linzer Volksblatt" hin,[55] schrieb Franz Baldinger an Gordon Zahn, daß er sich an den relativ jungen Familienvater aus St. Radegund erinnere.[56]
Im Abstand von 18 Jahren zum Geschehen erinnert sich der damalige Gefängnisseelsorger, daß es sich bei Jägerstätter um eine Eidesverweigerung gehandelt habe; da aber Franz Jägerstätter immer vom „Nichtmehrkämpfen" schreibt, ist daran festzuhalten, daß die Frage der Eidesleistung nicht aktuell war, daß vielmehr die Problematik der

mitgefangenen Lothringer von diesen selbst wie vom Gefängnisseelsorger auf Jägerstätter ausgedehnt worden war. Mit Vorstellungen,
daß Jägerstätter beim Militär Gelegenheit hätte, Gutes zu tun,
machte Baldinger Eindruck auf Jägerstätter:

„Ich gab mir damals alle Mühe, diesen idealen, braven jungen Mann
zu retten. Ich suchte ihm klarzumachen, daß er bei aller Hochachtung
seines persönlichen ideellen Prinzips sein und seiner Familie Wohl im
Auge behalten müsse. Bei meinem letzten Besuch schien er dies
eingesehen zu haben und versprach, gemäß meinen Vorstellungen zu
handeln und den Eid zu leisten. Ich war erschüttert, als ich dann
später erfuhr, daß er in Berlin hingerichtet worden ist."[57]

Aus dem angeführten Brief wie aus dem Artikel Baldingers im
„Linzer Kirchenblatt" vom 25. 8. 1963 ist eine gewisse Offenheit
Jägerstätters erkennbar in Hinsicht auf Gutes, das er verwundeten
oder sterbenden Kameraden tun könnte.[58] Dies läßt sich dahinge-
hend interpretieren, daß Jägerstätter ein Angebot des Dienstes bei
der Sanität von sich aus angenommen hätte, das Angebot von seiten
der Wehrmacht aber an unannehmbare Bedingungen geknüpft war
(Tricks, Lügen).
Pfarrer Franz Baldinger schreibt an Zahn, daß er während seiner
Tätigkeit im Linzer Gefängnis an die vierzig Soldaten auf die
Hinrichtung vorzubereiten hatte;[59] daraus geht hervor, daß vom
Divisionsgericht in Linz Todesurteile verhängt wie vollstreckt wurden. Jägerstätter war offensichtlich ein komplizierterer Fall, den man
an das Reichskriegsgericht nach Berlin abgab. Nach Baldingers
Erinnerung hob sich Jägerstätter als Wehrdienstverweigerer von den
übrigen wegen Fahnenflucht verurteilten Todeskandidaten ab.[60]

Der Mitgefangene

Zum Zeitpunkt der Abfassung (März 1984) waren keinerlei amtliche
Unterlagen über die Verhöre in Enns oder Linz zu erhalten. Von
seinen Mitgefangenen in Linz sind jedoch einige Zeugnisse zugänglich. Einer dieser Mitgefangenen, ein Lothringer, versuchte nach
Kriegsende mit Jägerstätter, von dessen Schicksal er nichts Weiteres
mehr erfahren hatte, wieder Kontakt aufzunehmen. In der Distanz
von vier Jahren ist die Religiosität des Mithäftlings in Erinnerung:

„Herr Jägerstätter, können Sie sich noch erinnern, als wir beisammen in der Zelle waren? Ich habe nämlich noch ein schönes Andenken von Ihnen, ein(en) Rosenkranz, den Sie mir gegeben haben. Erinnern Sie sich noch an uns drei Franzosen? Wir haben auch manchen Rosenkranz gebetet ... hoffentlich hat es Ihnen auch geholfen, denn Sie haben auch keinen Tag vorübergehen lassen, ohne den Rosenkranz und Ihr Gebet in dem Buch[61] zu beten. Sie haben auch den Eid nicht geleistet, aber Sie sind auf einmal von Linz weggekommen, und bis heute habe ich noch nichts gehört von Ihnen.“[62]

Für diese Lothringer waren in erster Linie Gründe des Nationalgefühls Ursache der Verweigerung, sie fühlten sich als Franzosen; dies wird auch daran deutlich, wie Weyland, der sich nach seinem ersten Fronturlaub in der Heimat versteckt hatte, über den Kriegsausgang schreibt:

„... bis daß die Amerikaner gekommen sind und mich befreit haben ... was das für Freude war ... Denn die Deutschen waren jeden Tag bei uns im Dorf und in den Wäldern, um uns zu suchen. Gott sei Dank, daß wir dieses wilde Volk wieder besiegt haben.“

In diesem Brief findet sich eine Stelle, in der von einer Eidesverweigerung durch Jägerstätter gesprochen wird; es ist anzunehmen, daß der Lothringer den eigenen Fall der Eidesverweigerung nicht von dem der Wehrdienstverweigerung seitens Jägerstätters nach vier Jahren Distanz im Ausdruck nicht mehr unterscheidet, da die Konsequenzen ja nahezu identisch waren. Den Lothringern kam ihre Minderjährigkeit zugute; sie wurden am 11. 3. 1943 zu „nur“ zehn Jahren Zuchthaus verurteilt.[63]

Sie blieben bis zur Bestätigung des Urteils in der Untersuchungshaftzelle; Ostern 1943 verbringen sie jedenfalls zusammen mit Jägerstätter, und dieser verließ, wie aus dem ersten Brief hervorgeht, vor ihnen Linz.[64]

Am Schicksal dieser drei Franzosen wird auch ersichtlich, welche Chancen und Möglichkeiten „Verweigerern“ gegeben wurden in bezug auf die Wahl der Art des Wehrdienstes:

„Wurde nachher noch einmal gefragt, ja oder nein zu sagen, da wußten wir schon, daß es höchste Zeit ist, um uns zu bedenken. So habe ich den Eid gleich vor dem Richter müssen ablegen ... So wurde ich gleich, ohne einmal ein Gewehr in der Hand gehabt zu haben, an die Front geschickt."[65]

Der Schicksalsgenosse berichtet Franziska aus der Zeit im Linzer Gefängnis:

„Ich war bei Ihrem Mann lange in der Zelle, er hat den Kopf nicht hängen gelassen. Wir haben bei allem Elend noch mitsammen gespielt, daß die Zeit herum ging. Ihr Mann hat allen Spaß mitgemacht, und wir waren die einzigen, wo sich gut verstanden haben mitsammen."[65a]

Die gemeinsame Osterkommunion 1943 ist dem jungen Mann in Erinnerung, ebenso die Tatsache, daß Franz Jägerstätter sehr viel gebetet hat und die spärlichen Brotrationen des Gefängnisses geteilt hat, „obwohl ich mit aller Gewalt es nicht wollte abholen".[66]
Fast zwanzig Jahre nach den Ereignissen schreibt ein weiterer Gefährte an Franziska Jägerstätter:

„... ich kann Ihnen nur versichern, daß wir in Franz einen guten Freund gefunden haben, der in den schwersten Stunden immer ein Wort des Trostes gefunden hat und bei den spärlichen Mahlzeiten morgens und abends, die ja in den Zellen eingenommen wurden, uns sein letztes Stück Brot gab, um sich mit ein wenig schwarzem Kaffee zu begnügen."[66a]

In den Briefen an seine Frau schreibt Franz kein Wort über irgendwelche Schikanen, die er zu erdulden gehabt hätte, auch nicht in den unzensurierten Briefen. Sein Mithäftling erinnert sich daran, daß Aufseher wie Gefangene an seiner Gläubigkeit Anstoß nahmen:

„Sein Rosenkranz war stets sein Begleiter... Er fürchtet sich nicht, seinen Glauben offen zu bekennen, trotz der Belästigungen des Aufsichtspersonals und seiner Mitgefangenen."[67]

Spott war das letzte Mittel, das Franz hätte von seiner Meinung abbringen können. Im unzensurierten Brief, den er während seiner Fahrt nach Berlin absenden konnte, heißt es:

„Kann Dir mitteilen betreffs meinem Fall, daß ich bis jetzt noch zu keiner anderen Überzeugung gekommen bin, durch all diese Vorgänge, die sich hier abspielten, kam ich eher noch mehr zur Überzeugung, nicht anders zu handeln."[68]

In diesem Brief erfahren wir von Franz selbst über die Verhöre:

„Bei den Verhören wollte man mir halt alles abstreiten, daß der Natsz. gegen die Kirche geht, wie man halt auch anderswo macht. Heute morgen sagte mir sogar noch einer, dessen Vater General ist, daß man in höheren Stellen auch spricht: ‚Jetzt muß man erst die äußeren Feinde bekämpfen, und dann kommt erst das innere daran, nämlich die K.' "[69]

Da Franz seinen Befragern und Richtern seine Meinung über das Regime sagte, dieses anklagte, war mit Sicherheit neben dem Tatbestand der Wehrdienstverweigerung der von „zersetzenden Gedanken" aktenkundig geworden.

Von Heimat und Hof getrennt

Franziska Jägerstätter bezeichnet als einen Wesenszug ihres Mannes, in dem er sich von den Männern seiner Umgebung unterschied, dessen große Liebe zur Natur. An der Schönheit der Blumen etwa konnte er sich sehr freuen. Die Natur ist für ihn der Bereich, in dem die Harmonie erhalten blieb. In der grauen Gefängniswelt sind die spärlichen Zeichen des Frühlings, die ihn erreichen, umso kostbarer:

„Die Natur läßt sich nichts anmerken von all dem Elend, das über die Menschheit gekommen ist, wenn ich auch nicht viel davon sehe hier, so kommt mir doch vor, als würde heuer alles noch viel schöner grünen und blühen als in den vergangenen Jahren. Kaum fängt der Tag zu grauen an, so kann man schon vor unsrem Fenster das laute Singen der Amsel hören, auch die Vögel haben, scheint es, noch mehr Frieden und Freude... "[70]

Die ersten Marillenblüten sind Franz Jägerstätter ebenfalls erwähnenswert: „Gestern haben wir in unserem Garten schon aufgesprungene Marillenblüten gesehen, die würden einmal recht werden für unsere Kinder... "[71] Aus dieser Bemerkung und vielen ähnlichen in den Briefen, die Franz Jägerstätter an die Familie richtete, wird ein weiterer Wesenszug Franz Jägerstätters ersichtlich, der für einen Bauern zu seiner Zeit nicht selbstverständlich war: Er hatte sich intensiv mit seinen drei kleinen Mädchen befaßt. Dies wird auch ersichtlich daran, wie stark ihn die Kinder wieder vermissen. Franziska schreibt:

„Deine Kleinen denken auch fast den ganzen Tag an Dich, wenn sie schöne Blumen haben, dann sagen sie immer, die schicken wir dem Vater, da wird er lachen, die würden ihn freuen, wenn er die bekommen würde."[72]

Die Kleinste, dreijährig, weinte, als die Mutter abends die Haustüre zusperren wollte, weil ja dann der Vater nicht hereinkönnte.[73] Die Kleinste läßt die Mutter schreiben, daß der Vater bald heimkommen sollte, um mit ihr zu „scherzen".[74] Der Vater denkt im Gefängnis den Jahreslauf der Kinder und die für sie mit diesem verbundenen Freuden wie Palmbuschentragen, Ostereierscheiben oder Blumenstreuen an Fronleichnam mit.

Während des Gefängnisaufenthaltes in Linz war für Franz Jägerstätter noch eine gewisse Anteilnahme am Leben der Familie möglich, der Briefverkehr stand zwar unter Zensur, war aber zahlenmäßig nicht beschränkt.[75]

Franziska Jägerstätter hat 1943 erstmals die Frühjahrsbestellung wie die Ernte ohne ihren Mann zu leisten. Manche schwere Arbeiten, wie das Hafersäen[76], noch ohne eine Sämaschine, und leichte, bloß Übung erfordernde, wie das Dengeln (Schärfen) der Sensen[77], sind für Frauen nicht üblich gewesen und waren nicht einfach zu bewältigen. Im Frühling 1943 schaffte Franziska die starke Arbeit, eine Kalbin zur Feldarbeit abzurichten.[78]

Die Frau hält den Bauern über den Fortgang der Arbeiten auf dem laufenden. Dieser regt Neuanschaffungen an, wie Sensen[79] oder Wendepflugscharen[80], letztere zu einer Zeit, da nichts zu pflügen ist, vermutlich aus Sorge vor einer späteren Knappheit.

Die Arbeitsüberlastung der Frau wie der Mutter ist für den Inhaftierten eine große Sorge. Im März schreibt er diesbezüglich, daß er mit seiner Frau aus diesem Grunde gerne einmal eine Woche tauschen möchte, die Frau könnte sich dann erholen.[81] Die Trockenheit des Frühjahrs 1943 erfordert eine zusätzliche mühsame Arbeit, das Wasser für Tiere und Haushalt muß mit dem Kuhfuhrwerk zum Hof gefahren werden.[82]

Eine Sorge der Frau, sie würde die Heuernte allein nicht schaffen, kann doch bewältigt werden, wenn auch unter großen Anstrengungen:

„Wir hatten es in dieser Woche hübsch streng, sind alle Tage schon um 3 Uhr zum Mähen aufgestanden, haben jetzt doch wieder recht schönes Heu bekommen, aber sehr wenig, hatte ja April und Mai immer sehr wenig geregnet."

Anschließend berichtet die Frau, wer von den Nachbarn ihr geholfen hat, mit dem Fazit: „. . . war ja doch nicht so schlimm, wie ich mir es vorgestellt hab, man bekommt doch auch wieder Leute zur Aushilfe, wenn man gut ist." Das Gutsein in diesem Zusammenhang meint wohl das Entgelt für die Mithilfe. Während dieser anstrengenden Erntewoche macht Franziska zusätzlich am Fronleichnamstag eine Fußwallfahrt nach Altötting:

„Um 12 Uhr (Mitternacht, Anm.) sind wir schon von daheim fort, und um 6 Uhr sind wir hinaufgekommen, wurden schon hübsch müde, heimzu sind wir dann bis Burghausen mit dem Auto gefahren, hätte bald nicht aufkönnen den andern Tag zum Mähen, aber es mußte einfach gehen."[83]

In der Extremsituation sucht die Frau Stärkung auf dieselbe Weise wie ihr Mann.

Die Nachbarn helfen Franziska, von amtlicher Seite spürt sie jedoch bereits Konsequenzen der Haltung ihres Mannes. Franziska erhält von den staatlichen Forsten kein Heizmaterial, obwohl andere es zweimal bekamen.[84]

Für Franz bleibt bis zuletzt die Arbeitsbelastung der Frauen eine große Sorge.[85] Franziska wirtschaftet jedoch sehr erfolgreich. Während auf anderen Höfen Butterkübel und Milchzentrifugen amtlich gesperrt wurden, weil die Milchlieferquoten nicht erfüllt werden

---

Bild oben:
Fronleichnam 1943, auf dem Originalbild ist mit einem Stift die Aufschrift auf den weißen Hintergrund des fertigen Fotos geschrieben. Franz Jägerstätter hat im Berliner Gefängnis Freude gebracht und auch „feuchte Augen".

Bild unten:
Mutter und Frau mit zwei der Mädchen; diesen behagt das Fotografieren nicht, die dritte „streikte" völlig, wie Franziska ihrem Mann schrieb.

konnten,[86] kann Franziska eine größere Menge abliefern; die Freude am Erfolg ist nur dadurch getrübt, daß der Mann nicht daheim sein kann.[87] In diesem Zusammenhang und in bezug auf die Nachricht Franziskas über die guten Nutzviehpreise[88] bremst Franz Jägerstätter die Freude am wirtschaftlichen Erfolg: „Wie ich sehe, habt Ihr gerade keine niederen Nutzvieh-Preise, so etwas ist aber oft sehr gefährlich, indem man sich auch sehr leicht am Gelde verlieben kann."[89] Dieser Satz ist hier im wörtlichen Sinne zu nehmen, als Warnung davor, der Habsucht zu verfallen. Hinweise auf eine Absicht, durch Drosselung der eigenen Lebensmittelproduktion Sabotage zu üben, finden sich nicht; als Bauern blieben die Jägerstätters in der starken Beziehung zu den lebenden Produkten. Der Zensor im Gefängnis unterstreicht mit seinem Rotstift allerdings eine Stelle, die in dieser Hinsicht ausgelegt werden könnte, wenn Franziska im Zusammenhang mit den sehr hohen Wollablieferquoten für Schafhalter bemerkt: „... gut, daß wir keins mehr haben."[90]

In der Einsamkeit und Eintönigkeit der Zelle denkt und fühlt Franz Jägerstätter ganz stark mit den Seinen. Neben den Arbeiten auf dem Hof beschäftigen ihn die Freuden der einzelnen Jahreszeiten für die Kinder und insbesondere das Kirchenjahr. Seine Frau führt ja den Mesnerdienst weiter und ist darum besonders stark mit der Liturgie verbunden. Palmsonntag, Karwoche, Ostern, Maiandachten, Fronleichnam denkt und feiert Franz Jägerstätter intensiv mit. In der Gestaltung seines Tageslaufes haben liturgische Übungen eine wichtige Funktion:

„Daß mir um die schönen Maiandachten sehr leid war, kannst Du Dir denken, als Ersatz dafür hab ich halt in meiner Zelle hier dafür täglich abends eine Maiandacht gehalten, zum Schmuck des Marienbildes hatte ich ja die Veilchen von der Rosl, die Du mir einmal geschickt hast, schöner wärs freilich, wenn ein Fam. Vater mit seiner ganzen Familie sich zum Gebete einfinden könnte."[91]

Insbesondere in der Einzelzelle in Berlin hat die Identifikation, das Mitdenken und Mitfühlen mit dem Alltag und den Festtagen der Seinen eine große Bedeutung.[92]

Anfechtungen

Franz Jägerstätter ist bemüht, in den Briefen nichts zu schreiben, was die Familie beunruhigen könnte. Dies geht so weit, daß er am Tage nach seiner Verurteilung von Berlin aus weder von der Tatsache des Prozesses noch vom Urteil irgendetwas erwähnt.[93] Seiner Familie wollte er bis zur Gewißheit die Bestätigung des Todesurteils den Schmerz ersparen.[94] Wie die mitgefangenen Lothringer aus der Linzer Haftzeit bezeugen, trug das offene Bekenntnis des Glaubens „Belästigungen" ein.[95] Die seelische Belastung für Franz Jägerstätter dürfte nur zum kleineren Teil aus den Entbehrungen des Gefängnisses und den äußeren Schikanen bestanden haben. Nach der Erleichterung über die gefallene Entscheidung, die aus den allerersten Briefen aus Enns sprach, hatte er sich auf die Haftsituation einzustellen. Ungewißheit, lähmendes Warten und erzwungene Passivität sind insbesondere in den ersten Gefängniswochen eine gewaltige seelische Belastung.[96]

Der Häftling kann die Situation nicht beeinflussen; er wird als Mensch in vielerlei Hinsicht erniedrigt, was das Selbstwertgefühl in Frage stellt. Auch Franz Jägerstätter stellt sich die Frage, ob er der ist, als der er behandelt wird; er braucht jetzt die in der Freiheit erworbene innere Unabhängigkeit: „Solange man ein ruhiges Gewissen haben kann, daß man kein schwerer Verbrecher ist, kann man auch im Gefängnis in Frieden leben."[97]

Halt und Trost in der Verlassenheit des Gefängnisses ist das Wissen, daß zuhause viele für ihn beten, er von ihnen also nicht verstoßen ist.[98] Die Menschen hat Franz Jägerstätter mittlerweile fürchten gelernt, er besinnt sich auf seinen Halt: „Ich leg halt meine ganze Zukunft in Gottes Hand. Er wird ja doch alles so lenken, wie es für uns am besten ist, nur heißt es halt, Gott mehr fürchten als die Menschen."[99]

Demütigungen, Ungerechtigkeiten, Grausamkeit rufen beim wehrlosen Häftling starke gefühlsmäßige Gegenreaktionen hervor. Franz Jägerstätter ist bemüht, den aufsteigenden Haß unter Besinnung auf den leidenden Christus unter Kontrolle zu halten: „...dürften wir uns da noch Christen nennen, wenn wir armselige Menschen es aus Stolz nicht einmal fertig brächten, unsren Mitmenschen zu verzeihen."[100] Die Sorge vor der ungewissen, noch härteren Zukunft bewältigt der Bauer in derselben Haltung: „Wenn auch noch

Schwereres kommen sollte, wer in der Liebe bleibt, dem wird doch alles einmal zum besten gereichen."[101]

Daß Franz Jägerstätter in die entsetzliche Situation des Häftlings kam, war im letzten eine Konsequenz seines Glaubens. Dieser Glaube wird unter der Belastung als erstes in Frage gestellt. Die frühere Gewißheit scheint ihn im Stich zu lassen, Anfang April schreibt er, daß das einzige Unglück, das ihn treffen könnte, der Verlust des Glaubens wäre.[102] Im folgenden Brief wird deutlich, was ihn in dieser Anfechtung hielt; in der Erinnerung an das Glück und die Erfahrungen in der Ehe findet er sein Gottvertrauen wieder:

„Wenn ich so Rückschau halte und all dies Glück und die vielen Gnaden, die uns während dieser sieben Jahre zuteil geworden sind, die manchmal sogar an Wunder grenzten, betrachte, und es würde mir jemand sagen, es gibt keinen Gott oder Gott hat uns nicht lieb, und würde dies glauben, wüßte ich schon nicht mehr, wie weit es mit mir gekommen wäre."[103]

In der verwirrenden Einsamkeit des Gefängnisses sind die gemeinsam mit der Frau erworbenen Erfahrungen tragfähiger als das Gedankengebäude eines jetzt verunsicherten Ichs. Aufgrund der gemeinsamen Glückserfahrung in der Vergangenheit hat Franz Jägerstätter für sich wie für seine Frau Hoffnung für die Zukunft: „Liebste Gattin, weshalb sollte uns für die Zukunft so bange sein, denn der uns bis jetzt erhalten und beglückt hat, wird uns auch weiterhin nicht verlassen..."[104]

In der Beurteilung des Verhaltens Jägerstätters durch seine Zeitgenossen wird ihm seine Entscheidung im Hinblick auf Frau und Kinder noch schwerer angelastet. So schwer die Trennung fällt, die Liebe der Seinen erleichtert paradoxerweise die Kerkersituation. Die Berichte der Frau über Gebete und Opfer der sechsjährigen Tochter Rosi bedeuten für den Vater sehr viel:

„Mußte auch staunen, daß die kleine Rosl schon so große Opfer bringen kann, sie werden bestimmt nicht umsonst sein. Wie sollte ich mich da verlassen fühlen, wenn zuhause so viele für mich beten."[105]

Eine ähnliche Erfahrung macht der evangelische Pfarrer Dietrich Bonhoeffer, der zum Zeitpunkt seiner Verhaftung verlobt war:

„Was für ein Reichtum ist in solchen bedrängten Zeiten eine große, eng miteinander verbundene Familie, wo einer dem anderen vertraut und beisteht. Ich habe früher bei... Verhaftungen von Pfarrern manchmal gedacht, es müsse doch für die Alleinstehenden unter ihnen am leichtesten zu ertragen sein. Damals habe ich nicht gewußt, was in der kalten Luft der Gefangenschaft die Wärme, die von der Liebe einer Frau und einer Familie ausgeht, bedeutet und wie gerade in solchen Zeiten der Trennung das Gefühl der unbedingten Zusammengehörigkeit noch wächst...‟[106]

In religiöser Hinsicht ist ein Aspekt von Bedeutung, der auf das veränderte Gewicht von Leid in der Verbindung mit Christus hinweist; Jägerstätter schreibt:

„Es heißt halt geduldig und gottergeben sich in das Schicksal fügen. Und doch sind die Worte Wahrheit, wie Christus einstens gesagt: ‚Mein Joch ist süß und meine Bürde ist leicht‘, denn wenn ich mein Kreuz und Leiden gegen das Leiden anderer betrachte, so muß ich mir doch sagen, Gott hat mir eines der geringsten Kreuze auferlegt.‟[107]

Kaum ist für Franz Jägerstätter die Glaubensanfechtung durchgestanden, wird erkennbar, daß er versucht war, sich durch Selbstmord der quälenden Ungewißheit und den Anspannungen zu entziehen. Franz durchdenkt den Selbstmord und zeigt für einen Menschen Verständnis, der eine solche Tat setzt; für einen Christen sei dies allerdings kein Ausweg aus dem Elend:

„Wenn auch das Kreuz, das Gott oder wir selbst uns auferlegen, manchmal ein wenig drückt, es wird niemals so hart und schwer werden als jenes, welches der Satan seinen Anhängern manchmal auflegt, denn wie viele sind unter dieser Last schon zusammengebrochen und warfen ihr Leben von sich. Wir dürfen zwar nur die Tat des Selbstmordes verurteilen, doch niemals den Selbstmörder.‟[108]

Die Versuchung, sich durch Selbstmord dem Gefängnis zu entziehen, bezeugt der einer ähnlichen Gewissensentscheidung wie Jägerstätter folgende und ebenfalls wegen Wehrkraftzersetzung hingerichtete Tiroler Pallottinerpater Franz Reinisch. Im zweiten Monat seiner Haft hat der Priester die „Versuchung‟ und „gefährliche Gedanken‟:

„Die scharfe Behandlung durch das Wachpersonal lasse dir doch nicht auf die Dauer bieten. Du brauchst ja keine Befehle auszuführen. Bist ja nur freiwillig hier. Zwinge durch einen fingierten Überfall einen Beamten zum Schießen. Dann ist alles überstanden."[109]

Auch der Theologe Bonhoeffer schreibt aus dem Gefängnis von der Anfechtung, dem Leben selbst ein Ende zu machen:

„Aber ich habe mir von Anfang an gesagt, daß ich weder den Menschen noch dem Teufel diesen Gefallen tun werde; dies Geschäft sollen sie selbst besorgen, wenn sie wollen; und ich hoffe, immer dabei bleiben zu können."[110]

11 Vor das Reichsgericht in Berlin

Für Jägerstätter überraschende Verlegung nach Berlin

Vom Linzer Bahnhof aus sendet Franz Jägerstätter am 4. 5. 1943 eine kurze Nachricht an seine Frau, daß er unmittelbar vor dem Abtransport nach Berlin steht, und teilt die neue Adresse (Wehrmachtsuntersuchungsgefängnis Berlin-Tegel, Seidelstraße 39) mit.[1] Während des Aufenthaltes in Regensburg kann er ausführlicher schreiben, das Entgegenkommen seines Bewachers ermöglicht diesen zweiten und letzten unzensurierten Brief: „Unter einem Berliner als Begleiter fahr ich jetzt um halb drei Uhr nach Berlin ab, ein sehr netter Mensch."[2]

Franz Jägerstätter bedauert, daß die Abreise so überraschend kam, daß er sich nicht einmal von seinen Mithäftlingen verabschieden konnte.[3] Seine Haltung wurde in den zwei Monaten Aufenthalt im Linzer Gefängnis nur gefestigt.[4]

Jägerstätter erwartet sich von Berlin keine Verbesserung der Situation, er fühlt sich innerlich jedoch gewappnet, die Krisen der ersten Haftzeit sind offensichtlich überwunden:

„Betreffs meines seelischen Zustandes brauchst noch nicht besorgt sein. Wenn es mir in Berlin vielleicht auch schlechter ergehen sollte, so macht Euch deswegen keinen Kummer . . . Ich bin noch immer auf alles gefaßt."[5]

Die letzten Sätze über die Befürchtungen über eine Verschlimmerung der Situation in Berlin lassen es für möglich erscheinen, daß ihm bei einer letzten Einvernahme in Linz noch einmal die Möglichkeit zum Rückzug angeboten und andererseits die Zukunft in Berlin entsprechend abschreckend geschildert worden war.

Mit der Überstellung nach Berlin war für das Ehepaar Jägerstätter ein Wiedersehen fürs erste unwahrscheinlicher geworden. In der ersten Zeit nach der Trennung hatten beide nicht sonderlich auf einen Gefängnisbesuch gedrängt. Franziska frägt auf Anregung der Verwandten Anfang April, wie es mit den Besuchsmöglichkeiten stünde, auch ob sich der Mann ein Wiedersehen unter den gegebenen Umständen wünschen würde, denn: „Es ist für uns beide etwas sehr Schmerzliches!"[6] Befragt, was sie damit gemeint habe, erinnert sich

Franziska Jägerstätter, daß der Abschied von ihrem Mann zu schrecklich gewesen sei und sie eine Wiederholung dieser Situation gefürchtet habe.

Angesichts des Drängens der Verwandten zu einem Besuch macht sie ihrem Mann deutlich, auf welche Weise sie sich mit ihm verbunden wußte:

„Ich glaube, Du wirst Dich doch nicht so unglücklich fühlen, wie viele hier meinen, denn Du hast ja, wie ich hoffe, ein großes Vertrauen zu unserem lieben Herrn Jesus und zu seiner himmlischen Mutter, die werden ja immer unser Bestes senden."[7]

Franz Jägerstätter erwartet seine Verhandlung in Linz, mit einer Verlegung rechnet er nicht, deshalb rät er auch anfangs von einem Besuch ab:

„Wegen besuchen, wie Du mir geschrieben, tät ich Dir einstweilen nicht dazu raten, vielleicht zu Ostern, denn bis dorthin kann sich auch schon bei mir etwas entschieden haben, denn bis heute hab ich noch keine Verhandlung gehabt."[8]

Zwei Wochen später, vor Ostern, schiebt Jägerstätter den Besuch noch weiter hinaus:

„Betreffs besuchen möchte ich Dir einstweilen noch immer abraten, denn solange ich keine Verhandlung habe, werde ich auch nicht leicht in ein anderes Gefängnis überstellt werden."[9]

In dieser Hinsicht sollte sich der Untersuchungshäftling täuschen, deshalb bedauert er von Berlin aus:

„Wenn ich nämlich eine Ahnung gehabt hätte, daß ich ohne Verhandlung von Linz fortmuß, so hätt ich Dich schon noch vorher zu einem kurzen Besuch eingeladen, denn bis Berlin her wäre es zu streng für Dich."[10]

Die Frau bewegen ähnliche Gefühle: „Es ist mir schon sehr leid, daß ich Dich in Linz nicht mehr besuchen konnte."[11] Auch der Schwiegervater schreibt: „Wenn wir gewußt hätten, daß Du so schnell von Linz wegkämst, hätten wir Dich halt doch noch besucht."[12]

Veränderte Haftbedingungen in Berlin

Am 4. 5. um 11 Uhr nacht kam Franz Jägerstätter in Berlin an. Die Fahrt dorthin wäre ein schönes Erlebnis gewesen, wenn es bloß eine „Vergnügungsreise" gewesen wäre.[13] Der Empfang im Wehrmachtsuntersuchungsgefängnis Berlin-Tegel war wahrscheinlich brutal. Dietrich Bonhoeffer, der einen Monat vorher ins selbe Gefängnis eingeliefert worden war, gibt Aufschluß über eine entwürdigende Behandlung der Neuzugänge.[14] Franz drückt nicht nur der Zensur wegen seine Erfahrungen vorsichtig aus, er möchte den Seinen die Sorgen nicht noch vergrößern, er schreibt, daß in Berlin „manches ein wenig anders als in Linz" ist.[15] Er findet positive Seiten: „. . . aber soviel ich bis jetzt gesehen, braucht man auch hier keinen Hunger leiden, finde so manche Sachen hier besser. Hab auch ein sehr nettes Kämmerlein für mich allein."[16] Indirekt gibt er die harte Behandlung durch das Wachpersonal zu:

„Wenn man gegen niemanden Rachegefühle hat und allen Menschen verzeihen kann, wenn auch manchmal einem ein hartes Wort zugeworfen wird, so bleibt das Herz in Frieden, und was gibt es Schöneres auf der Welt als den Frieden. . ."[17]

Jägerstätter kündigt an – schmerzlich vor allem für die Familie zuhause –, daß er von Berlin aus bloß alle vier Wochen einmal einen kurzgefaßten Brief schreiben dürfe; noch meint er, er dürfe ankommende Post ungehindert empfangen.[18] Allerdings sollte er den ersten Monat in Berlin ohne Nachrichten von daheim bleiben, dann erst bekam er vier eingelaufene Briefe ausgehändigt.[19]

Nach einem Monat in Berlin bewertet Franz Jägerstätter den dortigen Aufenthalt in gewisser Hinsicht auch positiv:

„Ansonsten ist es mir fast in allen Dingen hier lieber als in Linz. Bin auch noch immer in der Zelle allein. Wir haben fast täglich eine halbe Stunde Bewegung im Freien, arbeiten kann man auch in der Zelle, soviel man will, nämlich Briefkuverts anfertigen."[20]

Im selben Brief berichtet Franz Jägerstätter von gesundheitlichen Problemen mit dem Magen.[21] Franziska wertet diese Mitteilung als Hinweis darauf, daß ihr Mann auch im Gefängnis weiter streng gefastet habe und es dadurch zu den Magenschmerzen gekommen sei. Bezüglich des Verfahrens teilt Jägerstätter nur die Tatsache einer

Einvernahme vor dem Reichskriegsgericht am 24. 5. mit, nichts aber über den Inhalt derselben.[22] In den beiden Briefen von Juni und Juli findet sich jeweils die Bemerkung, daß es eine Gnade sei, für den Glauben leiden zu dürfen.[23]

Eine exakte Beschreibung der Zustände im Wehrmachtsuntersuchungsgefängnis Berlin-Tegel verdanken wir Dietrich Bonhoeffer, evangelischer Theologieprofessor, der vom 5. 4. 1943 bis zum 8. 10. 1944 in diesem untergebracht war. Sein „Haftbericht" war als sachgemäße Unterrichtung seines Onkels, General von Hase, gedacht, damals verantwortlicher Stadtkommandant von Berlin, der später zu den Aktivisten und Opfern des 20. 7. 1944 gehören sollte.[24] Von Beginn seines Aufenthaltes in Tegel an berichtet Bonhoeffer von „wüsten Beschimpfungen der Untersuchungsgefangenen durch das Personal", die er „seither täglich von morgens bis abends" hörte. Franz Jägerstätter, der vom 4. 5. 1943 bis 9. 8. 1943 im selben Gefängnis war,[25] mußte sie auch hören und war ihnen wehrlos ausgesetzt. Unter „Gesamtbehandlung" vermerkt Bonhoeffer:

„Tonangebend sind diejenigen Schließer, die den Gefangenen gegenüber den übelsten und brutalsten Ton anschlagen. Der ganze Bau hallt von wüsten Schimpfworten ehrenrühriger Art, so daß auch ruhigere und gerechtere Schließer sich davon angeekelt fühlen, aber sie können sich kaum durchsetzen."[26]

Wie insgesamt im nationalsozialistischen System waren auch im Gefängnis die brutalsten und charakterlosesten Elemente obenauf; aus der Küche wurden Lebensmittel abgezweigt, den Kostproben des Gefangenenessens, die ein Arzt und ein Offizier zu machen hatten, wurden starke Verbesserungen zugesetzt; an Sonntagen, an denen keine Essensproben gemacht wurden, gab es nur eine völlig fett-, fleisch- und kartoffellose Wasserkohlsuppe; den Häftlingen war keinerlei Beschäftigung erlaubt.[27] Nach Bonhoeffer waren die entsetzlichsten Stunden für die Gefangenen die während der Luftangriffe; für die Gefangenen gab es keine Luftschutzkeller, lediglich die im dritten Stockwerk untergebrachten wurden in das Erdgeschoß verlegt:

„Das Schreien und Toben der eingeschlossenen Gefangenen bei einem schweren Angriff, die zum Teil wegen geringfügiger Vergehen oder gar unschuldig hier sitzen, vergißt derjenige nie, der es erlebt hat.

700 Soldaten werden hier schutzlos den Gefahren eines Bombenangriffs ausgesetzt."[28]

In Jägerstätters Haftzeit fiel, wenn man die Aufzeichnungen Bonhoeffers heranzieht, kein schwerer Luftangriff. Ende November gab es im Militärgefängnis Tegel nach einem Luftangriff, den die Gefangenen in den Zellen mitzumachen hatten, viele Verwundete;[29] schwere Angriffe auf die Umgebung gab es bereits um den 23. 8. wie um den 3. 9. 1943.[30] Von einer starken Hitzeperiode Ende Juli bis Anfang August, während der es in den Zellen unerträglich heiß wurde, war Franz Jägerstätter jedoch mitbetroffen.[31] Über die Auswirkungen der Behandlung und der Leiden gibt der Ordenspriester Franz Reinisch Auskunft. In der monatelangen nervenbelastenden Isoliertheit der Einzelzelle werden für den Mann, der bei seiner Gerichtsverhandlung durch seine Ruhe auffällt, die kleinen alltäglichen Schikanen eine große Belastung.[32] Der Priester bezeichnet sein Erleben als einen „Vorgeschmack vom Fegefeuer und der Hölle".

„Die Gedanken und Erlebnisse: Nie ein freundliches Gesicht, nie eine fühlbare Liebe, immer nur harte Worte, wenn dies ewig so dauern würde; dann das Schreien mancher Gefangener, die mit der Einsamkeit und mit der Freiheitsberaubung, mit dem ständigen Schweigen, mit der kleinen Zelle usw. nicht fertig werden, zudem bei gewissen die seelische Not, die schwer auf ihren Herzen lastet, das Gefesseltsein der Todesverurteilten."[33]

Gefängnispfarrer Heinrich Kreutzberg notiert in den letzten Wochen, in denen Reinisch auf seine Hinrichtung zu warten hat:

„R. vermutet den baldigen Abtransport nach Brandenburg. Ich glaube festzustellen, daß er bei einem schnellen Aufschließen der Türe zu ungewohnter Zeit einen leicht erschrockenen Eindruck macht. Jedesmal, wenn er mich sieht, geht ein befreiendes Lächeln über sein Antlitz. Meist schlägt er dabei als Zeichen der Freude die Hände zusammen. Er erzählt mir, daß er in den letzten Tagen, besonders in den Morgenstunden eine starke Unruhe in sich erlebe, wohl ein Zurückschrecken und Beben der ganzen Natur vor dem Tode. Er sucht diese Zustände nicht gewaltsam abzuwehren, sondern zu überstrahlen durch Gebet, Betrachtung, Lesung und durch Auf-

und Abgehen. Das alles sei mehr an der Oberfläche. Im Innern sei er klar und ruhig."[34]

Franz Jägerstätter, der zwischen Verhaftung und Hinrichtung nach fast genau demselben Zeitplan behandelt wurde, wirkt in seinem vorletzten Brief, vom Tage vor seiner Hinrichtung, über deren Datum er allerdings noch nicht informiert gewesen war, am stärksten vereinsamt und verlassen. Den Abschiedsbrief am nächsten Tag kann er ruhiger und gelassener abfassen.[35]

Franziska Jägerstätter selbst wurde Zeugin der unmenschlichen Behandlungsweise, als sie mitansehen mußte, wie brutal ihr Mann in gefesseltem Zustand vom Lastwagen gestoßen wurde.

Vor dem Reichskriegsgericht

Zuständigkeit

Franz Jägerstätter sollte mit seinem Eindruck, daß er nach der Verlegung nach Berlin nach wie vor mit allem zu rechnen hätte, recht haben.[36]

Nach der Kriegsstrafverordnung (KStVO) vom 17. 8. 1938 wurden Verfahren vor Kriegsgerichten jeweils nur in einer Instanz geführt.[37] Das Reichskriegsgericht in Berlin war deshalb keine Berufungsinstanz, ihm waren vielmehr ein besonderer Personenkreis (höhere Offiziere) sowie besondere Fälle vorbehalten. Nach § 14 Nr. 9 KStVO gehörte zu den dem Reichskriegsgericht vorbehaltenen Straffällen auch die „Zersetzung der Wehrkraft", wobei im Falle dieses Deliktes die Abgabe in „minder schweren Fällen" an einen anderen Gerichtsherren statthaft war.[38] Allein die Verweisung des Falles Jägerstätter an das Reichskriegsgericht deklarierte diesen schon als „schwer".

Aus der Verhandlung vor dem Reichskriegsgericht wird auch erklärlich, daß Franz Jägerstätter in Berlin im Gegensatz zu Linz einen Pflichtverteidiger erhielt. Für das Reichskriegsgericht bestand nach § 72 der KStVO die Notwendigkeit eines Verteidigers, der, falls der Angeklagte keinen gewählt haben sollte, vom Senatspräsidenten zu stellen war. Franz Jägerstätter erhielt nach diesem Paragraphen Rechtsanwalt Feldmann beigeordnet.[39]

Nicht nur der vom selben Gericht abgehandelte Fall des Pallottinerpaters Reinisch zeigt, daß religiös motivierte Wehrdienstverweigerung als schwerer Fall der Wehrkraftzersetzung galt. Bibelforscher

kamen aus denselben Gründen vor das Reichskriegsgericht. So findet sich in den Berichten des Sicherheitsdienstes vom 22. 1. 1940 die Notiz: „6 Bibelforscher wurden in den letzten Tagen vom Reichskriegsgericht wegen Zersetzung der Wehrkraft zum Tode verurteilt."[40]
Über die aufgrund ihres Nationalgefühles den Eid verweigernden Lothringer wurde in Linz verhandelt.[41] Religiöse Motive galten demnach als „schwerer" belastend als nationale; dies legt die Vermutung nahe, daß man die Beispielswirkung in dieser Hinsicht besonders stark gefürchtet hat.

Quellenlage

In bezug auf die Vernehmungen Franz Jägerstätters und den Prozeß vor dem Reichskriegsgericht befinden sich drei Dokumente im Besitze Franziska Jägerstätters:

1. Die „Verfügung" des Reichskriegsgerichtes StPL (RKA) I 98/43 vom 23. 6. 1943, in welcher in der Strafsache gegen den Kraftfahrer Franz Jägerstätter, Stammkompanie Kraftf. Ers. Abt. 17, Enns, der Termin der Hauptverhandlung vor dem 2. Senat des Reichskriegsgerichtes in Berlin-Charlottenburg für den 6. 7. 1943, 9.30 Uhr anberaumt wurde.
2. Der Brief des Pflichtverteidigers Feldmann an den Pfarrer von St. Radegund vom 6. 7. 1943; in diesem Brief regt der Anwalt einen Besuch der Angehörigen in Berlin an, um Jägerstätter umzustimmen.
3. Die Mitteilung des Oberreichskriegsanwaltes an Franziska Jägerstätter hinsichtlich der Verurteilung und Hinrichtung ihres Mannes vom 9. 9. 1943.

Am 25. 11. 1982 ersuchte ich das Österreichische Staatsarchiv/Kriegsarchiv, Wien, Stiftgasse, um Übermittlung der Musterungsakte Franz Jägerstätter sowie der Prozeßakten.
Am 8. 2. 1983 urgierte ich an dieselbe Stelle unter Beilegung von Kopien obenangeführter drei Dokumente. Weder auf den ersten noch auf den zweiten Brief erhielt ich irgendwelche Reaktionen.
Gordon Zahn erhielt bei seinen Recherchen über Jägerstätter 1961 vom Wiener Kriegsarchiv noch Einsicht in die Musterungsakte.[42] Im Gespräch mit Frau Professor Weinzierl erfuhr ich, daß ihr auf eine

entsprechende spätere Anfrage hin mitgeteilt wurde, die Musterungs-
akten seien mittlerweile in den Papierwolf zur Vernichtung gegeben
worden.

Bezüglich der Prozeßakten ersuchte ich das deutsche Bundesarchiv/
Militärarchiv in Freiburg um Auskunft. Von diesem bekam ich
umgehend Antwort, die dahingehend lautete, daß sich in Freiburg
vom ehemaligen Reichskriegsgericht nur einige Aktensplitter befän-
den; umfangreiche Aktenbestände sollten sich in der Tschechoslowakei befinden, was von tschechoslowakischer Seite aber bestritten
würde.[43]

Als Privatperson in der Tschechoslowakei den Akt zu suchen
erschien von vornherein zwecklos, obwohl eine gewisse Hoffnung
besteht, auch über den Jägerstätter-Prozeß Gewißheit zu bekommen,
falls etwaige Archivbestände zugänglich gemacht werden sollten.
Mit 13. 4. 1983 suchte ich beim Amt der oö. Landesregierung um
Einsicht in die Opferfürsorgeakte Jägerstätter an, darauf bekam ich
die Mitteilung, daß ich um die Zustimmung zur Akteneinsicht beim
Präsidium der oö. Landesregierung anzusuchen hätte;[44] auf das
umgehend abgesandte Ansuchen erfolgte jedoch keinerlei Reaktion.
Vom Dokumentationsarchiv des Österreichischen Widerstandes
erfuhr ich mittlerweile, daß sich unter den dort vorhandenen
Jägerstätter-Dokumenten ein Opferfürsorgeakt befände, der aber
keine Unterlagen über den Prozeß enthalte.

Die Prozeßordnung

Nach der Kriegsstrafverfahrensordnung vom 17. 8. 1938 (KStVO) § 1
heißt es unter den „Allgemeinen Grundsätzen", daß auch nach
Einführung des vereinfachten Kriegsverfahrens folgende Vorschrif-
ten unter allen Umständen zu beachten seien:

1) „Die Hauptverhandlung muß vor drei, im Verfahren vor dem
   Reichskriegsgericht vor fünf militärischen Richtern stattfinden
   (§§ 9, 10),
2) der Angeklagte muß in ihr zu der Anklage gehört, insbesondere
   zum letzten Wort zugelassen werden, soweit er sich nicht selbst der
   gerichtlichen Untersuchung entzogen hat (§ 59 Abs. 1, § 61),
3) das Urteil muß mit Stimmenmehrheit erzielt, schriftlich abgefaßt
   und mit Gründen versehen werden (§§ 62, 65, 66),

4) das Urteil muß von einem Befehlshaber bestätigt werden, der im Einzelfall oder allgemein zur Bestätigung zuständig ist (§§ 79, 80)."

§ 10 der Kriegsstrafverfahrensordnung regelt die Besetzung der Senate des Reichskriegsgerichtes:

(1) „Die Senate entscheiden in der Besetzung mit einem Senatspräsidenten, einem Reichskriegsgerichtsrat und drei Offizieren. Die planmäßigen richterlichen Mitglieder können durch Hilfsrichter, die ständig angestellte richterliche Beamte sind, ersetzt oder vertreten werden.

(2) Die Offiziere ernennt der Führer und Reichskanzler auf unbestimmte Zeit."

Die Kriegsstrafverfahrensordnung regelt mit § 52 bis § 75 die Hauptverhandlung. Nach diesem Rahmen dürfte auch der Fall Jägerstätter abgehandelt worden sein.

Nach § 56 wurde die Verhandlung eingeleitet mit einer Vereidigung der Richter: „Sie schwören bei Gott, dem Allmächtigen und Allwissenden, die Pflichten eines Richters getreulich zu erfüllen und Ihre Stimme nach bestem Wissen und Gewissen abzugeben."

Die Methode des Regimes, das sich um Gott oder Gewissen nicht im geringsten kümmerte, diese Bereiche aber einsetzte, um sich die Menschen, die an diesen Werten hingen, gefügig zu machen und sie moralisch zu binden, wird im Bereich der Gerichtsbarkeit ähnlich erkennbar wie in der Frage des Soldateneides.

§ 59 der KStVO verfügt, daß dem Angeklagten Gelegenheit zu geben sei, sich gegen die Anklage zu verteidigen.

§ 60 regelt die Beweisaufnahme; in § 61 wird bezüglich der Schlußvorträge verfügt: „Nach der Beweisaufnahme erhalten die Vertreter der Anklage, der Verteidiger und der Angeklagte zu ihren Ausführungen und Anträgen das Wort."

In § 62 heißt es zu Beratung und Abstimmung:

„Die Beratung und Abstimmung des Gerichts sind geheim. Nur die Richter dürfen zugegen sein. Sie haben über den Hergang zu schweigen. Der Verhandlungsleiter leitet die Beratung und Abstimmung. Es entscheidet Stimmenmehrheit."

§ 66 Urteilsverkündung:

(1) „Der Verhandlungsleiter verkündet das Urteil durch Verlesen der

Urteilsformel und Eröffnen der Urteilsgründe am Schluß der Verhandlung. Er kann bei wichtigem Grunde dem Verteidiger und Angeklagten gestatten, der Urteilsverkündung fernzubleiben."

In bezug auf das Nachprüfungsverfahren verfügt die KStVO mit § 76 die Unanfechtbarkeit der Entscheidungen: „Die Entscheidungen des Kriegsverfahrens sind mit Rechtsmitteln nicht anfechtbar."

§ 77: Nachprüfen der Urteile:

„(1) Die Urteile unterliegen einer Nachprüfung, die zur Bestätigung oder Aufhebung führt. (2) Die Bestätigung macht die Urteile rechtskräftig und vollstreckbar."

§ 78: Anhören des Angeklagten:

„Vor der Bestätigung hat der Gerichtsherr den Verurteilten durch einen richterlichen Militärjustizbeamten oder einen Offizier schriftlich darüber vernehmen zu lassen, ob und welche Einwendungen er gegen das Urteil vorzubringen habe. Hat der Angeklagte sich hierzu bereits anderweit hinreichend geäußert, so kann eine schriftliche Vernehmung unterbleiben."

§ 80 regelt das Bestätigungs- und Aufhebungsrecht im Verfahren vor dem Reichskriegsgericht:

„Das Recht der Bestätigung und Aufhebung von Urteilen des Reichskriegsgerichtes wird ausgeübt:
1) vom Führer und Reichskanzler,
   . . .
   c) wenn er einen dahin gehenden Vorbehalt allgemein oder im Einzelfall ausspricht,
2) im übrigen vom Präsidenten des Reichskriegsgerichts."

Verurteilt wegen Wehrkraftzersetzung

So spärlich die Unterlagen über den Prozeß Jägerstätters sind, fest steht, daß auch in Berlin versucht wurde, ihn zur Übernahme des Militärdienstes zu bewegen; er steht nicht wegen einer einmal begangenen Tat vor Gericht, sondern wegen einer Haltung, die er noch immer ändern könnte und damit sein Schicksal zumindest in einem gewissen Ausmaß verbessern. Anders als dies vor dem Berliner Volksgerichtshof unter Freisler geschah, schlug dem gläubigen Systemgegner vor dem Reichskriegsgericht nicht von vorneherein Haß und Feindseligkeit entgegen.[45]

Schon der Priester Franz Reinisch stellt ein Jahr vor Jägerstätters Haftzeit in Berlin, noch vor den Stalingradereignissen, eine geringe Parteibegeisterung der Soldaten, mit denen er vor dem Reichskriegsgericht zu tun hatte, fest. Weder Nationalsozialismus noch Christentum bewegen nach Reinisch die Soldaten, einzig die „Lebensraum"-Propaganda dürfte als Kriegsmotivation akzeptiert worden sein:

„Es ist interessant, Soldaten wie Offiziere hier im kalten Norden zu hören: Sie wollen nichts wissen von der NSDAP, aber auch nichts vom Christentum. Es geht ihnen lediglich um einen gesicherten Lebensraum auf dieser Erde. Und das kann nur die Wehrmacht besorgen."[46]

Die Behandlung durch das Aufsichtspersonal beschreibt Reinisch:

„Hier das Personal gibt mir dauernd den Rat, ich soll den Eid leisten. Die glauben fast alle nicht mehr an eine Ewigkeit. Sie können es nicht begreifen, wie ein Mensch sein Leben ‚wegwerfen' kann. Diese dauernden Angriffe von allen Seiten könnten einen fast irre machen. Erst versuchten es einige mit Strenge, jetzt versuchen sie es mit Güte."[47]

Der Pflichtverteidiger Jägerstätters, der Berliner Rechtsanwalt F. L. Feldmann, sah seine Aufgabe ebenfalls darin, seinen Mandanten zu einer Haltungsänderung zu bewegen, indem er versuchte, Menschen einzuschalten, von denen er erwartete, daß sie Einfluß auf diesen hätten. Einerseits schickte er den Wehrmachtspfarrer zu Jägerstätter, andererseits versuchte er über den Pfarrer von St. Radegund die Angehörigen zu erreichen.[48]

Dem Verteidiger verdanken wir einen knappen Bericht über den Prozeß, abgefaßt unmittelbar nach dessen Ende:

„Heute war die Verhandlung vor dem Reichskriegsgericht, in der Jägerstätter leider die Ihnen bekannte Haltung nicht aufgab, sondern weiter den Standpunkt vertrat, als Katholik könne er nicht mit der Waffe in der Hand kämpfen, da er dann gleichzeitig für den

Nationalsozialismus kämpfen müßte, was ihm unmöglich sei. Jägerstätter mußte daraufhin zum Tode verurteilt werden. Das Urteil ist noch nicht rechtskräftig, es muß vielmehr durch den Gerichtsherrn noch bestätigt werden.
Jägerstätter ist nur noch zu retten, wenn er seine doch wohl unvernünftige Haltung aufgibt und sich bereit erklärt, Wehrdienst zu leisten. Dann könnte unter Umständen ein Wiederaufnahmeverfahren anhängig gemacht werden."[49]

Unzweideutig wird durch den Brief des Rechtsanwaltes die Argumentation und Haltung Jägerstätters vor Gericht ersichtlich: Er könne nicht mit der Waffe in der Hand kämpfen, da er dann gleichzeitig für den Nationalsozialismus kämpfen müßte.
Vom Gericht wurde diese Haltung als „Wehrkraftzersetzung" gewertet, wie aus dem Schreiben des Oberreichskriegsanwaltes an Franziska Jägerstätter hervorgeht:

„In der Strafsache gegen Ihren Ehemann, den Kraftfahrer Franz Jägerstätter wegen Zersetzung der Wehrkraft, wurde dieser vom Reichskriegsgericht am 6. Juli 1943 zum Tode sowie zum Verlust der Wehrwürdigkeit und der bürgerlichen Ehrenrechte verurteilt."[50]

Der Tatbestand der Wehrdienstverweigerung wurde unter dem schon verbal viel verbrecherischer klingenden Paragraphen der „Zersetzung der Wehrkraft" abgehandelt. In der Kriegssonderstrafrechtsordnung vom 17. 8. 1938 heißt es unter § 5:

(1) „Wegen Zersetzung der Wehrkraft wird mit dem Tode bestraft:
1. wer öffentlich dazu auffordert oder anreizt, die Erfüllung der Dienstpflicht in der deutschen oder einer verbündeten Wehrmacht zu verweigern, oder sonst öffentlich den Willen des deutschen oder verbündeten Volkes zur wehrhaften Selbstbehauptung zu lähmen oder zu zersetzen sucht;
2. wer es unternimmt, einen Soldaten oder Wehrpflichtigen des Beurlaubtenstandes zum Ungehorsam, zur Widersetzung oder zur Tätlichkeit gegen einen Vorgesetzten oder zur Fahnenflucht oder unerlaubten Entfernung zu verleiten oder sonst die Manneszucht in der deutschen oder einer verbündeten Wehrmacht zu untergraben;
3. wer es unternimmt, sich oder einen anderen durch Selbstverstümmelung, durch ein auf Täuschung berechnetes Mittel oder

auf andere Weise der Erfüllung des Wehrdienstes ganz, teilweise oder zeitweise zu entziehen.

(2) In minder schweren Fällen kann auf Zuchthaus oder Gefängnis erkannt werden.

(3) Neben der Todes- und der Zuchthausstrafe ist die Einziehung des Vermögens zulässig."

Aus dem hier vollinhaltlich wiedergegebenen Paragraphen bezüglich der Wehrkraftzersetzung wird deutlich, daß für das Reichskriegsgericht in Berlin kaum ein Spielraum in bezug auf das Strafmaß bestand. § 5 verfügt bei Wehrkraftzersetzung generell die Todesstrafe. Allein die Wertung des Tatbestandes als „minder schwer" hätte die bloße Verhängung einer Freiheitsstrafe zur Folge haben können. Doch die Überstellung des Falles an das Reichskriegsgericht ist schon ein Anzeichen, daß er als „schwer" angesehen wurde.

Weder in Linz noch in Berlin sah sich jemand veranlaßt, einen weiteren Paragraphen der Kriegsstrafverfahrensordnung auf Jägerstätter anzuwenden; und zwar heißt es in dieser unter § 44, Anstaltsbeobachtung:

„Der Beschuldigte darf auf die Dauer von höchstens zwei Monaten in einer öffentlichen Heil- oder Pflegeanstalt untergebracht und dort auf seinen Geisteszustand untersucht werden, wenn ein Arzt als Sachverständiger dies für erforderlich erklärt."

Weder dürfte das Reichskriegsgericht eine Notwendigkeit gesehen haben, einen Arzt zu konsultieren, noch der Verteidiger darin eine Überlebenschance für seinen Mandanten; denn in gewisser Weise setzte sich der Rechtsanwalt für Jägerstätter ein, wenn auch nur in der Hinsicht, daß er Geistliche als quasi „Sachverständige" beizog, die den Verurteilten umstimmen sollten.[51]

Im monatlichen Brief vom 8. 7. 1943 erwähnt Franz Jägerstätter weder Prozeß noch Verurteilung. Indirekt bereitet er seine Familie auf eine Verschlimmerung seines Situation vor. Seiner Mutter schreibt er:

„...sei ja nicht beängstigt besorgt um mein leibliches Wohl, wenn auch noch Schwereres über mich hereinbrechen wird, aber das macht nichts, denn mehr als ich ertragen kann, wird der liebe Gott mir nicht schicken."[52]

Die Ehefrau beruhigt Franz Jägerstätter mit dem Hinweis auf seine seelische Verfassung: „Liebste Gattin, solange ich nicht unglücklich bin, brauchst Du Dir kein schweres Herz ob meiner machen..."[53] Über den vom Rechtsanwalt angeregten Besuch eines Seelsorgers[54] berichtet Franz Jägerstätter bereits:

„Kann Dir auch Freudiges mitteilen, daß ich gestern Besuch hatte, und zwar von einem Priester, am nächsten Dienstag wird er mit dem Allerheiligsten kommen, man ist also auch hier nicht von Gott verlassen."[55]

Für den nächsten Brief kündet Franz Jägerstätter der Familie die Nachricht über eine „endgültige Entscheidung" in Hinsicht auf seine Zukunft an.[56]

Pflichtverteidiger sucht Mandanten umzustimmen

Anwalt Feldmann hatte in seinem Schreiben an den „Pfarrer von St. Radegund" angekündigt, er wolle für den Fall, daß jemand von den Angehörigen Jägerstätters nach Berlin kommen würde, „das Reichskriegsgericht bitten, die Bestätigung und die Vollstreckung des Urteils noch auszusetzen."[57] Vikar Fürthauer erhielt diese Nachricht am Samstag, 11. 7., und benachrichtigte umgehend Franziska Jägerstätter. Damit die Frau die Reise nicht allein zu machen habe, fand sich der Priester bereit, sie zu begleiten. Sonntag, 12. 7., mittag fuhren beide vom Bahnhof Tittmoning ab und kamen Montag, 13. 7., um 10 Uhr in Berlin an. Die vom Anwalt angeregte telegraphische Verständigung dürfte geklappt haben, denn sie konnten im Gebäude des Reichskriegsgerichtes in der Witzlebenstraße Franz Jägerstätter wie den Anwalt sprechen. Franziska Jägerstätter und Vikar Fürthauer fanden in Berlin kein Nachtquartier und traten aus diesem Grund noch am Monatg um 22 Uhr die Rückfahrt an.[58] Nach der Ankunft am Montag vormittag in Berlin warteten beide eine halbe Stunde im Gerichtsgebäude auf das Eintreffen von Franz. Franziska stand am Fenster, das in den Hof führte. Sie sah einen geschlossenen Lastwagen in den Hof fahren, Bewaffnete sprangen heraus. Als die rückwärtige Tür geöffnet wurde, sah Franziska ihren Mann, der an den Händen gefesselt war. Er wurde brutal von der Ladefläche auf den Boden gestoßen, sodaß er schwer stürzte. Die Frau schrie in ihrem Schrecken „Franzl"; dieser hörte den Ruf und sagte später zu seiner Frau, er sei ihm wie von einem Engel vorgekommen.

In den insgesamt etwa 20 Minuten der Begegnung hatten die Eheleute wenig Möglichkeit miteinander zu sprechen, die meiste Zeit war von den Überredungsversuchen Vikar Fürthauers ausgefüllt. Franziska Jägerstätter schreibt am Abend desselben Tages vom Berliner Bahnhof aus: „. . . ich hätte Dir soviel zum Erzählen von daheim vorgenommen, hab vieles vergessen, wirst Dich selbst geärgert haben, aber H. Pf. hätte es doch auch gut gemeint."[59]

Franzens Reaktionen auf die Worte des Priesters waren heftig gewesen, was schon aus Franziskas Ausdruck „wirst Dich selbst geärgert haben" durchklingt. Im nächsten, insgesamt vorletzten Brief resümiert Jägerstätter:

„Das Wiedersehn brachte mir zwar Freude, aber nicht den Zweck, dessen Ihr so große Opfer auf Euch genommen. Es tut mir schon leid, daß ich so wenig mit Dir sprechen konnte. Ich bin ja deswegen unsrem Hochw. Herrn Pf. nicht böse und lasse ihn auch um Verzeihung bitten über all meine unnützen Worte, die ihn vielleicht sehr gekränkt haben und mir nachher doch nur Reue gebracht. Denn ich werde durch meine Worte genausowenig erzweckt haben wie unser Hochw. H. Pf. mit den seinen."[60]

Inhaltlich dürfte Fürthauer mit der Verpflichtung durch das 4. Gebot argumentiert haben. Franz bedauert das Leid, das die Seinen seinetwegen trifft. Noch mehr aber als wegen des Leidens würde er sie wegen einer verständnislosen Haltung bedauern:

„Glaubt Ihr vielleicht, Euch könnte dann kein Leid mehr treffen, wenn ich jetzt durch eine Lüge mir das Leben noch zu verlängern suchen würde? Wenn Ihr das wirklich glaubt, wie ich nach Euren Reden vernehmen konnte, daß ich mich dadurch gegen das vierte Gebot versündige, dann habt Ihr freilich Schweres durchzumachen."[61]

Daß diese Einstellung mehr vom Priester als von der Frau vertreten wurde, kann man weiter aus dem Brief ablesen, den diese unmittelbar nach dem Gespräch an ihren Mann schrieb. Nicht ein einziges Mal findet sich bei ihr ein Wort wie: „Denk an mich oder an die Kinder bei der Entscheidung." Sie ist einzig um ihren Ehemann besorgt:

„... ich hoffe, mit Gottes Hilfe wird doch alles wieder recht werden ... werde schon recht viel für Dich beten; und bitte verzage nicht in Deiner schweren Lage... Deine um Dich besorgte, Dich liebende Gattin Fani."[62]

Ein weiteres Dokument über die Begegnung in Berlin bildet der einen Tag nach der Rückkehr verfaßte Brief an Pfarrer Karobath. Hier erfahren wir über die seelische Verfassung von Franz: „Er hat viel zu leiden, fühlt sich aber dabei überaus glücklich, sagte er zu mir, er möchte sich gar nicht mehr umstellen..."[63]

Wenn die Eheleute auch wenig miteinander reden konnten, ist Franziska Jägerstätter dennoch, auch vierzig Jahre nach dem Geschehen, noch sehr froh, ihren Mann noch einmal gesehen zu haben. Er hatte sich sichtlich gefreut, und sie sagt, daß sie sich bei der letzten Begegnung auch ohne Worte verstanden hätten, daß sie die Worte nicht gebraucht hätten, um zu erkennen, wie es um den anderen stünde.

Nach dem Gespräch mit den Ehemann führte Franziska Jägerstätter eines mit seinem Pflichtverteidiger.

Ihre Hoffnung war der Sanitätsdienst, von dem sie seit den ersten Ankündigungen ihres Mannes aus Linz nichts mehr gehört hatte. Sie fragte den Anwalt, ob man den Mann denn nicht zur Sanität hätte geben können. Franziska erinnert sich ganz klar an seine auf sie sehr zynisch wirkende Antwort: „Das hätten wir schon tun können, aber das haben wir nicht getan."

Fürthauer hatte im Gespräch mit Jägerstätter einen Alternativdienst erwähnt, doch der Verurteilte sprach ihm und seiner Frau gegenüber die Überzeugung aus, daß nach einer Rücknahme der Verweigerung keine andere Möglichkeit als die Zuweisung zu einer Strafkompanie für ihn bestünde.

Diese Einschätzung war durchaus realistisch, Zugeständnisse von seiten der Wehrmacht in bezug auf Art des Dienstes hätten das ganze System des unbedingten Gehorsams in Frage gestellt.

Auch der Rechtsanwalt hatte als die einzige Möglichkeit zur Rettung Franz Jägerstätters eine Wiederaufnahme des Verfahrens nach einer Rücknahme der Dienstverweigerung durch den Angeklagten bezeichnet.[64]

Franziska Jägerstätter berichtet unmittelbar nach der Begegnung in Berlin Pfarrer Karobath über die Ereignisse: „... zur Sanität hätten sie ihn schon tun können, da waren sie natürlich zu stolz, denn da hätten sie nachgeben müssen."[65]

Der Problembereich Sanitätsdienst erscheint nach den bisher zitierten Briefen und Zeugnissen als eindeutig. In Linz hätte sich Franz Jägerstätter für diese Art des Dienstes bereit erklärt. Von seiten der Untersuchungsbehörden und Gerichte wäre einzig und allein eine bedingungslose Rücknahme der Verweigerung entgegengenommen worden, wenn auch möglicherweise am Beginn des Verfahrens die Rücknahme der Verweigerung mit gewissen Versprechungen verknüpft gewesen sein könnte, wie der Ausspruch „Tricks" besagt.[66] In der Nachkriegszeit sollte der Fall Jägerstätter für einen der Beteiligten am Prozeß hinsichtlich seiner Nachkriegskarriere sehr förderlich werden. Friedrich Leo Feldmann wies in seinem Entnazifizierungsverfahren einen Brief eines Berliner Gefängnisseelsorgers vor, der dem Anwalt bescheinigte, daß er sich für einen österreichischen wegen Wehrkraftzersetzung angeklagten Bauern eingesetzt hätte. Das Zeugnis des Priesters war ausschlaggebend für den Erweis der politischen und persönlichen Zuverlässigkeit den Besatzungsbehörden gegenüber. Dies teilte Feldmann, mittlerweile Anwalt in Düsseldorf, dem 1961 im Fall Jägerstätter forschenden Gordon Zahn mit.[67]

Wie bereits Zahn feststellte, waren die Erinnerungen Feldmanns an den Fall in bekannten Details unkorrekt; der damalige Pflichtverteidiger gab jedoch an, sich an den Prozeßverlauf genau zu erinnern. Als ungewöhnlich war ihm im Gedächtnis, daß vor Beginn der Verhandlung die Richter auf Betreiben des Anwalts hin versuchten, den Angeklagten zu einer Haltungsänderung zu bewegen. Über den Prozeßverlauf gab Feldmann Zahn gegenüber an: „Sie baten ihn buchstäblich, von seinem Standpunkt abzugehen, sich wenigstens zu einem Kompromiß bereitzuerklären und den Dienst ohne Waffen anzunehmen."[68] Zahn zitiert den Rechtsanwalt weiter bezüglich des angeblichen Prozeßverlaufes:

„Der Verteidiger war diesbezüglich sehr bestimmt und klar; er erinnerte sich, daß seinem Klienten eine Garantie gegeben wurde, niemals zu den Waffen gerufen zu werden, wenn er nur seine Dienstverweigerung widerrufe. Aber Jägerstätter lehnte auch dieses Angebot ab, und zwar mit der Begründung, daß er bei einem solchen Abkommen ein an und für sich unmoralisches Zugeständnis noch durch die Sünde der Falschheit erschweren würde, durch die ‚Scheinbare Dienstverpflichtung' nämlich, um der Todesstrafe zu entgehen."[69]

Im Brief an den Heimatpfarrer vom Verhandlungstag hatte der Verteidiger die Schwerpunkte noch anders gesetzt, da war die Urteilsbegründung eindeutig: „Nicht-mit-der-Waffe-in-der-Hand-Kämpfen". Von einer Alternative war keine Rede, auch nicht im Gespräch mit Franziska Jägerstätter. Wie aus der Formulierung der Ehefrau Jägerstätters gegenüber auf deren Anfrage bezüglich Sanitätsdienst hin zu entnehmen ist, hat der Anwalt gar nicht versucht, für einen solchen zu plädieren; im Gegenteil hatte er sich vor der Frau auch mit dem Gericht identifiziert: „Das hätten wir schon tun können, aber das haben wir nicht getan."
Wenn die Glaubwürdigkeit Franziska Jägerstätters der des Anwalts gegenübergestellt wird, muß Frau Jägerstätter vorgezogen werden. Einerseits erinnert sie sich jeweils korrekt auch an Details oder sagt, sie wüßte etwas nicht mehr genau; andererseits war es ihr einziges Gespräch mit einem Anwalt, das sie sich oft in Erinnerung gerufen haben dürfte. Bei Feldmann dürfte es dagegen eine Vielzahl von Fällen und Verfahren gegeben haben.
Ein weiterer Grund für die veränderte Darstellung der Tatsachen mag für den Anwalt darin gelegen haben, daß er Interesse daran hatte, daß sein Entlastungsfall möglichst eindeutig blieb. Wieweit die Entlastungszeugnis-Praxis in Berlin nach Kriegsende mit der in der Diözese Linz vergleichbar ist, wo Priester auf Ersuchen eben das wenige Gute, das im einzelnen Fall zu sagen war, bezeugten, kann hier nicht festgestellt werden. Es muß auch im Fall Feldmann das Entlastungszeugnis nicht mehr aussagen, als eben drinsteht: eben daß er sich für Jägerstätter eingesetzt hat; die Verständigung des Gefängnisseelsorgers und der Angehörigen war ein gewisser Einsatz und für Jägerstätter selbst wertvoll, wenn auch nicht in der vom Anwalt intendierten Absicht.
Über seine tatsächliche Verteidigungstätigkeit während des Prozesses berichtet Feldmann auch Zahn, daß er nach einer Aufzählung der strafbaren Tatbestände durch einen der Richter nur deren Gültigkeit bestätigt habe.[70]

Das Urteil ist vollstreckbar

In der Mitteilung des Oberreichskriegsanwaltes an Franziska Jäger-stätter bezüglich der Verurteilung und Hinrichtung ihres Mannes ist angegeben, daß das am 6. 7. 1943 verhängte Urteil am 14. 7. 1943 bestätigt worden ist.[71]
Verurteilten wie Angehörigen mag die Tatsache, daß ein Urteil des Kriegsgerichtes überprüft und bestätigt werden mußte, einen Hoffnungsschimmer gelassen haben.[72] Tatsächlich war das Bestätigungs-verfahren nur eine dürftige Bemäntelung des Umstandes, daß einem Verurteilten keinerlei Rechtsmittel gegen das Urteil zustanden, wie § 76 der Kriegsstrafverfahrensordnung verfügt. Für den Fall Jäger-stätter war nach § 80 derselben Verordnung der Präsident des Reichskriegsgerichtes für eine Bestätigung oder Milderung zustän-dig. Dokumente über das Bestätigungsverfahren sind nicht verfüg-bar, nach der Verfügung über die Anberaumung der Hauptverhand-lung war Präsident des Reichskriegsgerichtes und Gerichtsherr Admiral Bast.[73]
Die Bestätigungspraxis des Reichskriegsgerichtes sah so aus, daß von 753 untersuchten Urteilen 97,9 Prozent bestätigt wurden; von den aufgehobenen 2,1 Prozent der Fälle wurden zwei Drittel in einem zweiten Verfahren verschärft; die Zahl der in einem neuen Verfahren gemilderten Urteile lag bei unter 1 Prozent.[73a]
Eine letzte Chance, dem Todesurteil zu entgehen, wäre ein Gnaden-gesuch gewesen. Es finden sich keine Hinweise, daß Franz Jägerstät-ter ein solches gestellt hat; er hätte den Aufzeichnungen aus dem Gefängnis wahrscheinlich einen Entwurf in dieser Hinsicht beigelegt oder entsprechende Gedankengänge schriftlich formuliert.
Es dürfte auch niemand geraten haben, ein Gnadengesuch zu stellen, denn die Chancen, daß ihm stattgegeben worden wäre, waren nahe Null. Nach § 114 der Kriegsstrafverfahrensordnung übte der Führer und Reichskanzler in jenen Fällen das Gnadenrecht aus, in denen dem Präsidenten des Reichskriegsgerichtes das Bestätigungs- und Aufhebungsrecht zustand.
Hitler selbst wäre demnach für eine Begnadigung Jägerstätters zuständig gewesen, und dies in einem Fall von Wehrkraftzersetzung, dem Bereich, in dem der Diktator wahrscheinlich am empfindlichsten und am grausamsten war – er meinte damit aus 1918 eine „geschicht-liche Lehre" zu ziehen.[74] In bezug auf Gnadenentscheide bei

Wehrkraftzersetzung wurde das diesbezügliche Prinzip des „Führers" veröffentlicht:

„Wer in einem Kriege, in dem es um Sein oder Nichtsein der Nation gehe, den Willen des Volkes zur wehrhaften Selbstbehauptung lähme, habe das Leben verwirkt, ganz gleich, ob er sich sonst in seinem Leben Verdienste erworben habe, und gleich, ob er hoch stehe oder niedrig."[75]

Trost – woran sich Jägerstätter halten konnte

Franz Reinisch, dessen Schicksal innerhalb der Militärgerichtsbarkeit 1942 nach einem ähnlichen Zeitplan verlief, berichtet aus den Wochen zwischen Todesurteil und Vollstreckung von einem innerlichen Zustand der „Totalkapitulation":

„Todesangst! Sie setzt nun in der Endphase meines Ringens ein. Sie ist einfach da, ob ich will oder nicht. Bald mit stärkerer, bald geringerer Heftigkeit. Sie ist ein seelisches Feuer, ein Sich-Winden und Drehen, Beklommenheit, Enge, ein Zusammengepreßtsein im Gehirn wie im Herzen (Physiologisch). Darüber hinaus stellt sich das seelisch-gnadenhafte Ringen ein. Das Erkennen und Erleben der ganzen Vergänglichkeit irdischer Werte, der eigenen Armseligkeit und Hilflosigkeit wie Erbärmlichkeit. Gläubig gesehen ist es wohl ein ganz gewaltiges Hineingetriebenwerden in die Arme Gottes. Die Sehnsucht nach Hilfe läßt mich nun erkennen, daß irdisch keine Stütze mehr vorhanden ist, – – – es sei, daß ich mir selbst untreu würde im bisherigen Entschluß."[76]

Für Franz Jägerstätter gab es ebenfalls eine zweite Periode der Glaubensanfechtung. Im Julibrief schreibt er:

„Wenn wir nur in der Liebe Gottes verbleiben können, denn es können noch harte Glaubensproben an uns herankommen, denn wir wissen nicht, ob wir nicht in die Zeit hineinfallen, wo es heißt, daß der Gerechteste kaum gerettet wird."[77]

Im insgesamt vorletzten Brief kommen wieder „Kämpfe" zur Sprache:

„Wie unsere letzte Stunde sein wird, wissen wir nicht, auch nicht, welche Kämpfe wir dort noch durchzumachen haben, aber daß ich ein so großes Vertrauen auf Gottes Barmherzigkeit habe, daß mich mein lieber Heiland auch in der letzten Stunde nicht verlassen wird, der mich bisher nicht verlassen hat, das könnt ihr mir glauben ..."[78]

Trost in der Todesangst ist das Ave Maria mit der Bitte um Beistand in der Todesstunde und die Verheißung einer „glücklichen" Sterbestunde für den, der durch neun Herz-Jesu-Freitage die Sakramente empfängt.[79] Persönliche Rechtfertigung erhofft er spätestens beim apokalyptischen Endgericht, aus dieser Stelle ist am stärksten Verlassenheit und Einsamkeit zu erspüren:

„Wenn nicht schon früher, so wird am jüngsten Tage alles klar werden, worüber heute sich so manche Menschen streiten. Ich verzeihe Euch sowie auch allen anderen von Herzen, wenn auch so manches Wort nicht gerade wohltut, das einem zu Ohren kommt; was hat man nicht unsren lieben Heiland alles geheißen? Und unsereins soll von solchen Worten verschont bleiben! Für mich werden die Verdienste für die Ewigkeit ja nicht geringer, wenn ich auch von vielen geschmäht werde, die Hauptsache ist nur, wenn der Herr mich in der Ewigkeit nicht zuschanden werden läßt."[80]

Der Brief vom 8. 8. ist nicht unterschrieben. Mit Ausnahme der obigen verbitterten Stellen kommen die wesentlichen Aussagen im am nächsten Tag verfaßten letzten Brief noch einmal. Die Hauptaussage bringt er allerdings in weniger harter Form. Am Tage vor seinem Tode schreibt Franz Jägerstätter:

„Ich wollte, ich könnte Euch all dieses Leid, das Ihr jetzt um meinetwillen zu ertragen habt, ersparen. Aber ihr wißt das, was Christus gesagt hat: ‚Wer Vater, Mutter, Gattin und Kinder mehr liebt als mich, ist meiner nicht wert.'"[81]

Im Abschiedsbrief drückt er dieselben Gedanken auf für die Familie weniger schmerzliche Weise aus:

„Es war mir nicht möglich, Euch von diesen Schmerzen, die Ihr jetzt um meinetwillen zu leiden habt, zu befreien. Wie hart muß es für unsren lieben Heiland gewesen sein, daß er durch sein Leiden und Sterben seiner lieben Mutter so große Schmerzen bereiten mußte; und das haben sie alles aus Liebe für uns Sünder gelitten."[82]

In den letzten beiden Briefen läßt sich Franz Jägerstätter für einen „trostreichen" Brief von Bruder Mayer bedanken. Der Drittordensbruder erreichte den Freund zu einem Zeitpunkt, wo dieser Zustimmung zu seinem Handeln sehr nötig brauchte. Diese Zustimmung ist vorsichtig, in biblischen Bildern versteckt, ausgedrückt, dennoch klar. Die realistische Schilderung des entbehrungsreichen Fronteinsatzes kann kaum Sehnsucht nach so einem Dasein wecken:

„Du wirst Dich wundern, bin nicht mehr bei den Kraftf., sondern bei Infanterie... Daß es mir auch nicht mehr so leicht ankommt, kannst Dir denken, bin ja auch 6-Jahrgang[83], dazu fehlt der rechte Zeigefinger, u. wie Du weißt, bevor ich einrückte, (war ich) 5½ Monate im Spital an Gelenksentzündung, mit dem Arm kann ich halt nimmer so hantieren. Aber wir sind im 4. Kriegsjahr, und was ich nie geglaubt, seh ich als Tatsache; weißt, so wie es früher bei uns war, ists nimmer, daß man 2 Stund Posten steht u. dann sich ausruht, hier geht man

---

Bild oben links:
Josef Karobath, 1933 bis 1940 und 1945 bis 1970 Pfarrer in St. Radegund, ist der priesterliche Freund des jungen Bauern, der dessen Argumente für eine Wehrdienstverweigerung bestätigt, obwohl er ihn retten will. Nach Kriegsende arbeitet er für eine Publikation des Falles und steht der Witwe bei.

Bild oben rechts:
Rudolf Mayer und Franz Jägerstätter lernen sich in der Ennser Kaserne kennen; gemeinsam werden sie im Dezember 1940 in den Dritten Orden des hl. Franziskus eingekleidet. Beide überlegen zu verweigern; zuletzt vor seinem Tod an der Front im August 1943 bestätigt Rudolf, daß Franz den „besseren Teil" erwählt habe.

Bild unten:
Pfarrer Heinrich Kreutzberg betreut Franz Jägerstätter im Berliner Gefängnis; er bringt ihm eine entscheidende Gewissensberuhigung mit der Mitteilung, daß ein Jahr zuvor ein österreichischer Ordensmann sich gleich entschieden hatte.
Er suchte den Beisetzungsort der Urne auf und konnte der Witwe mitteilen, daß Blumen auf das Grab gepflanzt waren (von Ordensfrauen). Nach Kriegsende unterstützt er die Frau in der Rentenangelegenheit.

abends in Graben und morgens ein paar Stund in Bunker, alle 3. Tag ist auch vormittag ganzen Vormittag Wache, (in den) Zwischenzeiten gibts noch Arbeitsdienst, Bunkergraben o. Graben tiefer machen. Die Füß tun mir oft weh, so müd wird man, aber man ist allgemein der Meinung, daß der Krieg dieses Jahr zu Ende geht, u. das ist Trost, wenn man auf Besseres hoffen kann."[84]

Die folgende Passage drückt Gefühle eines „kleinen Mannes" über sein Soldatseinmüssen aus, hier haben alle Heldenphrasen die Brauchbarkeit verloren: „Wir haben ja zuhause auch nix als Arbeit in unserm Leben, aber man ist zufrieden, wenn man nachts schlafen kann u. von diesem Schrecken nix mehr sieht..."[85] Es kommt im folgenden fast so heraus, als ob Rudolf Mayer Franz um die Gefängnissituation beneiden würde, er hat etwas, was es für den Infanteriesoldaten zu dieser Zeit nicht gibt, nämlich Zeit und Ruhe:

„Du hast Zeit, es ist so viel zu tun für die Rettung der Welt, der Seelen zu beten. Täglich sterben so viel in bitteren Leiden, die Dir in Ewigkeit danken für Dein Gebet. Das will Gott, daß wir den andren in den Himmel helfen, bei denen der Glaube erloschen oder durch Leidenschaften erstickt ist."[86]

Die entscheidende Stelle des Briefes ist eindeutig:

„Du weißt, daß Christus sagte im Evangelium, Maria hat den besten Teil erwählt, der ihr nicht genommen werden kann. Wie es schon Gott wohlgefällig ist, den Nächsten zu helfen in diesem Leben, so war Gott Maria Magdalena doch wohlgefälliger in ihrer Andacht."[87]

Dieses biblische Bild hatte für Franz großen Trostwert; es war eine Billigung seiner Haltung durch jemand, zu dessen Einstellung und Urteil er großes Vertrauen hatte, weil kaum sonst jemand aus dem Bekanntenkreis so weit mit Jägerstätter übereingestimmt hatte. Maria und Martha sind die biblischen Prototypen, die für die kontemplative Lebensausrichtung auf der einen und die aktive auf der anderen Seite stehen. In Lk 10,38–42 ist die Begegnung der beiden Schwestern mit Jesus geschildert. Während Martha geschäftig besorgt ist, den überraschenden Gast zu bewirten, setzt sich Maria zu Füßen Jesu und hört ihm zu. Auf die Klage Marthas hin, daß ihr die Schwester die ganze Arbeit allein machen lasse, stellt sich Jesus auf die Seite Marias, die den besten Teil gewählt habe, der ihr nicht genommen werden könne. Auch als Maria ein andermal von den Jüngern Jesu angegriffen wurde, verteidigte sie Jesus; sie hatte für Jesus kostbares Salböl verschwendet, die Jünger hätten das Geld dafür vernünftigerweise den Armen gegeben.[88]

Für Rudolf Mayer war Franz Jägerstätter im Vergleich zur eigenen grauenhaften Situation im Schützengraben wie zu Füßen Jesu. Mayers Ausdruck „den besten Teil erwählt" läßt eine Spur von Bedauern erkennen, eine Zeitlang hatte er ja selbst einen ähnlichen Schritt wie sein Freund erwogen.

Rudolf Mayer ergänzt seine Zustimmung zu Jägerstätters Handeln mit dem Ausdruck der Überzeugung, daß auch in Hinsicht auf die Mitwelt und in bezug auf ein Ende des Krieges das Beten nützlicher sei;[89] „nützlicher als Kämpfen", darf man hinzufügen, wenn man in Betracht zieht, daß der Brief die Zensur passieren mußte.

Seine Frau bittet Franz Jägerstätter, sich bei Mayer für den Brief zu bedanken, allerdings mit dem Hinweis: „. . . wenngleich es sehr leicht möglich sein könnte, daß er noch vor mir in die Ewigkeit abberufen werden könnte."[90] Franz sollte dies richtig erspüren, seit 12. 8. 1943 gilt Rudolf Mayer als vermißt, nach ersten Nachrichten an seine Frau soll er unverwundet in russische Gefangenschaft geraten sein; ab dem Zeitpunkt erhielt sie allerdings keinerlei Lebenszeichen von ihm.[91]

War Rudolf Mayer beim Militär ein geistiger Gefährte, so war innerhalb der engeren Heimat der Schwiegervater Lorenz Schwaninger ein, wie schon aus den Briefen der ersten Militärdienstzeit hervorgeht, religiös ähnlich eingestellter Verwandter, mit dem Franz wie mit einem Freund verkehrte. Unmittelbar vor der Verweigerung gab es einen Konflikt zwischen Franz und den Schwiegereltern, da diese ihn von seinem Schritt zurückhalten wollten.[92] Ins Gefängnis schreibt Lorenz Schwaninger seinem Schwiegersohn einen zustimmenden Brief:

„Nun, lieber Franzl, wie geht es Dir? Vielleicht doch so mittelmäßig, halte nur geduldig aus und bleibe gesund. Du warst ja immer unbescholten, und daß Du die Greueln des Krieges nicht mitmachen kannst, ist selbstverständlich nicht jedem gegeben."[93]

Der Schwiegervater ist wie Franziska[94] der Ansicht, daß es Franz wegen seiner religiösen Einstellung nie so ganz schlecht gehen wird, was immer auch die Leute von den Schauern des Gefängnisses erzählen. „Halte nur geduldig aus" bedeutet an dieser Stelle viel an

Zustimmung. Der Schwiegervater betont seine frühere Unbescholtenheit, daß er jetzt in einer solchen Situation ist, liegt an den „Greueln", nicht daran, daß er nicht mitmachen kann; schon die Wortwahl ist hier deutliche Stellungnahme für den Schwiegersohn.

Franz fand neben dem Mitdenken mit den Seinen in der Mitfeier des Kirchenjahres Halt, wie aus fast allen Briefen hervorgeht. Die Besuche der Priester, die ihm die Kommunion brachten, waren ihm ebenfalls Trost; Franz verwendet in diesem Zusammenhang das Wort „Glückskind".[95] Ähnlich schreibt er aus Berlin.[96]

Der von Rechtsanwalt Feldmann zum Zwecke der „Gesinnungsänderung" zu Jägerstätter gerufene Priester sollte genau das Gegenteil dessen erreichen, nämlich eine entscheidende Bestätigung seiner Einstellung.[97] Dieser Priester, Heinrich Kreutzberg, der mehrere Male mit Franz gesprochen hatte, nahm nach der Hinrichtung sofort mit der Frau Kontakt auf. Der Priester lud auf seine Kosten die Frau zu einem Besuch in Berlin ein,[98] zu dem es jedoch nicht kam.

Bei der ersten Gelegenheit nach dem Krieg, Kontakt aufzunehmen, drückt Kreutzberg aus, was er am liebsten sofort nach dem Geschehen berichtet hätte, nämlich daß Jägerstätter vor seinem Tod doch noch Trost und Bestätigung gefunden hatte:

„Sie wissen, daß ich damals bei der ersten Besprechung mit ihrem Mann 2 ½ Stunden das Für und Wider seines Entschlusses durchsprach. Als ich ihn nach acht Tagen wieder besuchte, fand ich ihn bei seinem gleichen festen und unabänderlichen Entschluß, in den Tod zu gehen. Ich erzählte ihm dann vom Tode seines österreichischen Landmannes Franz Reinisch. Sie können sich gar nicht denken, wie er da aufatmete und hoch erfreut war und mir sagte: ,das habe ich mir doch immer gesagt, ich kann doch nicht auf einem falschen Wege sein, wenn aber sogar ein Priester sich so entschieden hat und dafür in den Tod gegangen ist, dann darf ich es auch tun.' Als er am 9. 8. 1943 starb, da war es mir klar, daß der Tod des Priesters Franz Reinisch ein Abbild gefunden habe in einem schlichten Manne aus dem Volke und daß Gottes Kraft und Gnade sich den Kleinen nicht weniger offenbart, wenn sie Gottes Wege gehen und sein Wort ernst und heilig nehmen. Seien Sie überzeugt, so wie ihr Mann gestorben ist, sind nicht Viele gewesen in Deutschland. Er starb als ein Held, als ein Bekenner, Märtyrer und Heiliger! Damals sagte ich Ihrem Manne noch: ,Dieser Priester hieß Franz wie Sie! Und er stammt aus

Österreich wie Sie! Und wenn Sie nun wirklich in den Tod gehen wollen, dann gehen Sie so tapfer und so groß wie er hinüber in die Ewigkeit!' Ich habe kaum einen glücklicheren Menschen gesehen im Gefängnis als Ihren Mann nach den wenigen Worten über Franz Reinisch. Dies alles konnte ich Ihnen früher nicht mitteilen, aber jetzt dürfen wir offen reden, nachdem das verbrecherische System hinweggefegt ist."[99]

Franz Reinisch ging ähnlichen Weg

In einem für die Beurteilung der Haltung des Familienvaters Jägerstätter entscheidenden Punkt ergibt der Vergleich mit der des Priesters Reinisch klärende Aspekte. Ähnlich sind die beiden Männer in ihrer geistigen Ausrichtung auf das Neue Testament. Reinisch lehnt im Gefängnis das Angebot des betreuenden Priesters ab, ihn mit Büchern zu versorgen: „Ich habe nur ein Buch, das ist das Neue Testament, das ist mein Trostbuch."[100] Franz Jägerstätter setzt sich in seiner Berliner Haftzeit ebenfalls intensiv mit dem Evangelium auseinander. Er verfaßt einen ausführlichen Kommentar.

Franz Reinisch verweigert als ein in Deutschland lebender Österreicher den Fahneneid sowohl im Hinblick auf die widerrechtliche Annexion Österreichs durch Hitler im März 1938 als auch gleicherweise wegen der NS-Weltanschauung, die sich in „naturwidrigen Gesetzen, z. B. Mord, Beseitigung der Geistesschwachen, Sterilisation, Schulgesetz etc." auswirkt.[101] Der Tod als Konsequenz der Eidesverweigerung wird durch den Ordensmann als „Lebensopfer" Gott angeboten, wobei er unter Hintansetzung aller Ängste wünscht, daß es „angenommen" werde.[102] Als „Ziel seines Ringens" bezeichnet Reinisch, „lebendiger Protest gegen die antichristliche Macht des NS-Nationalbolschewismus" zu sein.[103] Die Kreuzzugspropaganda im Krieg gegen Rußland zieht bei Reinisch genausowenig wie bei Jägerstätter. Reinisch schreibt im Zusammenhang mit dem Wunsch, „lebendiger Protest" zu sein:

„Das Christentum führt einen Zweifrontenkrieg in Deutschland: gegen den roten Bolschewismus des Auslandes und gegen den braunen Bolschewismus im Inland ... Ich als Österreicher entschied mich für den braunen B. im Inland, u. überdies sehe ich darin die Gewähr für den Sieg über den roten B."[104]

Um eben flammender Protest zu sein, drückt Franz Reinisch diese Haltung in seiner Schlußerklärung zum Todesurteil aus:[105]

„Zum Feldurteil vom 7. Juli 1942 in der Strafsache gegen den Soldaten Franz Reinisch 3./San. Ers. Abt. Bad Kissingen, bittet der Verurteilte, folgende Schlußergänzung machen zu dürfen.

Da es heute im Kampfe gegen den Bolschewismus um die Erhaltung des christlichen Glaubens und der deutschen Heimat geht und, wie in der Hauptverhandlung der Herr Senatspräsident selbst erklärte, auch um die Erhaltung des *christlichen* Abendlandes, so glaubt der Verurteilte unerschütterlich an seiner bisherigen Beweisführung festhalten zu müssen.

Denn es wird die *Kriegszeit* vornehmlich dazu benutzt, um in der Heimat den Glauben an den Gott-Menschen Jesus Christus – wie es ungezählte Beispiele beweisen – dem Volke und besonders der Jugend aus dem Herzen zu reißen, wodurch die Soldaten an der Front – durch ihren Urlaub wie durch die Briefe ihrer Angehörigen belehrt – in ihrer Wehrkraft gewaltig erschüttert werden. Aus Rußland kamen Fronturlauber wie Verwundete, durchwegs Familienväter, und erklärten mir: ‚Was hat unser Kämpfen für einen Sinn? Wir kämpfen *gegen* den Bolschewismus des Auslandes *für* den Bolschewismus in der Heimat.‘ Z. B. Entfernung der Cruzifixe aus den Schulen, Aufhebung der Klöster und Schließung derer Kirchen usw. Der Verurteilte ist kein Revolutionär, d. h. Staats- und Volksfeind, der mit der Faust und Gewalt kämpft; er ist katholischer Priester, der Waffen des Geistes und des Glaubens gebraucht. Und er weiß, wofür er kämpft! – Es läge daher nahe, daß man jene Kräfte zuerst unschädlich machen und zum Tod verurteilen müßte, die diese Zersetzung der Wehrkraft vollziehen. Da aber gerade die gegenwärtige Regierung diesen Kräften nicht im geringsten das Handwerk legt, sondern sie sogar begünstigt, so glaubt der Verurteilte durch die Verweigerung des Treueeides auf die gegenwärtige Regierung *mehr* dem deutschen Volke *die Treue in seinem Daseinskampfe zu halten* als umgekehrt. – Er ist daher gerne bereit, für Christus den König und für die deutsche Heimat sein Leben hinzuopfern, damit Christus der Herr diese antichristlichen-bolschewistischen Kräfte und Mächte des Auslandes wie besonders in der Heimat besiegen möge, auf daß unser Volk wieder werde: ein starkes und freies Gottesvolk inmitten der Völker des Abendlandes.

(gez.) Franz Reinisch   Berlin-Tegel, 25. Juli 1942"

Reinisch sieht seinen Tod stärker als Fanal im Kampf gegen den
Nationalsozialismus, wobei er in seinen Gefangnisschriften wiederholt ausdrückt, daß er hoffe, daß Gott das Angebot seines Lebens
annehme. Jägerstätter fürchtet in erster Linie im Krieg, die Kreuzzugspropaganda genauso bewertend wie der Priester, sowohl durch
die Teilnahme wie auch durch verschiedene aufgezwungene Handlungen persönlich schuldig zu werden und damit ein für ihn höheres
Gut als das Leben zu gefährden. Daneben findet sich aber auch bei
ihm die Aufsichnahme des Todes als Zeichen für andere.
Während sich Jägerstätter im Laufe der Vernehmungen zur Übernahme des Sanitätsdienstes bereit zeigte, ist das dem von vornherein
zum Sanitätsdienst bestimmten Geistlichen keine Gewissensentlastung, ihm geht es in erster Linie um Ausdruck der Gegnerschaft.
Dem Gefängnispfarrer Kreutzberg gegenüber sagt Reinisch in
diesem Zusammenhang:

„Niemals werde ich nachgeben. Die anderen dürfen wühlen und den
Kampf weiterführen, und wir wollen schweigen. Denken Sie, wenn
der Krieg noch Jahre dauern würde, was dann am Schluß dieses
Krieges vom Christentum noch da wäre. Jetzt ist der Zeitpunkt, wo
man ihnen das Handwerk legen muß."[106]

Wenn der Ausdruck, den Bischof Fließer auf Jägerstätter anwendete,
„nach dem Sühneleiden dürsten",[107] auf jemanden zutrifft, dann
wohl eher auf Reinisch.

Bibel als Richtschnur und Halt

Schon für die Zeit ihrer gemeinsamen Ehe gibt Franziska Jägerstätter
an, daß ihr Mann täglich in der Bibel las. In der äußersten Isolation,
in der Einzelzelle im Berliner Gefängnis, findet Franz Jägerstätter in
der Bibel Bestätigung seines Handelns einerseits und gefühlsmäßigen
Halt andererseits. Für das Bewältigen des Tagesablaufes war neben
dem Mitdenken und Mitfühlen mit den Vorgängen in der Familie
und in der Heimatpfarre, das sich in den letzten Briefen verstärkt
ausdrückt, das Gebetbuch des Dritten Ordens eine Stütze. Die
ehemaligen Lothringer Mitgefangenen berichten von der Linzer
Haftzeit, daß ihr Kamerad viel aus dem Gebetbuch gebetet habe.[108]
Das Buch muß Franz Jägerstätter auch später unentwegt in der Hand

gehabt haben, denn es ist sehr, sehr stark abgegriffen, insbesondere der Teil, der die Meßgebete enthält.

Die Beschäftigung mit der Bibel ist in Aufzeichnungen dokumentiert. Daß die Aufzeichnungen, wie die Post, die Franz Jägerstätter im Gefängnis empfing, erhalten blieben, ist Pfarrer Kreutzberg zu verdanken, der sie später Franziska Jägerstätter übermittelte. Betrachtet man die Aufzeichnungen Jägerstätters in bezug auf deren theologische Qualität, muß man nahezu überrascht sein, wie sicher und mit welch gutem Blick für das Wesentliche der Bauer sich hier bewegt. Ein ähnlich treffsicheres Urteilsvermögen, wie es Franz Jägerstätter im Hinblick auf politische Zusammenhänge eigen ist, besitzt er auch in theologischen Fragen.

Auf 52 Seiten eines DIN-A5-Heftes findet sich der Niederschlag der Auseinandersetzung mit der Heiligen Schrift im letzten Lebensabschnitt Jägerstätters; er selbst hat die 209 Punkte umfassenden Ausführungen durchnumeriert und mit „Was jeder Christ wissen soll“ betitelt. Die besondere Aufmerksamkeit des Schreibers finden Bibelstellen, die ethische oder politische Aussagen enthalten; diese Stellen aktualisiert er vielfach und formuliert sie den Zeitproblemen entsprechend. Zum Wort vom „Salz der Erde“ und vom „Licht der Welt“, Mt 5,13 f, findet sich bei Jägerstätter: „2. Christusjünger sollen mit dem Salz übernatürlicher Werte andre vor sittlicher Fäulnis bewahren, ihnen aber nicht das Leben versalzen. Ihr Licht soll leuchten, nicht blenden.“

Als Beispiel, auf welche Weise Franz Jägerstätter Bibel und Realität in Zusammenhang bringt, seien einige wenige, aber typische Beispiele angeführt:

„Die Nachfolge Christi fordert Heldensinn. Weichliche und unentschlossene Charaktere taugen nicht dazu.“ (Punkt 16, vgl. Mt 8,18–22.)

„Die Zugehörigkeit zu Christus fordert Bekennermut.“ (Punkt 19, vgl. Mt 10,18.)

„Große Gnaden erhöhen die Verantwortung!“ (Punkt 21, vgl. Mt 25,14–30.)

„Wer alles für die Sache Gottes opfert, hat den besten Tausch gemacht.“ (Punkt 24, vgl. Mk 10,17–22.)

„Keiner irdischen Macht steht es zu, die Gewissen zu knechten. Gottes Recht bricht Menschen Recht.“ (Punkt 76)

246

„Zum ganzen Christus gehört nicht nur ‚die zerbrochene Knechts-gestalt' des Karfreitags, sondern auch der Todesüberwinder des Ostermorgen." (Punkt 119, vgl. Leidens- und Auferstehungsberichte.)

Bei der Befassung mit den Johannesbriefen gibt Franz Jägerstätter Umformulieren und Interpretieren auf. Diese Texte, die in hymni-scher Form von der Liebe zu Gott und zu den Menschen sprechen, schreibt Franz Jägerstätter einfach ab. Die mystischen Johannestexte sind ihm nach den synoptischen Evangelien, an denen er offensicht-lich noch einmal die einzelnen Aspekte seiner Entscheidung über-prüft hatte, eine persönliche Form des Gebetes.[109]
Aus den letzten Aufzeichnungen geht hervor, daß Franz Jägerstätter mit der Bibellektüre noch einmal von vorne anfing. Aus Matthäus bringt er das Jesuswort von den zwei Wegen (Mt 7,13f), aus dem Lukasevangelium das Gleichnis vom zudringlichen Freund, der erreicht, um was er bittet (Lk 11,5–8).
„Vertrauen und Ausdauer" schreibt Jägerstätter über Punkt 208 und bringt einen längeren Abschnitt aus Matthäus, seine Spiritualität fühlt er hier gleichermaßen gut ausgedrückt wie bestärkt (Mt 10,26–42):

„Fürchtet sie also nicht! Denn nichts ist verborgen, das nicht offenbar, und nichts geheim, das nicht bekannt werden wird. Was ich euch im Finstern sage, das sagt im Lichte, und was euch ins Ohr geflüstert wird, das verkündet auf den Dächern. Und fürchtet euch nicht vor denen, die den Leib töten, aber die Seele nicht töten können. Fürchtet vielmehr den, der Seele und Leib in der Hölle zu verderben vermag. Kauft man denn nicht zwei Sperlinge um ein paar Pfennige? Und doch fällt keiner von ihnen zur Erde ohne euren Vater. Bei euch aber sind sogar alle Haare des Hauptes gezählt. Darum fürchtet euch nicht. Ihr seid mehr wert als viele Sperlinge. Wer mich nun vor den Menschen bekennen wird, den werde ich auch bekennen vor meinem Vater, der im Himmel. Wer mich aber vor den Menschen verleugnet, den will auch ich verleugnen vor meinem Vater im Himmel. Glaubet nicht, daß ich gekommen bin, Frieden auf die Erde zu bringen, sondern das Schwert! Ich bin gekommen, den Sohn zu entzweien mit seinem Vater, die Tochter mit ihrer Mutter, die Schwiegertochter mit ihrer Schwiegermutter. Und die Feinde des Menschen sind seine Hausgenossen.

Wer Vater und Mutter mehr liebt als mich, ist meiner nicht wert. Und wer sein Kreuz nicht auf sich nimmt und mir nachfolgt, ist meiner nicht wert. Wer sein Leben findet, wird es verlieren, und wer sein Leben um meinetwillen verliert, wird es finden. Wer euch aufnimmt, der nimmt mich auf, und wer mich aufnimmt, der nimmt den auf, der mich gesandt hat. Wer einen Propheten aufnimmt, weil er Prophet ist, wird Prophetenlohn empfangen; und wer einen Gerechten aufnimmt wegen seiner Gerechtigkeit, wird den Lohn eines Gerechten empfangen. Und wer einem von diesen Geringsten nur einen Becher frischen Wasser zu trinken reicht wegen seines Jüngernamens, wahrlich ich sage euch: Er wird seinen Lohn nicht verlieren."

Jägerstätter ist von Bibelworten angesprochen, die den kompromißlosen Anspruch des Evangeliums ausdrücken, die notwendigerweise von der Umwelt isolieren, die sogar einen Zwiespalt in den engsten Familienkreis tragen. Daneben verheißen insbesondere diese Logien (vgl. Mt 10) dem dennoch Glaubenden einen unvergleichlichen Lohn. Jägerstätter interpretierte sie nicht zufällig als „Ausdauer und Trost". Daneben hat in der äußersten menschlichen Grenzsituation des zum Tode Verurteilten die Person des „Schicksalsgenossen" Jesus, des Gekreuzigten, hohen Trost- und Vertrauenswert. Aus den Abschiedsbriefen und Aufzeichnungen der verschiedensten Personenkreise des Widerstandes wird dies ebenfalls ersichtlich.[110] Halt war der leidende Christus nicht nur Theologen und aus religiösen Gründen Handelnden. Vom Schiffsjungen und Leichtmatrosen Kim Malthe-Bruun teilte das „Pressebüro bei dem Höheren SS- und Polizeiführer in Dänemark" am 8. 4. 1945 mit:

„Zum Tode verurteilt Seeman Kim Malthe-Bruun, geboren 8. Juli 1923 in Schaheswan – Forts, Kanada, wohnhaft in Kopenhagen, weil er als Mitglied einer illegalen Gruppe sich ein Zollboot angeeignet und dieses nach Schweden verbracht hat. Ferner hat er seiner Gruppe Waffen verschafft und am Waffentransport teilgenommen. Das Todesurteil ist durch Erschießen vollstreckt worden."[111]

Der junge Seemann, der während der Vernehmungen von der Gestapo bis zur Bewußtlosigkeit gefoltert wurde, schreibt danach:

„Ich habe seitdem oft an Jesus gedacht. Ich kann die grenzenlose Liebe gut verstehen, die er zu allen Menschen gefühlt hat und besonders zu all denen, die mit dabei waren, seine Hände mit Nägeln zu durchbohren. Er stand hoch über jeder Leidenschaft von dem Augenblick an, da er Gethsemane verließ..."[112]

12 Tod in Brandenburg

Auf das Sterben vorbereitet

Zum Zeitpunkt der völligen äußeren Beschränkung, zu dem Franz Jägerstätter als ein zum Tode Verurteilter und Tag und Nacht Gefesselter nur mehr auf die Hinrichtung zu warten hat, zeigt der Mann die größte innere Stärke und Geschlossenheit. – Innerhalb des Strafvollzugs waren die Todeskandidaten Tag und Nacht gefesselt, damit sollte Versuchen, die hoffnungslose Situation durch Selbstmord zu beenden, vorgebeugt werden.[1] Franz Jägerstätter ist seine innere Handlungsfreiheit wertvoller als die äußere Bewegungsfreiheit:

„Werde hier nun einige Worte niederschreiben, wie sie mir gerade aus dem Herzen kommen. Wenn ich sie auch mit gefesselten Händen schreibe, aber immer noch besser, als wenn der Wille gefesselt wäre."[2]

Sein Schicksal, sein gegenwärtiger Zustand, kommt dem Häftling selbst erstaunlich vor, konnte er doch monatelang einer so mächtigen wie gewalttätigen Institution gegenüber seine Position und seine Integrität bewahren. Es muß nochmals hervorgehoben werden, daß Franz Jägerstätter nicht in erster Linie als Angeklagter, sondern als Verweigernder vor Gericht stand, der seine Lage bis zur Bestätigung des Urteils durchaus selbst verändern hätte können. Die Tatsache, daß sein Wille „frei" blieb, daß äußerer Druck die persönliche Entscheidung nicht anfechten konnte, ist für den Verurteilten die „Gnade" schlechthin:

„Offensichtlich zeigt Gott manchmal seine Kraft, die er den Menschen zu geben vermag, die ihn lieben und nicht das Irdische dem Ewigen vorziehen. Nicht Kerker, nicht Fesseln, auch nicht der Tod sind es imstande, einen von der Liebe Gottes zu trennen und ihm seinen freien Willen zu rauben. Gottes Macht ist unbesiegbar."[3]

Wenn Franz Jägerstätter seiner Frau beim Wiedersehen in Berlin gesagt hatte, daß er zwar viel zu leiden hätte, sich aber „überaus glücklich" fühle,[4] wird aus solchen Zeilen ersichtlich, welcher Art dieses Glück war.

Den Ermahnungen, die ihm „von allen Seiten" zukommen und oft auch mit religiösen Argumenten untermauert wurden,[5] der Obrigkeit gegenüber „gehorsam und untertänigst" zu sein, stellt er seine Grundentscheidung entgegen:

„Zu was hat denn dann Gott alle Menschen mit einem Verstande und freien Willen ausgestattet, wenn es uns, wie so manche sagen, gar nicht einmal zusteht zu entscheiden, ob dieser Krieg, den Deutschland führt, gerecht oder ungerecht ist?"[6]

Von seinen Mitchristen fordert Franz Jägerstätter in diesem Zusammenhang zumindest mehr Aufrichtigkeit:

„Wären die Menschen heutzutage noch aufrichtiger, so glaub ich, müßte doch noch so mancher Katholik dabeisein und müßte sagen: Ja ich sehe ein, daß die Tat gerade nicht gut ist, die wir da begehen, aber ich bin einfach noch nicht bereit zum Sterben."[7]

Sein empfindsameres Gewissen ist Franz Jägerstätter nicht lästig oder eine Last, sondern wieder eine persönliche Gnade:

„Hätte mir Gott nicht die Gnade und Halt verliehen, für meinen Glauben auch zu sterben, wenn es verlangt wird, so würde ich halt vielleicht dasselbe tun, wie die Mehrzahl es tut. Gott kann eben jedem so viel Gnaden geben, wie er will. Hätten andre diese vielen Gnaden empfangen, wie ich sie schon erhalten habe, sie hätten vielleicht schon weit mehr Gutes geleistet wie ich."[8]

Die schlechte Tat des Mittuns beim ungerechten Krieg kann durch keinerlei Rücksichten in eine unbedenkliche verwandelt werden:

„Immer wieder möchte man einem das Gewissen erschweren betreffs Gattin und Kinder, sollte die Tat, die man begeht, vielleicht dadurch besser sein, weil man verheiratet ist und Kinder hat, oder ist deswegen die Tat besser oder schlechter, weil es tausend andere Katholiken auch tun..."[9]

Franz Jägerstätter beschäftigt sich mit dem Augenblick des Todes, im Glauben kann er ihn transzendieren, er bleibt nicht in der Angst:

„Und was ist es dann beim Sterben? Haben wir da nicht auch eine weite Reise zu machen, wo wir zwar nicht mehr zurückkommen, kann es aber einen freudigeren Augenblick geben als diesen, wenn wir sehen, daß wir glücklich am Himmelsstrande gelandet sind?"[10]

Wie die Ausführungen zeigen, gab es im Gefängnis nach den Anfechtungen seiner Glaubenshaltung eine entscheidende Vertiefung. So wie er beim Kommentieren der Bibel in Texte von der Gottesliebe „eingestimmt" hat, so zeigt er sich auch in den übrigen Aufzeichnungen als mystisch Beglückter; die Vorfreude auf den Himmel nimmt dem ungewissen, aber nahen Zeitpunkt des Sterbenmüssens, des Hingerichtetwerdens, seinen Schrecken:

„Es dürfte freilich einem fast schwindlig werden, wenn man an die ewigen Freuden des Himmels denkt. Wie sind wir schon gleich glücklich, wenn wir hier auf dieser Welt eine kleine Freude erleben; was sind aber auch schon die kurzen Freuden dieser Welt gegen jene, die Jesus uns in seinem Reiche versprochen hat. Kein Auge hat es gesehen, kein Ohr hat es gehört und in keines Menschen Herz ist es gedrungen, was Gott denen bereitet hat, die ihn lieben."[11]

Brandenburg, am 9. 8. 1943

Wenn auch Franz Jägerstätter, wie Worte über die Freude auf den Himmel bezeugen, im Innersten gefestigt und ruhig war, so stand er die insgesamt 34 Tage und *Nächte* zwischen Verurteilung und Hinrichtung dennoch unter großem seelischen Druck. Die Sehnsucht, vor Maria Himmelfahrt (15. 8.) zu sterben, die Franz sowohl vor den Priestern als auch im Abschiedsbrief an seine Frau ausdrückte,[12] zeigt neben seiner Verbundenheit mit dem Kirchenjahr auch den Wunsch, das quälende Warten möge ein Ende finden.

Über die letzten Stunden seines Lebens berichtet er selbst seiner Frau:

„Heute früh um zirka halb 6 Uhr hieß es sofort anziehen, das Auto wartet schon, und mit mehreren Todeskandidaten ging dann die Fahrt hieher nach Brandenburg, was mit uns geschehen wird, wußten wir nicht. Erst zu Mittag teilte man mir mit, daß das Urteil am 14. bestätigt wurde und heute um 4 Uhr nachmittags vollstreckt wird."[13]

Traurig, aber gefaßt wirken die eigentlichen Abschiedsworte:

„Will nun kurz einige Worte des Abschiedes schreiben. Liebste

Gattin und Mutter. Bedanke mich nochmals herzlich für alles, was Ihr in meinem Leben alles für mich getan, für all die Liebe und Opfer, die Ihr für mich gebracht habt, und bitte Euch nochmals: verzeiht mir alles, was ich Euch beleidigt und gekränkt habe, sowie auch von mir alles verziehen ist. Ich bitte auch mir alles zu verzeihen, ganz besonders Hochw. Herrn Pfarrer, wenn ich ihn durch meine Worte vielleicht noch sehr gekränkt habe, als er mich mit Dir besuchte. Ich verzeihe allen vom Herzen. Möge Gott mein Leben hinnehmen als Sühn-Opfer nicht bloß für meine Sünden, sondern auch für andere."[14]

Am 9. 8. 1943 um 16 Uhr wurde Franz Jägerstätter in Brandenburg an der Havel enthauptet. Seine Frau spürte zu diesem Zeitpunkt eine starke Verbindung mit ihrem Mann, sie merkte sich die Uhrzeit.
Die Nachricht vom Geschehen übermittelte ihr der Pfarrer von Brandenburg, Albert Jochmann, der den Verurteilten am letzten Nachmittag betreut hatte:

„Schmerzbewegt muß ich Ihnen die Mitteilung machen, daß heute Nachmittag um 4 Uhr das Urteil an Ihrem Mann vollstreckt worden ist. Ich habe Ihren Mann erst heute Nachmittag aufgesucht als Vertreter des abwesenden Anstaltsgeistlichen; Ihr Mann ist auch erst heute hier eingeliefert worden, wenn ich mich recht erinnere. Er hat noch sehr andächtig gebeichtet und kommuniziert. Er erzählte mir, daß Sie selbst wie auch Ihr Pfarrer sich bemüht hätten, ihn umzustimmen; aber daß er glaubte, es sei so seine Pflicht zu handeln, wie er es getan habe. Sein Wunsch war, daß es zu Ende gehen möchte vor Mariä Himmelfahrt. Er läßt Sie und die Kinder nochmals herzlich grüßen. Er ist beherrscht und ergeben geblieben bis zu den letzten Augenblicken, die ich bei ihm war. Möge die schmerzhafte Muttergottes Sie trösten in Ihrem großen Herzeleid und Ihnen helfen, dies Los tapfer zu tragen und all die Aufgaben, vor die Sie der Tod Ihres lieben Mannes nun stellt, zu meistern."[15]

Der Berliner Gefängnispfarrer Kreutzberg schrieb ebenfalls sofort, nachdem er vom Schicksal Jägerstätters gehört hatte, an dessen Frau. Er rühmt die Haltung des Mannes, soweit dies unter den damaligen Bedingungen möglich war:

„Auch ich hatte auf besonderen Wunsch der Anstalt bzw. des Gerichtes nochmal eine eingehende Aussprache von fast 2½ Stunden mit ihm. 14 Tage später war ich nochmals für eine halbe Stunde bei ihm. Er war absolut fest in seiner Haltung. Wenn ihm das Gericht auf Grund der vorliegenden Gesetzesbestimmungen keine Gnade schenken konnte, so mag es mir doch nicht verwehrt sein, Ihnen meine aufrichtigste Teilnahme auszusprechen. Wenn Ihr Mann in diesem einen Punkte auf Grund seiner Gewissensüberzeugung seinen eigenen Weg ging, so war er andererseits doch ein tiefgläubiger und selten ehrlicher und aufrichtiger Mensch, der, wie er mir sagte, lieber den Tod als eine einzige Lüge auf sich nehmen würde. Wir dürfen sicherlich hoffen, daß Gott ihn aufgenommen hat in seine Herrlichkeit und daß, wie es sein Wunsch war, er am Tage Maria Himmelfahrt bei der himmlischen Mutter war... Ihr Mann ist am 9. verlegt worden und noch am gleichen Tage gestorben. Beigesetzt wurde er am 17. 8. Ich habe an seinem Urnengrab still gebetet. Es waren auch einige Blumen auf das Grab gepflanzt."[16]

Daß Kreutzberg „gestorben" anstatt hingerichtet und des weiteren von einem Urnengrab schreibt, mag der jungen Frau alle Greuel ins Gedächtnis gerufen haben, die über die NS-Gefängnisse und Lager kursierten, denn sie erkundigt sich umgehend bei Pfarrer Jochmann in Brandenburg, was er noch durchzumachen gehabt habe, ob er nicht gar bei lebendigem Leibe verbrannt worden sei.[17] Die Unsicherheit dürfte dadurch verstärkt worden sein, daß die Witwe von staatlicher Seite noch immer keine Benachrichtigung hatte, die des „Oberreichskriegsanwaltes" an sie ist erst mit 9. 9. 1943 datiert.
Die Sorge Franziska Jägerstätters betraf die Art der Tötung ihres Mannes. Auf ausdrückliches Befragen teilt sie mit, daß die Tatsache der Feuerbestattung anstelle der kirchlich vorgeschriebenen Erdbestattung unter den gegebenen Umständen kein Problem für sie war. Jochmann beruhigt die Frau umgehend:

„In Eile will ich Ihnen schreiben, um Sie doch bald aus der schrecklichen Sorge um den Tod Ihres Mannes zu befreien. Wenn deutsche Menschen zum Tod verurteilt werden, so kommt nur der Tod durch Erschießen oder durch Hinrichtung mit dem Fallbeil in Frage; bei Polen ist es auch schon vorgekommen, daß sie aufgehängt worden sind; aber lebendig verbrannt ist noch keiner, der gesetzlich zum Tode verurteilt worden ist. Wenn nach dem Erschießen oder nach der Hinrichtung durch das Fallbeil die Leiche verbrannt wird, so geschieht das wohl aus wirtschaftlichen Gründen. Sie dürfen ganz unbesorgt sein, daß, leiblich betrachtet, die Vollstreckung des Todesurteils Ihrem Mann keinen Schmerz bereitet hat. Noch nie habe ich, wo ich als Seelsorger bei der Vollstreckung eines Todesurteils zugegen sein mußte, auch nur einen einzigen Schmerzenslaut gehört von dem Hingerichteten; der Tod trat vielmehr auf der Stelle ein."[18]

Franziska Jägerstätter dürfte auch angefragt haben, ob sie die Urne ihres Mannes erhalten könne. Pfarrer Jochmann gibt ihr Hinweise und einen Briefentwurf, auf welche Art sie es über den Rechtsanwalt versuchen könnte, rät von dem Vorhaben aber insgesamt ab.[19] Erst nach Kriegsende sollten auf seine Vermittlung hin österreichische Ordensschwestern die Urne in die Heimat bringen.

Diesen Schwestern gegenüber gibt der Pfarrer auch eine erste Wertung Jägerstätters an dessen Todestag ab:

„Ich kann Euch nur gratulieren zu diesem eurem Landsmann, der als Heiliger gelebt und als Held gestorben ist. Ich habe die Gewißheit, daß dieser einfache Mensch der einzige Heilige ist, der mir in meinem Leben begegnet ist."[20]

Ähnliche Wertungen Pfarrer Jochmanns sind wiederholt bezeugt. Sr. Kallista Vorhauer, eine während des Krieges in Brandenburg tätige österreichische Ordensfrau, schreibt an die ihr unbekannte Franziska Jägerstätter:

„Erst vorige Woche hat uns unser hochw. Herr Erzpriester Albert Jochmann wieder von der ganz vorbildlichen Haltung und heldenhaften Sterben dieses wahrhaft heiligmäßigen Mannes erzählt. Er sagte wörtlich: ‚Dies ist der größte Heilige, der mir in meinem Priesterleben begegnet!'"[21]

Im Zusammenhang mit Vorarbeiten für eine Dokumentation über Opfer hitlerischer Verfolgungen schreibt Pfarrer Jochmann: „Ich habe auch den Namen Ihres guten Mannes angegeben, er ist doch einer der edelsten Menschen gewesen, die mir in meinem 32jährigen Priesterleben begegnet sind."[22]

13 Beurteilungen und Bewertungen durch „Kirche"

Für die einen ein Unbequemer – für die anderen ein Heiliger

Folgt man den Ausführungen bis hierher, einschließlich derer über die Nichtpublikation im Bereich der Diözese Linz, muß es erstaunen, daß Franz Jägerstätter als „Gegner" der Kirche bezeichnet werden konnte.

Noch bei den Vorbereitungen zum Österreichischen Katholikentag 1983 in Wien gab es Diskussionen darüber, ob Jägerstätter im Martyrologium zur Einleitung der Messe mit dem Papst im Donaupark genannt werden könne, da er doch „gegen die Kirche" gewesen sei.[1] Offensichtlich konnten solche Bedenken zerstreut werden, denn im Martyrologium hatte Franz Jägerstätter seinen Platz.

Die Ablehnung der Publikation eines Artikels über Franz Jägerstätter im Linzer Kirchenblatt wurde bereits eingehend dargestellt.[2] Es ist nochmals hervorzuheben, daß von Anfang an die moralische Integrität Jägerstätters nicht angezweifelt worden war; Schriftleiter Franz Vieböck drückt seine diesbezügliche Meinung klar aus:

„Ich bin überzeugt, daß der Mann persönlich ein Heiliger war, doch hat eine Verbreitung seines Lebens und Sterbens in der Öffentlichkeit manche Bedenken ... Vorbild ist und bleibt er in der absoluten Treue zu seinem Gewissen."[3]

Nach der Mitteilung von Prälat Vieböck fürchtete man 1945 die Kriegsheimkehrer zurückzustoßen; man wich der Frage aus, die etwa hätte lauten können: „Warum habt Ihr uns das nicht gleich gesagt, daß diejenigen die größeren Helden sind, die nicht gekämpft haben?" Die Zeit des Nationalsozialismus hatte soviel an Opfern und Verfolgung gebracht, daß die Linzer Kirchenführung offensichtlich meinte, daß es genüge, allen die Hände entgegenzustrecken und unter die Vergangenheit einen dicken Strich zu machen.[4] Die Frage nach dem Sinn des Krieges wollte man nicht stellen, da verschwieg man lieber Jägerstätter. Der Krieg, der jedem einzelnen und jeder Familie soviel abverlangt hatte und seine Verursachung, blieben als unausweichliches „Schicksal" außer Diskussion, wurden zum Tabu.

Bischof Fließer hielt sich an dieses Tabu. Eine Diskussion über Mitschuld am Ausbruch des Krieges und Infragestellung des Militärdienstes unter Hitler hätte mit Sicherheit einen großen Aufruhr in der Bevölkerung verursacht; die Volkskirchlichkeit wäre nicht wiederherstellbar gewesen. Aufgrund des Zudeckens kam die Vertrauenskrise der Kirche gegenüber erst eine Generation später, und die unbewältigte Vergangenheit behält ihre Wirksamkeit bis in die Gegenwart.[5]

Dem Kalkül der Linzer Diözesanführung, daß eine Schulddiskussion nach Kriegsende der Kirche sehr viele Sympathien gekostet hätte, kann man recht geben; dennoch ist mit Professor Erika Weinzierl zu fragen, wer denn sonst außer der Kirche dies hätte tun sollen.[6]
Bei Bischof Fließer war eine Anerkennung der Person Jägerstätters durchaus herauszuhören: „Übrigens habe ich bei meiner Unterredung mit Jägerstätter ebenso wie seine Seelsorger und Angehörigen seine Haltung gebilligt."[7]
Bis in die sechziger Jahre gibt es keine weiteren belegbaren Auseinandersetzungen mit dem Fall im Bereich der Diözese Linz. Die Forschungen des amerikanischen Soziologen Gordon Zahn, der von Pfarrer Karobath Einsicht in den Briefwechsel über die Publikation des Schicksals erhalten hatte, erweckten bei Schriftleiter Vieböck nun Interesse, und er schreibt unter Hinweis auf die Gespräche mit Zahn an Karobath:

„Sie haben Jägerstätter vor Ihrer Vertreibung durch die Nationalsozialisten gekannt. Sie kennen die Einschätzung, die er unter der Bevölkerung gehabt hat und hat. Es wäre mir sehr wertvoll, wenn sie mir gelegentlich Ihre Meinung zur Sache Jägerstätter mitteilen wollten." [8]

Dies sei hiehergestellt, weil Zahn in seiner Arbeit Zweifel über die subjektive Ehrlichkeit Vieböcks bringt, als ihm dieser sagte, er habe die Ablehnung eines Artikels über Jägerstätter 16 Jahre zuvor vergessen.[9]
Bei Zahn fällt auf, daß er die skeptischere Einstellung nicht etwa einem nationalsozialistischen Rechtsanwalt gegenüber hatte, im Gegenteil, er schwächt sogar dessen Aussagen, die dieser im Brief an den Pfarrer von Radegund gemacht hatte, ab:

„Die Ungeduld des Anwalts mit seinem starrköpfigen Klienten und seiner ‚völlig unvernünftigen' Haltung braucht wohl nicht allzu wörtlich genommen werden. Ebenso wie das vorgeschriebene ‚Heil Hitler!' am Ende des Briefes ist sie wohl eher ein Zugeständnis der Klugheit. Er konnte sich leicht ‚die Finger verbrennen' und sogar seine persönliche Sicherheit gefährden."[10]

An dieser Stelle ist zu bedauern, daß sich Zahn, der als Soziologe an den Fall heranging, nicht mit der Situation von Kirche und Priestern während des Nationalsozialismus in Linz auseinandergesetzt hat. Er hätte dann Bischof Fließer und einen Priester wie Vieböck, der selbst in nationalsozialistischer „Schutzhaft" gewesen war, differenzierter darstellen können.
Die Darstellung Bischof Fließers durch Zahn[11] führte dazu, daß dessen Nachfolger, Bischof Zauner, keine Stellungnahmen abgab. Unter 1967 vermerkt darüber Karobath in der Radegunder Pfarrchronik:

„Das Fernsehen fotographierte das Tor zum Bischofshof und sagte: ‚Hier waren uns die Türen versperrt!' Die Männer waren um 10 Uhr angemeldet. Der Bischof war um 14 Uhr mit dem Motorrad in Tarsdorf!!! Ich habe das Bischöfliche Ordinariat auf diese Möglichkeit[12] am Vortage gewarnt."

Die Sympathien Bischof Zauners für den Fall Jägerstätter stiegen durch die negative Darstellung seines Vorgängers in der Spielhandlung des Fernsehfilms Axel Cortis ebenfalls nicht.
Bischof DDr. Franz Zauner, der während der NS Herrschaft im Ordinariat eine Untergrundvervielfältigungsanlage betrieb, die für die liturgische Bewegung wie auch zum Aufrechterhalten des Kontaktes zu Theologen und Priestern im Wehrdienst sehr wichtig war,[13] war durch den Vorwurf der Kollaboration der Diözesanleitung mit dem Regime so beleidigt, daß er mit dem ganzen Fall nichts mehr zu tun haben wollte. Seine Vorgangsweise war nicht glücklich, aber sein Temperament verträgt ihm ungerecht scheinende Angriffe auf die Kirche schlecht. Die Abneigung des Bischofs gegen die Jägerstätter-Diskussion hatte auch Karobath zu spüren. Schon unter „1959" heißt es in der Chronik:

„Am 3. 5. kam Bischof Dr. Franz Sal. Zauner zur Visitation. Es wurde alles aufgeboten, um Exzellenz gut zu empfangen und gut zu bewirten. Zwischen mir und Bischof bestanden Differenzen, welche aber nicht berührt wurden."

Der Bischof erwähnte Jägerstätter nach Mitteilung von Franziska Jägerstätter mit keinem Wort.

Die Auseinandersetzung zwischen Bischof und Karobath reißt auch nach dessen Pensionierung nicht ab, wie die Briefe Karobaths an Franziska bezeugen. 1975 hatte Karobath, der auf einer Kleruskonferenz öffentlich gegen die Behandlung Jägerstätters durch die Diözese protestiert hatte, in dieser Angelegenheit mehrere Begegnungen mit dem Linzer Weihbischof Alois Wagner, der auch an der Spitze der österreichischen „Pax Christi"-Bewegung stand. Als Ergebnis konnte Karobath Franziska Jägerstätter schreiben: „Bischof Wagner steht sicher auf Seite Jägerstätter."[14]

In bezug auf Publikationen über Jägerstätter in der „Linzer Kirchenzeitung" gab es in der letzten Phase der Amtszeit Bischof Zauners keine Probleme mehr. Die Verfasserin, 1975 bis 1980 Redakteurin bei dieser Zeitung, brachte 1979 Material über Jägerstätter unter dem Titel „In einem begnadeten Gewissen konnte er die dunklen Zeichen seiner Zeit deuten – Jägerstätter war ein Prophet".[15] Lediglich zwei Leserbriefe nahmen Anstoß an der Bezeichnung, deren Veröffentlichung führte zu einer der lebhaftesten Leserbrief-Diskussionen in der Geschichte der Zeitung. Auf die beiden negativen Stellungnahmen kamen mindestens an die fünfzig ausschließlich Jägerstätter verteidigende Briefe.[16]

Die aktive Würdigung seitens der Diözese geschah ebenfalls durch Weihbischof Wagner. Er hielt beim Gedenken zum 35. Todestag 1978 in St. Radegund den Gedächtnisgottesdienst.

War in Wagners Predigt 1978 die „Rücksicht" auf die Kriegsteilnehmer noch bestimmendes Element, war davon in den Worten von Diözesanbischof Aichern 1983 nur mehr in einem Nebensatz die Rede. Der nunmehrige Linzer Bischof stellte Jägerstätter an dessen 40. Todestag als Beispiel christlichen Handelns schlechthin dar, ohne irgendwelche „aber".[17]

Die letzten Aufzeichnungen Franz Jägerstätters aus der Berliner Haft zeigen ein hohes Maß an innerer Geschlossenheit und Stärke;[18] es ist schwierig, sich angesichts der vom Schreiber ausgehenden Faszination in kritischer Distanz zu halten.

Auf die Priester, die Franz Jägerstätter in dieser Periode begegnet sind, machte er sichtlich tiefen Eindruck. Ihr Zeugnis ist eindeutig und von nicht zu unterschätzendem Wert, wenn man bedenkt, daß sie aufgrund ihrer Seelsorgetätigkeit in den Gefängnissen Erfahrung sowohl im Spannungsgebiet Politik und Religion wie auch in bezug auf Menschen in extremen Belastungssituationen hatten.

Für Pfarrer Kreutzberg, der in Berlin mit Jägerstätter gesprochen hatte, hebt dieser sich wie Pater Reinisch von den übrigen Verurteilten ab:

„Unter den Hunderten von Männern, die ich 1942/45 in Berlin auf den Tod vorbereitete, bleiben mir zwei Österreicher lebhaft in Erinnerung: der Priester Franz Reinisch aus Innsbruck und der Landwirt Franz Jägerstätter aus St. Radegund. Beide verweigerten den Eid für den Kriegsdienst und gingen dafür in den Tod."[19]

Hier ist wieder hinzuzufügen, daß die „Straftat" Reinischs, die in der Eidesverweigerung bestand, mit der Jägerstätters, der den Wehrdienst verweigerte, rückblickend irrtümlich gleichgesetzt wurde; da bei beiden sowohl Motive wie Konsequenzen der Haltung gleich waren, hat das Mißverständnis, das Eidverweigerung und Wehrdienst nicht unterscheidet, wenig Bedeutung.

Pfarrer Jochmanns Worte am Todestag Jägerstätters in Brandenburg vom „einzigen Heiligen" bewirkten bei den österreichischen Schwestern sofort eine Verehrung, wie sie einem christlichen Märtyrer zukommt. In ihren Anliegen erbaten sie die Fürsprache Jägerstätters bei Gott,[20] die Urne mit der Asche Jägerstätters behandelten sie wie Reliquien eines Heiligen.[21]

Nicht nur Kreutzberg, der in Berlin doch mehrere Stunden mit Jägerstätter gesprochen hatte, auch Jochmann, der ihn in Brandenburg erst in den letzten Stunden kennengelernt hatte, gibt seinen Fall an das Ordinariat zur Publikation als Glaubenszeuge weiter. Seine Motive teilt er der Frau mit:

„... ich meine, wir alle, die wir solche Glaubenshelden, wie ihr guter Mann es gewesen ist, gekannt haben, wir müßten wenigstens jetzt mithelfen, daß sie die verdiente Ehre und Anerkennung finden; und das nicht nur seinetwegen, sondern auch zur Ehre unserer heiligen Kirche und zum herrlichen Vorbild für seine Kinder, aber auch für alle, die von solchem Leben und Sterben Kunde erhalten. Ich bin von Anfang an der Überzeugung gewesen – und ich danke dem lb. Gott dafür – in Ihrem Mann bin ich einem Heiligen begegnet. Möchte er uns allen ein Fürsprecher am Throne Gottes sein, daß wir so übernatürlich und glaubensstark seien im Leben und Sterben, wie er es war."[22]

Die deutschen Priester dürften wegen der Veröffentlichungen über Jägerstätter und Reinisch keine Schwierigkeiten mit kirchlichen Stellen bekommen haben, jedenfalls ist davon nichts bekannt.

Waren Priester in Berlin und Brandenburg glaubwürdige Zeugen der letzten Entwicklung Jägerstätters, so muß neben ihnen Pfarrer Josef Karobath genannt werden. Von 1934 bis 1940 ist er Pfarrer und Zeuge des Weges des Mannes. Daß er 1945 nach dem einsamen St. Radegund zurückkehrt, ist nicht zuletzt deswegen, weil er sich für Jägerstätters geistiges Erbe einsetzen will.[23] Noch 1945 gibt er in die Pfarrchronik eine ausführliche Lebensbeschreibung, die eindeutig beginnt: „Wenn es in diesem gemeinen Krieg einen Helden gegeben hat, dann war es Jägerstätter Franz. Er war ganz sicher ein Heiliger von Format. Geboren ist er hier am 20. 5. 1907..." Von seiner Einschätzung des Mannes macht der Pfarrer auch vor der Gemeinde kein Hehl, schon 1945 zweifelte er von der Kanzel herab das Selbstverständnis der Soldaten an: „Die Krieger waren keine Helden, die haben Angst gehabt vor Granaten und ähnlichem. – Jägerstätter war der einzige Held."[24] Auch die Listen der Gefallenen, die Vikar Fürthauer in der Pfarrchronik St. Radegund anlegte, versah Karobath nach seiner Rückkehr mit ähnlichen Kommentaren. Den Ausdruck „Helden" in der Überschrift versieht er mit einer Wellenlinie und schreibt darunter die Frage: „Wer ist ein Held?" An den Schluß der 32 Namen setzt er: „Jägerstätter ist allein ein Held!"

Die Parteinahme für Franz Jägerstätter brachte Pfarrer Karobath in einen ständigen Konflikt mit seiner Pfarrgemeinde. Seine Einstellung zu Kriegerverein – Kameradschaftsbund umreißt er in einem Gespräch 1982 wie folgt: „Den allergrößten Blödsinn, den wir mitgemacht haben, der wird heute noch verherrlicht." 1970, nach seiner Pensionierung, hätte Karobath durchaus im Pfarrhof St. Radegund bleiben können, denn der Ort bekam keinen eigenen Seelsorger mehr und wurde ab dem Zeitpunkt von Tarsdorf aus mitversorgt, doch war er nach Franziska Jägerstätters Meinung eben auch durch die Auseinandersetzungen um ihren Gatten nicht heimisch geworden.[25] Daß er 1945 sofort versuchte, das Schicksal Jägerstätters zu publizieren, wurde schon erwähnt im Zusammenhang mit den Beurteilungen Bischof Fließers.

Dem pensionierten Pfarrer Karobath dürfte die Anerkennung Jägerstätters bis in die Gegenwart zu langsam fortgeschritten sein. Der 81jährige schreibt in einem engagierten Leserbrief an „Die Furche", wie sehr ihm daran liegt, daß Jägerstätter endlich gewürdigt wird:

„Es darf kein Gras über Jägerstätter wachsen! Er hatte kein falsches Bewußtsein. Er war mein Pfarrkind. Ich habe ihn gut gekannt. Ich habe ihm diesen Weg nicht empfohlen. Ich habe ihm aber gesagt, Hitler muß man zum besten halten! Er sagte: das ist nicht ehrlich! Es ist nur furchtbar, daß man Jägerstätter einen Sektierer genannt hat. Ganz tapfere Christen sind nicht gefragt. Jetzt kann ich nicht mehr schreiben, nicht mehr gehen und nicht mehr fahren. Ich bin alt geworden, ich kann für Jägerstätter nichts mehr tun..."[26]

Aus dem Gesagten wird bereits erkennbar, daß das Verhältnis Jägerstätters zu seiner Kirche und dieser zu ihm nicht auf das Gespräch Fließer–Jägerstätter und die aus taktischen Gründen erfolgte Publikationsverhinderung im Linzer Kirchenblatt und in der „Furche"[26a] 1945/1946 zu reduzieren ist.

Für Franz Jägerstätter und für seine Frau waren Karobath und später die Priester Kreutzberg wie auch Jochmann die unmittelbaren Vertreter der Kirche, zuerst echte Orientierungshilfe und später Halt. Kreutzberg war Halt allein durch die Mitteilung über den Gesinnungs- und Schicksalsgenossen Franz Reinisch. Die Priester waren sowohl unmittelbar nach dem Geschehen wie auch nach Kriegsende die einzigen Menschen, die der Witwe beistanden. Kreutzberg lud die Frau einen Monat nach dem Tod ihres Mannes auf seine Kosten nach Berlin ein, um ihr eben das zu sagen, was er brieflich nicht mitteilen konnte.[27] Kreutzberg, der eine finanzielle Notlage vermutet, schickt Weihnachten 1943 Geld an Franziska.[28] Unabhängig davon schreibt Pfarrer Jochmann von Brandenburg:

„Sind Sie auch nicht in große wirtschaftliche Not geraten? Sonst schreiben Sie es mir offen; augenblicklich könnte ich Ihnen leicht mit einer Geldbeihilfe beispringen. Oder wenn ich sonst irgendwie helfen könnte, schreiben Sie mir bitte."[29]

In Beziehung zur eigenen Haltung brachte Jägerstätter Pfarrer Krenn, der 1946 an die Frau schreibt:

„...solches Heldentum wird sich durchsetzen... Wir müssen uns beide (Pfarrer und seine Mutter, Anm.) so ärgern, daß wir seinen Abschiedsbrief der Gestapo wegen, die uns alles durcheinandergerissen, es war am 8. 2. 1945, tagsdarauf verbrannt haben. Ich fürchtete ein Wiederkommen, da die Banditen nichts gefunden. Es gibt eben nur wenig Helden und Heilige, ich rechne mich keinesfalls dazu."[30]

Im Sommer 1946 hatte Krenn Artikel über Jägerstätter an Kardinal Spellman, USA, und in die Schweiz geschickt.[31]
Im Spannungsfeld der Beziehung Jägerstätters zu seiner Kirche genügt es nicht, den Kirchenbegriff auf Priester auszudehnen, die dem Mann wohlgesonnen waren und ihn anerkannten. Vielmehr wird an der Haltung und am Schicksal Jägerstätters eine Entwicklung sichtbar, in deren Folge es zu einer wesentlichen Umgestaltung des Kirchenbegriffes und des Menschenbildes innerhalb der katholischen Kirche kommen sollte.
Nicht zufällig und mehr als einmal verweist Franz Jägerstätter auf den Zusammenhang seiner geistigen Unabhängigkeit mit den Bildungs- und Kommunikationsmöglichkeiten.[32] Die verbesserten Bildungschancen und die neuen Kommunikationsmöglichkeiten (Buch, Zeitschriften) führten nicht nur zu einer Emanzipation des Menschen im staatlichen Bereich, sondern auch zu einer ähnlichen Entwicklung innerhalb der Kirche.
Die gemeinsame Arbeit von Priestern und Laien sowie die Erfahrungen unter dem Druck der Verfolgung während der NS-Zeit, wurden beim 2. Vatikanischen Konzil für das neue Kirchenbild verwertet. Im nunmehrigen „Volk Gottes" sah man auch für die nicht ordinierten Glieder spezielle Aufgaben:

„Den Laien ist der Weltcharakter in besonderer Weise eigen... Sache der Laien ist es, kraft der ihnen eigenen Berufung in der Verwaltung und gottgemäßen Regelung der zeitlichen Dinge das Reich Gottes zu suchen. Sie leben in der Welt, das heißt, in all den einzelnen irdischen Aufgaben und Werken und den normalen Verhältnissen des Familien- und Gesellschaftslebens, aus denen ihre Existenz gleichsam zusammengewoben ist. Dort sind sie von Gott gerufen, ihre eigentümliche Aufgabe, vom Geist des Evangeliums geleitet, auszuüben und so wie ein Sauerteig zur Heiligung der Welt gewissermaßen von innen her beizutragen und vor allem durch das

262

Zeugnis ihres Lebens, im Glanz von Glaube, Hoffnung und Liebe Christus den anderen kund zu machen."[33]

In der Konstitution des Konzils über die Kirche in der Welt von heute wurde die Selbstverantwortung besonders betont, das handlungsentscheidende Gewissen wird nicht nur den Christen zugestanden:

„Durch die Treue zum Gewissen sind die Christen mit den übrigen Menschen verbunden im Suchen nach der Wahrheit und zur wahrheitsgemäßen Lösung all der vielen moralischen Probleme, die im Leben der Einzelnen wie im gesellschaftlichen Zusammenleben entstehen."[34]

Erfüllt Franz Jägerstätter ganz gut die in der Kirche wiederentdeckte Rolle des „mündigen Laien", der nach seinem Gewissen in der Welt das Richtige tut, so paßt er genausogut in das Bild des in der Kirche immer wieder auftretenden und immer gleich unbequemen „Heiligen".

In allen Perioden der Kirchengeschichte bekam die jeweilige Gesellschaft und die jeweilige Kirche an charismatischen einzelnen demonstriert, in welcher Art man die jeweiligen Probleme hätte angehen können. Den Christen, die es sich immer wieder mit und in der Welt „gerichtet" hatten, waren solche als „extrem" empfundene Gestalten von Elisabeth von Thüringen über Katharina von Siena bis zu den deutschen Reformatoren oder zu Thomas Morus immer unbequem. Sie stellten jeweils die völlige Anpassung an die äußeren Umstände in Frage.

Von Anfang an wurde der „Heilige" in Jägerstätter anerkannt und zum Teil gleichzeitig abgelehnt. Der Linzer Bischof Fließer drückt diese zwiespältige Haltung aus: „Darum ist Jägerstätter ein besonderer Fall, der mehr zu bewundern als nachzuahmen ist..."[35]

Innerhalb der Kirche wußte man immerhin um die Sendung der Heiligen.

In der Geisteswelt der ersten Hälfte dieses Jahrhunderts jedoch und auch in der landläufigen Meinung waren Frömmigkeit oder Heiligkeitsstreben fast gleichbedeutend mit Weltfremdheit oder politischer Naivität.

Franz Jägerstätter, die Bibelforscher, die wegen ihres Widerstandes gegen die nationalsozialistische Ideologie verfolgten Christen, legen eine Rehabilitierung des Heiligen nahe.

Exkurs: Rehabilitierung der „Gesinnung"

Bis in die Gegenwart taucht in politischen oder sozialethischen Grundsatzdebatten die von Max Weber eingeführte Unterscheidung zwischen der moralischen Grundhaltung des Gesinnungsethikers und der des Verantwortungsethikers auf. Verantwortungsethiker ist nach Weber derjenige, der bei seinem Handeln die Gesamtheit der Folgen seines Handelns bedenkt und dabei die Bewertung der Folgen zum Maßstab seiner Entscheidungen macht; der Gesinnungsethiker dagegen tut ohne Rücksicht auf die Folgen bestimmter Handlungen oder Unterlassungen das, was er für das sittlich Gebotene hält.[36] Der aus christlicher Weltanschauung Handelnde ist nach Weber der typische Gesinnungsethiker; Franz-Martin Schmölz zeigt, daß Webers Begrenzung der christlichen Ethik auf ein paar aus dem Zusammenhang gerissene radikale Stellen des Evangeliums die christliche Ethik zu stark verkürzt.[37] In der Extremsituation des Dritten Reiches haben sich Menschen mit „Gesinnung", in Webers Sprachgebrauch die „religiösen Virtuosen", bewährt und gezeigt, daß sie zumindest zu bedenkenlosem Handeln eher weniger bereit waren als ihre weltanschaulich nichtgebundenen Zeitgenossen.[38]

Webers apriorische und apodiktische Definition des Gesinnungsethikers wurde relativiert. Bei ihm heißt es:

„. . . die eigentliche mystische oder pneumatische, religiös charismatische Heilssuche der religiösen Virtuosen ist naturgemäß überall apolitisch oder antipolitisch gewesen. Sie hat die Selbständigkeit der irdischen Ordnungen zwar bereitwillig anerkannt, aber nur um daraus konsequent auf ihren radikal diabolischen Charakter zu schließen oder, zum mindesten jenen absoluten Indifferenzstandpunkt zu ihnen einzunehmen, dessen Ausdruck der Satz war: ‚Gebt dem Kaiser, was des Kaisers ist' (denn: was kommt es auf diese Dinge für das Heil an?)"[39]

Dietrich Bonhoeffer beurteilt die Fragestellung, ob allein der Wille oder der Erfolg beurteilt werden soll, als verkehrt; was ursprünglich eins sei, nämlich der Mensch und sein Werk, würde zerrissen.[40]

„Die Frage nach dem Guten darf nicht verengt werden zu der Untersuchung von Handlungen auf ihre Motive bzw. auf ihre Erfolge durch Anlegen eines bereits fertigen ethischen Maßstabes. Eine

264

Gesinnungsethik bleibt ebenso an der Oberfläche wie eine Erfolgs-ethik."[41]

Die Trennung der einen Wirklichkeit sieht Bonhoeffer als das Unheil schlechthin:

„Eine Welt, die, für sich bestehend, dem Gesetz Christi entnommen ist, verfällt der Bindungslosigkeit und Willkür. Eine Christlichkeit, die sich der Welt entzieht, verfällt der Unnatur, der Unvernunft, dem Übermut und der Willkür."[42]

Alfred Delp wünscht in seinen Gefängnisaufzeichnungen um der „Gesundung" der Menschen willen Heilige: „Denn die Leistung des Heiligen: eminente Rühmung Gottes, ist sachlich übereinstimmend mit der Ordnung der Dinge."[43]

Auch Franz-Martin Schmölz betont den untrennbaren Zusammenhang zwischen Ethik und Gesellschaft: „Eine solitäre Aktualisierung außerhalb der Gesellschaft gibt es nicht. Die Vervollkommnung ist ohne Gesellschaft undenkbar."[44] Der Gegensatz, den Weber für die Beziehung zwischen Gesinnungs- und Verantwortungsethik postuliert, ist in Schmölz' Rekonstruktion der politischen Ethik überwunden.[45] Verwendet man Gesinnung und Verantwortung nicht als unvereinbares Gegensatzpaar, sondern als das menschliche Handeln mehr oder weniger bestimmende Determinanden, können sie als solche die Motivschwerpunkte erhellen helfen.

Für Franz Jägerstätter waren religiöse Gesinnung, radikale, an der Bergpredigt[46] ausgerichtete, Ethik und politisches Handeln eng verbunden. Das Bedenken der allgemeinen internationalen Folgen der Politik Hitlers und der des Krieges machten ihm aktives Mittun unmöglich. Die gläubige Weltanschauung war ihm sowohl Beurteilungskriterium wie Stärkung der persönlichen Festigkeit im Handeln.

Bischof Roberts beim 2. Vatikanum: „Märtyrer wie Jägerstätter sollen nie das Gefühl haben, daß sie allein sind."

Etwa zwanzig Jahre vor der uneingeschränkten Anerkennung Jägerstätters durch den Bischof seiner Heimatdiözese beeinflußte sein „Fall" die Aussagen des Konzils auf einem der meistumstrittensten Gebiete, in der Friedens- und Wehrdienstverweigerungsfrage. Erzbischof Roberts SJ, war von 1939 bis 1958 an der Spitze der Diözese

Bombay, Indien,[47] es ist anzunehmen, daß seine Erfahrungen an diesem Wirkungsort während des indischen Unabhängigkeitskrieges sowohl mit Krieg als auch mit gewaltloser Befreiungsbewegung seine Initiativen während des Konzils bestimmten. Seinem mutigen Auftreten und der stillen Hintergrundarbeit von Jean und Hildegard Goss vom Internationalen Versöhnungsbund ist es zu verdanken, daß eine Stellungnahme zur Wehrdienstverweigerung aus Gewissensgründen in das Dokument über „Kirche und Welt"[48] eingearbeitet wurden.[49]

Während die Beiträge der meisten Konzilsredner zum Friedensthema im Dilemma steckenblieben, ob man dem Unrecht einer Aggression mit dem Unrecht eines atomaren Gegenschlages begegnen dürfe, brachte Roberts eine neue Dimension ins Gespräch: das Gewissen des einzelnen. Der Erzbischof forderte vom Christen, daß er beiderlei Unrecht widerstehen müsse und bei seinem Widerstand in erster Linie sich der Methoden und Handlungsweisen bedienen müsse, die er als Jünger Christi verantworten könne. Keine dem Gewissen verpflichtete Person dürfe sich zu einem bloßen Werkzeug in einem technologischen Prozeß erniedrigen lassen und durch Betätigung von Druckknöpfen weittragende Vernichtungsakte einleiten.[50]

„Wir haben vergessen, daß der Finger das Werkzeug des menschlichen Verstandes, des menschlichen Herzens und des menschlichen Gewissens ist, das Gott für Handlungen verantwortlich ist, die in ihrer Wirkung ewig sind."[51]

Mit dem Hinweis auf Jägerstätter gelang es dem Erzbischof, einen Passus, welcher das Urteil über die „Gerechtigkeit" eines Krieges im Zweifelsfall der Obrigkeit anheimgestellt hätte, aus dem Konzilsdokument streichen zu lassen. Diesbezügliche Kritik am vorbereiteten Schema formuliert er wie folgt:

„Es verfügt, daß der Christ seine Vermutung, die Gerechtigkeit betreffend, an eine gesetzliche, weltliche Behörde abgeben muß, wenn die Ungerechtigkeit nicht offensichtlich klar ist. Denn es ist die Tragik von Millionen von jungen Katholiken, wie Jägerstätter, welche dem von der weltlichen Behörde erhaltenen Befehl aber gehorchten, daß das Unrecht der ‚Nazis' nicht genügend klar war, auch ihren geistlichen Vätern bis zum höchsten Range nicht, die sie ja ermutigten, militärischen Dienst zu leisten. Da das Unrecht dieses

Krieges nicht öffentlich klar war, bevor weite Gegenden verwüstet wurden und die Verbrecher vor dem Gericht von Nürnberg überführt wurden, haben wir jetzt das Recht, bekanntzugeben, daß Jägerstätter und alle die anderen Unbekannten, welche ihren Glauben bezeugten, im Unrecht waren? – daß sie das Recht aufseiten Hitlers und seiner Alliierten hätten vermuten sollen? Ich denke: nein; das heißt, ich hoffe: nein."[52]

Im Zusammenhang mit den neuen „Möglichkeiten" der Kriegsführung setzt das Konzil eine große Erwartung auf das Gewissen des einzelnen. Zunächst wird an die bleibende Geltung des natürlichen Völkerrechts appelliert, dessen Prinzipien von der Menschheit zunehmend akzeptiert werden. Die Ausrede „Befehl ist Befehl" wird im Zusammenhang mit den allgemeinen Prinzipien des Völkerrechts nicht geduldet:

„Handlungen, die in bewußtem Widerspruch zu ihnen stehen, sind Verbrechen; ebenso Befehle, die solche Handlungen anordnen; auch die Berufung auf blinden Gehorsam kann den nicht entschuldigen, der sie ausführt. Zu diesen Handlungen muß man an erster Stelle rechnen: ein ganzes Volk, eine Nation oder eine völkische Minderheit aus welchem Grund und mit welchen Mitteln auch immer auszurotten. Das sind furchtbare Verbrechen, die aufs schärfste zu verurteilen sind. Höchste Anerkennung verdient dagegen die Haltung derer, die sich solchen Befehlen furchtlos und offen widersetzen."(GS 79)

Mit einer dritten Anregung drang Erzbischof Roberts bei den anderen Bischöfen nicht durch, zu stark waren die Gegenaktionen einer Gruppe um Kardinal Spellman (USA).[53]
Roberts hätte stärkere Formulierungen bezüglich der Wehrdienstverweigerer angestrebt. Für den Kriegsfall heißt es im Konzilsdokument:

„Ferner scheint es angebracht, daß Gesetze für die in humaner Weise Vorsorge treffen, die aus Gewissensgründen den Wehrdienst verweigern, vorausgesetzt, daß sie zu einer anderen Form des Dienstes an der Gemeinschaft bereit sind."[54]

Der Bischof hätte dagegen angeregt:

„Das Konzil empfiehlt das Beispiel der Nationen, welche seit mehr als einem halben Jahrhundert und auch in der Stunde der Gefahr sich mit Erfolg bemühten, den Widerstand des persönlichen Gewissens zu respektieren."[55]

Die stärkere Formulierung begründet Roberts wieder mit dem Hinweis auf Jägerstätter, im Hinblick auf Entscheidungssituationen dürften sich Menschen nicht alleingelassen fühlen:

„Jägerstätter wußte von Anfang an, daß seine Weigerung, zu welcher sein Gewissen ihn verpflichtete, seinen Tod bedeutete und er war darauf vorbereitet. Doch, in den letzten Wochen vor seinem Tode, welche er im Gefängnis verbrachte, war er stets etwas beunruhigt, daß er eine Sünde begehen könne, indem er dem Rat nicht folgte, den ihm die kirchlichen Leiter seines Gewissens gegeben hatten. Es ist also nötig, daß wir in diesem Schreiben bekanntgeben, daß die Kirche die Rechte des einzelnen Gewissens bestätigt, einen ungerechten militärischen Dienst zu verweigern. Andererseits ist es nötig, daß wir den Gläubigen, welche für ihren Glauben zeugen, versichern, daß sie immer ganz und gar von der Kirche unterstützt werden. Märtyrer wie Jägerstätter sollen nie das Gefühl haben, daß sie allein sind. Ich lade die Väter ein, diesen Mann und sein Opfer in einem Geist von Dankbarkeit zu betrachten, damit sein Beispiel unsere Entschlüsse inspiriere. Das bedeutet ganz und gar nicht, daß wir unsere Gedanken auf diesen Krieg beschränken oder nur auf einen Teil, den eine bestimmte Nation darin gespielt hat. Vielleicht der größte Skandal, hervorgerufen durch Christen so vieler Jahrhunderte, ist dadurch bedingt, daß fast jede nationale Hierarchie fast in jedem Krieg sich erlaubt hat, der moralische Arm ihrer Nation zu sein, selbst in Kriegen, deren greifbare Ungerechtigkeit später anerkannt wurde. Wir wollen mit dieser tragischen Vergangenheit endlich brechen; machen wir es jetzt klar und unzweideutig durch die Versicherung, daß jeder Christ das Recht und die Aufgabe hat, der Stimme seines Gewissens zu gehorchen, vor dem Kriege und während des Krieges."[56]

Überblickt man die auf diese Stellungnahme folgenden zwanzig Jahre und die große Ausbreitung, welche die Friedensbewegung und die Haltung der Wehrdienstverweigerung gefunden haben, kann man feststellen, daß Erzbischof Roberts 1965 beim Konzil mit dem Hinweis auf die Entscheidung des einzelnen die Richtung getroffen hat. Die vielen einzelnen, die gegen Atomrüstung und Krieg sind,

268

werden zu einer politisch nicht mehr zu übersehenden Größe. Dem „Befehl ist Befehl" steht entgegen: „Stell dir vor, sie machen Krieg und keiner geht hin." Die Grundlagen des Friedens, der mehr als bloß kein Krieg ist, werden vom Konzil ebenfalls angegeben, sie könnten auch heute die Diskussion noch befruchten:

„Dieser Friede kann auf Erden nicht erreicht werden ohne Sicherheit für das Wohl der Person und ohne daß die Menschen frei und vertrauensvoll die Reichtümer ihres Geistes und Herzens miteinander teilen. Der feste Wille, andere Menschen und Völker und ihre Würde zu achten, gepaart mit einsatzbereiter und tätiger Brüderlichkeit – das sind unerläßliche Voraussetzungen für den Aufbau des Friedens. So ist der Friede auch die Frucht der Liebe, die über das hinausgeht, was die Gerechtigkeit zu leisten vermag."[57]

14 Das Schicksal der Witwe Jägerstätter

Verständnis für die Beweggründe

Franz Jägerstätter war sich zum Zeitpunkt des Aussprechens seiner Verweigerung des Verständnisses seiner Frau gewiß, aus dem letzten in Freiheit geschriebenen Brief geht dies eindeutig hervor. Im Schreiben vom 1. 3. 1943 drückt der Ehemann aus, welch zusätzliche Belastung das Unverständnis der Mitwelt für die Frau sein wird, ein Unverständnis auch der Haltung der Frau gegenüber, das in den engsten Familienkreis reichte: „Zürne auch der Mutter nicht, wenn sie uns auch nicht versteht."[1]

Im Antwortbrief der Frau, den sie „schrecklich traurig" schreibt, kommen ihre Gefühle zum Ausdruck: Sie leidet sehr unter der Trennung, hat großes Mitleid mit dem Mann, respektiert dabei aber seine Beweggründe: „Hatte noch immer eine kleine Hoffnung, vielleicht könntest Dich auf der Fahrt noch anders entschließen, weil Du mir fürchterlich erbarmst und ich gar nicht helfen kann."[2]

In keinem der Briefe finden sich Versuche, den Mann umzustimmen. Die große Sorge der Ehefrau ist die seelische Verfassung ihres Mannes, sie fragt im ersten Brief: „Wie befindest Du dich im Seelischen, bist Du noch getröstet?"[3] Sie weiß, daß die äußeren Umstände nicht allein ausschlaggebend für ihren Mann sind, daß er ein starkes Gottvertrauen hat.[4]

Angesichts der Verlegung des Mannes nach dem fernen Berlin wird aus ihrem Schreiben das Leiden der liebenden Frau erkennbar:

„. . . mir ist immer so leid um Dich, hab Dich immer sehr lieb und bist so weit entfernt, sende Dir recht viele Busserl, auch meine Kleinen hätten schon recht viele beisammen."[5]

Nicht ein einziges Mal jedoch, auch nicht in diesem Zusammenhang, findet sich ein Versuch, den Mann umzustimmen oder auf seine Entscheidung Druck auszuüben.

Pfarrer Jochmann schreibt am Todestag Franz Jägerstätters, daß dieser ihm erzählt habe, daß der Pfarrvikar und die Frau versucht hätten, ihn umzustimmen.[6]

Wenn man die Briefe in Betracht zieht, die Franziska Jägerstätter unmittelbar nach der Begegnung mit ihrem Mann im Berliner

Reichskriegsgericht geschrieben hat, ist nicht anzunehmen, daß sie im Versuch, den Mann zur Rettung seines Lebens zu bewegen, die Respektierung seiner Gewissensentscheidung aufgegeben hätte.[7] Dabei deutet der Mann wie die Frau an, daß die Ebene des Verstehens zwischen ihnen nicht die der Worte gewesen war. Franz Jägerstätter bezweifelt, ob der Frau mit ihren Worten wirklich ernst gewesen war, die Argumentation mit dem vierten Gebot findet sich sonst nie bei ihr, es liegt nahe, daß die Mutter ihr dies aufgetragen oder Vikar Fürthauer so argumentiert hatte; der Mann schreibt aus dem Gefängnis:

„Wenn Ihr das wirklich glaubt, wie ich nach Euren Reden vernehmen konnte, daß ich mich dadurch gegen das vierte Gebot versündige, dann habt Ihr freilich Schweres durchzumachen."[8]

Die Erinnerung Franziska Jägerstätters an die letzte Begegnung mit ihrem Mann beinhaltet das gegenseitige Verstehen ohne Worte während der Überredungsversuche Vikar Fürthauers.
Daß Franziska Jägerstätter den Weg ihres Mannes sehr weit mitgegangen ist, wird auch aus einer weiteren Nuance erkennbar. Mit Ausnahme des Berliner Priesters Kreutzberg beim zweiten Gespräch und vielleicht auch Karobaths versuchten alle Gesprächspartner Jägerstätters (verständlicherweise) das Leben des jungen Mannes zu retten und ihm das lebensbedrohende Vorhaben auszureden, mit dem Hinweis, er selbst würde sich ein entsetzliches Schicksal aufbürden. Seine Frau teilt Jägerstätters Perspektive, an seiner Lage nach der Verurteilung ist nicht in erster Linie er selbst schuld; für die Frau sind es vielmehr die politischen Umstände. Im Brief an Karobath unmittelbar nach der Berlinfahrt ist dies notgedrungen vorsichtig, aber unmißverständlich ausgedrückt:

„... so wars eine sehr traurige Fahrt, da wir an seiner schweren Lage nichts ändern können, denn die Gesetze sind halt einmal so, und diese Gesellschaft hat ihn ganz aus dem Geleise gebracht. Vielleicht finden sie doch noch einen Weg, denn mit dem Erschießen ist ihnen auch nichts gedient..."[9]

Franziska Jägerstätters Ausspruch im Zusammenhang mit den „Bemühungen" der militärischen Gerichtsstellen um ihren Mann soll hier ebenfalls angeführt werden: „Sie hätten ihn ja nicht zum Tod verurteilen müssen." Damit sind die Relationen hergestellt. Wer die

„hartnäckige" Verweigerung des Kriegsdienstes mit den Konsequenzen kritisiert, bekommt schon an Jägerstätters Richtern und an seinem Verteidiger demonstriert, wie Menschen in die Mordmaschinerie des Dritten Reiches eingespannt wurden und wider besseres Wissen mitmachen und mitmorden „mußten".

Franziska Jägerstätter ließ sich vom nationalsozialistischen System vergleichsweise viel weniger einschüchtern als ihre Schwiegermutter. Die Angst der Mutter Franz Jägerstätters wird daran ersichtlich, daß sie es monatelang nicht wagt, ihrem Sohn ins Gefängnis zu schreiben; sie läßt sich durch die Schwiegertochter für einen Brief bedanken: „Schreiben traut sie sich nicht wegen der Zensur."[10] Die „Zensur" ist für Rosalia Jägerstätter nicht ein die Briefe lesender Beamter, sondern ein Kontakt und ein möglicher Konflikt mit dem so gefürchteten System. Franz Jägerstätter freut sich, als die Mutter die Angst offensichtlich soweit überwindet, daß sie ihm doch schreibt; er bedankt sich im Julibrief für ein Schreiben der Mutter:

„Liebe Mutter, bedanke mich auch für Deine Zeilen, die mich auch sehr gefreut, damit hoffe ich, daß Du mir auch nicht mehr böse bist über meinen Ungehorsam, ich bitte Dich aber, sei ja nicht beängstigt besorgt um mein leibliches Wohl, wenn auch noch Schwereres über mich hereinbrechen wird, aber das macht nichts, denn mehr als ich ertragen kann, wird der liebe Gott mir nicht schicken."[11]

Aus diesen Zeilen geht hervor, daß es zwischen Jägerstätter und seiner Mutter wegen seiner Entscheidung zu einem Zerwürfnis gekommen war, daß die Mutter überhaupt schreibt, ist für den Sohn auch ein Zeichen der Versöhnung und des Verzeihens hinsichtlich des „Ungehorsams".

Die Ehefrau setzte sich auch mutig über das Verbot hinweg, dem Mann Lebensmittel ins Gefängnis zu schicken, und hatte Erfolg, am Pfingstsamstag bekam Franz Jägerstätter seine „Lieblingsspeise" ausgehändigt.[12]

Ein eindeutiges Zeugnis über Franziska Jägerstätters Einstellung findet sich in der Pfarrchronik St. Radegund. In der ersten Würdigung Franz Jägerstätters 1945 bewertet Pfarrer Karobath die Witwe: „Ja, auch seine Frau ist eine Heldin."[13]

Der Witwe wird der Tod des Mannes angelastet

Die Identifikation der Frau mit den Zielen ihres Mannes wurde von der Umgebung Franziska Jägerstätters erkannt, und die Frau hatte die entsprechenden Konsequenzen zu erleiden. Die Identifikation mit seinen Zielen ist für die Frau aber auch die Möglichkeit, Trennung und Verlust des geliebten Ehemannes zu bewältigen: Nicht er hat sie böswillig oder uneinsichtig verlassen, sondern er wurde von den Zeitverhältnissen zu diesem Schritt gezwungen. Die ablehnende Haltung der Umwelt ihr gegenüber band sie umso stärker an den Gatten.

Im Rückblick auf die Zeit nach dem Tod ihres Mannes spricht Franziska Jägerstätter vom großen Mitleid und von der Anteilnahme, die Witwen gefallener Soldaten erfuhren. Sie selbst mußte im Gegensatz dazu eine starke Ablehnung erleiden: „Das war so furchtbar, nicht grad weil er gestorben ist, sondern weil die Nachbarn so ablehnend waren zu mir und vorher haben sie mich recht mögen."

Das Ausmaß der Haltung der Dorfbewohner ist am besten durch die eigenen Worte dieser Frau ausgedrückt, einer Frau, die alles andere als zimperlich oder nachtragend ist und von der man kein negatives Wort über einen anderen Menschen hört:

„Hab nicht geglaubt, daß ich so alt werd, das ärgste waren auch die Leute. Erst seit Pfarrer Steinkellner[14] da ist, der viel von der Nächstenliebe predigt, ist es besser mit der Ablehnung der Leute."

Nur durch eine eindeutige Abkehr von der Haltung ihres Mannes hätte die Frau ihren Platz in der Dorfgemeinschaft halten können: „Ich hätte nichts zu leiden gehabt, wenn ich dagegen gewesen wäre."

Aufgerichtet hat sich Franziska Jägerstätter während dieser Zeit immer wieder an der Lektüre der Briefe ihres Mannes, vor allem an denen aus dem Gefängnis.

In der Familie wie in der Dorfgemeinde setzte nach dem Tod Jägerstätters ein Prozeß ein, der die Dorffremde, die doch Hauptleidtragende war, zur Schuldigen machte.

In der Erinnerung der Jägerstätter-Töchter ist das besonders Schwere am Schicksal der Familie eben die Anfeindung der Mutter.

Die Anfeindung Franziska Jägerstätters begann in der Familie. Die Schwiegermutter war der Meinung, daß ihre Schwiegertochter den

Sohn zu wenig von seinem Vorhaben abgehalten hätte. Die Altbäurin war der Religiosität der Jungen gegenüber immer verständnislos geblieben, ihr hatte das ortsübliche Maß an Frömmigkeit genügt. Die bei Todesfällen verheirateter Kinder in deren Familien feststellbare Tendenz, dem Schwiegerkind mangelnde Sorge und Mitschuld am Tod anzulasten, ist auch hier erkennbar.[15] In der Familie wie in der Dorfgemeinschaft brachte man die vertiefte Religiosität Jägerstätters nach seiner Eheschließung mit seiner Verweigerung in Verbindung und schloß daraus auf eine „Schuld" der Frau. Die Tatsache, daß Franziska nicht aus dem Dorf stammte, machte es noch leichter, sie als „Hochburgerin", wie in Gesprächen jeweils betont wird, zum Sündenbock für den Tod eines St. Radegunders zu machen. Für das Maß der jahrzehntelangen Ablehnung der Frau gibt es jedoch keine ausreichenden rationalen Motive. Franz Huber, Cousin und Patensohn Franz Jägerstätters, arbeitete nach seiner Rückkehr aus der Kriegsgefangenschaft zwei Jahre auf dem Leherbauernhof. Er bezeichnet Franziska Jägerstätter als die großartigste Frau, die ihm in seinem Leben begegnet ist; ihr Lebenswandel bot nicht den geringsten Anlaß zu Kritik.

Allein ihre Haltung, wie die ihres Mannes, müssen einen sehr empfindlichen Punkt in der Psyche ihrer Mitmenschen berühren. Die Haltung zum Nationalsozialismus und insbesondere zum Krieg durfte nicht auch nur von ferne in Frage gestellt werden; also griff man den, der dies versuchen könnte, vorsorglich an und versuchte ihn außer Gefecht zu setzen. Das Schicksal von Franz und Franziska Jägerstätter bestätigt die „Unfähigkeit zu trauern" und die im gleichnamigen Buch von Alexander und Margarete Mitscherlich diagnostizierte Verdrängung der Schuld am Krieg.[16]

In der Mehrzahl der Gespräche, die ich in der Gegend führte und die auch nur von ferne Franz Jägerstätter berührten, erlebte ich jeweils ein emotionell vorgebrachtes Argument: „Ja, wenn der recht gehabt hätte, dann wären ja wir, die wir unsere Köpfe hingehalten haben, alle blöd gewesen." Es kann also nicht einer recht gehabt haben, wenn alle anderen anders gehandelt haben.

Es ist nach meinen Erfahrungen im oberen Innviertel bis in die Gegenwart kaum möglich, sachlich über den Nationalsozialismus oder gar über den Soldatendienst unter Hitler zu sprechen, geschweige denn letzteren in Frage zu stellen. Getäuscht worden zu sein und so große Strapazen und Opfer umsonst oder für eine schlechte Sache gebracht zu haben, kann von vielen nicht zugegeben werden. Pfarrer Karobath nannte in diesem Zusammenhang den Kameradschaftsbund: „Der allergrößte Blödsinn, den wir mitgemacht haben, der wird heute noch verherrlicht."

Die Meinungsführer in den Gasthäusern, diejenigen, die das beste Mundwerk haben und es auch am rücksichtslosesten gebrauchen, beziehen eindeutig Position. Ein durchaus nicht dummer Mann, der wegen seiner Parteiaktivitäten nicht an der Front war, gab Dezember 1981 die Schuld an allen Übeln ringsum dem „Weltjuden" und meinte, Deutschland könne sich heutzutage nicht ernähren, wenn es nicht Nahrungsmittel aus dem Osten erhielte (!) – bei letzterem Argument kann man nur staunend fragen, wie jemand die letzten 20 Jahre es fertig gebracht hat, alle Meldungen über Butterberg und Agrarabsatzkrise zu ignorieren. Ein anderer, der an der Front war, ereifert sich, daß die KZ Erfindungen der „Schwarzen" gewesen seien, man hätte für Hitler kämpfen müssen, er hätte die Arbeitslosigkeit beendet. Jägerstätter wird vorgeworfen, in welch schwierige Situation er die Gemeindeleitung St. Radegund gebracht habe, die ihn doch zuvor zweimal vom „Barras" herausgeholt habe. Jägerstätter ist in diesem Kreis der „religiöse Narr". Bezeichnend für die öffentlich mögliche Meinung ist die Tatsache, daß beim schon erwähnten Gasthausgespräch Dezember 1981 in Ostermiething keiner von den Ortsansässigen es wagte, den beiden „Nazis" zu widersprechen. Am nächsten Tag rief ein jüngerer, eher zuhörender Teilnehmer den ebenfalls dabeigewesenen Ostermiethinger Pfarrer an, um ihm zu sagen, daß nicht alle über Jägerstätter so dächten, wie es zu hören war.

Nach solchen Diskussionen stellt man sich die Frage, ob nicht doch nach Kriegsende ein Mehr an Auseinandersetzung mit dem nationalsozialistischen Gedankengut vonnöten gewesen wäre.

Die Erfahrung Franziska Jägerstätters, daß sich die „echten Nazis" kaum bekehren können, dürfte stimmen; Bischof Fließers Furcht, diese durch Diskussionen zu sehr zurückzustoßen, war wohl unbegründet, denn sie sind nirgendshin zurückgekehrt, auch parteimäßig kaum. Die Gefährlichkeit des faschistoiden Gedankenguts kann nie unterschätzt werden.

Wie kritisch Aussagen aus dieser Umgebung bezüglich des Geistes- und Seelenzustandes von Franz Jägerstätter beurteilt werden müssen, braucht wohl nicht mehr eigens betont werden.

Franziska Jägerstätter hatte in der Folge der Ermordung ihres Mannes nicht nur seelischen Druck zu erleiden, sondern auch massive finanzielle und zuteilungsmäßige Benachteiligungen. Schon als betriebsführende Frau, die nicht parteimäßig abgesichert war, hatte sie sich gegen Übervorteilung zur Wehr zu setzen. Hier sind nur einige der zahlreichen Fälle angeführt, die nicht abrissen, solange sie den Hof führte (bis 1962). Fleischhauer suchten sich auf ihre Kosten zu bereichern. Im Winter 1941 wollte sie ein für ihren Haushalt zu schweres und zu fettes Schwein beim Fleischhauer gegen ein leichteres Tier eintauschen. Dieser führte den Tausch durch und wollte das kleinere Tier auch gleich schlachten. Der Frau kam das Schwein jedoch seltsam vor, und so wollte sie auf den nächsten Tag warten, an dem sie ihren Mann zuhause erhoffte. Der Mann kam, das Schwein war nächsten Tag krank, Rotlauf. Der Fleischhauer hatte vermutet, daß sich die junge Frau nicht gegen den Betrug wehren würde. Franz Jägerstätter schimpfte kräftig und erreichte mit der Drohung einer Anzeige, daß das kranke Tier wieder abgeholt wurde.

Die Fleischhauer, die den Bauern das rare Bargeld lieferten, versuchten nach dem Tod des Mannes noch mehr, die schutzlose Bäuerin auszunutzen. Einer holte ein schönes Kalb ab und gab der Frau, ohne das Tier gewogen zu haben, nur einen lächerlichen Betrag. Ein anderer aus Ostermiething, Parteigenosse, bezahlte eine Kuh überhaupt nicht. Als die Frau dann deswegen zum Bürgermeister ging, bekam sie nach einem Jahr einen kleinen Betrag.

Vorgehen der Behörden der 2. Republik

Waren die Anfeindungen durch die Dorfbewohner schon eine große seelische Belastung für die Frau, durch die Behörden der Zweiten Republik wurden diese durch Beleidigungen und finanzielle Benachteiligung noch verstärkt.
Mit 12. 6. 1946 suchte Franziska Jägerstätter bei der Bezirkshauptmannschaft Braunau um Ausstellung eines Ausweises nach § 4 des Opferfürsorgegesetzes vom 17. 7. 1945 an; ihre Begründung war, daß sie als Gattin des am 6. 7. 1943 wegen Zersetzung der Wehrkraft vom Reichskriegsgericht zum Tode verurteilten und später hingerichteten Franz Jägerstätters eine Hinterbliebene im Sinne des Gesetzes war.[17] Diesem Ansuchen wurde mit Bescheid der oö. Landesregierung vom

6. 9. 1946 stattgegeben, und Franziska erhielt eine entsprechende Amtsbescheinigung.[18]
Im Zuge eines Ansuchens um Witwen- bzw. Waisenrente auf Grundlage obiger Bescheinigung wurde vom selben Amt mit 10. 8. 1948 die Anspruchsberechtigung im Sinne des Opferfürsorgegesetzes 1947 wieder aberkannt mit folgender Begründung:

„Als Opfer des Kampfes um ein freies, demokratisches Österreich im Sinne des Opferfürsorgegesetzes sind Personen anzusehen, die um ein unabhängiges, demokratisches und seiner geschichtlichen Aufgaben bewußtes Österreich, insbesondere gegen die Ziele und Ideen des Nationalsozialismus, mit der Waffe in der Hand gekämpft oder sich rückhaltlos in Wort und Tat eingesetzt haben. Aus dem Bericht des Gendarmeriepostenkommandos Ostermiething vom 21. 3. 1948 ist zu entnehmen, daß der Ehegatte Franz Jägerstätter wohl ein Gegner des Nationalsozialismus war, aber das (!) die gesetzte Handlung nicht als Einsatz für ein freies, demokratisches Österreich im Sinne des § 1, OFG/1947 zu werten ist. Er galt als schwermütig und äußerte vor seiner Einberufung zur Wehrmacht, daß er nicht für Hitler kämpfen werde. Diese Überzeugung entsprang nicht einem Abwehrwillen gegen den Nationalsozialismus für ein freies Österreich, sondern aus Gründen seiner Religionsanschauung.
Der Bescheid des Amtes der o.ö. Landesregierung war daher aufzuheben. Gegen diesen Bescheid steht die binnen 14 Tagen nach dem, dem Tage der Zustellung nachfolgenden Tage beim Amte der o.ö. Landesregierung schriftlich einzubringende Berufung an das Bundesministerium für soziale Verwaltung offen.
Ergeht in Gleichschrift an...
Für den Landeshauptmann: Im Auftrage Dr. Pauk e. h.“[19]

Die Tatsache, daß er nicht für Hitler kämpfen wollte, wurde ein zweitesmal von Behörden gegen Jägerstätter verwendet; weil die Haltung Jägerstätters religiös gestützt war, galt sie nicht als Abwehrwille gegen den Nationalsozialismus für ein freies Österreich! Die Logik der „Begründung“ dürfte ihresgleichen suchen.
Hier stellt sich die Frage nach der Verwaltung und der Ausführung der Gesetze zu Beginn der Zweiten Republik. Der für St. Radegund zuständige Gendarm Pühringer, den Karobath in der Pfarrchronik St. Radegund als braven österreichischen Beamten bezeichnet – er bedauert, daß er „das Ende des Schreckens“ nicht mehr erlebt hat –,

war noch während der NS-Zeit ersetzt worden. Wer wohl damals einen begehrten Heimat-Arbeitsplatz erhielt, steht außer Frage; die „Verurteilung" Jägerstätters im Gendarmeriebericht braucht also nicht zu verwundern. Eher verwundert da schon, daß bis zum Sozialministerium[20] hinauf keine Instanz an der Logik des Gendarmerieberichtes etwas auszusetzen hatte.

Wie diese Angelegenheit auf Franziska Jägerstätter wirkte, erfahren wir aus ihrem Briefwechsel mit dem ehemaligen Gefängnispfarrer Kreutzberg:

„Ich muß Ihnen nun kurz mitteilen, daß ich von der Landesregierung Linz ein Schreiben erhalten habe, daß mein Mann schwermütig war und ich sowie meine 3 Kleinen und Schwiegermutter keinen Anspruch auf eine Rente haben. (Ich habe schon öfter um Hinterbliebenen-Rente angesucht, da in Österreich alle Kriegerwitwen eine solche bekommen.) Es ist zwar gleich, ob die Landesregierung meinen Mann als verrückt hält od. nicht, die Gutgesinnten haben ein anderes Urteil für ihn, leider sind das sehr wenig. Ich wollte Ihnen das mitteilen, daß Sie im Bilde sind, wie bei uns über meinen Mann gesprochen wird: denn die Landesregierung hat diese Aufklärung von unserer Gendarmerie, diese wieder von den Ortsbewohnern erhalten. Wir wohnen im Bezirk Braunau, das ist ja die Geburtsstadt des H., da ist solches begreiflich."[21]

Kreutzberg antwortet umgehend:

„Mit großem Erstaunen habe ich Ihren letzten Brief erhalten. Sie bestätigen mir damit, daß Sie meinen Artikel, den ich über Ihren Mann geschrieben, erhalten haben. Die Monatszeitung, in der dieser Artikel erschien, „Der Mann in der Zeit" wird von den deutschen Bischöfen herausgegeben und erscheint in einer Auflage von 200.000 Stück. Der Name Ihres Mannes ist damit in weiten Kreisen bekanntgeworden. Umso mehr bin ich überrascht, ja beinahe entsetzt über Ihre Mitteilung, daß man Ihren Mann als schwermütig, also gewissermaßen als geisteskrank bezeichnen will. Ein derartiges Urteil möchte ich mit größter Entschiedenheit zurückweisen. Ich habe mich mit Ihrem Manne lange und ausführlich unterhalten. Nie und in keinem Augenblick ist mir auch nur ein derartiger Gedanke aufgetaucht. Ich darf wohl behaupten, daß ich auf Grund meiner Studien nicht unerfahren bzw. nicht unwissend bin, beurteilen zu können, wo eine Neurose, Psychose oder sonst ein geistiger oder seelischer Defekt vorliegt. Außerdem kommt folgender Umstand hinzu: Wäre damals der Gefängnisleitung oder dem Gericht auch nur im geringsten der Verdacht aufgetaucht, daß Ihr Mann geistig nicht in Ordnung gewesen sei oder an einer schweren Gemütsverstimmung leiden würde, dann wäre er bestimmt zu einer 4 bis 6 wöchentlichen Untersuchung der Nervenabteilung unseres Gefängnisses zugewiesen worden. Das geschah aber nicht, weil hierzu nicht der geringste Verdacht vorlag.

Ich möchte darum gegen eine derartige Unterschiebung protestieren. Teilen Sie mir bitte mit, ob die angebliche Schwermut der einzige Grund ist der Verweigerung der Ihnen zustehenden Rente. Teilen Sie mir bitte auch mit, alle Stellen, die mit der Ablehnung beschäftigt waren, bzw. die die Ablehnung ausgesprochen haben, falls ein nochmaliger Versuch die Rente zu erlangen, fehlschlagen sollte. Ich würde mich dann über eine hohe Persönlichkeit an die Regierung nach Wien wenden. Es ist unglaublich, daß die Familie eines Mannes, der so todesmutig den Kampf gegen das Verbrechertum der vergangenen Regierung aufgenommen hat, ,zum Dank' derartig benachteiligt werden soll. Ein derartiges Unrecht dürfen und werden wir unter keinen Umständen mit Stillschweigen übergehen!!! "[22]

Franziskas Antwort spricht für sich:

„Vor allem recht herzlichen Dank für Euren lb. Brief, den ich vor einiger Zeit erhalten habe. Verzeihen Sie bitte mein langes Schweigen, mir hat eine Bekannte aus Linz versprochen, betreffs einer Rente sich zu erkundigen, wurde aber auch abgewiesen, ich wollte es Ihnen doch gleich mitteilen. Ich will es gar nicht mehr probieren, denn es ist mir immer eine Qual, wenn ich vor den Beamten jedes Wort und jede Tat von meinem Mann genau erzählen muß, diese Herren haben keine Ahnung, wie mir das Herz dabei blutet. Das Geld ist wie überall wenig, aber es ist schon zum Durchkommen, meine 3 Mädl müssen halt auch manchmal kleine Opfer bringen. Betreffs meines Mannes und seiner Verwandten hatten diese nie Anzeichen von Schwermut, im Gegenteil, es ist sogar einer Priester, auch einer Rechtsanwalt, und unsere Kinder sind, wie die Lehrkräfte behaupten, bevorzugte Schülerinnen, welche alles schnell begreifen. Sollten Sie sich für mich bemühen und um eine Rente ansuchen, so würde ich Ihnen freilich recht dankbar sein..."[23]

Pfarrer Kreutzberg versuchte über Dr. Andreas Reinisch, den Vater des Pallottinerpaters Franz Reinisch, der in Innsbruck eine Rechtsanwaltskanzlei betrieb, zu helfen. Dieser gab Franziska Ratschläge über in Frage kommende Rechtsanwälte in Linz und wies auf die Nummern der entsprechenden Gesetzesbestimmungen hin.[24]

Die entscheidende Unterstützung zur tatsächlichen Erlangung einer Pension fand Franziska Jägerstätter beim Cousin ihres Mannes, Dr. Franz Huber, der als Jurist im Dienst der Gemeinde Wien arbeitete. Dieser verfaßte nach eingehenden Beratungen mit Fachkollegen eine „Aufsichtsbeschwerde" an das Bundeskanzleramt.[25] In dieser gibt Franziska Jägerstätter eingangs die Begründung des ablehnenden Bescheides des Amtes der o.ö. Landesregierung vom 10. 8. 1948 wieder und stellt anschließend juristische Mängel im Bescheid des Sozialministeriums vom 16. 10. 1948 fest; in letzterem wurde ein Anspruch nach einem Absatz des Opferfürsorgegesetzes abgelehnt, um den gar nicht angesucht worden war.[26]

Ein Jahr später zeigte diese Eingabe Früchte, mit Datum vom 25. 7. 1950 bekam Franziska Jägerstätter auf einen weiteren Antrag hin folgenden Bescheid:

„Auf den Antrag vom 25. Februar 1950 wird Ihnen gemäß §§ 34, 36, Abs. (1), des Bundesgesetzes vom 14. Juli 1949, BGBl. Nr. 197, über die Versorgung der Kriegsbeschädigten und Hinterbliebenen (Kriegsopferversorgungsgesetz = KOVG.) nach Ihrem am 9. August 1943 verstorbenen Ehemann Franz Jägerstätter, geb. am 20. Mai 1907, vom 1. Februar 1950 angefangen eine Witwenrente (Grundrente) zuerkannt."[27]

Erscheint die Zuerkennung eines Versorgungsanspruchs durch die österreichischen Behörden fünf Jahre nach Kriegsende als reichlich spät, so muß umso mehr die bundesdeutsche Rechtspraxis in dieser Hinsicht erstaunen. Noch 1964 wurden vom deutschen Bundesgerichtshof Todesurteile gegen wegen Wehrkraftzersetzung hingerichteter Zeugen Jehovas als zu Recht ergangen erkannt und den Angehörigen Entschädigungsansprüche verweigert.[28] Wenn es dagegen darum ging, Angehörige von wegen NS-Verbrechen zum Tode Verurteilten zu versorgen, wurden Nachkriegsurteile in Frage gestellt und die Versorgungsansprüche erfüllt.[29]

Die Benachteiligung der Frau im Entscheidungsbereich der örtlichen Behörden hielt bis zum Ende der Rationierungsmaßnahmen an. Für

sich oder die Kinder bekam Franziska Jägerstätter keinerlei Bezugs-
scheine für Kleider oder Schuhe; sie behalf sich damit, daß sie von der
Wolle der Angorahasen für die Kinder viele Sachen selbst strickte.
Andere Sachen tauschte sie von Flüchtlingen gegen Brot ein. Als sich
jemand in dieser Hinsicht im Gemeinderat von St. Radegund für
Frau Jägerstätter einsetzte, hieß es, deren Kinder seien ohnehin gut
angezogen.
Besonders schlimm war die Situation für die Führung des Bauern-
hofes: Sobald sie etwa in Braunau um einen Sack Zement ansuchte
und der Name Jägerstätter fiel, war die Sache schon abgelehnt. Sie
bekam überhaupt keine Zuteilungen.

15 Linien und Zusammenhänge, eine Zusammenfassung

Die Situation innerhalb der Familie wie die in der politischen Gemeinde haben es gleichermaßen begünstigt, daß es für Franz Jägerstätter möglich blieb, kritisch zu denken und unabhängig zu handeln. Seine Erziehung war von Frauen dominiert; eine möglicherweise traumatisierende, faschistoides Denken begünstigende Vaterfigur gab es nicht; der wirtschaftlich nicht glücklich agierende und dem Alkohol zuneigende Adoptivvater, in dessen Haus Franz im Alter von zehn Jahren kam, dürfte eher die Urteilsfähigkeit des Kindes geschärft haben.

Günstig für die Entwicklung der Kritikfähigkeit des Kindes dürfte auch der mehrmalige „Heimatwechsel" vom mütterlichen Elternhaus in das des leiblichen Vaters und sodann auf den Hof des Adoptivvaters gewesen sein.

Jeder Hof hat bis in die Gegenwart andere Wert- und Arbeitstraditionen; man kann dabei die Beobachtung machen, daß diejenigen Personen, die überhaupt nicht über den Gesichtskreis des elterlichen Hofes hinauskamen, den „engsten Horizont" haben und die größte Abhängigkeit von der Dorfmeinung zeigen.

Im Haus des Adoptivvaters, auf dem Leherbauernhof, sollte der kleine Franz allerdings mit einer neuen Welt in Berührung kommen, mit den Büchern des Altbauern. Diese Bücher sind nicht mehr erhalten, doch waren wahrscheinlich religiöse wie geschichtliche Werke unter ihnen. (Im Haushalt meiner Großeltern, in bezug auf das Milieu vergleichbar, waren jedenfalls neben vielen Kalendern Bücher dieser zwei Kategorien vorhanden, Anm. des Verfassers.) Im Brief an den Patensohn Franz Huber gibt Franz Jägerstätter der Lektüre jedenfalls entscheidende Bedeutung für die Lebensausrichtung. Im Brief an den Patensohn wird einerseits das Verantwortungsbewußtsein des nunmehrigen Hofbesitzers ersichtlich, andererseits seine kritische Einstellung zu den Verhaltensweisen im Dorf bereits vor seiner Verehelichung. Es zeichnet sich auch bereits ab, wo die „schriftstellerische" Stärke Franz Jägerstätters liegt; aus den frühen dreißiger Jahren sind einige Gedichtchen erhalten, die aber nur zeigen, daß es den Schreiber reizt, seine Gedanken zu Papier zu bringen; „Heimatdichter" ist er jedoch keiner. Seine „Form" findet der junge Bauer erst in den politischen und theologischen Reflexionen, die mit dem Patenbrief beginnen.

Nach außen hat sich bei Franz Jägerstätter nach einer dreijährigen Tätigkeit als Bergwerksarbeiter in der Steiermark nicht viel Veränderung gezeigt. In seinem Innern war er in der Zeit fern der Heimat durch eine weltanschauliche Krise gegangen, von der nur soviel bekannt ist, daß er eine Zeitlang mit der Glaubenspraxis aufgehört hatte; in der Welt der Arbeitskameraden fand er jedoch auch nicht den erhofften Lebenssinn. Im Arbeitermilieu ist Franz Jägerstätter jedenfalls hellhörig geworden in bezug auf die Doppelbödigkeit und Unaufrichtkeit der dörflichen, sogenannten christlichen Moral. Dem Firmpaten stellt er im Gegensatz dazu eine ehrliche, echt christliche Lebensführung vor Augen.

Dabei darf man sich den Franz Jägerstätter dieser Zeit keineswegs weltfremd vorstellen; sein Drang, die Grenzen des Heimatdorfes zu überschreiten, drückt sich auch darin aus, daß er den Ertrag der Arbeit in der Fremde in einem Motorrad anlegt, dem ersten im Dorf. Fünfzig Jahre später scheint so ein Motorradkauf nichts Ungewöhnliches zu sein, für die dreißiger Jahre jedoch muß es für die Menschen eine neue Freiheitserfahrung bedeutet haben; an Franz Jägerstätter macht der Sachverhalt deutlich, daß er es verstand, die Möglichkeiten seiner Zeit, das Leben zu bereichern, zu nutzen.

Unabhängigkeit von den Gebräuchen des Dorfes und das Bestreben, den eigenen Erfahrungsbereich zu erweitern, drücken sich sehr stark in der Form der Eheschließung Franz Jägerstätters mit Franziska Schwaninger aus. Das Paar läßt sich am frühen Gründonnerstagmorgen trauen und fährt unmittelbar danach weg auf eine Hochzeitsreise nach Rom; nicht einmal die Tatsache, daß am selben Tag die Ziehschwester des Mannes beerdigt wurde, kann daran etwas ändern. Die Idee zur Romfahrt war von Franz gekommen, seine Braut, die von so etwas gar nicht zu träumen gewagt hätte, ist für den Plan begeistert. Ist in der dörflichen Kultur des Innviertels schon die Hochzeit ein Fest der ganzen Gemeinde, so gilt das noch mehr für die „Feier" des Begräbnisses insbesondere eines jungen Menschen. Das junge Ehepaar hat sich um die „wesentlichen" Punkte des örtlichen Brauchtums nicht gekümmert.

War Franz Jägerstätter als ein Suchender in die Fremde gegangen und hatte dort seine Lebensrichtung in etwa gespürt, so fand er in der Ehe mit Franziska Glück und Erfüllung in einem unerwarteten

Ausmaß, das den emotionellen wie den spirituellen Bereich gleichermaßen umfaßte.

Bis zum Zeitpunkt der Eheschließung war Franz in gewisser Weise immer ein wenig „fremd" in seiner Umgebung gewesen: Fremd im Haus der Großmutter spätestens ab dem Zeitpunkt der Eheschließung seines Onkels; fremd auf dem Hof des leiblichen Vaters in Tarsdorf, belastet aufgrund des Wissens, daß seine Ernährung Probleme bereitete, ein wenig fremd auch der Mutter gegenüber, zu der er erst als Zehnjähriger kam. Fremd war Franz Jägerstätter in Eisenerz und im Bergarbeitermilieu; die Erfahrungen der Ferne bewirkten auch nach der Rückkehr einen gewissen Abstand zur Wertwelt seiner Dorfgenossen. Das Erleben von Liebe und Wärme in der Ehe und dazu der geistige und religiöse Austausch führten zum Ausspruch Jägerstätters: „Ich hab mir nie vorstellen können, daß Verheiratetsein so schön sein kann." Die Kinder waren ebenfalls eine bewußte und beglückende Erfahrung für den jungen Mann. Die von seiner Frau aufgeschlossene religiöse Welt zog den Mann bald stark in den Bann, und er verwendete mehr Zeit für religiöse Lektüre als die Frau. Neben der Beanspruchung durch die Arbeit auf dem Hof blieben die beiden Jägerstätter immer auch Verliebte, die sich auch in dieser Hinsicht nicht an die ortsüblichen Bräuche hielten.

Nach außen trat die Andersartigkeit des Ehepaares noch kaum in Erscheinung.

Die große Zäsur im ungetrübten Familien- und Dorfidyll kam mit der Besetzung Österreichs durch die deutschen Truppen im März 1938, mit dem Beginn des Terrorregimes der Nationalsozialisten. Im Gegensatz zu den Nachbargemeinden hatte es in St. Radegund keine Nationalsozialisten gegeben. Wie offen die Situation in dieser Hinsicht im Dorf war, geht daraus hervor, daß man auf der Suche nach einem Bürgermeister auch auf Franz Jägerstätter kam; seine Mitbürger dürften einigermaßen ahnungslos in bezug auf die Konsequenzen des Umbruchs gewesen sein. Alle späteren Versuche derselben Ortsbewohner, Franz Jägerstätter als verrückt zu erklären, sind allein durch die Tatsache, daß man ihm 1938 die Bürgermeisterstelle anbot, widerlegt. Mit Franz Jägerstätters politischer Unauffälligkeit ist es auch sofort vorbei, er weigert sich anfangs, zur Abstimmung über den Anschluß zu gehen, und stimmt schließlich mit „Nein". Für Franziska Jägerstätter sind die Diskussionen vor der Aprilabstimmung 1938 das Erlebnis, das lehrt, die politischen und moralischen Erwägungen zu respektieren und den Druck der Umwelt vergleichsweise weniger wichtig zu nehmen.

Das „Nein" Jägerstätters wird in der Angst, seinetwegen „auffällig" zu werden, unterschlagen; bis zum „Ende" ist man bemüht, die Gegnerschaft Jägerstätters zum Nationalsozialismus nach außen zu decken, und immer wieder versucht man, ihn zum ortsüblichen Maß an Mittun zu bekehren.

Indikator für die Bewertung des Nationalsozialismus ist für Franz Jägerstätter dessen Vorgehen gegen die Religion. Die Innviertler Mentalität bringt es mit sich, daß die Nationalsozialisten in diesem Gebiet nicht die erwünschten Erfolge haben, die Bevölkerung wendet sich demonstrativ der Kirche zu. Die Wurzeln dieses Verhaltens und der Innviertler „Frömmigkeit" insgesamt liegen in der Periode des Josephinismus, in der die ursprünglichen Bayern „kaiserlich-aufgeklärt" werden sollten; die Schuld am Nichterfolg des Nationalsozialismus wurde von der ehrgeizigen Linzer Gestapo den jeweiligen Pfarrern angelastet.

Im Bereich der Diözese Linz gibt es eine unvergleichbar hohe Zahl von Einweisungen von Priestern in Konzentrationslager wie von Verurteilungen. Am schlimmsten war die Situation in der unmittelbaren Heimat Jägerstätters, in der die Zahl der Verhaftungen in Beziehung zur Gesamtzahl der im Dekanat tätigen Priester zwei Drittel erreicht.

Die Taktik des Linzer Ordinariates, das dem nationalsozialistischen System möglichst wenig Angriffsfläche bieten wollte, um damit wenigstens ein Minimum an Möglichkeiten für die Seelsorge zu erhalten, lehnt Franz Jägerstätter ab. Wenn die Kirche zu den Vorgängen ohnehin schweigt, wäre für ihn auch nicht mehr viel Unterschied, wenn kein Gotteshaus mehr geöffnet sein könnte. Von der Haft aus urteilt er in dieser Hinsicht allerdings milder.

Mit der NSDAP vermeidet Franz Jägerstätter jede Berührung. Er nimmt auch die Hilfe der gemäßigten örtlichen Vertreter nicht in Anspruch, um vor der Einberufung zur Wehrmacht bewahrt zu werden. Beim Dienst in der deutschen Wehrmacht von Oktober 1940 bis März 1941 beim Kraftfahrer-Ersatzbataillon Enns faßt er den Entschluß, für Hitler und die NSDAP nicht zu kämpfen. Er wird unabkömmlich gestellt und kann für zwei Jahre nach Hause zurück.

In Enns bekommt er über einen Mitsoldaten Kontakt mit dem Dritten Orden des heiligen Franziskus, er wird in diese Laiengemeinschaft aufgenommen.

Die Jahre 1941/1942 kann er nochmals Bauer auf seinem Hof sein. Seine religiöse Praxis hat sich, nach außen sichtbar, verstärkt.

Da er ohnehin jeden Tag in die Kirche geht, bittet ihn Pfarrvikar Fürthauer, die Mesnerstelle zu übernehmen. Aus der nichtkirchlichen Dorföffentlichkeit zieht sich Franz Jägerstätter in dieser Zeit zurück, da er in den Gasthäusern unweigerlich in politische Diskussionen verwickelt würde, deren Konsequenzen lebensgefährlich sein konnten.

Für das Ehepaar sind die beiden letzten gemeinsamen Jahre in der täglichen Angst vor der erneuten Einberufung eine Zeit der Vorbereitung auf die Entscheidung.

Franz Jägerstätter vertieft sein Bibelstudium, spricht mit Menschen seines Vertrauens über den Entschluß, den weiteren Militärdienst zu verweigern. Seine Bedenken kann ihm niemand entkräften, auch nicht Bischof Fließer, den er in dieser Angelegenheit befragt. Verständnis für seine Haltung hat Franziska Jägerstätter, die ihn in der wachsenden Isolation nicht allein läßt.

Franz Jägerstätter fastet und betet viel in dieser Zeit, er wächst zu der Stärke und Festigkeit heran, die er beim Zusammenprall mit dem alleinmächtigen System brauchen wird.

Jägerstätters Vorhaben rief Widerspruch hervor, obwohl die Männer aus seiner Umgebung alles andere als gern an der Front waren. So realistisch die Soldaten in ihren Briefen ihre Situation einschätzten, im Falle eines Todes verwendete man in der Heimat doch die Heldenphraseologie der Propaganda. Der Tod durfte doch nicht sinnlos gewesen sein – das ist hier herauszuhören.

Franz Jägerstätter stellt sich nach seiner Einberufung nur zögernd, zuerst kann er sich von seiner Frau nicht aus eigener Kraft losreißen, dem letzten Stück „Heimat". Dann fährt er in die entgegengesetzte Richtung und zögert auch in Enns noch einen Tag mit dem Gang in die Kaserne.

Im Linzer Gefängnis wird die politische Isolierung Franz Jägerstätters, der seinen Weg ohne den Rückhalt einer Gruppe ging, durchbrochen, er hat erstmals Gesinnungsgenossen in den Lothringern, die den Eid verweigert hatten, er hört von den Widerstandshandlungen.

Von den fünf Monaten, die Franz Jägerstätter in Wehrmachtsgefängnissen verbringt, ist er zwei in Linz. In Linz taucht die Möglichkeit des Sanitätsdienstes auf, den Jägerstätter akzeptiert hätte. Das Linzer Divisionsgericht verweist den Fall jedoch an das Reichskriegsgericht nach Berlin, womit er letztlich als „schwerer" Fall der Wehrkraftzersetzung bewertet wird und damit sein Schicksal entschieden ist. Da der Fall Jägerstätter für dessen Pflichtanwalt nach Kriegsende hinsichtlich der Entnazifizierung entlastend sein sollte, tauchten in seiner Darstellung verzerrende Perspektiven auf; daß Jägerstätter in Berlin Wahlmöglichkeiten hinsichtlich der Art seines Wehrdienstes gehabt hätte, ist auszuschließen.

Machte schon der Bericht des Verteidigers den Eindruck, Jägerstätter hätte in gewisser Weise seinen Tod gesucht, wird durch die Reaktion seiner Umwelt dessen Bild noch stärker verzerrt. Da das Kämpfen für das nationalsozialistische System „normal" war, wird der Verweigerer zum Anormalen. In einer Zeit, zu der Recht und Unrecht verrückt worden sind, wird der, der diese Verschiebung angesichts der Konsequenzen nicht mitmachen kann, für „verrückt" erklärt. Andersherum ist es erklärlich, daß ein Mensch in einer Wertwelt für verrückt gilt, in der millionenfaches Morden „normal" ist.

Das Ende der nationalsozialistischen Herrschaft hat die Einstellung zum Krieg nicht wesentlich beeinflußt; seine Sinnhaftigkeit wurde zum Tabu. Wer dieses Tabu berührt, hat mit Aggression und Ablehnung zu rechnen. Diese Ablehnung wollte Bischof Fließer nach Kriegsende nicht auf die Kirche ziehen, deshalb verhinderte er in seinem Bereich eine Diskussion anhand des Schicksals Jägerstätters; die Wiener „Furche" lehnte ebenfalls einen diesbezüglichen Artikel ab. Daß Franz Jägerstätter von „der Kirche" insgesamt abgelehnt worden wäre, kann nicht undifferenziert aufrechterhalten werden. Die einzigen Stützen der Frau und Witwe waren von Anfang an Priester. An wesentlicher Stelle des 2. Vatikanums wurde er entsprechend gewürdigt. Gegenwärtig wird sein Beispiel und sein Erbe mehr und mehr auch in seiner Heimat positiv gesehen.

In der hochaktuellen Friedensdiskussion der Gegenwart zeigt Franz Jägerstätter auf, welche Bedeutung das Gewissen und die Entscheidung des einzelnen insbesondere in komplexen Situationen haben. Jägerstätters Überzeugung war, daß ihm die Verantwortung für unrechtes Handeln niemand, auch keine Obrigkeit, abnehmen könne.

Kritische einzelne sind gewiß unbequemer für die Mächtigen als eine manipulierbare Masse, bei Machtmißbrauch können sie jedoch nicht unbequem genug sein.

Franz Jägerstätter weist auch hin auf die Bedeutung der Orientierung an ethischen Werten. Er wie die Bibelforscher zeigen, daß es im Krisenfall auf die Gesinnung ankommt. Auf eine Gesinnung, die nie die Mittel außer acht läßt, welcher Art die Zwecke auch sein mögen. Mittel, das sind Handlungen, kann ein einzelner Mensch nämlich immer bewerten, wenn es im Einzelfall auch schwierig sein mag. Die Zwecke, die großen „Ziele" haben es jedoch an sich, sich jeweils zu bemänteln, sie geben sich immer „gut".

Anhang:
Josephinismus und Innviertler Mentalität

Der vermutete Zusammenhang zwischen Einstellung zur staatlichen wie zur kirchlichen Obrigkeit und den Erfahrungen der Innviertler mit dem Josephinischen Staatskirchentum wird durch die an Ort und Stelle vorhandenen Quellen überraschend eindeutig belegt.

Nach Fertigstellung der Reinschrift der Arbeit stieß ich im Pfarrarchiv Ostermiething auf die Verordnungen von seiten des Staates, die der Klerus des 1779 nach dem Frieden von Teschen „österreichisch" gewordenen Gebietes zu exekutieren hatte.

Auffällig sind die vielen „Circulare", die Sammlungen verordnen. Für eine niedergebrannte Stadt in Ostgalizien, ein „Amstätten" in Niederösterreich, Neumarkt in Tyrol bis nach „Deprezin" und „Edenburg" in Ungarn wurde den Innviertlern Geld abverlangt.[1] Dabei dürfte aufgrund der sauren Böden und der weit entfernten Absatzgebiete die nur von der Landwirtschaft lebende Region finanziell eher schlecht gestellt gewesen sein.

Die Abneigung gegen Sammlungen und „Geldwegschicken" hat sich bis in die Gegenwart erhalten.

Die kirchlichen Strukturreformen unter Joseph II. erfüllten mit den zahlreichen Pfarrgründungen viele Wünsche der Bevölkerung. Andererseits wurden im Innviertel von den Behörden auch Kirchen als überflüssig bezeichnet und abgebrochen, im Gebiet der vorjosephinischen Pfarre Ostermiething die Kirchen in Ernsting, Offenwang und Eiferding.

Die Verordnung Nr. 203 vom 3. 10. 1786 besagte in diesem Zusammenhang, daß die Kelche der entsprechenden Gotteshäuser nach Linz zu senden seien.[2]

Die Bevölkerung von Ernsting hat den Kirchenabriß nie ganz verwunden, Mitte des 19. Jahrhunderts wurde bereits wieder eine Kapelle errichtet. Im Herbst 1964 wurde eine neue kleine Kirche eingeweiht, die allein von der Bevölkerung der Ortschaft geplant und gebaut wurde. Der damalige Pfarrer war anfangs gegen den Kapellenbau. Gegenwärtig findet in der Ernstinger Kirche eine regelmäßige, sehr gut besuchte Wochentagsmesse statt.

In diesem Zusammenhang muß die Haltung des Ostermiethinger NS-Bürgermeisters Voggenberger zur dortigen Pfarrkirche erwähnt werden. Als vom Kirchturm das Kupferdach abgenommen werden sollte, stellte er sich vor die entsprechenden Arbeiter und schrie, daß er erst zulassen würde, daß das Dach herabgenommen werde, wenn es vom Braunauer Kirchturm ebenfalls heruntergerissen würde. Das Kupferdach überdauerte den Krieg.

Ein wesentlicher Teil des Gläubigseins der Innviertler ist das Wallfahren. Die Obrigkeit beschränkte deren Zahl auf zwei im Jahr an gebotenen Feiertagen. Aus einer Verordnung vom 23. 3. 1784 geht hervor, daß zu diesem Zeitpunkt die Beschränkung „umgangen" wurde.[3] Als dann im Zuge der Säkularisierung in Bayern dort die Wallfahrten verboten waren, waren die Ostermiethinger und Tarsdorfer die ersten, die das Verbot durchbrachen.[4]

Aus den Verordnungen geht hervor, daß es mit der zum bayerischen Kloster Raitenhaslach gehörenden Kirche St. Radegund Schwierigkeiten gab. Der Abt von Raitenhaslach erfüllte die Auflagen des k. k. Kreisamtes hinsichtlich der Voraussetzungen der Seelsorge an der „Curatie St. Radegund" offensichtlich nicht.[5] Es wurde über die Eingliederung in das Gebiet von Tarsdorf erhoben.[6]

Die josephinische Aufklärung beschränkte den Aufwand bei Leichenbegängnissen stark; ob er im Innviertel daraufhin verstärkt wurde oder zumindest bis in die Gegenwart aufrechterhalten, kann nicht festgestellt werden.

Die Erfahrungen mit Eingriffen des Staates in das Brauchtum der Orte und in die Formen der Gläubigkeit haben schon aus Protest manche Frömmigkeitsformen gefestigt.

An den Formen der Frömmigkeit, die sich im Innviertel immer auch demonstrativ in Prozessionen und Wallfahrten äußern, hielt man ebenso fest, als der Nationalsozialismus Gegenbräuche und -formen einführen wollte. Da hielt man lieber zu den Pfarrern, und diese hatten dies zu büßen.

Im Zusammenhang mit St. Radegund und der Loslösung von Raitenhaslach wäre in einer eigenen Arbeit zu erforschen, welche Rolle in diesem Prozeß die Bevölkerung gespielt hat. Es ist möglich, daß das starke Selbstbewußtsein der Pfarrangehörigen dem jeweiligen Seelsorger gegenüber in dieser Periode seine Wurzeln hat. Es ist anzunehmen, daß die Bevölkerung entscheidend am Selbständigwerden der Pfarre beteiligt war bzw. sich um Pfarrhof und Kirche gekümmert hat, vielleicht sogar um die Person des Seelsorgers. Die Differenzen der k. k. Kreisstellen mit dem Abt von Raitenhaslach betrafen diese Problemkreise, wie aus den erwähnten „Protocollen" ab 1782 laufend hervorgeht.

Anmerkungen

1 In der Familie Huber-Jägerstätter

1 Vgl. Taufbuch St. R. IV, 17.
2 Vgl. Totenbuch St. R. IV, 12.
3 Vgl. Taufbuch St. R. IV, 69.
4 Vgl. Taufbuch St. R. IV, 90.
5 Vgl. Trauungsregister St. R.
6 Vgl. Taufbuch St. R. V, 72.
7 Mead, Margaret, Brombeerblüten im Winter. Ein befreites Leben, Reinbek bei Hamburg 1978, 48.
8 Pfarrchronik St. Radegund II, 2 f.
8aVgl. Pfarrchronik Ostermiething I, 93.
9 Vgl. Totenbuch St. R. IV, 96.
10 Vgl. Totenbuch St. R. IV, 96.
11 Vgl. Totenbuch St. R. V, 3.
12 Vgl. „Sei nicht zu stolz, du reicher Mann", datiert mit 3. Okt. 1932, und „Gedicht für Weihnachten 1932".
13 Vgl. Zahn, Gordon, Er folgte seinem Gewissen, Graz 1967, 34.
14 Vgl. Schulnachrichten Huber/Jägerstätter Franz, im Besitz von Franziska Jägerstätter.
15 Bergmann, Georg, Franz Jägerstätter. Ein Leben vom Gewissen entschieden, Stein am Rhein 1980, 16 f.
16 Ebd.

2 St. Radegund

1 Vgl. Bericht des illegalen Ortsgruppenleiters der NSDAP in der Pfarrchronik Ostermiething.
2 Mitteilung von Frau Jägerstätter, die Rauferei war vor der Eheschließung, der Gefängnisaufenthalt nach der Verheiratung.
3 Österreichische Volkszählung vom 22. März 1934, Bundesamt für Statistik (Hg.), Wien 1935, Heft 5, Oberösterreich, 2–3. Aus derselben Quelle geht weiters hervor: Den 99,5-Prozent-Anteil der Katholiken im Gerichtsbezirk Wildshut stehen landesweit 96,1 Prozent Katholiken gegenüber.
In wirtschaftlicher Hinsicht dominiert in St. Radegund die Land- und Forstwirtschaft erheblich stärker als im übrigen Bundesland. In St. Radegund zählten 65 Prozent der Wohnbevölkerung zu den in der Landwirtschaft Tätigen, im Gerichtsbezirk sind es 58,4 Prozent, auf Landesebene 37,5 Prozent. Gegengleich verhielt es sich mit den „Industrie- und Gewerbetätigen": Aus St. Radegund sind 14,2 Prozent in dieser Sparte tätig, im Gerichtsbezirk 21,1 Prozent und auf Landesebene 29,5 Prozent. In „Handel und Verkehr", zu welcher Sparte auch die Gastbetriebe gehörten, zählten in St. Radegund 3,5 Prozent, im Gerichtsbezirk 5,5 Prozent und auf Landesebene 10,4 Prozent.

Im öffentlichen Dienst arbeiteten in St. Radegund 1,5 Prozent, unter „Freie Berufe" 0,7 Prozent der Wohnbevölkerung; 13 Prozent waren in der Sparte „Ohne Beruf", 2 Prozent in der „Ohne Berufsangabe".

4 Vgl. Slapnicka, Harry, Oberösterreich zwischen Bürgerkrieg und Anschluß, Linz 1975, 232.

5 Im OÖ. Landesarchiv waren die Ergebnisse der Gemeinderatswahlen 1929 nicht zu ermitteln, vgl. die diesbezügliche Mitteilung an die Verfasserin vom 12. Juni 1984, Zl. 1344/1223/16–84/Ma/TK.

6 Sinngemäß müßte statt „Wähler" „Wahlberechtigte" stehen.

7 Vgl. Ergebnisse von Oberösterreich, in: Die Nationalratswahl vom 9. November 1930, Sonderheft der Mitteilungen des Statistischen Zentralamtes (Wien).

8 Vgl. Slapnicka, Oberösterreich zwischen Bürgerkrieg und Anschluß, 244.

9 Vgl. Ergebnisse von Oberösterreich, in: Die Nationalratswahl vom 9. November 1930, Sonderheft der Mitteilungen des Statistischen Zentralamtes.

10 Vgl. Ergebnisse der Wahl in den oberösterreichischen Landtag am 19. April 1931, oö. Landesregierung (Hg.), Linz (1931), 18.

11 Vgl. ebd., 50.

12 Vgl. Pfarrchronik St. Radegund II, 81: Hochburg-Ach: Wahlverband zwischen Christlichsozialen und Großdeutschen 695 Stimmen, Sozialisten 156 Stimmen. Moosdorf: Wahlverband zwischen Christlichsozialen und Landbund 314 Stimmen, Sozialisten 118 Stimmen. Ostermiething: Christlichsoziale 545 Stimmen, Großdeutsche 102 Stimmen, Sozialisten 67 Stimmen.

13 Vgl. Roland, Günter, Chronik der Gemeinde St. Radegund. Manuskript im Gemeindeamt St. R., St. R. 1979, 10 ff.

14 Ebd.

15 Pfarrchronik St. Radegund II, 85 f.

16 Ebd., II, 94 ff.

17 Ebd., II, 94 f.

18 Vgl. Pfarrchronik St. Radegund II, 4.

19 Ebd., II, 17.

20 Ebd.

21 Pfarrchronik St. Radegund II, 84 f.

22 Ebd., II, 97.

23 Ebd., II, 105.

24 Pfarrchronik St. Radegund II, 173.

25 Ebd., II, 174.

26 Zum Thema „Soziale Kontrolle" vgl. Berger, Peter L., Zur Dialektik von Religion und Gesellschaft. Elemente einer soziologischen Theorie, Tübingen 1973, 12; sowie Berger, Peter L./Berger, Brigitte, Individuum & Co, Stuttgart 1974, 115.

27 W. K., Fromm – aber nicht klerikal. Glaube und Kirche im Innviertel, in: Jahrbuch der Diözese Linz 1979, Linz (1978), 53.

28 Fromm – aber nicht klerikal. Glaube und Kirche im Innviertel, 53.

3 Der jugendliche Franz

1 Vgl. Zahn, Gewissen, 34.
2 Zahn, Gewissen, 35.
3 (01) Franz an Eltern vom 12. 9. 1927.
4 (02) Franz an Eltern vom 17. 9. 1927.
5 (03) Franz an Eltern vom 3. 9. (wahrscheinlich 1928).
6 (03) Franz an Eltern vom 3. 9. (1928).
7 Persönliche Mitteilung von Franz Huber an die Verfasserin.
8 Vgl. Totenbuch St. Radegund IV, 86.
9 Vgl. Jacoby, Henry, Alfred Adlers Individualpsychologie und dialektische Charakterkunde, Frankfurt 1974, 39 f.
10 Vgl. Jaffè, Aniela (Hg.), Erinnerungen, Träume, Gedanken von C. G. Jung, Freiburg 1984, 174 ff.
11 Franziska erfuhr auch von Nachbarn den Sachverhalt, „Franz hätte so etwas nie gesagt".
12 Franz Huber berichtet von der diesbezüglich festen Überzeugung seiner Tante Rosalia Jägerstätter.
13 Vgl. (80) Franz an Frau vom 6. 6. 1943.
14 Vgl. Zahn, Gewissen, 35 f.
15 Vgl. Taufbuch St. Radegund IV, 90.

4 Ehe mit Franziska Schwaninger

1 Vgl. Reinisch, Franz, Märtyrer der Gewissenstreue, Vallendar-Schönstatt 1978, Bd. I, 55.
2 Vgl. Pfarrchronik Hochburg unter „1938".
3 Vgl. Totenbuch St. Radegund V, 3.
4 Vgl. (43) Franz an Frau vom 15. 2. 1941.
5 Vgl. (140) Frau an Franz vom 20. 2. 1941.
6 Nr. 174 der Gefängnisaufzeichnungen, vgl. 1 Kor 7,13 ff.
7 (5) Franz an Frau vom 23. 6. 1940.
8 Vgl. (8) Franz an Frau vom 13. 10. 1940.
9 (103) Frau an Franz vom 9. 10. 1940.
10 (10) Franz an Frau vom 19. 10. 1940.
11 Undatierte Briefbeilage aus der Zeit des zweiten Militärdienstes.
12 Vgl. (107) Frau an Franz vom 20. 10. 1940.
13 Vgl. (150) Frau an Franz vom 31. 3. 1941.
14 (103) Frau an Franz vom 9. 10. 1940.
15 Vgl. (103a) Lorenz Schwaninger an Franz vom 11. 10. 1940 sowie (114a) derselbe an denselben vom 29. 10. 1940.
16 Vgl. (126) L. Schwaninger an Franz vom 23. 11. 1940.
17 (24a) Franz an Schwiegervater vom 27. 11. 1940.

5 Spannungsfeld Kirche–Nationalsozialismus

1 Aus den letzten Briefen Graf Moltkes an seine Frau, in: Gollwitzer, Helmut/ Kuhn, Käthe/Schneider, Reinhold, Du hast mich heimgesucht bei Nacht, München ²1960, 145.
2 Zu den vielfältigen Schikanen, denen die Jugendseelsorge ausgesetzt war, vgl. Klostermann, Ferdinand, Katholische Jugend im Untergrund, in: Zinnhobler, Rudolf (Hg.), Das Bistum Linz im Dritten Reich, Linz 1979, 138 ff.
3 Geheimanweisung des Reichsleiters Bormann betr. das Verhältnis von National- sozialismus und Christentum, in: Neuhäusler, Johann, Kreuz und Hakenkreuz, München 1946, 358 ff.
4 So z. B. die Veröffentlichungen der Kommission für Zeitgeschichte bei der Katholischen Akademie in Bayern.
5 Broszat, Martin, Resistenz und Widerstand, in: Broszat, Martin (Hg.), Bayern in der NS-Zeit, München 1981, Bd. IV, 697.
6 Vgl. Broszat, Resistenz und Widerstand, 697.
7 Vgl. W. K., Fromm – aber nicht klerikal. Glaube und Kirche im Innviertel, 53.
8 Vgl. Stadler, Karl, Österreich 1938–1945. Im Spiegel der NS-Akten, Wien 1966, 36 ff.
9 Vgl. Kutschera, Richard, Johannes Maria Gföllner. Bischof dreier Zeitenwenden, Linz 1972, 7 ff.
10 Vgl. Weinzierl, Erika, Der Episkopat, in: Kirche in Österreich 1918–1965, Wien 1966, 24.
11 Linzer Diözesanblatt (LDbl.) 1932, 58 sowie 108.
12 Vgl. Weinzierl-Fischer, Erika, Österreichs Katholiken und der Nationalsozialis- mus. Erster Teil: 1918–1933, in: Wort und Wahrheit 18 (1963), 436.
13 Vgl. Weinzierl, Der Episkopat, 36.
14 Vgl. Slapnicka, Harry, Oberösterreich – Zwischen Bürgerkrieg und Anschluß (1927–1938), Linz 1975, 118 ff.
15 Vgl. Kutschera, Gföllner, 92.
16 Dieses und die folgenden Zitate nach: Fried, Jakob, Nationalsozialismus und katholische Kirche in Österreich, Wien 1947, Dokument 2.
17 Vgl. Kutschera, Gföllner, 96 ff.
18 Ebd., 99.
19 Vgl. ebd., 100.
20 Vgl. Amtsblatt für die Erzdiözese München und Freising, 1933, 48, zit. nach Witetschek, Helmut, Die kirchliche Lage in Bayern, Veröffentlichungen der Kommission für Zeitgeschichte, A, 3, Mainz 1966, 1, Anm. 1.
21 Amtsblatt für die Erzdiözese München und Freising, 1933, 86 f., zit. w. o.
22 Vgl. Witetschek, Kirchliche Lage, 1.
23 Vgl. Stasiewski, Bernhard, Akten deutscher Bischöfe über die Lage der Kirche 1933–1945, I, 1933–1934, VdKfZg A, 5, Mainz 1968, 39.
24 Stasiewski, Akten deutscher Bischöfe I, 48 f.
25 Aufzeichnung Faulhabers über diese Unterredung vom 1. März 1936, in: Volk, Ludwig, Akten Kardinal Michael von Faulhabers II 1935–1945, VdKfZg A, 26, Mainz 1978, 107–109.

26 Vollständiger Text Volk, Akten Faulhabers II, 426–446, Zitat 437.
27 LDbl. 1936, 85 f.
28 LDbl. 1936, 163.
29 LDbl. 1937, 49.
30 LDbl. 1937, 50.
31 LDbl. 1937, 55.
32 Fried, Nationalsozialismus, Dokument 4.
33 Zur Person Innitzers vgl. Reimann, Viktor, Innitzer, Kardinal zwischen Hitler und Rom, Wien/München 1967.
34 Fried, Nationalsozialismus, Dokument 4.
35 Adolph, Walter, Geheime Aufzeichnungen aus dem Nationalsozialistischen Kirchenkampf 1935–1943, VdKfZg A, 28, Mainz 1979, 270.
36 Vgl. Volk, Akten Faulhabers II, 196, Anm. 1.
37 Volk, Akten Faulhabers II, 196.
38 Vgl. Volk, Akten Faulhabers II, 196, Anm. 3.
39 Vgl. Loidl, Franz, Pfarrer Gregor Weeser-Krell – ein nationalsozialistisch gesinnter Idealist, in: Zinnhobler (Hg.), Das Bistum Linz im Dritten Reich, Linz 1979, 325.
40 Vgl. ebd., 326 f.
41 Ebd., 327.
42 Vgl. ebd.
43 Vgl. Loidl, Weeser-Krell, in: Zinnhobler, Bistum Linz, 328 ff.
44 Mitteilung von Prälat Ludwig an die Verfasserin im November 1982.
45 Vgl. Jägerstätter, Franz, Aufzeichnungen 1941–1943, II, 24.
46 Vgl. Lenz, Johann, Christus in Dachau, Wien 1960, 65.
47 Vgl. Hofer, Walther, Der Nationalsozialismus. Dokumente 1933–1945, Frankfurt 1957, 14 f.
48 Volk, Ludwig, Der bayerische Episkopat und der Nationalsozialismus 1930–1934, VdKfZg B, 1, Mainz 1965, 72.
49 Vgl. Adolph, Aufzeichnungen, 261.
50 Vgl. ebd., 260.
51 Adolph, Aufzeichnungen, 261. Nach Anm. 13 sind die Abschaffung der Bekenntnisschule im Gau Pfalz-Saar 1937 sowie die verleumderischen Ausführungen über die genannten Bischöfe gemeint.
52 Vgl. Adolph, Aufzeichnungen, 261.
53 Volk, Episkopat, 150.
54 Volk, Akten Faulhabers I, 802, Sebastian an Faulhaber.
55 „Völkischer Beobachter" vom 18. August 1937, zit. nach Volk, Akten Faulhabers II, 441.
56 Referat Faulhabers bei Pastoralkonferenzen für den Klerus der Erzdiözese im Dezember 1937, Volk, Akten Faulhabers II, 441.
57 Faulhaber an den bayerischen Episkopat, Volk, Akten Faulhabers II, 546.
58 Vgl. ebd., 547.
59 Vgl. ebd., 546.
60 Vgl. Adolph, Aufzeichnungen, 260.
61 Vgl. Adolph, Aufzeichnungen, 260, Anm. 8.
62 Vgl. Adolph, Aufzeichnungen, 260.

63 Faulhaber an Pacelli, Volk, Akten Faulhabers II, 598.

64 Vgl. ebd., 599.

65 Wortlaut des Telegramms vom 1. April 1938: „Freue mich lebhaft über endliche Wiedervereinigung Österreich Deutschland. Österreichische Bischöfe haben Abstimmungserklärung abgegeben und erhoffen freudiges Echo bei deutschen Bischöfen. Wären besonders erfreut, wenn deutsche Bischöfe sich vollinhaltlich Erklärung anschlössen. Besteht begründete Hoffnung auf Kirchenfrieden im Gesamtreich. Daher wünschenswert Erscheinen einer Erklärung deutscher Bischöfe in unserem Sinn, die einzigartiger nationaler Stunde wegen lediglich deutschem Frieden dient und mit keinerlei Klauseln und Bedingungen belastet ist." Zitiert nach Volk, Akten Faulhabers II, 554, Anm. 2.

66 Vgl. Kutschera, Gföllner, 104.

67 Mitteilung Prälat Vieböcks an die Verfasserin.

68 Vgl. Zinnhobler, Gföllner, in: Zinnhobler, Bistum Linz, 67.

69 Kutschera, Gföllner, 106.

70 Originalblätter dieser Verlautbarungen finden sich im Pfarrarchiv Ostermiething.

71 Albrecht, Dieter, Die politische Klausel, in: Albrecht (Hg.), Kirche im Dritten Reich, Mainz 1976, 133.

72 Klostermann, Katholische Jugend, in: Zinnhobler, Bistum Linz, 143.

73 Volk, Akten Faulhabers II, 547.

74 Widerstand und Verfolgung in Oberösterreich 1934–1945, Dokumentationsarchiv des österreichischen Widerstandes (Hg.), Wien/München/Linz 1982, II, 52.

75 Klostermann, Katholische Jugend, in: Zinnhobler, Bistum Linz, 193.

76 Täglicher Inlandsbericht des Inspekteurs der Sicherheitspolizei und des SD in Wien, 30. 10. 1939, Widerstand und Verfolgung 2, 43.

77 Aussendung von Mitte Oktober 1938, Pfarrarchiv Ostermiething.

78 Vgl. Klostermann, Katholische Jugend, in: Zinnhobler, Bistum Linz, 196.

79 Aussendungen 1938–1946 im Pfarrarchiv Ostermiething.

80 Giovannetti, Alberto, Der Vatikan und der Krieg, Köln 1961, 184 ff.

81 Vgl. Slapnicka, Harry, Oberösterreich – als es „Oberdonau" hieß, Linz 1978, 194 f.

82 Vgl. Weinzierl, Erika, Christen und Juden nach der NS-Machtergreifung in Österreich, Manuskript, 1.

83 Vgl. ebd., 24.

84 Ergebnisse der österreichischen Volkszählung vom 22. März 1934, Bundesamt für Statistik (Hg.), Wien 1935, Heft 5, Oberösterreich, 2–3.

85 Vgl. Fried, Nationalsozialismus, 90 f.

86 Vgl. Widerstand und Verfolgung in Oberösterreich 1934–1945, II, 15–24.

87 Vgl. Widerstand in Bayern, in: zur debatte, Themen der Katholischen Akademie in Bayern (Hg.), München, 13. Jg. 1983, Nr. 2, 7–12.

88 Vgl. Widder, Erich, Wir sind (waren) Deine Jugend..., in: Zinnhobler, Bistum Linz, 371 ff.

89 Mitteilung von Frau Auer, Hochburg, die selbst in dieser Angelegenheit verhört worden war.

90 Zwei Priester aus St. Pantaleon, je einer aus Eggelsberg, Haigermoos, Hochburg, Moosdorf, St. Radegund, Tarsdorf.

91 Vgl. Widerstand und Verfolgung, II, 14–24.

92 Vgl. Personalstandsliste des Dekanates Ostermiething im Pfarrarchiv Oster-miething.
93 Vgl. Loidl, Pfarrer Weeser-Krell, in: Zinnhobler, Bistum Linz, 327.
94 Vgl. Briefwechsel zwischen Jägerstätter und Krenn.
95 Vgl. Pfarrchronik Hochburg.
96 Vgl. Pfarrchronik Tarsdorf II, 23.
97 Vgl. Boberach, Heinz, Berichte des SD und der Gestapo über Kirchen und Kirchenvolk in Deutschland 1934–1944, VdKfZg A, 12, Mainz 1971, 666.
98 Vgl. ebd., 773. Da eine Pfarre namens Krichberg in OÖ unbekannt ist, könnte Kirchberg gemeint sein.
99 Persönliche Mitteilung von Prälat Vieböck an die Verfasserin.
100 Persönliche Mitteilung von Prälat Ludwig, Braunau, der beim Kreisleiter dessen Freilassung im März 1938 erwirkte.
101 Vgl. Widerstand und Verfolgung, II, 15 ff.
102 Vgl. Nationalratswahl 1930.
103 Vgl. ebd.
104 Vgl. Ergebnisse der Wahl in den oberösterreichischen Landtag 1931, 19.
105 Pfarrchronik Ostermiething, 170.
106 Pfarrchronik Ostermiething, 166.
107 Pfarrchronik Ostermiething, 173.
108 Pfarrchronik Ostermiething, 172 f.
109 Pfarrchronik Geretsberg, 125.
110 Pfarrchronik Geretsberg, 127.
111 Vgl. Volk, Ludwig, Die Fuldaer Bischofskonferenz von der Enzyklika „Mit brennender Sorge" bis zum Ende der NS-Herrschaft, in: Albrecht, Dieter (Hg.), Katholische Kirche im Dritten Reich, Mainz 1976, 67.
112 Diese Verhaftung scheint in den Listen nicht auf.
113 Vgl. Volk, Ludwig, Der bayerische Episkopat und der Nationalsozialismus 1930–1934, VdKfZg B, 1, Mainz 1965, 185 f.
114 Vgl. die diesbezüglichen Aufzeichnungen Pfarrer Lindingers vor seinem „freiwilli-gen" Verzicht auf die Pfarre in der dortigen Chronik unter „1938".
115 Vgl. Volk, Episkopat, 185 f.
116 Mitteilung von Bürgermeister Hofbauer und anderen Ortsbewohnern.
117 Zum Aufbau einer Machtelite im Dorf vgl. Hanisch, Ernst, Nationalsozialismus im Dorf, in: Konrad/Neugebauer (Hg.), Arbeiterbewegung, 70–73.
118 Vgl. Ergebnisse der Volkszählung 1934, 2–3.
119 Vgl. Bescheid über die Wiedererrichtung der Gemeinde Haigermoos vom 19. März 1946, Pfarrarchiv Ostermiething.
120 Vgl. Protokollbuch 1910–1949 der Gemeinde Tarsdorf.
121 Vgl. Protokollbuch über Gemeindetagssitzung St. Radegund ab 4. Dez. 1928, Sitzung vom 29. 4. 1943.
122 Vgl. Pfarrchronik St. Radegund II, 137.
123 Mitteilung von Franziska Jägerstätter.
124 (131) Franziska an Franz vom 3. 12. 1940.
125 (108) Josef Wengler an Franz vom 21. 10. 1940.
126 (111) Hirlmutter an Franz vom 27. 10. 1940.
127 (102) Karobath an Franz vom 30. 8. 1940.

128 Vgl. Widerstand und Verfolgung, II, 71.
129 Mitteilung von Franziska Jägerstätter.
130 Vgl. Hanisch, NS im Dorf, in: Konrad/Neugebauer (Hg.), Arbeiterbewegung, 75.
131 Vgl. Nachtrag zur Pfarrchronik St. Pantaleon, geschrieben von Pfarrer Müller.
132 Mitteilung von Herrn Landertinger, St. Pantaleon.
133 Vgl. Personalstandsliste des Dekanates im Pfarrarchiv Ostermiething.
134 Vgl. Widerstand und Verfolgung, II, 497.
135 Vgl. ebd., 456.
136 Vgl. Widerstand und Verfolgung, II, 497.
137 Mitteilung von Herrn Landertinger.
138 Vgl. Widerstand und Verfolgung, II, 456 sowie 496 ff.
139 Ebd., 15 ff.
140 Widerstand und Verfolgung, II, 60.
141 Vgl. Pfarrchronik Ostermiething und mehrfache mündliche Mitteilungen.
142 Mitteilung von Prälat Ludwig.
143 „Anordnung" im Pfarrarchiv Geretsberg.
144 Mitteilung an die Verfasserin.
144a Vgl. Anhang zum Problemkreis Josephinismus und Auswirkungen auf die Volksfrömmigkeit.
145 Vgl. Fromm – aber nicht klerikal, Jahrbuch 1979, 53–58.
146 Mitteilung von Prälat Ludwig.
147 Vgl. Fromm – aber nicht klerikal, Jahrbuch 1979, 53.
148 Vgl. Pfarrchronik Geretsberg, 156 ff.
149 Mitteilung von Herrn Landertinger, St. Pantaleon.
150 Mitteilung der damaligen Organistin, Frau Auer, Hochburg.
151 Mitteilung von Herrn Landertinger, Sohn des damaligen Organisten.
152 Im Pfarrarchiv Ach findet sich ein Flugblatt dieses Inhalts.
153 Mitteilung von Nachbarn.
154 Widerstand und Verfolgung, I, 422.
155 Widerstand und Verfolgung, I, 422.
156 Vgl. Hanisch, Ernst, Nationalsozialismus im Dorf, in: Arbeiterbewegung – Faschismus – Nationalbewußtsein, FS Herbert Steiner, Konrad, Helmut/Neugebauer, Wolfgang (Hg.), Wien 1983, 75; sowie Stadler, Österreich, 144.
157 Widerstand und Verfolgung, I, 422.
158 Da dieser Mann frontuntauglich war, hatte er Büroarbeit zu leisten und stieß dabei auf einen entsprechenden Brief seines Bürgermeisters.
159 Mitteilung der Familie des Betroffenen.
160 Mitteilung der Betroffenen.

6 Umbruch 1938

1 Vgl. F. J. II, 4.
2 Vgl. oben, 65 ff.
3 Vgl. F. J. II, 32 ff.
4 Beradt, Charlotte, Das Dritte Reich des Traumes, Frankfurt 1981.
5 Ebd., 88.

6 Vgl. ebd., 88 f.
7 Ebd., 90.
8 Vgl. ebd., 7 ff.
9 Beradt, Reich des Traumes, 75.
10 Vgl. Scholl, Inge, Die weiße Rose, Frankfurt 1955, 8 ff.
11 Vgl. Beradt, Reich des Traumes, 82.
12 Scholl, Die weiße Rose, 104 f.
13 Vgl. Nachwort von Koselleck, Reinhart, zu Beradt, 130 ff.
14 F. J. II, 34.
15 Vgl. Slapnicka, Oberösterreich – als es „Oberdonau" hieß, 49–54.
16 Ebd., 49.
17 Vgl. Hallie, Philip, Die Geschichte des Dorfes Le Chambon, Neukirchen-Vluyn 1983, 97 f.
18 F. J. II, 12.
19 Vgl. F. J. II, 12 f.
20 F. J. II, 13.
21 F. J. II, 13 f.
22 Vgl. die zahlreichen diesbezüglichen Dokumente in: Widerstand und Verfolgung.
23 F. J. II, 14.
24 F. J. II, 17.
25 F. J. II, 15.
26 Vgl. ebd.
27 Vgl. ebd.
28 Vgl. Klostermann, Katholische Jugend, in: Zinnhobler, Bistum Linz, 212.
29 Rudolf Mayer schreibt am 24. 8. 1941 an Franz (208), daß er in Rußland im Gegensatz zu Frankreich keine Gelegenheit findet, eine Kirche zu besuchen: „Die Kommunisten haben längst alles zerstört."
30 F. J. II, 15.
31 F. J. II, 15.
32 F. J. II, 16 f.
33 F. J. II, 24.
34 Vgl. F. J. II, 37 f.
35 F. J. 38.
36 Ebd.
37 F. J. II, 38 f.
38 F. J. II, 39 f.
39 (5) Franz an Frau vom 23. 6. 1940.
40 (102) Karobath an Franz vom 30. 8. 1940.
41 (7) Franz an Frau vom 6. 10. 1940.
42 (17) Franz an Frau vom 7. 11. 1940.
43 (120) Frau an Franz vom 10. 11. 1940.
44 (122) Frau an Franz vom 15. 11. 1940.
45 (20) Franz an Frau vom 16. 11. 1940.
46 Vgl. (126) Frau an Franz vom 23. 11. 1940.
47 (126) Frau an Franz vom 23. 11. 1940.
48 (24) Franz an Frau vom 27. 11. 1940.
49 (142) Frau an Franz vom 4. 3. 1941.

50 Vgl. (15) Franz an Frau vom 1. 11. 1940.
51 Im bayerischen Konnersreuth lebte die mit den Wundmalen Christi stigmatisierte Therese Neumann.
52 (25) Franz an Frau vom 1. 12. 1940.
53 (115) Ferdinand Huber an Franz vom 2. 11. 1940.
54 (110) Frau an Franz vom 27. 10. 1940.
55 (116) Frau an Franz vom 3. 11. 1940.
56 Vgl. (123) Frau an Franz vom 17. 11. 1940.
57 (45) Franz an Frau vom 27. 2. 1941.
58 (169) Frau an Franz vom 16. 5. 1943.
59 (110) Frau an Franz vom 27. 10. 1940.
60 (110) Frau an Franz vom 27. 10. 1940.
61 (122) Frau an Franz vom 15. 11. 1940.

7 Dienst in der deutschen Wehrmacht

1 Vgl. Wood Sherif, Carolyn, Konstanz und Änderung von Einstellungen, in: Die Psychologie des 20. Jahrhunderts, Band VIII, Lewin und die Folgen, Zürich 1979, 224 f.
2 (126) Frau an Franz vom 23. 11. 1940.
3 Vgl. (8) Franz an Frau vom 13. 10. 1940.
4 Vgl. (103) Schwiegervater an Franz vom 9. 10. 1940.
5 Vgl. (118) Pate Franz an Franz.
6 (103) Frau an Franz vom 9. 10. 1940.
7 Vgl. (7) Franz an Frau vom 6. 10. 1940.
8 Vgl. (10) Franz an Frau vom 19. 10. 1940.
9 Ebd.
10 Ebd.
11 Vgl. (106) Mutter an Franz vom 19. 10. 1940.
12 (13) Franz an Frau vom 27. 10. 1940.
13 (16) Franz an Frau vom 4. 11. 1940.
14 (17) Vgl. Franz an Frau vom 7. 11. 1940.
15 (19) Franz an Frau vom 13. 11. 1940.
16 (31) Franz an Frau vom 12. 12. 1940.
17 (26) Franz an Frau vom 5. 12. 1940.
18 (39) Franz an Frau vom 23. 1. 1941.
19 (40) Franz an Frau vom 26. 1. 1940.
20 (42) Franz an Frau vom 11. 2. 1941.
21 Vgl. (23) Franz an Frau vom 24. 11. 1940.
22 Vgl. (34) Franz an Frau vom 31. 12. 1940.
23 (29a) Franz an Mutter vom 9. 12. 1940.
24 (29) Franz an Frau vom 9. 12. 1940.
25 Hinter ironisch gemeinte Ausdrücke setzt F. J. manchmal ein „?".
26 Ein betontes „so" steht in der Innviertler Umgangssprache für „ohnehin".
27 (42) Franz an Frau vom 11. 2. 1941.
28 Vgl. ebd.

29 (16) Franz an Frau vom 4. 11. 1940.
30 Vgl. (52) Franz an Frau vom 20. 3. 1941.
31 (45) Franz an Frau vom 23. 2. 1941.
32 (45) Franz an Frau vom 24. 2. 1941.
33 (45) Franz an Frau vom 26. 2. 1941.
34 Vgl. (45) Franz an Frau vom 27. 2. 1941.
35 (45) Franz an Frau vom 25. 2. 1941.
36 (43) Vgl. Franz an Frau vom 16. 2. 1941.
37 Vgl. ebd. oder (47) vom 3. 3. 1941.
38 (43) Franz an Frau vom 15. 2. 1941.
39 Vgl. Stadler, Österreich 1938–1945, 253.
40 (218) Rudolf Mayer an Franz vom 16. 3. 1942.
41 Vgl. (326) Franz Huber an Franz vom 29. 7. 1942.
42 (336) Franz Huber an Franz vom 5. 11. 1942.
43 (50) Franz an Frau vom 10. 3. 1941.
44 (52) Franz an Frau vom 20. 3. 1941.
45 (55) Franz an Frau vom 1. 4. 1941; vgl. auch (53) Franz an Frau vom 27. 3. 1941.
46 Vgl. (138) Frau an Franz vom 16. 2. 1941.
47 (53) Franz an Frau vom 27. 3. 1941.
48 Vgl. (480) Weyland an Franz vom 28. 12. 1947.
49 Vgl. (69) Franz an Frau vom 19. 3. 1943.
50 (29) Franz an Franziska vom 9. 12. 1940.
51 Die Abschrift verdankt die Verfasserin P. Edilbert Unterberger, Enns.
52 Zu diesem Namen bemerkt P. Edilbert: „Was Mayr Rudolf betrifft, so ist im Protokoll das ‚M‘ so geschrieben, daß man es für ein ‚N‘ lesen kann. Wahrscheinlich hat der Chronist dann das ‚y‘ für ein ‚g‘ gelesen und aus dem Mayr ist ein Nagel geworden." Sonst „Mayer", hier „Mayr" geschrieben.
53 Vgl. Roggen, Heribert, Geschichte der franziskanischen Laienbewegung, Werl 1971, 143 f.
54 Vgl. Roggen, 55 f.
55 Vgl. Roggen, 123 ff.
56 Roggen, 125.
57 Vgl. Schmidt, Gabriel, Drittordensleitung, Werl 1926, 106.

8 Abklärung und Vertiefung einer Entscheidung

1 Vgl. Europäische Publikation e. V. (Hg.), Vollmacht des Gewissens. Deutsche Gespräche über das Recht zum Widerstand. Der Eid, Frankfurt 1960, 118–136.
2 Vgl. Dankbriefe der Familie Besenböck aus Linz oder von Pfarrer Krenn.
3 Vgl. Zahn, Gewissen, 54.
4 Vgl. (409) Karobath an Franz vom 11. 6. 1941.
5 Vgl. (402) Karobath an Franz vom 6. 9. 1941.
6 (403) Karobath an Franz vom 8. 11. 1941.
7 Ebd.
8 (420) Krenn an Franz vom 7. 11. 1941.
9 Vgl. (403) Karobath an Franz vom 8. 11. 1941.

10 Vgl. Zahn, Gewissen, 55.
11 Vgl. Graumann, Carl, Wahrnehmung und Beurteilung der anderen und der eigenen Person, in: Die Psychologie des 20. Jahrhunderts, VIII, Lewin und die Folgen, 172.
12 Vgl. ebd., 173 f.
13 (201) Rudolf Mayer an Franz vom 28. 5. 1941.
14 (202) Rudolf Mayer an Franz vom 29. 5. 1941.
15 Vgl. (202) Rudolf Mayer an Franz vom 29. 5. 1941.
16 Ebd.
17 Vgl. (203) Rudolf Mayer an Franz vom 29. 5. 1941, Poststempel vom 1. 6. 1941.
18 (204) Rudolf Mayer an Franz vom 14. 6. 1941.
19 Vgl. ebd.
20 Vgl. (206 und 207) Rudolf Mayer an Franz vom 1. 8. 1941 und vom 19. 8. 1941.
21 Vgl. (208) Rudolf Mayer an Franz vom 24. 8. 1941.
22 (213) Rudolf Mayer an Franz vom 1. 12. 1941.
23 (221) Rudolf Mayer an Franz vom 23. 4. 1942.
24 Vgl. (206) Rudolf Mayer an Franz vom 1. 8. 1941.
25 Vgl. (208) Rudolf Mayer an Franz vom 24. 8. 1941.
26 Vgl. ebd.
27 (210) Rudolf Mayer an Franz vom 5. 10. 1941.
28 Vgl. (213) Rudolf Mayer an Franz vom 1. 12. 1941.
29 (215) Rudolf Mayer an Franz vom 24. 12. 1941.
30 Vgl. (208) Rudolf Mayer an Franz vom 24. 8. 1941.
31 Die Prophezeiungen der Schwester Benigna, alias Maria Finkl, aus dem Allgäu sind in einer Reihe von Falschprophetien zu finden. Vgl. Baum, Hans, Die apokalyptische Frau aller Völker, Kommentare zu den Amsterdamer Erscheinungen und Prophezeiungen, Stein am Rhein ⁴1971, 13.
32 (208) Rudolf Mayer an Franz vom 24. 8. 1941.
33 (209) Rudolf Mayer an Franz vom 22. 9. 1941.
34 (401) Karobath an Franz vom 28. 8. 1941.
35 (222) Rudolf Mayer an Franz vom 10. Mai 1942.
36 Widerstand und Verfolgung in Oberösterreich, II, 274.
37 Vgl. (206) Rudolf Mayer an Franz vom 1. 8. 1941.
38 Vgl. (211) Rudolf Mayer an Franz vom 23. 10. 1941.
39 (212) Rudolf Mayer an Franz vom 21. 11. 1941.
40 Vgl. „Hirtenbrief der am Grabe des heiligen Bonifatius versammelten Oberhirten der Diözesen Deutschlands". Hektographiertes Exemplar im Pfarrarchiv Ostermiething mit dem Hinweis: „Dieser Hirtenbrief ist am 6. Juli von allen Kanzeln zu verlesen."
41 Hektographiertes Exemplar im Pfarrarchiv Ostermiething.
42 Sperrungen nach dem vom Ordinariat Linz vervielfältigten Text.
43 Vgl. (215) Rudolf Mayer an Franz vom 24. 12. 1941.
44 (220) Rudolf Mayer an Franz mit Poststempel vom 17. 4. 1942.
45 Vgl. (226) Rudolf Mayer an Franz vom 13. 7. 1942.
46 (223) Rudolf Mayer an Franz vom 12. 5. 1942.
47 Vgl. (225) Rudolf Mayer an Franz vom 13. 7. 1942 und (231) Maria Mayer an Franz vom 24. 10. 1942.

48 (61) Franz an Hans Rambichler vom 30. 11. 1941.
49 Vgl. ebd.
50 Vgl. ebd.
51 (61) Franz an Hans Rambichler vom 30. 11. 1941.
52 (318) Hans Rambichler an Franz vom 8. 3. 1942.
53 Dieser mundartliche Ausdruck bedeutet etwa: „Meckerer, dem nichts paßte".
54 (322) Hans Huber an Franz vom 17. 5. 1942.
55 (322) Hans Huber an Franz vom 17. 5. 1942.
56 Ebd.
57 Ebd.
58 Vgl. Weinzierl, Christen und Juden, 23.
59 (322) Hans Huber an Franz vom 17. 5. 1942.
60 Ebd.
61 (321) Franz Huber an Franz vom 11. 5. 1942.
62 Ebd.
63 (329) Franz Huber an Franz vom 16. 8. 1942.
64 (325) Franz Huber an Franz vom 5. 7. 1942.
65 (326) Franz Huber an Franz vom 29. 7. 1942.
66 Ebd.
67 (329) Franz Huber an Franz vom 16. 8. 1942.
68 (328) Franz Huber an Franz vom 13. 8. 1942.
69 (60) Franz an Franz Huber vom 30. 8. 1942.
70 Vgl. die zahlreichen Fälle der Verurteilungen wegen „Heimtücke" oder „Wehrkraftzersetzung" in: Widerstand und Verfolgung in Oberösterreich, I, 368 ff.
71 Widerstand und Verfolgung in Oberösterreich, II, 68; zu P. Wörndl vgl. auch den
   ihn betreffenden Artikel von Bruderhofer, Raimund, in: Zinnhobler, Das Bistum
   Linz im Dritten Reich, 295–324.
72 Mitteilung einer damals bei der Post als Zustellerin beschäftigten Bekannten.
73 (60) Franz an Franz Huber vom 30. 8. 1942.
74 (60) Franz an Franz Huber vom 30. 8. 1942.
75 (334) Franz Huber an Franz vom 29. 10. 1942.
76 Vgl. (325) Franz Huber an Franz vom 5. 7. 1942.
77 Vgl. (326) Franz Huber an Franz vom 29. 7. 1942.
78 Vgl. (331) Franz Huber an Franz vom 8. 10. 1942.
79 Pers. Mitteilung von Franz Huber.
80 (332) Franz Huber an Franz vom 18. 10. 1942.
81 (333) Franz Huber an Franz vom 24. 10. 1942.
82 (334) Franz Huber an Franz vom 29. 10. 1942.
83 (339) Franz Huber an Franz vom 20. 12. 1942.
84 (343) Franz Huber an Franz vom 30. 1. 1943.
85 Vgl. (301) Johann Schnaitl an Franz vom 19. 1. 1940 sowie (304) Thomas
   Eckinger an Franz vom 26. 3. 1940.
86 (342) Johann Nußbaumer an Familie Jägerstätter vom 21. 1. 1943.
87 Vgl. (324) Anton Eckinger an Familie Jägerstätter vom 27. 6. 1942.
88 Vgl. (323) Johann Huber an Familie J. vom 4. 6. 1942.
89 (314) Josef Manglberger an Familie J. vom 7. 12. 1941.
90 Ebd.

91 (319) Josef Manglberger an Rosalia J. vom 13. 3. 1942.
92 (330) Hans Eckinger an Franz vom 1. 10. 1942.
93 (338) Andreas Eckinger an Familie J. vom 16. 12. 1942.
94 (338) Andreas Eckinger an Familie J. vom 16. 12. 1942.
95 Vgl. (341) Johann Eckinger an Franz vom 13. 1. 1943.
96 (340) Josef Manglberger an Familie J. vom 10. 1. 1943.
97 Ebd.
98 (137) Hansi Besenböck an Franz vom 23. 1. 1941.
99 Vgl. Klostermann, Jugend im Untergrund, in: Zinnhobler, Bistum Linz, 147.
100 Vgl. Slapnicka, Oberösterreich – als es „Oberdonau" hieß, 272.
101 Vgl. Paul, Sigrid, Begegnungen. Zur Geschichte persönlicher Dokumente, München 1979, II, 81 f.
102 Ferdinand Klostermann, Katholische Jugend im Untergrund, in: Zinnhobler, Bistum Linz, 212 f.
103 Hirtenbrief der am Grabe des heiligen Bonifatius versammelten Oberhirten der Diözesen Deutschlands vom 26. Juni 1941, Pfarrarchiv Ostermiething.
104 Vgl. Zahn, Gewissen, 56.
105 Ringel, Erwin, Konflikt und Friede im Lichte der Tiefenpsychologie, in: Diakonia 14 (1983), 402.
106 Ebd.
107 Vgl. Paul, Sigrid, Begegnungen. Zur Geschichte persönlicher Dokumente, München 1979, II, 108.
108 F. J. I, 71.
109 Vgl. F. J. II, 46.
110 Vgl. F. J. II, 8 f.
111 Vgl. F. J. II, 24 f.
112 Vgl. F. J. II, 25.
113 F. J. II, 4 f.
114 Ebd.
115 F. J. II, 4.
116 F. J. II, 4.
117 Ebd.
118 Ebd.
119 F. J. II, 4 f.
120 F. J. II, 5.
121 Ebd.
122 F. J. II, 34 f.
123 (157) Franziska an Franz vom 28. 3. 1943.
124 Szecsi, Maria/Stadler, Karl, Die NS-Justiz in Österreich und ihre Opfer, Wien 1962, 38.
125 F. J. II, 35.
126 Ebd.
127 F. J. II, 35 f.
128 Ort in der Wachau, durch den Franz mit dem Militärkonvoi im Februar 1941 kam.
129 F. J. II, 36.
130 F. J. II, 36.

131 F. J. II, 36 f.
132 Vgl. F. J. II, 44 ff.
133 F. J. II, 46.
134 F. J. II, 49 f.
135 F. J. II, 50.
136 F. J. II, 8.
137 Ebd.
138 F. J. II, 8 f.
139 Vgl. (223) Rudolf Mayer an Franz vom 12. 5. 1942.
140 F. J. II, 15.
141 Ebd.
142 Vgl. ebd.
143 F. J. II, 23.
144 F. J. II, 23.
145 Ebd.
146 Ebd.
147 F. J. II, 24.
148 Ebd.
149 F. J. II, 24.
150 Ebd.
151 Schmölz, Franz-Martin, Zweimal christlicher Friede, in: Schmölz, Franz-Martin
    (Hg.), Christlicher Friedensbegriff und europäische Friedensordnung, München/
    Mainz 1977, 17.
152 Vgl. Ebd.
153 GS 78.
154 Vgl. Schmölz, Zweimal christlicher Friede, 29.
155 GS 78.
156 F. J. II, 69.
157 Ebd.
158 Ebd.
159 F. J. II, 69.
160 In einer Einleitung zur Enzyklika begründet Bischof Gföllner die Verlesung:
    „. . . endlich sind die Gefahren, denen die Kirche in Deutschland ausgesetzt ist,
    auch unsere eigenen Gefahren, denen wir ganz gewiß ebenfalls ausgesetzt wären,
    wenn die vom Papst verurteilte Gedankenwelt des deutschen Nationalsozialismus
    auch bei uns noch weitere Verbreitung fände oder gar infolge politischer
    Verhältnisse zur Herrschaft gelänge." Vgl. LDbl. 1937, 50.
161 F. J. II, 69.
162 Ebd.
163 F. J. II, 69 f.
164 F. J. II, 1.
165 F. J. II, 2.
166 Ebd.
167 F. J. II, 2.
168 F. J. II, 3.
169 F. J. II, 18.
170 F. J. II, 25.

171 F. J. II, 25.
172 F. J. II, 6.
173 Ebd.
174 F. J. II, 6 f.
175 Vgl. F. J. II, 8.
176 Ebd.
177 Ebd.
178 Ebd.
179 Ebd.
180 Vgl. F. J. II, 37, sowie II, 39 f.
181 Vgl. (502) Vieböck an Arthofer vom 27. 2. 1946.
182 Vgl. Zauner, Franz, Die Kirche Oberösterreichs in der Zeit des Nationalsozialismus, in: Jahrbuch der Diözese Linz 1979, 64 f.
183 Die Fragen sind original von 1 bis 11 numeriert, der ebenfalls von Jägerstätter stammende Titel kündigt nur 10 Fragen an.
184 Vgl. den von Generalsekretär Vieböck gezeichneten Brief an das Pfarramt Radegund vom 11. August 1945 (501).
185 Nach einer mündl. Information Karobaths ersuchte er um Vermittlung eines Schriftstellers wie etwa Hümmeler für eine J.-Biographie. Hümmelers „Helden und Heilige" hatte K. seinerzeit J. gegeben.
186 Bischöfliches Ordinariat Linz, Seelsorgeamt an das Pfarramt St. Radegund vom 11. August 1945, Zahl 329, (501).
187 Bischöfliches Ordinariat Linz, Seelsorgeamt an das Pfarramt St. Radegund vom 11. August 1945, Zahl 329, (501).
188 L. A., Heldenhafte Konsequenz, in: Der Fels. Beilage zum Wiener Kirchenblatt, 1. Jahrgang (1946), Nr. 16, 2.
189 (502) Franz Vieböck an Leopold Arthofer vom 27. 2. 1946.
190 Manuskript im von Karobath gesammelten Material über Jägerstätter.
191 Vgl. oben, 59 ff.
192 Zahn, Gordon, Die deutschen Katholiken und Hitlers Kriege, Graz 1965, 288.
193 Weisung an den Hochw. Klerus des Bischöflichen Ordinariates Linz am 5. September 1939, hektographiertes Exemplar im Pfarrarchiv Ostermiething.
194 Der neben Generalvikar Kolda das Schriftstück zeichnende Kanzleidirektor Ferdinand Weinberger wurde am 6. 11. 1940 wegen Mitwisserschaft an der Österreichischen Freiheitsbewegung verhaftet; vgl. Widerstand und Verfolgung, II, 23.
195 Weisungen an den Klerus, Linz, 1. August 1940, hektographiertes Exemplar im Pfarrarchiv Ostermiething.
196 Widerstand und Verfolgung, II, 48 f.
197 Vgl. Widerstand und Verfolgung, II, 15 ff.
198 Vgl. Boberach, Heinz, Berichte des SD und der Gestapo über Kirchen und Kirchenvolk in Deutschland 1934–1944, VdKfZg A, 12, 440, Anm. 1.
199 Original im Pfarrarchiv Ostermiething.
200 Boberach, Berichte des SD, 440.
201 Text nach dem hektographierten Exemplar im Pfarrarchiv Ostermiething.
202 Vgl. Meldungen aus dem Reich Nr. 204, Berlin, 21. Juli 1941, in: Boberach, Berichte des SD, 535–543. Dort findet sich ebenfalls der Text des Hirtenbriefes 538–543.

203 Ebd., 535.
204 Boberach, Berichte des SD, 535.
205 Ebd., 536 f.
206 Boberach, Berichte des SD, 537.
207 Hirtenworte der am Grabe des hl. Bonifatius versammelten Bischöfe Deutschlands, 19. August 1943, Beilage zum LDbl. 1943, Nr. 10, 3.
208 Ebd., 5.
209 Beilage zum LDbl. 1943, Nr. 15, 6 f.
210 Delp, Alfred, Im Angesicht des Todes, Freiburg 1958, 102.
211 Ebd., 103.
212 Delp, Im Angesicht des Todes, 104 f.
213 Vgl. Rahner, Karl, Einleitung zu den Texten, in: Delp, Gesammelte Schriften, Frankfurt 1932, I, 43.
214 Vgl. das Schreiben Bischof Fließers an alle Pfarrämter vom 15. September 1941, Z. 6374, Original im Pfarrarchiv Ostermiething.
215 Vgl. das Schreiben Bischof Fließers an alle Pfarrämter vom 15. September 1941, Z. 6341.
216 Mitteilung von Prälat Vieböck bezüglich der diözesanen Linie gegenüber dem Nationalsozialismus.
217 Vgl. Zinnhobler, Rudolf, Die Errichtung „geschützter Seelsorgeposten" im Bistum Linz, in: Zinnhobler, Bistum Linz, 127 ff.
218 Sylvesterpredigt Bischof Fließers 1944 im Linzer Dom. Beilage zum LDbl. 1945, Nr. 1, 17 f.
219 Ebd., 14 f.
220 Vgl. Beilage zum LDbl. 1944, Nr. 7.
221 Vgl. Beilage zum LDbl. 1944, Nr. 4.
222 Einleitung Bischof Fließers zum gemeinsamen Hirtenbrief „Über die 10 Gebote Gottes als Lebensgesetz der Völker". Beilage zum Linzer Diözesanblatt 1943, Nr. 15, 1.
223 Vgl. Hirtenbrief zur Weihe der Diözese Linz dem Unbefleckten Herzen Mariens vom 12. Sept. 1943. Beilage zum LDbl. 1943, Nr. 11, 10.
224 Beilage zum LDbl. 1944, Nr. 1, 2.
225 Sylvesterpredigt Bischof Fließers 1944 im Linzer Dom. Beilage zum LDbl. 1945, Nr. 1, 17.
226 Rahner, Karl, Einleitung zu den Texten, in: Delp, Alfred, Gesammelte Schriften, Frankfurt 1982, 1, 47 f.
227 Beilage zum LDbl. 1945, Nr. 9, 2.
228 Vgl. (502) Franz Vieböck an Leopold Arthofer vom 27. 2. 1946.
229 Beilage zum LDbl. 1945, Nr. 9, 3.
230 Vgl. Zinnhobler, Zwei Predigten des Linzer Bischofs J. C. Fließer aus dem Jahre 1943, in: Zinnhobler, Bistum Linz, 108–126.
231 Ebd., 110.
232 Zinnhobler, Zwei Predigten, in: Zinnhobler, Bistum Linz, 110 f.
233 Zinnhobler, Zwei Predigten, in: Zinnhobler, Bistum Linz, 117 f.
234 Ebd., 122 f.
235 Mitteilung an die Verf.

236 Vgl. Sylvesterpredigt Bischof Fließers 1944 im Linzer Dom. Beilage zum LDbl. 1945, Nr. 1, 17 f.
237 Beilage zum LDbl. 1944, Nr. 5.
238 Vgl. Beilage zum LDbl. 1945, Nr. 8, 3.
239 Beilage zum LDbl. 1945, Nr. 7, 1–11.
240 Ebd., 2.
241 Ebd., 8.
242 Hirtenbrief zum Aufbau in Kirche und Staat. Beilage zum LDbl. 1945, Nr. 7, 8 f.
243 Beilage zum LDbl. 1945, Nr. 8.
244 An die Priester der Diözese Linz. Beilage zum LDbl. 1945, Nr. 8.
245 Ebd.
246 Fried, Nationalsozialismus, 106.
247 U. a. Mitteilung von Prälat Ludwig, Braunau, an die Verf., Niederschrift v. Pfr. Brunner in der Pfarrchronik Eggelsberg.
248 Nur 4 der verhafteten Priester stammten aus dem Generalvikariat Hohenfurt, 2 waren deutsche Ordenspriester, unter ihnen befindet sich der wegen der Aushilfe in St. Pantaleon verhaftete P. Kajetan Laux.
    Vgl. Verzeichnis der länger als einen Monat inhaftierten Priester bei Zinnhobler, Die katholische Kirche, in: Widerstand und Verfolgung, II, 15 ff.
249 Vgl. die Weisung an die Priester, „in Demut zu verschweigen". Beilage zum Linzer Diözesanblatt 1945, Nr. 8.
250 Pers. Mitteilung an die Verf.
251 Vgl. Fried, Nationalsozialismus, 38 f.
252 Vgl. OÖ. Nachrichten, 96. Jg., Nr. 140, vom 18. 6. 1960; zitiert nach Naderer, Anton, Bischof Fließer und der Nationalsozialismus, in: Zinnhobler, Bistum Linz, 107.
253 Die folgende Beurteilung durch Bischof Fließer findet sich im Brief Vieböcks an Arthofer vom 27. 2. 1946 (502).
254 Bischöfliches Ordinariat Linz, Seelsorgeamt, an das Pfarramt St. Radegund vom 11. August 1945, Zahl S 329, (501).
255 Dieses und die folgenden Zitate stammen aus dem „Ablehnungsbrief" des Kirchenblattes bezüglich eines Jägerstätterartikels an Pfarrer Arthofer, Kronstorf, vom 27. 2. 1946 (502).
256 Diese Stelle könnte eine Anspielung auf den hl. Florian sein, er erlitt zu Beginn des 4. Jh. in Lauriacum (nahe dem heutigen Enns, Oberösterreich) den Märtyrertod, in der religiösen Kunst wird der damalige hohe Beamte häufig als Soldat dargestellt.
257 Zwei Hervorhebungen durch Unterstreichen im Originalbrief.
258 Vgl. Broszat, Martin, Resistenz und Widerstand, in: Broszat, Martin/Fröhlich, Elke/Grossmann, Anton (Hg.), Bayern in der NS-Zeit, IV, München 1981, 692.
259 (503) Franz Krenn an Karobath vom 20. 5. 1946.
260 Vgl. Hetzer, Gerhard, Ernste Bibelforscher, in: Broszat, Bayern in der NS-Zeit, IV, 621.
261 Vgl. ebd., 628.
262 Ebd., 640.
263 Vgl. Hetzer, Ernste Bibelforscher, 640 f.
264 Vgl. Ebd., 642 f.

265 Vgl. Widerstand u. Verfolgung, II, 199 ff.
266 Vgl. Widerstand und Verfolgung, II, 202.
267 Ebd., 203.

9 Verantwortung des einzelnen Menschen

1 Vgl. die Einleitung zur Einladung der 50-Jahr-Feier der Heiligsprechung 1984, Kapuzinerkonvent Altötting.
2 Pius XII., Weihnachtsbotschaft 1944; Utz, Arthur-Fridolin/Groner, Joseph-Fulko (Hg.), Aufbau und Entfaltung des gesellschaftlichen Lebens. Soziale Summe Pius XII., Freiburg 1954, Nr. 3469.
3 Ebd.
4 Ebd., Nr. 3474.
5 Vgl. (502) Vieböck an Arthofer vom 27. 2. 1946.
6 Vgl. Dogmatische Konstitution über die Kirche, Lumen Gentium (LG), 37.
7 Vgl. die Pastorale Konstitution über die Kirche in der Welt von heute, Gaudium et Spes (GS), 16.
8 Aus dem Religionsunterricht während der 50er Jahre ist der Verf. diese Unterscheidung geläufig; der Pfarrer betonte immer seine Zugehörigkeit zur „hörenden" Kirche.
9 Vgl. Erzbischof Roberts SJ, Stellungnahme zum Thema: Die Kirche in der Welt von heute. Objektion des Gewissens, Manuskript im Besitz von Frau Jägerstätter.
10 Vgl. Bonhoeffer, Widerstand und Ergebung, Briefe und Aufzeichnungen aus der Haft, München [12]1983, 19.
11 Vgl. F. J. I, 65.
12 Vgl. ebd.
13 F. J. I, 66.
14 F. J. I, 67.
15 Vgl. F. J. I, 61 f.
16 F. J. I, 68 f.
17 Mitscherlich, Alexander und Margarete, Die Unfähigkeit zu trauern, München [15]1983, 97 f.
18 Bonhoeffer, Widerstand und Ergebung, 22.
19 F. J. II, 9.
20 Vgl. F. J. I, 2 f.
21 F. J. I, 71.
22 Vgl. F. J. I, 70.
23 Vgl. Mitscherlich, Unfähigkeit, 22 ff.
24 Bonhoeffer, Widerstand und Ergebung, 14 f.
25 F. J. I, 8 f.
25a F. J. I, 7 f.
26 F. J. II, 18.
27 F. J. II, 21.
28 F. J. II, 30.
29 Vgl. F. J. II, 31.
30 F. J. II, 52 ff.

31 Vgl. Mitscherlich, Unfähigkeit, 71 ff.
32 F. J. II, 17 f.
33 F. J. II, 22.
34 Pfarrchronik St. Radegund II, 148.
35 F. J. I, 20 f.
36 Vgl. F. J. I, 41 ff.
37 Vgl. F. J. I, 45.
38 F. J. I, 46.
39 F. J. I, 54 f.
40 F. J. I, 19.
41 In dieser Hinsicht finden sich in der Ostermiethinger Pfarrchronik mehrfach kritische Beobachtungen.
42 F. J. I, 36 f.
43 Vgl. F. J. I, 38 ff.

10 Trennung und Haft in Linz

1 Vgl. Pfarrchronik St. Radegund II, 148.
2 Dieses Gespräch ist in der Pfarrchronik bezeugt und im Brief vom 23. 10. 1942 von Karobath an Franz (407): „Hat mein Erscheinen in Tittmoning doch keine üblen Folgen gehabt?"
3 Am 19. 9. 1982, wenige Monate vor dessen Tod, konnte die Verfasserin ein ausführliches Gespräch mit Karobath in dessen Pensionswohnsitz Maria Schmolln führen.
4 Pfarrchronik St. Radegund II, 148.
5 Vgl. (82) Franz an Frau vom 8. 8. 1943.
6 Vgl. Pfarrchronik St. Radegund II, 137 ff.
7 Vgl. oben, 168 f.
8 (59) Franz an den Schwiegervater, undatiert.
9 Vgl. Zahn, Gewissen, 72.
10 Vgl. ebd., 73.
11 (62) Jägerstätter an Karobath vom 23. 2. 1943, die Zitate bis einschließlich 218 stammen aus diesem Brief.
12 Vgl. F. J. II, 8 f.
13 Vgl. (62) Franz an Karobath vom 23. 2. 1943.
14 Vgl. (426) Krenn an Franziska vom 3. 3. 1943.
15 Vgl. (64) Franz an Frau vom 2. 3. 1943.
16 Vgl. ebd.
17 Vgl. (78) Franz an Frau vom 4. 5. sowie (79) vom 7. 5. 1943.
18 Vgl. (602) Benachrichtigung Franziska Jägerstätters durch den Oberreichskriegsanwalt vom 9. 9. 1943.
19 Vgl. (83) Franz an Frau vom 9. 8. 1943.
20 Vgl. (426) Pfarrer Krenn an Franziska Jägerstätter vom 3. 3. 1943.
21 Barbara Krenn führte ihrem Sohn den Haushalt.

22 In den Briefen Krenns und seiner Mutter aus den beiden letzten Jahren wird wiederholt der Wunsch nach einem Verschontbleiben Jägerstätters in bezug auf eine neue Einberufung ausgedrückt.

23 (426) Franz Krenn an Franziska Jägerstätter vom 3. 3. 1943.

24 Vgl. (63) Franz an Familie vom 1. 3. 1943.

25 (63) Franz an Frau vom 1. 3. 1943.

26 Der von den Nationalsozialisten von seiner Pfarre Geinberg vertriebene und sechs Monate inhaftierte Priester war in Enns als Organist tätig.

27 Vgl. (62) Franz an Karobath vom 23. 2. 1943.

28 Vgl. (83) Franz an Frau vom 9. 8. 1943.

29 (63) Franz an Frau vom 1. 3. 1943.

30 (64) Franz an Frau vom 2. 3. 1943.

31 Vgl. (65) Franz an Frau vom 3. 3. 1943.

32 (66) Franz an Frau vom 5. 3. 1943.

33 Ebd.

34 Ebd.

35 (66) Franz an Frau vom 5. 3. 1943.

36 Ebd.

37 (66) Franz an Frau vom 5. 3. 1943.

38 „Illegale" bedeutet solche Mitglieder der NSDAP, die es in Österreich vor dem März 1938 gewesen waren.

39 (66) Franz an Frau vom 5. 3. 1943.

40 Vgl. Slapnicka, Oberösterreich – als es „Oberdonau" hieß, 57.

41 (66) Franz an Frau vom 5. 3. 1943.

42 (66) Franz an Frau vom 5. 3. 1943.

43 Ebd.

44 An den Fastensonntagen waren in vielen Kirchen der Diözese Linz systematisch belehrende Predigten üblich.

45 (66) Franz an Frau vom 5. 3. 1943.

46 Vgl. ebd.

47 (152) Franziska an Franz vom 7. 3. 1943.

48 Ebd.

49 (67) Franz an Frau vom 11. 3. 1943.

50 Ebd.

51 (153) Frau an Franz vom 14. 3. 1943.

52 (73) Franz an Frau vom 11. 4. 1943.

53 Vgl. (75) Franz an Frau vom 25. 4. 1943.

54 Vgl. Ebd.

55 Enthauptet, weil er seinem Gewissen folgte, in: Linzer Volksblatt, 1961, Nr. 154 vom 6. 7. 1961.

56 Vgl. (504) Baldinger an Zahn vom 6. 7. 1961.

57 (504) Baldinger an Zahn vom 6. 7. 1961.

58 Vgl. ebd. sowie Linzer Kirchenblatt, 19. Jg. (1963), Nr. 34 vom 25. 8. 1963.

59 Vgl. (504) Baldinger an Zahn vom 6. 7. 1961.

60 Vgl. Linzer Kirchenblatt, 19. Jg. (1963), Nr. 34 vom 25. 8. 1963.

61 Gebetbuch des Dritten Ordens.

62 (480) Weyland an Franz vom 28. 12. 1947.

63 (481) Weyland an Franziska J. vom 1. 2. 1948.
64 Vgl. (480) Weyland an Franz vom 28. 12. 1947.
65 (481) Weyland an Franziska J. vom 1. 2. 1948.
65a Ebd.
66 Ebd.
66a (483) Brief an Franziska Jägerstätter vom 16. 3. 1962.
67 (483) Breit an Franziska Jägerstätter vom 16. 3. 1962.
68 (78) Franz an Frau vom 4. 5. 1943.
69 Ebd.
70 (76) Franz an Frau vom 2. 5. 1943.
71 (70) Franz an Frau vom 25. 3. 1943.
72 (157) Franziska an Franz vom 28. 3. 1943.
73 Vgl. (155) Franziska an Franz vom 21. 3. 1943.
74 Vgl. (160) Franziska an Franz vom 4. 4. 1943.
75 Vgl. (68) Franz an Frau vom 12. 3. 1943.
76 Vgl. (156) Franziska an Franz vom 24. 3. 1943.
77 Vgl. (171) Franziska an Franz vom 23. 5. 1943.
78 Vgl. (156) Franziska an Franz vom 24. 3. 1943.
79 Vgl. (71) Franz an Frau vom 4. 4. 1943.
80 Vgl. (76) Franz an Frau vom 2. 5. 1943.
81 Vgl. (69) Franz an Frau vom 19. 3. 1943.
82 Vgl. (157) Franziska an Franz vom 28. 3. 1943.
83 (176) Franziska an Franz vom 27. 6. 1943.
84 Vgl. (153) Franziska an Franz vom 14. 3. 1943.
85 Vgl. (81) Franz an Frau vom 8. 7. 1943.
86 Vgl. (156) Franziska an Franz vom 24. 3. 1943.
87 Vgl. (175) Franziska an Franz vom 20. 6. 1943.
88 Vgl. (172) Franziska an Franz vom 30. 5. 1943.
89 (81) Franz an Frau vom 8. 7. 1943.
90 (167) Franziska an Franz vom 30. 4. 1943.
91 (80) Franz an Frau vom 6. 6. 1943.
92 Vgl. ebd. sowie (81) vom 8. 7. 1943.
93 Vgl. (81) Franz an Frau vom 8. 7. 1943.
94 Vgl. (82) Franz an Frau vom 8. 8. 1943.
95 Vgl. (483) Breit an Franziska vom 16. 3. 1962.
96 Vgl. Bonhoeffer, Widerstand und Ergebung, 70.
97 (68) Franz an Frau vom 12. 3. 1943.
98 Vgl. ebd.
99 (69) Franz an Frau vom 19. 3. 1943.
100 (70) Franz an Frau vom 25. 3. 1943.
101 Ebd.
102 (71) Franz an Frau vom 4. 4. 1943.
103 (72) Franz an Frau vom 9. 4. 1943.
104 Ebd.
105 (68) Franz an Frau vom 12. 3. 1943.
106 Bonhoeffer, Widerstand und Ergebung, 41.
107 (73) Franz an Frau vom 11. 4. 1943.

108 (74) Franz an Frau vom 18. 4. 1943.
109 Franz Reinisch, Märtyrer der Gewissenstreue. Tagebuch aus dem Wehrmachts
gefängnis Berlin-Tegel, hrsg. von Brügger, Franz, Vallendar-Schönstatt 1978, I,
65.
110 Bonhoeffer, Widerstand und Ergebung, 70.

11 Vor das Reichsgericht in Berlin

1 Vgl. (77) Franz an Frau vom 4. 5. 1943.
2 (78) Franz an Frau vom 4. 5. 1943.
3 Vgl. ebd.
4 Vgl. ebd.
5 Ebd.
6 (161) Franziska an Franz, Ende März 1943.
7 Ebd.
8 (71) Franz an Frau vom 4. 4. 1943.
9 (74) Franz an Frau vom 18. 4. 1943.
10 (79) Franz an Frau vom 7. 5. 1943.
11 (169) Franziska an Franz vom 16. 5. 1943.
12 (170) L. Schwaninger an Franz vom 20. 5. 1943.
13 Vgl. (79) Franz an Frau vom 7. 5. 1943.
14 Vgl. Bonhoeffer, Widerstand und Ergebung, 64.
15 (79) Franz an Frau vom 7. 5. 1943.
16 Ebd.
17 (79) Franz an Frau vom 7. 5. 1943.
18 Vgl. ebd.
19 Vgl. (80) Franz an Frau vom 6. 6. 1943.
20 Ebd.
21 Vgl. ebd.
22 Vgl. ebd.
23 Vgl. (80) Franz an Frau vom 6. 6. 1943 und (81) vom 8. 7. 1943.
24 Vgl. Bonhoeffer, Dietrich, Widerstand und Ergebung, München ¹²1983, 7.
25 Zur Datierung vgl. Brief von der Fahrt (79) Franz an Frau vom 2. Mai 1943 sowie
Abschiedsbrief (83) vom 9. 8. 1943.
26 Bonhoeffer, Widerstand und Ergebung, 66.
27 Bonhoeffer, Widerstand und Ergebung, 66 f. Jägerstätter durfte vor der
Verurteilung allerdings Briefkuverts anfertigen.
28 Bonhoeffer, Widerstand und Ergebung, 68.
29 Vgl. ebd., 82.
30 Vgl. ebd., 47 f.
31 Vgl. ebd., 43 f.
32 Vgl. Reinisch, I, 29, sowie I, 89.
33 Franz Reinisch, I, 29.
34 Reinisch, I, 93.
35 Vgl. (82) Franz an Frau vom 8. 8. und (83) vom 9. 8. 1943.
36 Vgl. (78) Franz an Frau vom 4. 5. 1943.

37 Vgl. Schwind, Hans-Dieter, Umfang und Träger der Wehrstrafgerichtsbarkeit, Hamburg 1966, 44 f.
38 KStVO § 14, Nr. 9.
39 Vgl. (600) Verfügung bezüglich der Anberaumung der Verhandlung in der Strafsache Jägerstätter vom 23. 6. 1943, Reichskriegsgericht, Zahl StPL (RKA) I 98/43.
40 Boberach, Berichte, 393.
41 Vgl. (480) Weyland an Franz vom 28. 12. 1947.
42 Vgl. Zahn, Gewissen, 303 f.
43 Bundesarchiv, Militärarchiv, AZ.: II 1 – 6992 vom 13. Mai 1983.
44 Schreiben des Amtes der oö. Landesregierung OF (SH)-257/1-1983 vom 18. April 1983.
45 Vgl. Adolph, Walter (Hg.), Im Schatten des Galgen, Berlin 1953, 37 ff.
46 Reinisch, I, 84.
47 Reinisch, I, 40.
48 Vgl. (601) Feldmann an Pfarrer von St. Radegund vom 6. 7. 1943.
49 Ebd.
50 (602) Der Oberreichskriegsanwalt an Franziska J. vom 9. 9. 1943.
51 Vgl. (601) Feldmann an Pfarrer von St. Radegund vom 6. 7. 1943.
52 (81) Franz an Frau vom 8. 7. 1943.
53 Ebd.
54 Vgl. (601) Feldmann an Pfarrer von St. Radegund vom 6. 7. 1943.
55 (81) Franz an Frau vom 8. 7. 1943.
56 Vgl. (81) Franz an Frau vom 8. 7. 1943.
57 (601) Feldmann an Pfarrer von St. Radegund vom 6. 7. 1943.
58 Vgl. (151) Franziska Jägerstätter an Karobath vom 15. 7. 1943.
59 (178) Franziska an Franz vom 13. 7. 1943.
60 (82) Franz an Frau vom 8. 8. 1943.
61 (82) Franz an Frau vom 8. 8. 1943.
62 (178) Franziska an Franz vom 13. 7. 1943.
63 (151) Franziska an Karobath vom 15. 7. 1943.
64 Vgl. (601) Feldmann an Pfarrer von St. Radegund vom 6. 7. 1943.
65 (151) Franziska an Karobath vom 15. 7. 1943.
66 Vgl. (66) Franz an Frau vom 5. 3. 1943 (unzensuriert).
67 Vgl. Zahn, Gewissen, 100 ff.
68 Zahn, Gewissen, 104.
69 Zahn, Gewissen, 104.
70 Vgl. Zahn, Gewissen, 104.
71 Vgl. (602) Der Oberreichskriegsanwalt an Franziska Jägerstätter vom 9. 9. 1943.
72 Vgl. (82) Franz an Frau vom 8. 8. 1943.
73 Vgl. (600) Verfügung des Reichskriegsgerichtes vom 23. 6. 1943.
73a Vgl. Vultejus, Ulrich, Kampfanzug unter der Robe. Kriegsgerichtsbarkeit des Zweiten und Dritten Weltkriegs, Hamburg 1984, 59.
74 Vgl. Wehrkraftzersetzung, in: Verfügungen, Anordnungen, Bekanntgaben, Parteikanzlei (Hg.), I. Teil aus 1944, Bd. 6, 143; zitiert nach Szecsi, Maria/Stadler, Karl, Die NS-Justiz in Österreich und ihre Opfer, Wien/München 1962, 118 f.
75 Ebd., 119.

76 Reinisch, I, 86.
77 (81) Franz Jägerstätter an Frau vom 8. 7. 1943.
78 (82) Franz Jägerstätter an Frau vom 8. 8. 1943.
79 Vgl. (82) Franz Jägerstätter an Frau vom 8. 8. 1943.
80 Ebd.
81 Ebd.
82 (83) Franz Jägerstätter an Frau vom 9. 8. 1943.
83 Geburtsjahrgang 1906.
84 (179) Rudolf Mayer an Franz vom 12. 7. 1943.
85 Ebd.
86 (179) Rudolf Mayer an Franz vom 13. 7. 1943.
87 Ebd.
88 Vgl. Mt 26,8 sowie Joh 12,1–7.
89 Vgl. (179) Rudolf Mayer an Franz vom 12. 7. 1943.
90 (82) Franz an Frau vom 8. 8. 1943.
91 Vgl. (232) Maria Mayer an Franziska vom August oder Sept. 1943.
92 Vgl. (59) Franz an Schwiegereltern, Feber 1943.
93 (170) Lorenz Schwaninger an Franz vom 20. 5. 1943.
94 Vgl. (161) Frau an Franz vom Anfang April 1943.
95 Vgl. (75) Franz an Frau vom 25. 4. 1943.
96 Vgl. (81) Franz an Frau vom 8. 7. 1943.
97 Vgl. (601) Feldmann an Pfarrer von St. Radegund vom 6. 7. 1943.
98 Vgl. (442) Kreutzberg an Fürthauer vom 28. 9. 1943.
99 (449) Heinrich Kreutzberg an Franziska Jägerstätter vom 18. 2. 1946, vgl. auch den Artikel Kreutzbergs in „Mann in der Zeit", 1. Jg., Nr. 8, November 1948.
100 Reinisch, I, 7.
101 Vgl. Reinisch, I, 47 f.
102 Vgl. Reinisch, I, 100.
103 Reinisch, I, 83.
104 Reinisch, I, 83.
105 Reinisch, I, 89 f.
106 Reinisch, I, 91.
107 Vgl. (502) Vieböck an Arthofer vom 27. 2. 1946.
108 Vgl. (481) Weyland an Franziska Jägerstätter vom 1. 2. 1948.
109 Vgl. Punkt 188 – Punkt 191 der Gefängnisaufzeichnungen.
110 Vgl. Gollwitzer, Helmut/Kuhn, Käthe/Schneider, Reinhold (Hg.), Du hast mich heimgesucht bei Nacht. Abschiedsbriefe und Aufzeichnungen des Widerstandes 1933–1945, München ²1960.
111 Ebd., 85.
112 Ebd.

12 Tod in Brandenburg

1 Vgl. Reinisch, I, 42.
2 F. J. II, 69.
3 F. J. II, 69.

4 Vgl. (151) Franziska Jägerstätter an Karobath vom 15. 7. 1943.
5 Vgl. F. J. II, 69.
6 Ebd.
7 Ebd.
8 Ebd.
9 F. J. II, 69.
10 Ebd.
11 Ebd.
12 Vgl. (440) Jochmann an Franziska vom 9. 8. 1943, (441) Kreutzberg an dieselbe vom 21. 8. 1943 sowie (83) Franz an Frau vom 9. 8. 1943.
13 (83) Franz an Frau vom 9. 8. 1943.
14 Ebd.
15 (440) Jochmann an Franziska J. vom 9. 8. 1943.
16 (441) Kreutzberg an Franziska J. vom 21. 8. 1943.
17 Die Fragen sind aus den Antworten Jochmanns zu erschließen.
18 (443) Jochmann an Franziska J. vom 1. 9. 1943.
19 Vgl. ebd.
20 (462) Sr. Kallista an G. Zahn vom 14. 7. 1961.
21 (448) Sr. Kallista Vorhauer an Franziska J. vom 30. 11. 1945.
22 (453) Jochmann an Franziska J. vom 12. 10. 1946.

13 Beurteilungen und Bewertungen durch „Kirche"

1 Mitteilung eines an der Vorbereitung beteiligten Priesters aus dem Bereich des Pastoralamtes der Erzdiözese Wien.
2 Vgl. oben, 189 ff.
3 (501) Vieböck an Pfarramt St. Radegund vom 11. 8. 1945.
4 Vgl. oben, 186 f.
5 Vgl. Mitscherlich, Unfähigkeit, 24 ff.
6 Diese Frage äußerte Prof. Erika Weinzierl in einem Gespräch in diesem Zusammenhang.
7 (501) Vieböck an Pfarramt St. Radegund vom 11. 8. 1945.
8 (505) Vieböck an Karobath vom 9. 8. 1962.
9 Vgl. Zahn, Gewissen, 196 f.
10 Zahn, Gewissen, 109.
11 Nach Angaben Karobaths in der Pfarrchronik bezeichnete der Diözesanbischof „die Vorlage des Jägerstätterbuches bei der Veritas als ,unfreundlichen Akt'". Die Veritas ist ein katholischer Verlag.
12 Karobath dürfte das Bischöfliche Ordinariat darauf hingewiesen haben, daß keine Stellungnahme anzugeben nicht günstig sei; damals drehte das deutsche Fernsehen eine Dokumentation.
13 Vgl. Erinnerungen von Diözesanbischof DDr. Franz Zauner. Die Kirche Oberösterreichs in der Zeit des Nationalsozialismus, in: Jahrbuch der Diözese Linz 1979, 59–65.
14 (415) Karobath an Franziska Jägerstätter vom 27. 8. 1975.

15 In: Linzer Kirchenzeitung, Jg. 35, Nr. 14 vom 1. April 1979; vgl. auch die Leserdiskussion in den folgenden Nummern.

16 Innerhalb der Redaktion wurden keine diesbezüglichen Statistiken geführt, die Briefe wurden auch nicht archiviert.

17 Vgl. Abschrift der Predigt nach einem Tonbandmitschnitt im Besitze der Verfasserin.

18 Vgl. insbesondere die Aufzeichnungen nach der Verurteilung, II, 69.

19 Pfarrer Kreutzberg, Er verweigerte den Eid, in: Mann in der Zeit. Organ der deutschen Männerseelsorge, 1. Jg. (1948), Nr. 8.

20 Vgl. (448) Sr. Kallista Vorhauer an Franziska vom 30. 11. 1945.

21 Vgl. (450) Sr. Kallista Vorhauer an Franziska vom 16. 6. 1946.

22 (453) Jochmann an Franziska Jägerstätter vom 12. 10. 1946.

23 Diesen Eindruck bekam ich im persönlichen Gespräch mit dem Pfarrer. Franziska Jägerstätter ist derselben Meinung.

24 Persönliche Mitteilung an die Verfasserin.

25 In den letzten Jahren hängt der überwiegende Teil der Eintragungen in der Pfarrchronik mit Jägerstätter zusammen.

26 Leserforum in: Die Furche, 35. Jg. (1979), Nr. 43, 2.

26aVgl. Anm. 31.

27 Vgl. (442) Kreutzberg über Fürthauer an Franziska vom 28. 9. 1943.

28 Vgl. (444) Kreutzberg an Franziska vom 20. 1. 1944.

29 (446) Jochmann an Franziska vom 25. 10. 1944.

30 (436) Krenn an Franziska vom 7. 8. 1946.

31 Vgl. (435) Krenn an Franziska vom 6. 5. 1946, im selben Brief findet sich ein Hinweis auf eine Ablehnung eines Artikels durch die „Furche", Wien: Diese sei nicht der „rechte Rahmen".

32 Vgl. oben, 28 sowie 161.

33 Dogmatische Konstitution über die Kirche, Lumen Gentium, Nr. 31.

34 Postorale Konstitution über die Kirche in der Welt von heute, Gaudium et Spes, Nr. 16.

35 (502) Franz Vieböck an Leopold Arthofer vom 27. 2. 1946, in diesem Brief ist die Stellungnahme Bischof Fließers zitiert.

36 Vgl. Spaemann, Robert, Wer hat wofür Verantwortung?, in: Herder Korrespondenz 36 (1982), 345–350 sowie 403–408.

37 Vgl. Schmölz, Franz-Martin, Zerstörung und Rekonstruktion der christlichen Ethik, München 1963, 55 f.; dort auch ausführliche Literaturangaben.

38 Vgl. den Widerstand der Sozialisten und Kommunisten: Widerstand und Verfolgung, I, 183–286; sowie den der katholischen Kirche: Widerstand und Verfolgung, II, 11–187; weiters den der Zeugen Jehovas: Widerstand und Verfolgung, II, 199–210.

39 Weber, Max, Gesammelte Aufsätze zur Religionssoziologie, Tübingen ⁴1947, I, 550.

40 Vgl. Bonhoeffer, Dietrich, Konsequenzen 1939–1944, Auswahl, Bd. 4, München ³1982, 114.

41 Ebd., 115.

42 Ebd., 121 f.

43 Delp, Alfred, Im Angesicht des Todes, 99.

44 Schmölz, Zerstörung und Rekonstruktion, 119.
45 Vgl. ebd., 117 ff.
46 Vgl. Jägerstätters Gefängnisaufzeichnungen.
47 Handschriftlicher Vermerk des Erzbischofs auf der Abschrift der Konzilseingabe im Besitze Franziska Jägerstätters.
48 Gaudium et Spes (GS).
49 Vgl. Douglass, James, Frieden schaffen in der modernen Welt, in: der christ in der welt, Jg. 15 (1965), 168.
50 Vgl. ebd., 173 f.
51 Ebd., 174.
52 Manuskript der Stellungnahme unter dem Titel „Objektion des Gewissens", vom Erzbischof Franziska Jägerstätter übermittelt.
53 Vgl. Einleitung zu „Gaudium et Spes" in: Rahner/Vorgrimler, Kleines Konzilskompendium, Freiburg ¹⁶1982, 444.
54 GS Nr. 79.
55 Manuskript der Stellungnahme.
56 Manuskript der Stellungnahme.
57 GS 79.

14 Das Schicksal der Witwe Jägerstätter

1 (63) Franz an Frau vom 1. 3. 1943.
2 (152) Frau an Franz vom 7. 3. 1943.
3 Ebd.
4 Vgl. (161) Frau an Franz von Ende März 1943.
5 (169) Frau an Franz vom 16. 5. 1943.
6 Vgl. (440) Jochmann an Franziska Jägerstätter vom 9. 8. 1943.
7 Vgl. (178) Frau an Franz vom 13. 7. 1943 sowie (151) dieselbe an Karobath vom 15. 7. 1943.
8 (82) Franz an Frau vom 8. 8. 1943.
9 (151) Franziska Jägerstätter an Karobath vom 15. 7. 1943.
10 (158) Frau an Franz vom 31. 3. 1943.
11 (81) Franz an Frau und Mutter vom 8. 7. 1943.
12 Vgl. (81) Franz an Frau vom 8. 7. 1943.
13 Vgl. Pfarrchronik St. Radegund II, 149.
14 Josef Steinkellner, Pfarradministrator von Tarsdorf und Provisor excurrendo von St. Radegund ab September 1977.
15 Vgl. Sporken, Paul, Umgang mit Sterbenden, Düsseldorf ³1976, 67 f.
16 Mitscherlich, Alexander und Margarete, Die Unfähigkeit zu trauern, München ¹⁵1977.
17 Vgl. (606) Aufsichtsbeschwerde Franziska Jägerstätters an das Bundeskanzleramt vom 28. 7. 1949.
18 Vgl. ebd.
19 (604) Bescheid des Amtes der oö. Landesregierung vom 10. August 1948, Zl. F-2201/1-1948.

20 Vgl. (605) Bescheid der Republik Österreich, Bundesministerium für soziale Verwaltung, Zl. 120.924–OF48, vom 16. 10. 1948.

21 (456) Franziska Jägerstätter an Kreutzberg vom 8. 11. 1948.

22 (457) Kreutzberg an Franziska Jägerstätter vom 18. 11. 1948.

23 (458) Franziska Jägerstätter an Kreutzberg vom 28. 12. 1948.

24 Vgl. (459) Dr. Andreas Reinisch an Franziska vom 28. 2. 1949.

25 Vgl. (460) Dr. Franz Huber an Franziska vom 23. 7. 1949.

26 (606) Aufsichtsbeschwerde Franziska Jägerstätters an das Bundeskanzleramt vom 28. 7. 1949:

„... Das Bundesministerium für soziale Verwaltung hat jedoch mit Bescheid vom 16. 10. 1948, Zl. 120.924–OF/48, ausgesprochen, daß meiner Berufung gegen den abweislichen Bescheid des Amtes der O.Ö. Landesregierung vom 10. 8. 1948, Zl. F 2201/I–48, betreffend Ansuchen um Belassung der Amtsbescheinigung nach § 4 OFG, aus den Gründen des angefochtenen Bescheides keine Folge gegeben werden kann, die die Voraussetzungen des § 1, Abs. (1) u. (2) nicht erfüllt sind. Da mir das hohe Ministerium auch den Anspruch nach § 1, *Abs. (2) OFG 1947* aberkannte, um welchen ich nicht angesucht habe und somit auch Unterlagen hiefür dem Akte nicht beigeschlossen waren, schnitt man mir jede weitere Möglichkeit ab. Zufolge meiner Rechtsunkundigkeit und des Fehlens eines Rechtsbeistandes habe ich die gesetzliche Frist zur Einbringung einer Beschwerde an den Verwaltungsgerichtshof versäumt. Da das ganze Verfahren auf mein ursprüngliches Ansuchen vom 12. 6. 1946 aufgebaut war, *hätte eine Entscheidung nur nach § 1 Abs. (1) OFG/1947 getroffen werden können.*
Ich ersuche daher die Aufsichtsbehörde, das Bundesministerium für soziale Verwaltung zu veranlassen, den Bescheid dieses vom 16. 10. 1948 richtigzustellen, bzw. dahingehend abzuändern, daß der (§ 1) *Abs. (2)* weggelassen wird. Denn das genannte Bundesministerium hat im Zuge des Berufungsverfahrens zufolge meines Ansuchens uns lt. Entscheidung der I. Instanz lediglich über die Zuerkennung einer Amtsbescheinigung gem. § 1 Abs. (1) und niemals auch gleichzeitig gem. § 1 *Abs. (2) OFG/1947* in seinem Bescheid vom 16. 10. 1948 absprechen können.
Mit dem genannten Bescheid d. Sozialministeriums hat man eine Art Vorentscheidung bezüglich des Abs. (2) getroffen, den in I. Instanz das Amt der O.Ö. Landesregierung zu entscheiden gehabt hätte.
Man hat mich gewissermaßen zwischen 2 Sesseln durchfallen lassen, da ich einerseits vom Landesinvalidenamte nicht als Kriegswitwe, andererseits vom Sozialministerium nicht als Hinterbliebene eines Opfers im Sinne des OFG anerkannt werde. Ich glaube nicht, daß dies im Sinne der sozialen Gesetzgebung unseres Staates liegt und genannte Entscheidung des Bundesministeriums im Sinne der OFG/1947, BGBl. Nr. 183 gefällt wurde, geschweige denn, daß eine derartige Rechtssprechung über Opfer des nationalsozialistischen Gewaltregimes in der Absicht des Gesetzgebers gelegen ist. Zumal wenn man bedenkt, daß sich mein Gatte bereits vor seiner militärischen Einrückung jederzeit in Wort und Tat nachweislich gegen die Ziele und Ideen des Nationalsozialismus eingesetzt hat, wie er z. B. bei der Abstimmung am 10. 4. 1938 als einziger der ganzen Gemeinde St. Radegund mit ‚Nein‘ stimmte, was dies damals für ihn und seine ganze Familie bedeutete, erübrigt sich wohl weiter auszuführen ... Welch aufrechter und

furchtloser Österreicher nicht nur aus religiösen Gründen, sondern auch zufolge seiner sonstigen politischen Einstellung und seiner echt österreichischen Gesinnung mein Gatte war, dafür kann die ganze Gemeinde St. Radegund und alle, die ihn kannten, ein einmütiges und klares Zeugnis ablegen. Es wäre diesbezüglich nur eine amtliche Anfrage an die derzeitige Gemeindevorstehung St. Radegund bzw. an deren Bevölkerung nötig. Wenn daher bisher ein politischer Einsatz meines Gatten nicht direkt nachgewiesen wurde, zumal ja die Wehrmachtsgerichte nach verschiedenartigen Momenten entschieden haben und außerdem auf Grund der *Opferfürsorgenovelle 1948 Abs. (34), 2. Zeile, bei vollstreckten Todesurteilen* ein politischer Einsatz angenommen werden kann, so konnte *ich zumindest den Einsatz* auf Grund seiner religiösen Anschauung heraus einwandfrei führen, da ich im Besitze eines Schreibens des Gefängnispfarrers bin, wo mein Gatte vor seinem Tod in Haft war.

Unter allen Umständen ist wohl der Fall meines Gatten, der mutig für seinen Glauben, für seine Heimat und für sein Vaterland in den Tod gegangen ist, *einzig dastehend und* scheint es daher einfach unglaublich, daß ich mit meinen 3 Kindern und der alten Mutter als Hinterbliebene eines Opfers des NS-Regimes nicht als politisches Opfer im Sinne des Opferfürsorgegesetzes (dritte OFG Novelle, BGBl. 58/49) anerkannt werde...."

27 (609) Bescheid des Landes-Invalidenamtes für Oberösterreich in Linz, Bemessungszahl 69703.

28 Vgl. Vultejus, Kampfanzug unter der Robe, 84.

29 Vgl. ebd., 84 f.

Anhang: Josephinismus und Innviertler Mentalität

1 Vgl. Pfarrl. Prothocolle über die Landesfürstl. Befehle für die Pfarr Ostermiething. Vom Jahr 1798–1827, 9 f.

2 Vgl. Protocoll über die in Publico Ecclesiaticis ergangene, nachstehenden Orten mitgetheilte Allerhöchste Verordnungen. Pfarre Ostermieding (!), 14. Juni 1782–9. September 1796, 71.

3 Vgl. Protocolle 1782–1796, 41 f.

4 Vgl. Wessing, Edmund, Der Wallfahrtsort Maria Eck, Würzburg 1975, 49.

5 Vgl. Protocolle 1782–1796, 70, 71, 75, 76.

6 Vgl. ebd., 72.

Quellen- und Literaturverzeichnis

1 Nichtpublizierte Quellen

Gespräche

Hauptgesprächspartner war immer wieder Frau Franziska Jägerstätter, St. Radegund; mit ihr konnte ich auch den ersten Entwurf der Arbeit durchsprechen, aus ihrer Sicht hat sie keine Unrichtigkeiten beanstandet.

Generalvikar Mag. Josef Ahammer, Linz, Gespräch am 11. 11. 1982
† Prälat Franz Vieböck, Linz, ausführliche Gespräche am 11. 11. 1982 sowie am 9. 12. 1983
† Pfarrer Josef Karobath, Maria Schmolln, Gespräch am 19. 9. 1982
Prälat Johann Ludwig, Braunau, Gespräch am 24. 11. 1982
Franz Huber, Cousin und Patensohn Jägerstätters, Ostermiething, Gespräch am 14. 2. 1983
Albert Landertinger, St. Pantaleon, Gespräch am 26. 11. 1982
Isidor Hofbauer, Bürgermeister von St. Radegund, Gespräch im Jänner 1983
Gespräche über Franz Jägerstätter und den Nationalsozialismus im Bereich des Dekanates Ostermiething, die jedoch nicht als ausdrückliche Interviews geführt wurden

Nachlaß Jägerstätters

Briefe

01–03	Franz an Eltern 1927–1928
04	Franz an Patensohn Franz Huber (1935 od. 1936)
1	Franz an seine Braut Franziska Schwaninger vom 25. 2. 1936
2–58	Franz an Frau mit vereinzelten Passagen an seine Mutter vom 23. 5. 1940 bis 14. 3. 1941
59–62	Franz von St. Radegund aus zwischen 1941 und 1943.
63–83	Franz aus Enns, Linz, Berlin und Brandenburg an Frau und Familie vom 1. 3. 1943 bis 9. 8. 1943
101–150	Franziska Jägerstätter und einzelne Nachbarn an Franz vom 20. 6. 1940 bis 31. 3. 1941
151	Franziska Jägerstätter an Pfarrer Karobath vom 15. 7. 1943
152–178	Franziska Jägerstätter und Schwiegervater an Franz vom 7. 3. 1943 bis 13. 7. 1943
179	Rudolf Mayer an Franz vom 12. 7. 1943
201–230	Rudolf Mayer an Franz vom 28. 5. 1941 bis 26. 12. 1942

231–232   Maria Mayer an Franz bzw. Franziska vom 24. 10. 1942 bis Aug. od. Sept.
           1943
300–343   Franz von Nachbarn und Verwandten im Soldatendienst, davon 15 vom
           Patensohn Franz vom 14. 1. 1940 bis 30. 1. 1943
400–408   Franz von Pfarrer Karobath vom 11. 6. 1941 bis 23. 12. 1942
409–418   Franziska von Pfarrer Karobath vom 4. 3. 1943 bis 13. 12. 1977
420–425   Franz von Pfarrer Krenn vom 7. 11. 1941 bis 13. 10. 1942
426–436   Franziska von Pfarrer Krenn bzw. dessen Mutter vom 3. 3. 1943 bis 7. 8.
           1946
440–463   Franziska von Gefängnisseelsorgern bzw. Ordensfrauen sowie von Perso-
           nen, die sich um die Zuerkennung einer Witwenrente für Frau Jägerstätter
           bemüht haben, vom 9. 8. 1943 bis 30. 11. 1970
480–485   Franziska von den ehemaligen Mithäftlingen ihres Mannes aus Lothringen
           vom 28. 12. 1947 bis 22. 4. 1967
500–505   Briefwechsel Karobaths bezüglich Veröffentlichung des Schicksals Jäger-
           stätters vom 21. 8. 1943 bis 9. 8. 1962
506   Konzilseingabe Erzbischof Roberts, Franz Jägerstätter als Vorbild in bezug
           auf Gewissen darstellend

Aufzeichnungen Franz Jägerstätters

Einzelne Blätter aus der Vorkriegszeit; der Hauptteil der theologischen wie politischen Reflexionen ist in den Heften I und II aus den Jahren 1941–1943 enthalten, ein weiteres Heft umfaßt die Gefängnisnotizen.

Bescheide von Behörden

Bescheide nationalsozialistischer Stellen, wie von Behörden der 2. Republik im Zusammenhang mit Verurteilung und Tod Franz Jägerstätters sowie mit der Versorgung seiner Hinterbliebenen (600–609) vom 23. 6. 1943 bis 25. 7. 1950.

Chroniken und Material aus Archiven

Protocoll über die in Publico Ecclesiasticis ergangene, nachstehenden Orten mitgetheilte Allerhöchste Verordnungen. Pfarre Ostermieding (!), 14. Juni 1782–9. September 1796
Pfarrl. Prothocolle über die Landesfürstl. Befehle für die Pfarr Ostermiething. Vom Jahr 1798–1827
Chroniken der Pfarren: Ach, Eggelsberg, Franking, Geretsberg, Haigermoos, Hochburg, Moosdorf, Ostermiething, St. Pantaleon, St. Radegund, Tarsdorf. Die Zitate aus den Chroniken sind teils ohne Seitenangaben, da nicht alle Chroniken durchpaginiert sind.
Protokollbücher der Gemeinderatssitzungen von Ostermiething, St. Radegund und Tarsdorf

Weisungen und Mitteilungen diözesaner Stellen an den Klerus 1938–1946 sowie Beilagen zum Linzer Diözesanblatt 1943–1946, Pfarrarchiv Ostermiething
Da unter den Bedingungen der NS-Zeit das Diözesanblatt als Kommunikationsorgan zwischen Diözese und Pfarren nicht mehr genügte, wich das Linzer Ordinariat auf einzelne „Mitteilungen" oder „Weisungen" aus, in welchen jeweils kurzfristig auf die aktuelle Situation reagiert werden konnte. Erst ab 1943 ist ein Teil der Schreiben geordnet und bezeichnet als „Beilagen zum Linzer Diözesanblatt". Die Ausfertigung der einzelnen Schriftstücke ist insbesondere vor 1943 sehr unterschiedlich; manche tragen eine Zahl, die meisten ein Datum, ausnahmslos sind sie auf einer einfachen Vervielfältigungsanlage hergestellt.
Roland, Günter, Chronik der Gemeinde von St. Radegund, Manuskript im Gemeindeamt St. Radegund, 1979, 17 Seiten

2 Gedruckte Quellen und Literatur

Gedruckte Quellen

Bundesamt für Statistik (Hg.), Nationalratswahl 1930, Sonderheft der Mitteilungen des Statistischen Zentralamtes, Wien (1930).
Bundesamt für Statistik (Hg.), Die Ergebnisse der österreichischen Volkszählung vom 22. März 1934, Heft 5, Oberösterreich, Wien 1935.
Die Bibel, Deutsche Ausgabe mit den Erklärungen der Jerusalemer Bibel, Freiburg [4]1968.
Gollwitzer, Helmut/Kuhn, Käthe/Schneider, Reinhold, Du hast mich heimgesucht bei Nacht. Abschiedsbriefe und Aufzeichnungen des Widerstandes 1933–1945, München [2]1960.
Leserforum in: Die Furche, Wien, 35. Jg., Nr. 43 vom 24. 10. 1979, 2.
Linzer Diözesanblatt 1932–1945.
Linzer Volksblatt, Nr. 154 vom 6. 7. 1961.
Oberösterreichische Landesregierung in Linz (Hg.), Ergebnisse der Wahl in den oberösterreichischen Landtag am 19. April 1931, Linz (1931).
Rahner, Karl/Vorgrimler, Herbert, Kleines Konzilskompendium, Freiburg 1966.
Roberts, Erzbischof, Eingabe beim 2. Vatikanum, Jägerstätter und die Gewissensentscheidung betreffend, Text in: Hampe, Johann Christoph (Hg.), Die Autorität der Freiheit, III, München 1967, 421 f.
Strafrecht der deutschen Wehrmacht, Textausgabe, München/Berlin [2]1939.
Widerstand und Verfolgung in Oberösterreich 1934–1945, Dokumentationsarchiv des österreichischen Widerstandes (Hg.), 2 Bd., Wien/München/Linz 1982.

Aus den Veröffentlichungen der Kommission für Zeitgeschichte, Reihe A, Quellen:

Adolph, Walter, Geheime Aufzeichnungen aus dem nationalsozialistischen Kirchenkampf, A, 28, Mainz 1979.
Boberach, Heinz (Bearb.), Berichte des SD und der Gestapo über Kirchen und Kirchenvolk in Deutschland 1934–1944, A, 12, Mainz 1971.

Stasiewski, Bernhard (Bearb.), Akten deutscher Bischöfe über die Lage der Kirche 1933–1945, I, 1933–1934, A, 5, Mainz 1968.
Volk, Ludwig (Bearb.), Akten Kardinal Michael von Faulhaber I, 1917–1934, A, 17, Mainz 1975.
Volk, Ludwig (Bearb.), Akten Kardinal Michael von Faulhaber II, 1935–1945, A, 26, Mainz 1978.
Witetschek, Helmut (Bearb.), Die kirchliche Lage in Bayern nach den Regierungspräsidentenberichten 1933–1943 I, Regierungsbezirk Oberbayern, A, 3, Mainz 1966.

Monographien und Aufsätze

Adolph, Walter (Hg.), Im Schatten des Galgen. Zum Gedächtnis der Blutzeugen in der nationalsozialistischen Kirchenverfolgung, Berlin 1953.
Albrecht, Dieter (Hg.), Katholische Kirche im Dritten Reich, Mainz 1976.
Albrecht, Dieter, Die Politische Klausel des Reichskonkordats in den deutsch-vatikanischen Beziehungen 1936–1943, in: Albrecht (Hg.), Katholische Kirche im Dritten Reich, 128–170.
A. L. (Arthofer, Leopold), Heldenhafte Konsequenz, in: Der Fels, Beilage zur Wiener Kirchenzeitung, 1. Jg., Nr. 16 (1946).
Baldinger, Franz, Er folgte seinem Gewissen, in: Linzer Kirchenblatt, 19. Jg., 25. August 1963.
Baum, Hans, Die apokalyptische Frau aller Völker. Kommentare zu den Amsterdamer Erscheinungen und Prophezeiungen, Stein am Rhein ⁴1971.
Beradt, Charlotte, Das Dritte Reich des Traumes, Frankfurt 1981.
Berger, Peter L., Zur Dialektik von Religion und Gesellschaft. Elemente einer soziologischen Theorie, Tübingen 1973.
Berger, Peter L./Berger, Brigitte, Individuum & Co, Stuttgart 1974.
Bergmann, Georg, Franz Jägerstätter. Ein Leben vom Gewissen entschieden, Stein am Rhein 1980.
Bonhoeffer, Dietrich, Widerstand und Ergebung. Briefe und Aufzeichnungen aus der Haft, Gütersloh ¹²1983.
Bonhoeffer, Dietrich, Konsequenzen 1939–1944, hrsg. von Dudzus, Otto, Auswahl Bd. 4, München ³1982.
Broszat, Martin/Fröhlich, Elke/Grossmann, Anton (Hg.), Bayern in der NS-Zeit, Bd. IV, München 1981.
Broszat, Martin, Resistenz und Widerstand, in: Broszat/Fröhlich/Grossmann (Hg.), Bayern in der NS-Zeit, Bd. IV, 691–709.
Bruderhofer, Raimund, P. Paulus Wörndl O.C.D., ein Opfer des Nationalsozialismus, in: Zinnhobler (Hg.), Bistum Linz, 295–324.
Delp, Alfred, Im Angesicht des Todes, Freiburg 1958.
Douglass, James, Frieden schaffen in der modernen Welt, in: der christ in der welt, Wien, 15. Jg. (1965), 163–168, 173–178.
Fried, Jakob, Nationalsozialismus und katholische Kirche in Österreich, Wien 1947.
Giovannetti, Alberto, Der Vatikan und der Krieg, Köln 1961.
Graumann, Carl F., Wahrnehmung und Beurteilung der anderen und der eigenen

324

Person, in: Die Psychologie des 20. Jahrhunderts, Bd. VIII, Lewin und die Folgen, Zürich 1979, 154–183.

Hallie, Philip, Daß nicht unschuldig Blut vergossen werde. Die Geschichte des Dorfes Le Chambon und wie dort Gutes geschah, Neukirchen-Vluyn 1983.

Hampe, Johann Christoph (Hg.), Die Autorität der Freiheit. Gegenwart des Konzils und Zukunft der Kirche, Bd. III, München 1967.

Hanisch, Ernst, Die Katholische Kirche im Dritten Reich, in: Weinzierl, Erika (Hg.), Kirche und Gesellschaft, Wien/Salzburg 1979, 21–41.

Hanisch, Ernst, Nationalsozialismus im Dorf: Salzburger Beobachtungen, in: Konrad/Neugebauer (Hg.), Arbeiterbewegung – Faschismus – Nationalbewußtsein, Wien 1983, 68–81.

Hanisch, Ernst, Nationalsozialistische Herrschaft in der Provinz. Salzburg im Dritten Reich, Salzburg 1983.

Hetzer, Gerhard, Ernste Bibelforscher in Augsburg, in: Broszat (Hg.), Bayern in der NS-Zeit, Bd. IV, 621–643.

Hofer, Walther, Der Nationalsozialismus. Dokumente 1933–1945, Frankfurt 1957.

Hüttenberger, Peter, Heimtückefälle vor dem Sondergericht München 1933–1939, in: Broszat (Hg.), Bayern in der NS-Zeit, Bd. IV, 435–526.

Jacoby, Henry, Alfred Adlers individualpsychologische und dialektische Charakterkunde, Frankfurt 1974.

Jaffè, Aniela, Erinnerungen, Träume, Gedanken von C. G. Jung, Olten/Freiburg 1984.

Klostermann, Ferdinand, Katholische Jugend im Untergrund, in: Zinnhobler (Hg.), Bistum Linz, 138–229.

Konrad, Helmut/Neugebauer, Wolfgang (Hg.), Arbeiterbewegung – Faschismus – Nationalbewußtsein. Festschrift zum 20-jährigen Bestand des Dokumentationsarchivs des österreichischen Widerstandes und zum 60. Geburtstag von Herbert Steiner, Wien/München/Zürich 1983.

Kreutzberg, (Heinrich), Er verweigerte den Eid, in: Mann in der Zeit, Augsburg, 1. Jg. 1948, Nr. 8, November 1948.

Kutschera, Richard, Johannes Maria Gföllner. Bischof dreier Zeitenwenden, Linz 1972.

Lenz, Johann Maria, Christus in Dachau, Wien 1961.

Loidl, Franz, Pfarrer Weeser-Krell, ein nationalsozialistisch gesinnter Idealist, in: Zinnhobler (Hg.), Bistum Linz, 325–335.

Mead, Margaret, Brombeerblüten im Winter. Ein befreites Leben, Reinbek bei Hamburg 1978.

Mitscherlich, Alexander und Margarete, Die Unfähigkeit zu trauern, München [15]1983.

Naderer, Anton, Bischof Fließer und der Nationalsozialismus, in: Zinnhobler (Hg.), Bistum Linz, 74–107.

Neuhäusler, Johann, Kreuz und Hakenkreuz, München [2]1946.

Paul, Sigrid, Begegnungen. Zur Geschichte persönlicher Dokumente, 2 Bd., München 1979.

Pribilla, Max, Der Eid nach der katholischen Moraltheologie, in: Europäische Publikation e. V. (Hg.), Vollmacht des Gewissens, Berlin 1960, 161–165.

Rahner, Karl, Einleitung zu den Texten (Delps), in: Delp, Alfred, Gesammelte Schriften I, hrsg. von Bleistein, Roman, Frankfurt 1982, 43–50.

Reimann, Viktor, Innitzer – Kardinal zwischen Hitler und Rom, Wien/München 1967.

Reinisch, Franz, Märtyrer der Gewissenstreue. Tagebuch aus dem Wehrmachtsgefängnis Berlin Tegel, hrsg. von Brügger, Franz, Vallendar/Schönstatt 1978.

Ringel, Erwin, Konflikt und Friede im Lichte der Tiefenpsychologie, in: Diakonia, 14. Jg. (1983), 398–403.

Roggen, Heribert, Geschichte der franziskanischen Laienbewegung, Werl 1971.

Schmidt, Gabriel, Drittordensleitung, Werl 1926.

Schmölz, Franz-Martin (Hg.), Christlicher Friedensbegriff und europäische Friedensordnung, München/Mainz 1977.

Schmölz, Franz-Martin, Frieden und Gerechtigkeit. Der Friedensbegriff der Kirche, in: Schmölz (Hg.), Christlicher Friedensbegriff, 15–32.

Schmölz, Franz-Martin, Zerstörung und Rekonstruktion der politischen Ethik, München 1963.

Scholl, Inge, Die weiße Rose, Frankfurt 1953.

Schwind, Hans-Dieter, Umfang und Träger der Wehrstrafgerichtsbarkeit, Hamburg 1966.

Slapnicka, Harry, Oberösterreich zwischen Bürgerkrieg und „Anschluß" (1927–1938), Linz 1975.

Slapnicka, Harry, Oberösterreich – als es „Oberdonau" hieß (1938–1945), Linz 1978.

Spaemann, Robert, Wer hat wofür Verantwortung? Zum Streit um deontologische oder teleologische Ethik, in: Herder Korrespondenz, 36. Jg. (1982), 345–350, 403–408.

Sporken, Paul, Umgang mit Sterbenden, Düsseldorf ³1976.

Stadler, Karl, Österreich 1938–1945. Im Spiegel der NS-Akten, Wien/München 1966.

Szecsi, Maria/Stadler, Karl, Die NS-Justiz in Österreich und ihre Opfer, Wien/München 1962.

Utz, Arthur-Fridolin/Groner, Joseph-Fulko (Hg.), Aufbau und Entfaltung des gesellschaftlichen Lebens. Soziale Summe Pius XII., Freiburg 1954.

Volk, Ludwig, Der bayerische Episkopat und der Nationalsozialismus 1930–1934, VdKfZg B, 1, Mainz 1965.

Volk, Ludwig, Die Fuldaer Bischofskonferenz von der Enzyklika „Mit brennender Sorge" bis zum Ende der NS-Herrschaft, in: Albrecht (Hg.), Katholische Kirche im Dritten Reich, 66–102.

Vultejus, Ulrich, Kampfanzug unter der Robe. Kriegsgerichtsbarkeit des Zweiten und Dritten Weltkrieges, Hamburg 1984.

Weber, Max, Gesammelte Aufsätze zur Religionssoziologie, Tübingen ⁴1947, I, 550.

Weinzierl, Erika, Der Episkopat, in: Weinzierl (Hg.), Kirche in Österreich 1918–1965, Wien 1966, 21–77.

Weinzierl, Erika, Christen und Juden nach der NS-Machtergreifung in Österreich, Manuskript, 31 Seiten.

Weinzierl-Fischer, Erika, Österreichs Katholiken und der Nationalsozialismus. Erster Teil 1918–1933, in: Wort und Wahrheit, 18. Jg. (1963), 417–439.

Wessing, Edmund, Der Wallfahrtsort Maria Eck, Würzburg 1975.

Widder, Erich, Wir sind (waren) Deine Jugend, in: Zinnhobler (Hg.), Bistum Linz, 371–392.

W. K., Fromm – aber nicht klerikal. Glaube und Kirche im Innviertel, in: Jahrbuch der Diözese Linz 1979, Linz 1978, 53–58.

Wood Sherif, Carolyn, Konstanz und Änderung von Einstellungen, in: Die Psychologie des 20. Jahrhunderts, Bd. VIII, Lewin und die Folgen, Zürich 1979, 220–228.

Zahn, Gordon C., Die deutschen Katholiken und Hitlers Kriege, Graz 1965.

Zahn, Gordon C., Er folgte seinem Gewissen. Das einsame Zeugnis des Franz Jägerstätter, Graz 1967.

Zauner, Franz, Die Kirche Oberösterreichs in der Zeit des Nationalsozialismus, in: Jahrbuch der Diözese Linz 1979, Linz 1978, 59–65.

Zinnhobler, Rudolf (Hg.), Das Bistum Linz im Dritten Reich, Linz 1979.

Zinnhobler, Rudolf, Die Errichtung „geschützter Seelsorgeposten" im Bistum Linz, in: Zinnhobler (Hg.), Bistum Linz, 127–137.

Zinnhobler, Rudolf, Die Haltung Bischof Gföllners gegenüber dem Nationalsozialismus, in: Zinnhobler (Hg.), Bistum Linz, 61–73.

Zinnhobler, Rudolf (Hg.), Zwei Predigten des Linzer Bischof J. C. Fließer aus dem Jahre 1943, in: Zinnhobler (Hg.), Bistum Linz, 108–126.

zur debatte. Themen der Katholischen Akademie in Bayern, Heft: Kirche in der NS-Zeit, 13. Jg., München 1983, Nr. 2 (März/April 1983).

Abkürzungen

BGBl	Bundesgesetzblatt
DAF	Deutsche Arbeitsfront
Gestapo	Geheime Staatspolizei
HJ	Hitlerjugend
KOVG	Kriegsopferversorgungsgesetz
KStVO	Kriegsstrafverfahrensordnung
KZ	Konzentrationslager
LDbl	Linzer Diözesanblatt
NS	Nationalsozialismus
NSDAP	Nationalsozialistische Deutsche Arbeiterpartei
OÖ	Oberösterreich
SA	Sturmabteilung
SD	Sicherheitsdienst
SS	Schutzstaffel
u. k.	unabkömmlich
VdKfZg	Veröffentlichungen der Kommission für Zeitgeschichte
WHW	Winterhilfswerk